U0803702

职业院校公共课教材

创新创业教程

赵秀华　孔江华　朱天斌　主　编
攸志鸿　陈承欢　副主编

電子工業出版社
Publishing House of Electronics Industry
北京 • BEIJING

内 容 简 介

本书遵循职业教育规律和人才成长规律，从创新教育和创业教育相结合的角度，系统规划创新创业课程教学内容，科学设计教学模块，形成相对合理的10个教学模块：培养创新意识→启迪创新思维→巧用创新技法→训练创新能力→激发创业热情→捕捉创业机会→打造创业团队→启动创业计划→筹办创业企业→提升创业绩效。本书旨在培养学生创新创业意识，强化其创新创业精神，提高其创新创业能力，锤炼其创新创业品质。

本书基于行动导向、任务驱动的教学理念设计教学流程和教学任务。各教学模块整体上设计了5个教学环节：知识梳理→学习领会→案例剖析→交流探讨→实战训练。教学活动突出实践性，强调“做中学”。

本书可作为各类职业院校创新创业教育教材，也可作为创新创业教育的培训用书和创业自学用书。

图书在版编目（CIP）数据

创新创业教程 / 赵秀华，孔江华，朱天斌主编. —北京：电子工业出版社，2023.8
ISBN 978-7-121-45916-0

Ⅰ. ①创… Ⅱ. ①赵… ②孔… ③朱… Ⅲ. ①创业－高等职业教育－教材 Ⅳ. ①G647.38

中国国家版本馆 CIP 数据核字（2023）第 124328 号

责任编辑：程超群
印　　刷：北京虎彩文化传播有限公司
装　　订：北京虎彩文化传播有限公司
出版发行：电子工业出版社
　　　　　北京市海淀区万寿路 173 信箱　邮编 100036
开　　本：787×1 092　1/16　印张：18　字数：508 千字
版　　次：2023 年 8 月第 1 版
印　　次：2023 年 8 月第 1 次印刷
定　　价：59.00 元

凡所购买电子工业出版社图书有缺损问题，请向购买书店调换。若书店售缺，请与本社发行部联系，联系及邮购电话：（010）88254888，88258888。

质量投诉请发邮件至 zlts@phei.com.cn，盗版侵权举报请发邮件至 dbqq@phei.com.cn。
本书咨询联系方式：（010）88254577，ccq@phei.com.cn。

前　言

党的二十大报告明确指出，教育、科技、人才是全面建设社会主义现代化国家的基础性、战略性支撑。必须坚持科技是第一生产力、人才是第一资源、创新是第一动力，深入实施科教兴国战略、人才强国战略、创新驱动发展战略，开辟发展新领域新赛道，不断塑造发展新动能新优势。党的二十大报告强调，要完善促进创业带动就业的保障制度，支持和规范发展新就业形态。

《国务院关于大力推进大众创业万众创新若干政策措施的意见》（国发〔2015〕32 号）明确指出，推进大众创业、万众创新，是培育和催生经济社会发展新动力的必然选择，是扩大就业、实现富民之道的根本举措，是激发全社会创新潜能和创业活力的有效途径。

“大众创业、万众创新”的提出，把创新、创业与企业、个人这几个关键要素紧密结合在一起，不仅突出要打造经济增长新引擎，而且突出要打造就业和社会发展新引擎，不仅突出精英创业，而且突出大众创业和实用性创新，体现了创新、创业、企业和个人“四位一体”的创新发展总要求，为创新创业理论和实践研究开辟了崭新的天地。大众创业、万众创新蔚然成风的社会环境和文化氛围逐步形成，让每一个充满梦想并愿意为之努力的人有了展示的舞台。大学生作为实施创新驱动发展战略和推进大众创业、万众创新的生力军，应积极投身创新创业活动，不断增强创新创业意识，提高创新创业能力。

大众创业、万众创新首先要解决的是育人问题。大众创业，教育先行；万众创新，文化先行。没有创新的人才，就不可能有创业的成功；没有创新的教育，就不可能有创新的人才。当前，我国大众创业、万众创新事业方兴未艾，越来越多大学生走上了创新创业之路。切实加强大学生创新创业教育，提高创新创业教师队伍的教学能力，提升大学生群体创新创业能力，是推进我国大众创业、万众创新事业深入健康发展的当务之急，对于我国在经济新常态下实施创新驱动发展战略具有十分重要的意义。

创新创业教育教材是创新创业课程体系建设的核心，高质量的创新创业教育教材既是提高创新创业教育教学质量的前提，也是学生获取创新创业知识与技能的保障。创新创业教育教材的编写需要融合多学科、多领域知识，系统组织教材内容。《国务院办公厅关于深化高等学校创新创业教育改革的实施意见》（国办发〔2015〕36 号）明确提出，要健全创新创业教育课程体系，面向全体学生开发开设研究方法、学科前沿、创业基础、就业创业指导等方面的必修课和选修课，纳入学分管理，建设依次递进、有机衔接、科学合理的创新创业教育专门课程群。为贯彻落实文件精神，我们组织从事创新创业教育的教师、企业专家和创业成功者组成编委会，经过多次深入研讨和不断优化完善，完成了《创新创业教程》的编写工作。本书是一本特色鲜明、指导性强的创新创业教育教材。

作为一本指导大学生创新创业实践的教材，本身应有示范指导作用，在教材体例结构、教学理念、教学策略、教学资源应用等方面应不断进行创新。本书的创新与特色如下：

（1）深入贯彻落实相关文件精神，明确创新创业教育目标要求。

树立先进的创新创业教育理念，以激发大学生创新创业热情为基础，以增强大学生的创新精神、创业意识和创新创业能力为重点，以创新教学模式为突破，把前沿学术发展、最新研究成果和成功创业者实践经验融入创新创业课程教学，注重培养学生的批判性思维和创造性思维，激发创新创业灵感，解决创新创业过程中遇到的问题和疑惑，为创业者提供理论和方法指导，分享创新成功者的经验。

（2）系统规划创新创业课程的教学内容，科学设计教学单元，满足创新创业教育教学目标要求。

对大学生创新创业所需的理论知识、方法技巧、成功经验、相关政策、实战案例进行系统整合与优化，形成相对合理的10个教学模块：培养创新意识→启迪创新思维→巧用创新技法→训练创新能力→激发创业热情→捕捉创业机会→打造创业团队→启动创业计划→筹办创业企业→提升创业绩效。这10个教学单元的教学内容从创新教育和创业教育相结合的角度，旨在增强大学生创新创业意识，培养其创新创业精神，提高其创新创业能力，锤炼其创新创业品质。

（3）基于行动导向、任务驱动的教学理念设计教学流程和教学任务。

本书各教学模块整体上设计了5个教学环节：知识梳理→学习领会→案例剖析→交流探讨→实战训练。

教学活动突出实践性，强调“做中学”。本书设置了41项案例剖析任务、42项交流探讨任务、49项实战训练任务。

在本书的编写过程参阅了多本同类教材（详见参考文献）和大量网上资料，在此谨向资料的原创作者致以诚挚的感谢！

本书由云南交通职业技术学院赵秀华、云南经济管理学院孔江华、昆明市官渡区职业高级中学朱天斌担任主编，云南交通职业技术学院攸志鸿、湖南铁道职业技术学院陈承欢担任副主编，湖南铁道职业技术学院王姿、林保康、张丽芳等老师参与了书中部分内容的编写和案例制作工作。

由于编者水平有限，书中疏漏之处在所难免，敬请广大专家和读者批评指正。

编　者

目　录

模块 1　培养创新意识

创新意识是人类意识活动中的一种积极的、富有成果性的表现形式，是人们进行创造活动的出发点和内在动力，也是创造性思维的前提。创新意识的激发可以从培养问题意识做起。问题意识可以促使人们探索新知，主动发现问题，这是创新的第一步。而兴趣是最好的老师，也是人们创新活动的内在动力。因此，我们要有意识地树立问题意识，激发创新兴趣。

成功创新源于创新意识，只有不断创新才能获得成功。任何企业和员工要想在激烈的竞争中站稳脚跟，都必须要有创新意识。只有大胆突破惯性思维，不走常规路，更好、更快地找到解决问题之法，我们才能创造出非凡的业绩，才能增强竞争力，进而取得事业的成功。

【知识梳理】

1.1　认知创新

1.1.1　创新的含义

创新是指以现有的思维模式提出有别于常规或常人思路的见解为导向，利用现有的知识和物质，在特定的环境中，本着理想化需要或为满足社会需求而改进或创造新的事物，包括但不限于各种产品、方法、元素、路径、环境等，并能获得一定有益效果的行为。

创新是指人类为了满足自身需要，不断拓展对客观世界及其自身的认知与行为的过程和结果的活动。创新是指人为了一定的目的，遵循事物发展的规律，对事物的整体或其中的某些部分进行变革，从而使其得以更新与发展的活动。

创新是指人们为了发展的需要，运用已知的信息，不断突破常规，发现或产生某种新颖、独特的有社会价值或个人价值的新事物、新思想的活动。创新的本质是突破，即突破旧的思维定式或旧的常规戒律。创新活动的核心是“新”，它或者是产品的结构、性能和外部特征的变革，或者是造型设计、内容的表现形式和手段的创造，或者是内容的丰富和完善。

创新是以新思维、新发明和新描述为特征的一种概念化过程。创新这个词有三层含义：第一，更新，就是对原有的东西进行替换；第二，创造新的东西，就是创造出原来没有的东西；第三，改变，就是对原有的东西进行发展和改造。创新是人类特有的认识和实践能力，是人类主观能动性的高级表现形式。

1.1.2　关于创新的论述

（1）创新是引领发展的第一动力。创新是一个民族进步的灵魂，是一个国家兴旺发达的不竭动力。如果没有创新意识与创新能力，我们每个人、每个企业乃至一个国家就不可能赢得未来的竞争，就不得不处处受制于人。

党的十八大以来，习近平总书记对创新发展提出了一系列重要思想和论断，把创新发展提高到事关国家和民族前途命运的高度，摆到了国家发展全局的核心位置。党的十八届五中全会提出创新、协调、绿色、开放、共享的新发展理念，排在首位的就是“创新”，这更加凸显了党中央对创新的极大重视。

创新是推动民族进步和社会发展的不竭动力。一个民族要想走在时代前列，就一刻也不能没有理论思维，一刻也不能停止理论创新。

（2）创新是成功的关键。创新是一种态度，这种态度会让你拥有无数的梦想，让你渴望自己的生活变得不同，会鼓励你去尝试做一些事情，从而把一切变得更美妙、更有效、更方便。

创新促进活力，活力产生动力。洛克菲勒曾说："如果你要成功，你应该朝新的道路前进，不要跟随被踩烂了的成功之路。"创新是每个正常人都具有的自然属性和内在潜能。正如贝尔实验室创办人所说："创新有对需要离开常走的大道，潜入森林，你就肯定会发现前所未见的东西。"

（3）创新是见证能力的需要。在企业没有错误并不代表你是优秀员工，中规中矩、不敢越雷池一步如何创新呢？而不创新如何见证你的能力呢？现代企业中，最受欢迎的人是那些勇于创新，善于提出新点子、新创意的员工。职场流行这样的看法：一流员工主动创新，二流员工被动创新，三流员工拒绝创新。

（4）人人可创新，人人能创新。现实生活中，不少人把创新神秘化。他们认为创新是研究机构的事，创新是科学家的事，创新是高等院校的事；平常人与创新不搭界，一般人做不了创新。其实，创新就在身边，生活、工作中到处散布着创新的种子，倘若你能做个有心人，创意就会四处绽放。我们没有理由视创新为畏途。"高大上"的尖端技术当然需要攻克，但是，我们身边更具体更实际的技术革新、技术改造，小发明、小创造，同样值得我们为之努力。事实上，任何一项大的发明创造都是在许许多多小发明的基础上，量变到一定程度后实现突破的。创新是一个永恒的话题，创新并不是少数几个天才者的权利，每个人都能创新。只要你主动思考、积极求新、改变思维、突破定式、打破所有条条和框框，就一定可以进入一个全新的创意空间，升华出精彩的创意。

对于创新，我们还需要跨越两个误区：一是"新"，认为创新就是指打破现有的、旧的东西，建立一个全新的事物，其实创新并不仅仅指全新，还有其他形式；二是"大"，认为创新必须是大发明、大创造，其实有时创新仅仅是一个点子、一个小的改进而已。

1.1.3 创新的基本原理

在创新活动中，创新原理是运用创造性思维分析问题和解决问题的出发点，也是人们使用何种创新方法、采用何种创新手段的凭据。

（1）综合原理。综合是在分析各个构成要素基本性质的基础上，综合其可取的部分，使综合后所形成的整体具有优化的特点和创新的特征。

（2）组合原理。组合是将两种或两种以上的学说、技术、产品的一部分或全部进行适当叠加和组合，用以形成新学说、新技术、新产品的创新原理。组合既可以是自然组合，也可以是人工组合。在自然界和人类社会中，组合现象是非常普遍的。爱因斯坦曾说："组合作用似乎是创造性思维的本质特征。"组合创新的机会是无穷的。

（3）分离原理。分离是把某一创新对象进行科学的分解和离散，使主要问题从复杂现象中暴露出来，从而理清创新者的思路，便于抓住主要矛盾。分离原理在发明创新过程中，提倡将事物打破并分解，它鼓励人们在发明创新过程中冲破事物原有面貌的限制，将研究对象予以分离，创造出全新的概念和全新的产品。例如，隐形眼镜是眼镜架和镜片分离后的新产品。

（4）还原原理。还原原理要求我们要善于透过现象看本质，在创新过程中，能回到设计对象的起点，抓住问题的原点，将最主要的功能抽取出来并集中精力研究其实现的手段和方法，以取得创新的最佳成果。任何发明和革新都有其创新的原点。创新的原点是唯一的，寻根溯源找到创新原点，再从创新原点出发去寻找各种解决问题的途径，用新的思想、新的技术、新的方法重新创造该事物，从本原上面去解决问题，这就是还原原理的精髓所在。

（5）移植原理。移植原理是把一个研究对象的概念、原理和方法运用于另一个研究对象并取得创新成果的创新原理。"他山之石，可以攻玉"就是该原理能动性的真实写照。移植原理的实质是借用已有的创新成果进行创新目标的再创造。

创新活动中的移植，可以是沿着不同物质层次的“纵向移植”，也可以是在同一物质层次内不同形态间的“横向移植”，还可以是把多种物质层次的概念、原理和方法综合引入同一创新领域中的“综合移植”。新的科学创造和新的技术发明层出不穷，其中有许多创新是运用移植原理取得的。

（6）换元原理。换元原理是指创新者在创新过程中采用替换或代换的思想或手法，使创新活动内容不断展开、研究不断深入的原理。通常指在发明创新过程中，设计者可以有目的、有意义地去寻找替代物，如果能找到性能更好、价格更优的替代品，这本身就是一种创新。

（7）迂回原理。迂回原理很有实用性。创新在很多情况下，会遇到许多暂时无法解决的问题。迂回原理鼓励人们开动脑筋、另辟蹊径。不妨暂停在某个难点上的僵持状态，转而进入下一步行动或进入另外的行动，带着创新活动中的这个未知数，继续探索创新问题，不钻牛角尖、走死胡同。因为有时通过解决侧面问题或外围问题以及后继问题，可能会使原来的未知问题迎刃而解。

（8）逆反原理。逆反原理首先要求人们敢于并善于打破头脑中常规思维模式的束缚，对已有的理论方法、科学技术、产品实物持怀疑态度，从相反的思维方向去分析、去思索，去探求新的发明创造。实际上，任何事物都有着正反两个方面，这两个方面同时相互依存于一个共同体中。人们在认识事物的过程中，习惯于从显而易见的正面去考虑问题，因而阻塞了自己的思路。如果能有意识、有目的地与传统思维方法“背道而驰”，往往能得到极好的创新成果。

（9）强化原理。强化就是对创新对象进行精炼、压缩或聚焦，以获得创新的成果。强化原理是指在创新活动中，通过各种强化手段，使创新对象提高质量、改善性能、延长寿命、增加用途，或产品体积的缩小、重量的减轻、功能的强化。

（10）群体原理。科学的发展使创新越来越需要发挥群体智慧，才能有所建树。随着科学技术的进步，要想“单枪匹马、独闯天下”去完成像人造卫星、宇宙飞船、空间试验室和海底实验室等大型高科技项目的开发设计工作是不可能的。这就需要创新者们能够摆脱狭窄的专业知识范围的束缚，依靠群体智慧的力量，依靠科学技术的交叉渗透，使创新活动从个体劳动的圈子中解放出来，焕发出更强大的活力。

掌握创新原理，是人们能否取得创新成果的先决条件。但创新原理不是包治百病的“灵丹妙药”。只有在深入学习并深刻理解创新原理的基础上，人们才有可能有效地掌握创新方法，也才有可能成功地开展创新活动。

1.1.4 创新的基本阶段

心理学家沃拉斯提出的创新“四阶段理论”是一种影响大、传播广且具有较大实用性的过程理论，该过程理论认为创新的发展分4个阶段：准备期、酝酿期、明朗期和验证期。

（1）准备期。准备期是准备和提出问题阶段。一切创新是从发现问题、提出问题开始的。问题的本质是现有状况与理想状况的差距。爱因斯坦认为：“形成问题通常比解决问题还要重要，因为解决问题不过牵涉到数学上的或实验上的技能而已，然而明确问题并非易事，需要有创新性的想象力。”他还认为对问题的感受性是人的重要资质。准备还可分为以下三步，力求使问题概念化、形象化和具有可行性：

①对知识和经验进行积累和整理。

②搜集必要的事实和资料。

③了解自己提出问题的社会价值，能满足社会的何种需要及价值前景。

（2）酝酿期。酝酿期也称沉思和多方思维发散阶段。在酝酿期，要对收集的资料、信息进行加工处理，探索解决问题的关键，因此常常需要耗费很长时间，花费巨大精力，是大脑高强度活动时期。这一时期，要从各个方面去进行思维发散，让各种设想在头脑中反复组合、交叉、撞击、渗透，按照新的方式进行加工。加工时应主动地使用创新方法，不断选择，力求形成新的创意。

著名法国科学家亨利·庞加莱认为："任何科学的创新都发端于选择。"这里的选择，就是充分地思索，让各方面的问题都充分地暴露出来，从而把思维过程中那些不必要的部分舍弃。创新思维的酝酿期，特别强调有意识的选择，富有创新性的人总是注意选择。亨利·庞加莱还说："所谓发明，实际上就是鉴别，简单来说，也就是选择。"

为使酝酿过程更加深刻和广泛，还应注意把思考的范围从熟悉的领域扩大到表面上看起来没有什么联系的其他专业领域，特别是常被自己忽视的领域。这样，既有利于冲破传统思维方式和"权威"的束缚，打破成见，独辟蹊径，又有利于获得多方面的信息，利用多学科知识"交叉"优势，在一个更高层次上把握创新活动的全局，寻找创新的突破口。有时也可把思考的问题暂时搁置一下，让习惯性思维被有意识地切断，以便产生新思维。另外，灵感思维的诱发规律告诉我们，大脑长时间兴奋后有意松弛，也有利于灵感的闪现。

酝酿期的思维强度大，困难重重，常常百思不得其解，难以成功，"山重水复疑无路"却又欲罢不能。此时，良好的意志品质和进取型性格就显得格外重要。这是酝酿期取得进展直至突破的心理保证。创造性思维的酝酿期通常是漫长的、艰巨的，也很有可能归于失败。但唯有坚持下去，方法对头，才是充满希望的。

（3）明朗期。明朗期即顿悟或突破期，寻找到了解决办法。明朗期很短促、很突然，呈猛烈爆发状态。久盼的创造性突破在瞬间实现，人们通常所说的"脱颖而出""豁然开朗""众里寻他千百度。蓦然回首，那人却在，灯火阑珊处"等都是描述这种状态的。如果说"踏破铁鞋无觅处"描绘的是酝酿期的话，"得来全不费功夫"则是明朗期的形象刻画。在明朗期，灵感思维往往起决定作用，这一阶段的心理状态是高度兴奋甚至感到惊愕。

（4）验证期。验证期是评价阶段，是完善和充分论证阶段。突然获得突破，飞跃出现在瞬间，结果难免稚嫩、粗糙甚至存在若干缺陷。验证期是把明朗期获得的结果加以整理、完善和论证，并进一步得到充实。创新思维所取得的突破，假如不经过这个阶段，就不可能真正取得创新成果。这里的论证，一是理论上验证，二是放到实践中检验。

验证期的心理状态较平静，但需要耐心、周密、慎重，不急于求成和不急功近利是很关键的。

1.2 认知创新意识

1.2.1 创新意识的含义

所谓创新意识是指人们对创新与创新的价值性、重要性的一种认识水平、认识程度以及由此形成的对待创新的态度，并以这种态度来规范和调整自己的活动方向的一种稳定的精神态势。创新意识总是代表着一定社会主体奋斗的明确目标和价值指向性，成为一定主体产生稳定、持久创新需要、价值追求和思维定式以及理性自觉的推动力量，成为唤醒、激励和发挥人所蕴含的潜在本质力量的重要精神力量。

创新意识是指人们根据社会和个体生活发展的需要，引起创造前所未有的事物或观念的动机，并在创造活动中表现出的意向、愿望和设想。它是人类意识活动中的一种积极的、富有成果性的表现形式，是人们进行创造活动的出发点和内在动力，是创造性思维和创造力的前提。

1.2.2 创新意识的主要作用与价值

创新意识是一种独特的思维意识，是创新思维和创新活动的基本前提与条件，它直接决定创新活动的产生和创新能力的发挥，常表现为不受传统观念的束缚，敢于大胆幻想，敢于联想和想象。每个人都需要创新意识，从而更好地发现与解决问题，使自身和社会受益，同时更大程度地实现自我价值。

（1）创新意识是决定一个国家、民族创新能力最直接的精神力量。在今天，创新能力是一个国家和民族解决自身生存、发展问题能力大小的最客观和最重要的标志，创新意识推动社会生产力的发展。科学的本质就是创新，科学技术的每一次进步都是通过创新实现的。科技的迅猛发展对人类社会各个方面都产生了深刻而广泛的影响。创新更新了人们的生产工具和生产技术，提高了劳动者的素质，开辟了更广阔的劳动对象，推动了社会生产力的发展。

（2）创新意识促成社会多种因素的变化，推动社会的全面进步。创新意识根源于社会生产方式，它的形成和发展必然进一步推动社会生产方式的进步，从而带动经济的飞速发展，促进上层建筑的进步。创新意识进一步推动人的思想解放，有利于人们形成开拓意识、领先意识等先进观念。创新意识会促进社会向更加民主、宽容的方向发展，这是创新发展需要的基本社会条件。这些条件反过来又促进创新意识的扩展，更有利于创新活动的进行。

（3）创新意识能促成人才素质结构的变化，提升人的本质力量。创新实质上确定了一种新的人才标准，它代表着人才素质变化的性质和方向，它输出着一种重要的信息：社会需要充满生机和活力的人、有开拓精神的人、有新思想素质和现代科学文化素质的人。它客观上引导人们朝这个目标提高自己的素质，使人的本质力量在更高的层次上得以确证。它激发人的主体性、能动性、创造性的进一步发挥，从而使人自身的内涵获得极大丰富和扩展。

创新意识能够促成人才素质结构的变化。因为创新意识使人有追求新异事物和真知灼见的强烈欲望，不满足于现状，敢于大胆质疑、标新立异。正是因为有了创新意识，才会有发现创新可能的慧眼，为创新做好充分的前期知识准备，并且实施创新活动。另外，创新意识是个体进行相关创新活动的内在指导力量，如创新过程中面临的路线选择、信息搜集、价值判断等，而且由于创新过程中会遇到很多困难和不良情绪等，创新意识会通过动机、情感和意志等对创新实践进行调控，让创新向着目标前进。

在职场，具有创新意识的员工，会对工作充满激情，对问题高度敏感，对自己充满信心，对困难无所畏惧。创新与成功紧密相连，创新是成功的源泉和永恒的亮点。但如果只是习惯于中规中矩，习惯于墨守成规，以为按部就班就是好，在创新成为企业和员工不可或缺的素质时，依然采用这样一种循规蹈矩的职业心态，可以说就与成功无缘了。

1.2.3 创新意识的主要特点

创新意识是指人们在社会实际活动中主动开展创新活动的观念和意识，表现为对创新的重视、追求以及开展创新活动的兴趣和欲望，与创新能力一起贯穿于人的创新活动的整个过程。创新意识具有其自身特点，主要体现在以下几个方面。

（1）创新意识是求新求变的意识。创新意识区别于其他意识的最典型特点是求新求变。创新意识是一种不安于现状的精益求精的意识，是一种面对未知问题而不无动于衷的尝试冲动，是不断探索、求新求异的兴趣和欲望。总之，创新意识是与墨守成规相对立的，是创造美好的新生事物的必要条件。

（2）创新意识是创新的起点。如果说创新是一种从思想到实践的变化过程，那么创新意识就是思想的起点，是人们进行创新活动的出发点。所以，创新意识是开展创造活动的先决条件，也是开发创新思维和创新能力的起点。很难想象，一个没有创新意识的人会持续开展创新活动，取得创造性成果。所以，培养创新能力首先要从培养创新意识着手。

（3）创新意识是各种心理因素构成的整体。创新意识是个体对创新的认识和态度，以及由此引发的情感和意志。创新意识包含好奇心、怀疑感、兴趣、动机和情感等因素，是多种心理因素共同组成的一种精神状态，是人类意识活动的一种积极的、富有开创性的表现形式。

（4）创新意识具有可塑性。创新意识是可以被塑造的。创新意识需要在生活和学习中逐步建立和发展，它可以通过学习和实践加以激发，也可以通过培养和锻炼加以巩固。大学生要充满好奇心、求知欲，力求掌握更多知识和原理，深入探索未知的事物和新方法。同时要有质疑精神，保持思维的独立性和求真性。树立远大抱负和工作责任感，也是塑造创新意识的催化剂。

1.2.4 创新意识的构成

创新意识包括强烈的创新动机、浓厚的创新兴趣、健康的创新情感和坚定的创新意志。

（1）强烈的创新动机。创新动机是创新意识的动力源，是形成和推动创新行为的内驱力，是推动、激励和维持人们进行创新活动的内部心理过程，也是创新才能得以施展的动力之一。人的每项创新活动、每个创新意识都离不开一定的创新动机的支配。创新动机明确并且强烈的人，其创新活动成功的希望就大；创新动机肤浅的人，其创新活动成功的希望就小。

（2）浓厚的创新兴趣。创新兴趣是指人们从事创新活动投入积极情绪和态度定向。创新兴趣能促进创新活动的成功，是促使人们积极探求新奇事物的一种心理倾向，它是创新动机的进一步发展。创新动机来源于对创新的浓厚兴趣。产生创新动机不一定有创新兴趣，而一旦形成创新兴趣必然伴随着创新动机。创新兴趣是人们从事创新实践活动强有力的动力之一。

（3）健康的创新情感。创新过程不仅仅是纯粹的智力活动过程，它还需要引起、推进乃至完成创新性活动的创新情感。创新情感是引起、推进乃至完成创新的心理因素，只有具有正确的创新情感才能使创新成功。

①需要稳定的创新情感。现代创新者只有在稳定的创新情感支配下，才能提高自身创新敏感性，及时捕捉有用信息，对与创新有关的事物充满浓厚的兴趣。

②需要积极的创新情感。现代创新者积极的创新情感，可以极大地激发自身的创新意识和创新敏锐性，充分调动自己投身于创新活动的积极性。

③需要深厚的创新情感。创新热情是一种稳定深厚的创新情感，具有持续性。它是一种能促进现代创新者形成强烈的创新意识，并展开创新活动的心理推动力量。

（4）坚定的创新意志。创新意志是在创新过程中克服各种困难，冲破阻碍的心理因素。

①创新意志具有目的性。现代创新者对自己的行动目的有明确的认识，才能按既定的目标去行动。

②创新意志具有顽强性。科学创新是一种艰苦的劳动，是要探索前人没有走完的路，要产生前人没有产生过的成果。在创新过程中成功与失败并存，只有意志顽强的创新者才能在挫折与失败中不断进取，从而把失败引向成功。

③创新意志具有顽强性。人们在创新的过程中只有精力充沛，坚持不懈地克服一切困难和障碍，才能取得创新成果。

1.2.5 培养大学生创新意识的重要性

随着科技的发展和国际竞争愈演愈烈，各国的竞争归根是科技创新的竞争，创新已成为当今知识经济时代的主旋律。因此，创新型人才的重要性日益突出，培养和提高大学生的创新意识也就十分必要和迫切。大学生是建设创新型国家最为充足的后备力量，可以说大学生的创新意识直接关系到国家的发展和社会的进步。因此，培养我国大学生的创新意识十分必要而迫切。

（1）信息时代国家创新体系持续发展的要求。在科技信息高速发展的社会里，高科技产业成为社会的主导产业，科技人才是经济发展的关键资源，对富有创新意识和创新能力的高素质科技人才的培养是当今知识经济背景下科技进步的必然要求。

国家创新体系是与知识创新和技术创新相关的机构和组织构成的网络体系，其主要成分是企业科研机构和高等院校等。国家创新体系是一个目标明确、组织比较完备的网络系统。这一体系的建设不是一朝一夕的事情，而是一个长期积累发展的过程，需要一代代人艰辛的努力，也需要持续不断的创新型人才，只有这样才能提升国家的科技竞争力，提高国家的综合实力。

创新型人才就是具有强烈的创新精神和创新意识，具有敏捷的创新思维和较强的创新能力，从而能获得创造性成果，在其所在行业为社会发展和人类进步做出创新贡献的人。国家自主创新的关键在人才，创新型人才是国家创新体系赖以维系的根本，是建设国家创新体系的主导力量和可持续发展的源泉，国家创新体系的每个构成要素都需要创新型人才发挥科技中坚力量。因此，培养具有创新意识的创新型人才是国家创新体系持续发展和永葆生机的需要。

（2）高校教育发展的需要。高校的人才质量标准是培养具有创新精神和实践能力的高级专门人才，高校良好的社会声誉取决于自己培养出来的优秀人才和取得的丰硕科研成果。高校人才质量的优劣将直接取决于学生的创新素质高低，创新素质的高低直接影响学生在未来市场中的竞争力。因此，培养具有创新意识的创新人才直接关系到高校的生存与发展。

创新意识和创新能力是一种认识、人格、社会层面的综合体，涉及人的生理、心理、智力、人格等诸多方面，是人的综合素质和全面发展的外在表现。一方面，培养大学生创新意识是高校素质教育的重要内容。人才素质的高低在很大程度上取决于其创新意识和创新能力的高低。创新意识和创新能力是大学生所必备的素质，大学生创新意识和创新能力的培养是高校实施素质教育的核心所在。另一方面，培养大学生创新意识是高校思想政治教育的创新。思想政治教育的内容是随着社会和现实需要的发展而发展的，以创新意识和创新能力为核心的创新观是现代思想政治教育内容的时代扩充，培养大学生的创新意识是推进高校思想政治教育创新的重要任务和内在要求。

（3）大学生全面发展的需要。人的全面发展表现为人的能力的全面发展、人的需要的多方面发展、人的社会关系的丰富和发展以及人的个性的发展。培养创新意识是实现高校大学生全面发展的必要准备和保证，是高校大学生实现自身全面发展的需要。

在知识经济时代，知识的更新周期不断缩短，新知识层出不穷，知识转化速度迅猛增加，大学生想要在这种情况下成才就需要掌握包括面广、潜移性强、容纳度高、概括程度高的“核心”知识，需要大学生具有忧患意识、竞争意识，主动发挥自身的创新意识和创新能力，把自己武装成与众不同的创新人才，提升自身的竞争力。

1.2.6 当代大学生应如何增强创新意识

创新意识从何而来呢？创新意识存在于我们的现实生活中。只要你拥有一定的想象力，拥有一颗好奇心，敢于打破思维定式，那么，你就会不断地发现新事物，不断地有新的成就出现。当代大学生增强创新意识，应从以下几个方面入手。

（1）保持强烈的好奇心。创新源于好奇心，因为好奇心可以激发人们的求知欲，强烈的好奇心和求知欲能启发人们独立思考、细致观察，并从常见的现象中发现新问题，进而促使人们突破传统观念的束缚，别出心裁、标新立异地进行新的创造。爱迪生从小就具有极强的好奇心，在他很小的时候，对母鸡孵小鸡十分好奇，于是自己就找来一些鸡蛋，趴在上面学起孵小鸡来。就是这种强烈的好奇心，引导着爱迪生去研究、探索、创造和发明。

（2）培养丰富的想象力。想象就是人脑在过去感知的基础上，对所感知的形象进行加工、改造、创建出新形象的心理过程。想象是创新的翅膀，这是因为创新活动是从对生活中尚未存在的事物进行想象开始的。爱因斯坦想象人追光时的情景而创造出狭义相对论，又在想象人在自由下落的情景中创立了广义相对论。他对想象力推崇备至：“想象力比知识更重要，因为知识是有限的，而想象力概括着世界上的一切，推动着进步，并且是知识的源泉。严格地说，想象力是科学的实在因素。”哲学家康德说得更加明确：“想象力作为一种创造性的认识能力，是一种强大的创造力量，它从实际自然所提供的材料中创造出第二自然。”

（3）突破惯常思维障碍。一切创新活动都以创新思维为先导，创新思维是提高创新能力的起点和关键。思维是一种复杂的心理现象，“思”就是思考，“维”就是方向或次序，思维可以理解为沿着一定方向、按照一定次序而进行的思考。客观事物纷繁复杂，大脑思维相对简单，一旦长时间沿着一定方向、按照一定次序思考后，就会形成一种思维惯性。和物理学上的惯性相似，思维惯性也是很顽固的。如果对日常生活中经常发生的事物或自己长期从事的事物产生了思维惯性，并多次以这种惯性来对待客观事物，就形成了思维定式。思维惯性和思维定式合称为“思维障碍”。

思维障碍抑制着我们的创新意识，使我们的创新能力难以得到进一步的提高。要提高创新和创造能力就应该突破思维障碍，而突破思维障碍的关键就是拓宽思维视角。具体方法如下：

①改变思考顺序。我们思考问题时常常顺着想，顺着想能使我们较为方便地找到问题的切入点，并且顺着想也的确能帮助我们解决一些问题。但客观事物的发展是千变万化的，凡事都顺着想未必能真实地反映事物的客观规律。一个立志于创新的人，一定要深刻认识顺着想的局限性，改变凡事顺着想的惰性，不妨从事物的对立面多考虑考虑，也就是我们常说的逆向思维。很多时候逆向思维能将我们带入“山重水复疑无路，柳暗花明又一村”的境界。有时候站在问题的对立面，反而使问题解决得干净利索而充满智慧。

②转化思维方式。哲学的基本原理告诉我们，世界万物是普遍联系的，这些相互联系的事物是可以相互转化的。在创新方面，我们的转化更多指的是思维方式的转化：将直接转化为间接，将复杂转化为简单，将不可能转化为可能。

1.3 树立问题意识

问题意识、问题能力可以说是创新意识和创新能力的基础。在 20 世纪 30 年代，陶行知先生就言简意赅地说：创造始于问题。有了问题才会思考，有了思考才有解决问题的方法，才有找到独立思路的可能。

问题意识人人都有，所不同的是有强弱之分。问题意识较强的人，经常主动进行提问，努力进行工作改善。而问题意识较弱的人，通常是发发牢骚，或者干脆闭口不语，很少提出建设性的问题。人人都羡慕成功者，而要想成为一个成功的人，则绝不能安于现状，要具有强烈的问题意识，不断地改进自己的缺陷和不足，朝着所设定的目标前进。

【学习领会】

1.3.1 问题与问题意识

现代思维科学研究认为，问题是思维的起点，任何思维过程总是指向某一具体问题的。问题是创新的前提，一切创新都是从问题开始的。培养学生的问题意识，提高学生发现问题和解决问题的能力，是培养创新型人才素质的核心。

所谓问题，就是对尚待解决或弄不明白的事实产生的疑点。心理学专家根据问题的内容和性质，把问题大致分为呈现型、发现型和创新型三类。呈现型问题又称为低级型问题，它们是一些给定的问题，即由他人呈现的问题，解决的方法是已知的。呈现型问题的解决者只需通过记忆去按图索骥，就能得到与标准答案一样的结果。发现型问题是自己发现的，或由自己提出的，而不是由他人提供的。这些问题有的有已知的答案，有的却可能没有现成的公式、解决办法或答案，要通过思考或创新才能解决。这样的问题能引人思考，给人启迪。高层次的发现型问题能导致重大的科学发现。而创新型问题在人们发明、创造出来之前是不存在的，是全新的，是科学家、艺术家从事创造活动的基础。

所谓问题意识，是指人们在认识活动中，经常意识到一些难以解决或疑惑的实际问题及理论问题，并产生一种怀疑、困惑、焦虑、探索的心理状态，这种心理又驱使个体积极思维，不断提出问题、分析问题和解决问题。思维的这种问题性心理品质称为问题意识。问题意识在思维过程和科学创新活动中占有非常重要的地位。对创新教育来说，问题意识是培养学生创新精神的切入点。不重视对学生问题意识的培养而谈创新精神及创新教育，是空洞抽象的，毫无实际意义。

强烈的问题意识不仅体现了个体思维的活跃性和深刻性，也反映了思维的独立性和创造性。强烈的问题意识，作为思维的动力，促使人们去发现问题、解决问题，直至进行新的发现。

近代英国哲学家波普尔曾说，“科学只能从问题开始”，“科学和知识的增长永远始于问题，终于问题——越来越深化的问题，越来越能触发新问题的问题”。事实上，真正的科学发现，真正的创新，往往发轫于提出一个与众不同的、有科学价值的问题。问一个“为什么”，将有效地促进对隐藏在现象背后的规律或缘由的探索；提一个“怎么样”，常常引起对事情过程机理的思考。

一般来说，显而易见的问题不难发现，难以发现的是蕴含在习以为常现象背后让人难以觉察的问题。所以，发现表现为意识到某种现象的隐蔽未解之处，意识到寻常现象中的非常之处。从这个意义上说，发现问题是解决问题的关键，发现问题是创新的起点和开端。

正因为如此，心理学理论中归纳出一个极其重要的观点是：科学上很多重大发明与创新，与其说是问题的解决者促成的，不如说是问题的寻求者促成的。伽利略对亚里士多德“自由落体定理”的科学修正及创新，非常清晰而准确地说明了这一点。因为比萨斜塔上的试验几乎人人可为，但是能意识并发现这一问题存在的仅有伽利略一人。就像时常有人坐在苹果树下，看到有苹果从树上掉下来，但没有人像牛顿那样提问：为什么苹果从树上掉下来，而不是飞上天？正是始于苹果树下的思索，牛顿发现了万有引力。这些理论与实践，非常有力地证明了一个简单却是十分重要的命题：一切创新都始于问题的发现，而发现问题又源于强烈的问题意识。所以，没有问题意识，创新精神及创新活动将成为无本之木。

1.3.2 强化问题意识的主要作用

问题意识在思维活动乃至人的认识活动中占有重要地位，其重要性早已引起人们的注意。早在 2000 多年前，孔子就要求自己和学生“每事问”，他高度评价问题的价值及提问的意义，认为“疑是思之始，学之端”。生物学家达尔文在提出具有划时代意义的“进化论”之后，对一个问题百思不得其解。他说：“我一直在思索，究竟是什么促使一个人成为尚未发现之物的发现者，这真是一个十分令人困惑的问题。许多人很聪明，比那些发现者要聪明得多，但却从没有任何创新之举。”在创新领域，这种现象比较常见。许多比创新者聪明得多的人，却无任何创新成果。究其原因，在于创新成果的产生，不仅需要深厚扎实的知识和较强的能力，而且需要特别的问题意识。强化问题意识的作用主要体现在以下几个方面。

（1）强化问题意识有利于认知水平的发展。在创新过程中，具有问题意识的人常常会思考“是什么”“为什么”“怎么办”等问题，为回答这些问题，就会启动思维，从事创新创造。人们一方面对脑海里已有的知识、经验进行重新分析、理解，从而丰富和发展原有的认知水平；另一方面，当思维遇到疑惑，需要探究时，解决问题的欲望促使人们去查阅资料、请教别人，在有意无意中扩充了知识量，提高了认知水平。具有问题意识的人不只关心结果，更注重获得知识或创新知识的过程。在积极思维、探索的过程中，知识通过组织和整合，由零散杂乱变得系统有序，人们也从未知走向已知，又从已知走向新的未知，如此循环反复不断向更高境界迈进，于是知识结构更为完善和合理，认知能力、思维能力不断得到丰富和发展，从而有利于构建创新创造活动所需的知识平台。

（2）强化问题意识有利于个性特质的形成。创新创造活动不仅要有智力因素，而且还要有非智力因素的参与。非智力因素是指直接影响和制约智力因素发展的意向性因素，包括动机、兴趣、情感、意志、性格等个性特质。个性是个人比较稳定的心理和行为特征的总和，它的基本特征包括主体性、独特性和整体性等，其中，主体性是创新个性的核心内容；独特性是创新创造行为的基本特质；整体性是衡量创新水平的重要因素。个性特质不是先天产生的，必须通过教育培养和社会实践才能形成。从某种意义说，问题意识就是创新意识，也就是创新主体的独特个性。这种个性特质在创新过程中通常是由认知风格和工作风格来体现的。认知风格是指个人所具有的在打破心理定式和理解复杂问题过程中表现出来的气度、能力和心理特点。工作风格是指能长时间集中努力和聚焦问题的工作态度和工作能力。

（3）强化问题意识有利于创新能力的培养。创新是创新主体的各种能力在创新创造活动中的集中表现。在创新主体的能力结构中，发现问题、提出问题的能力至关重要。不会提问题就不会创新，因为一切创新都始于问题的产生。问题意识是科学发现的前提，是新思想诞生的摇篮，是创新精神的萌芽。爱因斯坦强调指出："发现问题和系统阐述问题可能比得到解答更为重要。解答可能仅仅是数学或实验技能问题，而提出新问题，提出新的可能性，从新的角度去考虑问题，则要求创造性的想象，而且标志着科学的真正进步。"产生问题意识，就会产生解决问题的需要和内驱力。人们在试图准确地提出问题及提出解决问题的各种设想时，必须充分调动自己的观察力、想象力、记忆力、思维能力、动手能力等各种能力，克服一切困难，努力解决问题。在此过程中，人们逐渐学会发现、探究问题的技巧和方法，各种能力特别是创新能力可以得到培养和发展。要开发创新潜能，提高创新能力，必须培养和强化问题意识。

1.3.3 培养和激发好奇心与质疑精神

问题意识是创新的动力，是创新精神的基石，培养创新精神，应始于问题意识。然而问题意识不是天生的，它也需要培养和激发。其中，培养和激发好奇心与质疑精神是重要的举措。

（1）强烈的好奇心能导致问题意识的产生。好奇心既是一种寻根问底的求知情感，也是探索求知奥秘的钥匙，能激发进取的欲望。同时，好奇心还会增强人们对外界信息的敏感性，对眼前出现的新情况和发生的新变化及时做出反应，发现问题并追根溯源，提出一连串的问题，从而激发思考，引起探索，开始创新创造活动。许多看似偶然的发现其实都隐含着一种必然：发现者必然具有强烈的好奇心。

瓦特小时候发现当水烧开时壶盖会跳，这引起了他的好奇。为什么壶盖会跳？正是瓦特的这个好奇和提问，以及由此发明的蒸汽机，直接推动了人类社会由农业文明进入工业文明。缺乏好奇心，必然对外界的信息反应迟钝，对诸多有意义的现象熟视无睹，对存在的问题无动于衷，更谈不上创造和发明了。

爱因斯坦有一句反复被人引用的名言："我并没有什么特殊的才能，我只不过是喜欢寻根问底地追究问题罢了。"大家都将此理解为科学家的谦逊，其实这句语道破了发现和创新的"天机"：好奇心、问题意识以及锲而不舍的探求是科学研究获得成功的前提。

（2）好奇心与质疑精神有着密切的关系。一般来说，当人们寻求真理的好奇心受到传统习俗或传统科学的压制时，好奇心就马上转化为质疑精神。建立在仔细观察和深刻思考基础上的怀疑精神是对好奇心的进一步推进。这种质疑精神愈深刻、愈有力，对探索的目标就愈清楚。质疑就是对权威的理论、既有的学说和传统的观念等不是简单地接受与信奉，而是持怀疑和批判的态度。由质疑而求异，才能突破传统观念和思维定式，另辟蹊径，大胆创新。李四光说："不怀疑不能见真理，所以我希望大家都取一种怀疑的态度，不要为已成的学说压倒。"这充分肯定了质疑在创新中的重要作用。理学大师朱熹也说："读书无疑者，须教有疑，有疑者却要无疑，到这里方是长进。"这是对学习中的质疑的科学而辩证的阐述。宋代的著名学者陆九渊的观点更是精辟："为学患无疑，疑则有进。小疑则小进，大疑则大进。"另一学者张载也讲过："于无疑处有疑，方是进矣！"都是对质疑作用的充分肯定，强调提问对激发问题意识、促进思维、培养创新精神和创新能力的重要性。

在创新创造过程中，人们常常在模糊不清的黑箱里摸索。为什么会发生这种问题呢？如何解决这一问题？它与创新又有什么关系呢？这种好奇心与怀疑精神常常驱使人们去寻根究底，去搞清事物或事件发生的原因，从而为创新提供基础。

值得注意的是，好奇心与质疑精神可以帮助人们在创新领域内搜索有意义的目标，并编织新事物因果关系的网络，但这并不意味着他们一定会创造出奇迹。因为提出问题并不等于解决问题。提出问题只是在满河坚冰上打开窟窿，而解决问题有如破冰远航，还需要克服无数的艰难险阻，才能到达创新的彼岸。但是，不管怎样，奇迹往往属于那些充满好奇心与质疑精神的人们。

【案例剖析】

【案例 1-1】邬咲博的奇思异想

她叫邬咲博，她的偶像是她最崇拜的科学家爱迪生。在她看来，科学就像电灯一样，让人们的生活明亮起来。

当别的孩子疯玩时，她却干出了一连串让人啼笑皆非的事：研究如何在牛奶中加糖、醋、盐，调制怪味牛奶。她那双明亮的眸子始终投射在生活中的难题上，专注于每个细节。小学时，为使校徽不刺伤人，她从文件夹得到启示，发明了一种安全校徽，将针夹牢牢锁住。初中时，她发现热水器时冷时热，而燃烧器排出的废气温度又很高，于是她在废气上设计了水管，让自来水先在此水管中预热后再进入燃烧器，这样就容易保证水温了。高一时，她从铺位上滚下来扭伤脚，于是从汽车安全带上获得启示，设计了一种不影响睡觉的“防滚带”。她的奇思异想，让她在科学的世界里美丽飞翔。

上海的媒体连续报道了几起交通事故，而其中的“致命杀手”都是司机在急刹车时误踩油门。看着电视上哭天喊地的画面，她的心被一种强烈的悲怆撕裂：血不能少流些吗？她便想为此做些什么，通过思考她有了想法：“为什么不发明一种装置来杜绝此类事件的再次发生呢？”

当她确定要解决刹车问题时，她乘车时都要问司机正常踩油门和误踩刹车有何不同。问了十几次之后她发现，一般踩油门用时 1.5 秒左右，而踩急刹车仅需 0.5 秒甚至更短时间。在对国内几乎所有型号的汽车进行测试后，她肯定了这个数据的确切性。于是，经过反复实验，经过一个多月的实践，一种以 CMOS 芯片为主的自动判断装置诞生了：如果判断司机属正常操作，则中央控制器不干涉，汽车如同没有装该套装置一样；一旦“发现”司机将油门误踩成刹车，该装置会进行提醒，能自动发出指令，打开气压刹车系统，刹住车轮，同时断开汽车发动机的点火线路。在国家科技部和通用公司共同举办的“中国智能交通系统设计大赛”上，邬咲博和全国的汽车设计专家发表了关于汽车、交通等相关问题的研究成果，而她是唯一被破格允许参赛的中学生。据市场调研，当时我国约有 2000 多万辆汽车，即使只有 20%配备了她的发明，其市场价值也有 60 亿元。她因此荣获教育部颁发的“明天小小科学家”一等奖。对此，她很平静地说：“我不知道 60 亿是多大一笔钱，但我能感受到一个生命有多重。”当人们向她请教如何创造发明时，她说，创新并不神秘，就是见人之所未见，思人之所未思，只要大胆想象，就可以得到意想不到的收获。

【感悟反思】

心理学研究表明，意识到问题的存在是思维的起点，没有问题的思维是肤浅的思维、被动的思维。有了问题，思维才有方向，才有动力；有了问题，才有主动探究的愿望。如果观察到某种事实但并不提出问题，那么无论这类事实被观察过多少次，它们仍然是平凡的事实。

学生如果有问题意识，就会产生解决问题的需要和强烈的内驱力，他们的思维就会为解决某一具体的局部的实际问题而启动，不同层次水平的学生就会采用查找资料、请教师长等手段，在有意或无意之中大大扩充了知识量。所以，培养学生的问题意识，有利于发挥学生的主体作用，有利于激发学生学习的动机。学生只有在不断地试图提出问题、克服一切困难、努力解决问题的过程中，才会培育科学的探索精神和创新品质。

问题意识在思维过程和科学创新活动中占有非常重要的地位，对创新教育教学活动来说，问题意识是培养学生创新精神的切入点。在弘扬创新精神的今天，培养学生的问题意识比任何时候都显得尤为重要，它对于学生掌握较好的学习方法、发挥学生的主体作用、激发学生探究社会现象的本质、培养学生创新创造意识具有重要意义。

【交流探讨】

【探讨 1-1】谁是最好的学生

维特根斯坦是剑桥大学著名哲学家穆尔的学生。有一天，著名哲学家罗素问穆尔："你最好的学生是谁？"穆尔毫不犹豫地说："维特根斯坦。""为什么？""因为在所有的学生中，只有他一个人在听课时总是露出一副茫然的神色，而且总是有问不完的问题。"后来，维特根斯坦的名气超过了罗素。有人问："罗素为什么会落伍？"维特根斯坦说："因为他根本没有问题了。"

【各抒己见】

（1）结合以下经典名言，分析探讨问题意识在思维过程和科学创新活动中的重要性。

培根说过，如果你从肯定开始，必将以问题告终；如果你从问题开始，必将以肯定结束。

爱因斯坦曾说："提出一个问题往往比解决一个问题更为重要，因为解决一个问题也许只是一个数学上或实验上的技巧问题，而提出新的问题、新的可能性，从新的角度看旧问题，却需要创造性的想象力，而且标志着科学的真正进步。"

培根说过："多问的人将多得。"

古人云："学贵有疑，小疑则小进，大疑则大进。"

（2）谈谈在学习、生活中是否经常有意识地发现问题，举例说明。

【探讨 1-2】世界上没有愚蠢的提问者

2004 年 7 月 27 日《新民晚报》发表了一篇"世界上没有愚蠢的提问者"的文章，讲的是四个诺贝尔奖获得者到北京演讲，每位演讲者发言结束后，都特地留出 10 分钟时间让听众提问，但让人感到尴尬的是千余名听众竟无一人提问，这些诺贝尔奖获得者充满疑惑：难道我的理论就那么完美无缺，一点问题都提不出来吗？

【各抒己见】

（1）谈谈你对本案例的感想。你认为案例中出现的现象背后的最大问题是什么？

（2）如果你有幸去听一场类似的报告或讲座，你会提问吗？你准备提什么问题？

【实战训练】

【训练 1-1】留住公寓楼里的住户

在加利福尼亚的洛杉矶，一栋豪华的高层公寓楼里的住户一个接一个地搬走，而大楼的开发商却不明白这是为什么。这栋公寓楼外观漂亮，设备完善，周围环境安全，而且租金相当便宜，那么人们为什么纷纷搬走呢？

于是管理大楼的公司请来一个问题解决小组来揭开谜底。针对这个问题，解决小组访问了现在和以前的住户，最后得出了结论：原来人们搬走的原因是公寓楼里的电梯太慢了。一组问题解决人员马上赶来寻找解决方法，他们考虑了各种方案的人工和工程费用，发现所有方案的成本都太高了。开发商感到灰心丧气，就在他们决定卖掉大楼时，问题解决小组中一个年轻的成员想出了一个创造性的解决办法。他认为，真正的问题不是电梯本身，而是住户厌倦了等电梯的过程。那么他的解决方法是什么呢？

以小组为单位，发挥各自的想象力，展开充分的讨论，提出你认为省时省钱的解决办法。

【训练 1-2】灵活处理尴尬的情况

假设在生活、工作中，遇到了以下使人尴尬的情况：

（1）准备了很久的野炊由于一场大雨而不得不中止。

（2）计划租住的公寓被人捷足先登。

（3）向心仪已久的知名公司投递的简历被退回。

（4）计划了一次精彩的演讲，中间需要播放幻灯片，在面对很多观众的时候，播放幻灯片的计算机突然死机了。

（5）作为“国际音乐节”的主办方，公司预定了几个外国剧团的节目，因为机场上空天气恶劣，飞机停飞，这些节目在音乐节开始前被取消了。

当出现这些尴尬局面时，你的态度会怎样？你认为这些问题的出现是什么原因造成的？每个小组从上述情况中选择 1～2 个情境，提出解决问题的方法，并制作幻灯片进行汇报。

1.4 培养创新兴趣

【学习领会】

1.4.1 兴趣与创新兴趣

（1）兴趣。兴趣是指以特定活动、特定事物为对象，个人在积极选择的爱好倾向上产生的情绪紧张状态，它是个人积极探索某种事物或从事某种活动的认识或意识倾向，它标志着个人在某方面的积极性。兴趣表现为对某件事、某项活动积极的态度和情绪反应，并且使人对事物给予优先的注意，并且具有向往的心情。

兴趣具有吸引力，有了兴趣，人就会感到满意、快乐、兴奋。只有感兴趣才能自觉地、主动地、竭尽全力地观察它、思考它、探究它，或者才会努力去实现某一设想，才能最大限度地发挥人的主观能动性。可见，兴趣是一种思维的营养、一种强大的动力，催人奋进，人们对感兴趣的事物总是不满足于肤浅的了解，总是寻根究底地去追求更深层次的东西，促进人们摄取大量的信息。

兴趣是多种多样的，大学生受知识和生理等身心发展水平的影响，兴趣表现得比较广泛，兴趣的内容比较明确。归纳起来，大学生兴趣的内容有：专业兴趣、业余（课外）活动兴趣、社会兴趣和物质兴趣。创新的自身特点，需要有明确健康的兴趣，还应有较广泛的兴趣。兴趣是在社会实践中发生、发展起来的，实践活动的丰富性形成人的兴趣的多种多样。

兴趣是在需要的基础上产生和发展的。一个人的社会实践要求反映在头脑中，变成个人的已有需要，并在它的推动下进行积极活动中所产生的兴趣才能成为具有个性倾向的兴趣。

（2）创新兴趣。创新兴趣是对挑战陈规、创造新事物、提出新方法等感兴趣，热衷于从事创新活动。创新本身就是一种强烈的引起兴趣的刺激物。拥有创新兴趣的人，更能全神贯注、积极热情地调动一切潜能进行创新实践，更易于发现问题，探索未知领域，并且感到轻松愉快，不知疲倦地钻研。

1.4.2 兴趣的主要作用

兴趣鼓舞人从事活动、拓宽视野。我国伟大的思想家、教育家孔子说，“知之者不如好之者，好之者不如乐之者。”可见他特别强调兴趣的重要作用。兴趣，对于一个人追求事业的成功及其能力的发展是十分重要的。

（1）兴趣可以使人善于创造条件、适应环境，对创新活动充满热情。

①兴趣可以扩展一个人的眼界，丰富人的心理活动内容，并推动人去积极活动，表现出人的个性积极性，为创新活动去创造条件。

②有多方面的兴趣就能在创新中应付多变甚至于已不利的环境。如环境有变，由于有广泛的兴趣，可以随之变换创新的性质内容，并很快熟悉新的领域的创新，获得创新的内心满足。

（2）兴趣对丰富知识、开发智力有重要意义。

①人的早期兴趣对其未来活动可以起准备作用，这种最初的兴趣往往为进一步学习打下基础，为智力发展确立方向。人们熟知的爱因斯坦、爱迪生都是从小爱思考问题，对新奇的事物有浓厚兴趣，华罗庚在初中时对数学产生兴趣，这些都是很有说服力的事例。

②兴趣是一种具有浓厚情感的志趣活动，它可以使人集中精力去获得知识，并开始创新创造活动。古今中外的科学家、发明家，都是由于他们创造的兴趣和对事业的责任心所凝成的力量，推动着他们去孜孜不倦地追求创造而获得成功的。

（3）兴趣有助于创新成功。

①创新不仅需要有强烈的创新兴趣，还需要广泛的多样兴趣。王充在《论衡》中说："人不博览者，不闻古今，不见事类，不知然否，犹目盲、耳聋、鼻痈者也。"这是很有道理的，因为多样化的兴趣会使人观点鲜明，能产生创意。而长时间局限于一个狭窄的领域，会造成思想闭塞，视界狭小，思维迟钝。

②兴趣是一个人对一定的事物所抱有的积极态度，是一个人对一定的事物优先发生注意的倾向。如果一个人对创新发生了兴趣，那么在接触创新的过程中，必然会体验到一定的积极性的情感。兴趣总是和注意以及积极性情感相联系的。

1.4.3 创新兴趣的作用

（1）创新兴趣引导着创新目标的确立、创新能力的开发。创新兴趣不仅是人们积极从事科技创新工作的动力之一，而且还能使人在艰辛烦琐的科学研究中体会到快乐并孜孜以求。创新方向和创新目标是由创新兴趣引导确定的，人们往往优先根据自己的兴趣来选择合适的创新内容和方向。

对一项创新活动只要有了兴趣，就能钻进去，不知疲倦、不畏艰险去闯。郭沫若说过："兴趣爱好也有助于天才的形成。爱好出勤奋，勤奋出天才。"这就是说，一个人如果被某一事情或者某一种思想完全吸引住的时候，就会对和这种事情或者这种思想相联系的一切产生兴趣。当人们被这种兴趣引起的求知直至突破的欲望完全控制了的时候，就到了钻研入迷的程度。培养兴趣、创新入迷、获得成功，这往往是创新成功的三部曲。历史上许许多多的发明创新者，都是这样走向成功的。

（2）创新兴趣是构成创新动机的成分之一。对创新的强烈兴趣是进行创新活动最重要的心理条件之一。创新兴趣可以激发我们积极的情感，为创新建立良好的心境；可以增强我们克服困难的勇气，形成良好的创新意志品质。

当个体充满兴趣地从事创新活动时，各项心理功能都积极地活跃起来，感觉清晰，观察准确，思维敏捷，记忆力牢固，注意力集中而持久，有助于把自己的智慧和能力充分发挥出来。

不过，创新兴趣只是创新活动的开始，并非所有的创新兴趣都会引发实质的创新行为。因为创新兴趣有"了解的兴趣"和"理解的兴趣"。"了解的兴趣"只是浅尝辄止的了解阶段，要继续上升到"理解的兴趣"才能真正走上创新之路。所以，创新兴趣还存在创新品质的问题，需要培养真正推动创新的兴趣。

【案例剖析】

【案例 1-2】乔布斯，创新创业从兴趣开始

史蒂夫•乔布斯（Steve Jobs）是苹果公司联合创始人。乔布斯传奇的一生，源于他研发了诸多影响世界的数字产品与技术，如第一代苹果计算机、Macintosh 计算机、第一部全计算机制作动漫、iPad、iPod、iTunes Store、iPhone 等。微软联合创始人保罗 • 艾伦这样评价乔布斯：“他是一个无与伦比的科技潮流先驱和导演者，他懂得如何创造出令人惊叹的伟大产品。”乔布斯的成功在于，他找到且全身心地投入到了自己的兴趣之中。

乔布斯的创新历程印证了以下几个观点。

（1）兴趣是创新的开端。

儿时的乔布斯生活在硅谷附近，也许受周围环境的影响，他对电子学情有独钟。19 岁时，乔布斯进入了里德学院，但只读了六个月便申请退学了。后来，他在斯坦福大学 2005 年毕业典礼上的演讲中这样说道：“我看不到其中的价值所在，我不知道我真正想要做什么，我也不知道大学能怎样帮助我找到答案……我决定退学……然后我可以开始去修那些看起来有点意思的课程。”

我国的大学生大多按部就班地走升学就业之路，而忘却寻求自己的兴趣所在和思考事物的真正价值。所以，有人为了上名牌大学而选择完全不喜欢的专业；有人忙于从大学毕业而忘记了最初的学习目的；也有人为了尽快就业或创业而选择毫无兴趣的行业。当他们面对创业时，就会感到毫无头绪。每个人的个性、能力、才华、理想、兴趣是不同的，与大众选择相同的路径不一定能够达到自己的目标。当然乔布斯的退学并不适合每个人去效仿，他的退学多是经济原因。退学后的乔布斯日子过得很困苦，也曾徘徊迷茫过。这里要说的是，成功人士的创业思路是由兴趣引发的，乔布斯创办苹果公司是源于他从小对电子学的浓厚兴趣。不要盲目地跟从他人，而是要清楚地认识、了解自己的兴趣所在，勇于思考和探究事物价值，保持清晰的头脑，探索出一条适合自己兴趣发展的创业之路。

（2）兴趣是成功的基石。

乔布斯说：“你在向前展望的时候不可能将这些片段串联起来，你只能在回顾的时候将点点滴滴串联起来。所以，你必须相信这些片段会在你未来的某一天串联起来。”乔布斯退学以后，在雅达利电视游戏机公司工作之余，仍然坚持到学校学些感兴趣的课程，与朋友沃兹继续从中学开始就研究的电子学。抱着开发一台自己的计算机的想法，乔布斯和沃兹在自家的小车库中制造出了世界上第一台个人计算机。这台“苹果第一代计算机”让乔布斯发现了商机，在市面上都是商用计算机的状况下，推出个人计算机无疑填补了市场空白。让乔布斯骄傲的是，这台外表简陋的计算机领先设计了漂亮的印刷字体，而这归功于他曾按照自己的兴趣学了 Reed 学院的美术字课程。成功之门总是面向有准备的人敞开，乔布斯与沃兹经过长期对所感兴趣学科的积累而成就了第一代个人计算机从而成立苹果公司，他对美术字的兴趣改善了世界计算机的印刷字体。这些都在提醒我们：不要忽略你的兴趣，哪怕你现在觉得它微不足道，也许有一天它会给你的人生带来巨大财富。

（3）兴趣是创新创业的动力。

乔布斯的事业也不是一帆风顺的，他在而立之年被苹果公司辞退了，这对任何人来说都是毁灭性的重击，难以走出的逆境。回顾那段痛苦的时期，乔布斯却说：“那是他生命中最有创造力的一个阶段。有些时候，生活会拿起一块砖头向你的脑袋上猛拍一下，不要失去信仰。我很清楚唯一使我一直走下去的，就是我做的事情令我无比钟爱”。风靡全球的《玩具总动员》就是那时乔布斯的皮克斯动画制作公司所制作的，它是第一部计算机制作的也是首部全 3D 立体动画电影。他还创立了软件公司 NeXT，这使他重回苹果公司。

（4）好奇心是创新的源泉。

乔布斯是如何做到先人所想的？是依靠苹果公司详细深入的市场研究分析报告吗？乔布斯认

为，“你不能问消费者想要什么，然后再提供产品给他们。等你做出来的时候，他们已经想要新的东西了”。的确，在有 iPhone 之前，你不会想到一部拥有上万个应用程序，电池却用不到一天的手机，会让双卡长时间待机的智能手机一夜之间落伍了；在有 iPad 之后，你发觉没有一个便捷好玩的平板电脑在手就落伍了，它甚至可以代替会议的纸制文件资料。在消费者满足于现有的产品，还没有意识到哪里需要或可以改进时，乔布斯就已经洞悉先机并着手改进创新了。这是凭借着乔布斯的直觉吗？用他自己的话来说就是“我跟着我的直觉和好奇心走，遇到的很多东西，此后被证明是无价之宝”。然而并不是每个人都能轻易拥有这般准确的直觉。乔布斯的直觉之所以准确前卫，正是因为他对电子行业的执着与热爱。直觉与好奇心是相辅相成的，好奇心则源于你对兴趣的热情与激情。当你置身于所钟爱的兴趣之中，你就会不断地学习、深入、探索、研究、拓展、创新。抱着一种“求知若饥，虚心若愚”的态度，你自然会先人所想，洞察先机。

乔布斯在电子产品领域有着诸多的新成果，他视自身为最狂热的使用者，更是最为渴望有新突破的电子产品消费者，这促使他不断创新，为自己的兴趣设计研发新产品、新技术。乔布斯凭着对电子行业绝对的激情和狂热，改变更影响了全世界的手机市场、个人计算机市场乃至整个电子行业。乔布斯让这个被咬了一口的苹果成为时髦的代名词，引领了一场触屏手机和个人计算机的革命。

【分析思考】

一些刚走出校园的大学生，会以为创业并不难。但是慢慢地会发现，选项目，筹资金，选店面，组团队……没有一样是容易的。于是，很多人在创业屡屡受挫之后，选择了放弃。容易放弃的都不是你所钟爱的，所以开始选项目时就应该选你最感兴趣的，而不是目前看来最赚钱的。只有选准你情有独钟的行业，你才会在遇到困难时坚持不懈地寻找突破口，在遇到瓶颈时去竭力创新。只有这样，你才能在所选的行业中走得更加长远。创新创业不是容易的事，没有人能随随便便成功，遇到困难阻力在所难免，只有始终坚持自己兴趣的人才有可能走向成功。

任何事物对于不同的人而言都有着各自的价值，盲目的效仿并不一定会获得同样的效果。找到自己的兴趣所在并专注投入，是迈向成功创业的第一步。不要忽略你的兴趣，哪怕你现在觉得它微不足道，也许有一天它会给你的人生带来巨大财富。积累任何与兴趣相关的知识或其他看似不相关的兴趣知识都会成为你创新创业道路上的基石。一个人对某一事物的热爱与好奇，能够促使其探索更多的知识、激发最大的潜能，从而不断改进创新，走在行业的前端。大学生创业也要选择自己最为感兴趣的行业，才有可能迸发出创新创业的激情与无限潜能，早日迈入成功的大门。

世界上有四个苹果，一个给了夏娃，一个给了牛顿，一个给了乔布斯，还有一个在你的手中。

【交流探讨】

【探讨 1-3】兴趣是米利肯成功的阶梯

诺贝尔物理学奖得主罗伯特·安德罗·米利肯小时候有一次看到伐木工人飞速跳上木排，轻巧地把一条跃出水面的鱼逮住了，这情景引起了米利肯的兴趣。以后，每逢父亲把船停在河岸边时，他就在船头和系船的码头之间跳来跳去。一次，他从船上纵身一跳，想跳回到岸上，由于船后退了，结果他摔到河里。父亲赶忙把他救起，给他擦干身上的水渍。米利肯就盯着父亲好奇地问：“爸爸，为什么我向前跳，而船却向后退呢？”“那是因为你纵身向前跳时，对船有一种反向推动作用，船在水中就向后移动，这种现象在物理学上叫作‘反冲现象’。由于船向后移，使你跳的速度变小了，所以，你就掉进水里了。”听了这番话，米利肯高兴得两眼眯成一条线。多么有趣的“反冲现象”，它竟能把人抛到河里去！这对他来说实在是太奇怪了，印象太深刻了。日后回忆起这件事的时候，他风趣地说：“这是我上的第一次‘反冲现象’课。”

米利肯 8 岁那年，父母把这个机灵的孩子带到了费城。对费城的一切，米利肯极感兴趣，而最能引起他兴趣的就属电话了。当他从父亲那儿听说贝尔公司要举办一个展览会时，就打定主意自己也做个“电话装置”。父亲热情地支持他：“希望你成为一个小小的电话专家！”父亲的赞语，在米利肯的心坎上燃起了强烈的试验的烈焰。他立即做了两个纸筒，在底面糊上纸，然后由纱线代替导线串着，在 100 米的距离内和邻居的孩子通话。当然，他这部再简单不过的“电话装置”没能运到展览会去展览，但他对科学研究感兴趣的幼芽由此便一点点萌生，伴随着米利肯从读书到科学研究，从少年时代到青年时代。

【各抒己见】

（1）谈谈兴趣对米利肯取得成功的作用。另外，对于米利肯的成功，他的家长起到了什么作用？

（2）一个人聪明能干，再加上对创新的浓厚兴趣，这个人就有了自觉地、主动地不断追求创新的无尽热情。爱因斯坦说：“兴趣是最好的老师。”结合本案例故事，谈谈你对这句话的理解以及你自身的体验。

【探讨 1-4】整个探索的过程都充满了欢乐

英国生物化学家弗雷德里克·桑格于 1958 年测定出胰岛素的氨基酸排列顺序，首次荣获诺贝尔化学奖；1980 年，他又发明测定 D N A 碱基排列的方法，再次荣获诺贝尔化学奖。

弗雷德里克·桑格在致 21 世纪中国青年科学家的一封信中说：

我很幸运地获得了两次诺贝尔奖。我的工作能得到这么高度的认可，这当然是非常令人激动的，但真正的乐趣却蕴含在工作本身之中。科学研究就像发现新大陆，你不断地尝试以前没有尝试过的新事物。这些尝试中有很多是没有效果的，使你不得不尝试另外一些新的事物。有时，尝试是奏效的，并且告诉你某些新东西，这的确是令人兴奋的。不管怎样，也许一点点新发现就能伟大到足以让人产生“我是知道它的唯一的人”的想法，然后你就会有兴趣思考所发现的东西将指导和决定下一次尝试应该是什么。科学研究最大的乐趣之一，就是你总是可以进行一些不同的尝试，它从来不会使人厌倦。事情进展顺利是令人高兴的，事情进展不顺利是令人痛苦的。有些人在遭遇困难时就泄气，但我在计划遭受挫折时从来不着急，我会开始设计下一次实验，整个探索的过程都充满了欢乐。

有了新发现，这是非常令人激动的。有的人也许会做一些不可思议的事来宣泄自己的激动，比如驾驶热气球周游世界或步行到北极。现在，地球上可供人类发现的新地方不多了，但在科学领域却可以发现许多新东西。踏上探索未知领域的征程是相当有意义的，也是相当激动人心的。

有时候我问自己：“要获得诺贝尔奖，什么是我必须做的？”

我的答案是“我不知道，我从没试过”。有的人投身于科学研究的主要目的就是为了得奖，而且一直千方百计地考虑如何才能得奖，这样的人是不会成功的。要想真正在科学领域有所成就，你必须对它有兴趣，你必须做好进行艰苦工作和遇到挫折时不会太泄气的思想准备。

【各抒己见】

（1）弗雷德里克·桑格的这些观点主要说明什么道理？

（2）结合本案例谈谈兴趣对于创新的作用。

【实战训练】

【训练 1-3】收集自己最感兴趣的东西

以小组为单位完成以下专题训练：

（1）收集自己最感兴趣的话题，并收集相关资料，展开讨论。

（2）收集自己最感兴趣的电子产品（如手机、台灯）的最新信息，包括外观、功能等。

（3）收集自己最感兴趣的事情，如微信的新功能、网上支付的新方式、打车的新方式等，并向其他人进行展示。

模块 2　启迪创新思维

创新思维是创新能力的核心，是创新活动的关键。主动的求异、灵敏的观察、创造性的想象、独有的知识结构加上活跃的灵感，是创新思维的基本特征。创新思维能使学生更好地掌握知识，及时解决遇到的新问题，把学到的知识迁移到学习新知识的过程中。因而，尊重学生个体的发展规律，是能否正确引导创新思维的关键。

【知识梳理】

2.1　认知创新思维

2.1.1　思维与创新思维

（1）思维。思维是人脑对客观现实概括的和间接的反映，它反映的是客观事物的本质及其规律性联系。思维是人类认识的高级阶段，它是在感知基础上实现的理性认识形式。例如，通过对人的观察分析得出“人是能言语，能制造和使用工具的高等动物”；根据对水的研究得出水和温度之间的关系，在 101kPa 下，水的温度降低到 0℃就会结冰，升高到 100℃就会沸腾。这些都是人脑对客观事物的本质及其规律的认识。人们常说的“考虑”“设想”“预计”“沉思”“审度”“深思熟虑”等都是思维活动的表现形式。

（2）创新思维。创新思维是指以新颖独创的方法解决问题的思维过程，通过这种思维能突破常规思维的界限，以超常规甚至反常规的方法、视角去思考问题，提出与众不同的解决方案，从而产生新颖的、独到的、有社会意义的思维成果。

创新思维是人们在全方位、多角度观察问题后，跳脱出现实的制约，摆脱传统观念的束缚，寻找新的方式，运用新方法分析问题的一个思维过程。创新性思维的关键在于多角度、多侧面、多方向地看待与处理事物、问题和过程。引发出创新性设想的思维形式主要是指非逻辑思维。

2.1.2　思维的基本特征

（1）思维具有间接性和概括性两个基本特征。

①间接性。所谓思维的间接性，是指思维能对感官所不能直接把握的或不在眼前的事物，借助于某些媒介物与头脑加工来进行反映。

②概括性。所谓思维的概括性，是指思维通过抽取同一类事物的共同的本质特征和事物间的必然联系来反映事物。由于这一特性，人能通过事物的表面现象和外部特征而认识事物的本质和规律。

（2）思维的间接性和概括性是相互联系的。人之所以能够间接地反映事物，是因为人有概括性的知识经验，而人的知识经验越概括，就越能间接地反映客观事物。内科医生根据概括性的医学理论才能以中介性的检查，经过思考而间接地判断病人的病情。气象工作者根据概括性的气象规律，才能从大量天气资料中，经过思考做出天气预报。

2.1.3　创新思维的主要形式

创新思维形式是多种多样的，只有真正理解、掌握创新思维的多样性，在实践中灵活运用创新思维的多种形式，才能自由地步入创新王国，获取创新的丰硕成果。

创新思维主要形式的说法也是多种多样的，常见的形式通常有发散思维（也称为多向思维、扩散思维），逆向思维（也称为反向思维），侧向思维，组合思维，联想思维（也称为想象思维），超前思维（也称为前瞻思维），聚合思维（也称为收敛思维），纵向思维，横向思维，立体思维（也称为整体思维或空间思维）。

（1）超前思维。超前思维是在已掌握多方面信息的基础上，根据客观事物的发展规律和发展趋势，对于事物的未来前景及其实现过程的预测、构想或推断的一种思维过程。超前思维是先于客观事物发展变化而出现的一个“对象世界”，它是引导人们面向并积极地开拓未来的一抹曙光。

（2）聚合思维。聚合思维是指从已知信息中产生逻辑结论，从现成资料中寻求正确答案的一种有方向、有条理的思维方式。聚合思维法又称为求同思维法、集中思维法、辐合思维法、同一思维法等。聚合思维法是把广阔的思路聚集成一个焦点的方法。它是一种有方向、有范围、有条理的收敛性思维方式，与发散思维相对应。聚合思维也是从不同来源、不同材料、不同层次探求出一个正确答案的思维方法。因此，聚合思维对于从众多可能性的结果中迅速做出判断、得出结论是最重要的。

（3）纵向思维。所谓纵向思维，是指在一种结构范围内，按照有顺序的、可预测的、程序化的方向进行的思维形式，这是一种符合事物发展方向和人类认识习惯的思维方式，遵循由低到高、由浅到深、由始到终等线索，因而清晰明了，合乎逻辑。我们平常的生活、学习中大都采用这种思维方式。

（4）横向思维。所谓横向思维，是指突破问题的结构范围，从其他领域的事物、事实中得到启示而产生新设想的思维方式，它不一定是有顺序的，同时也不能预测。

横向思维是一种打破逻辑局限，将思维往更宽广领域拓展的前进式思考模式。它的特点是不限制任何范畴，以偶然性概念来逃离逻辑思维，从而可以创造出更多匪夷所思的新想法、新观点、新事物，是一种创造性思维。

（5）立体思维。立体思维也称“多元思维”、“全方位思维”、“整体思维”、“空间思维”或“多维型思维”，是指跳出点、线、面的限制，能从上下左右、四面八方去思考问题的思维方式，也就是要“立起来思考”。其实，有不少东西都是跃出平面、伸向空间的结果。小到弹簧、发条，大到奔驰长啸的列车、耸入云天的摩天大厦，最典型的要数电子王国中的“格列佛小人”——集成电路。

2.1.4 创新思维的主要障碍

人人都想创新，但是因为思维定式和习惯的思考方式、行动方式，我们又很难突破常规、大胆创新。让我们来看看是什么妨碍了我们创新。

（1）思维定式。思维定式是人类心理活动的普遍现象。思维定式就是反复思考同类或类似问题所形成的定型化的思维模式。思维定式是创新思维最大的敌人。常规性思维是遵循现存常规的思维和方法进行思维，重复前人、常人过去已进行的思维过程。人的创造性是生来就有的，5 岁的儿童具有创造性的人竟然高达 90%，随着年龄的增长，创造性受到抑制。

思维定式是创新的主要障碍。要进行创新创造活动，必须摆脱思维定式的束缚。一个重要的方面就是学习掌握创新思维方法，提高思维求异、发散、联想、变通的能力，以突破思维定式。

（2）权威定式。权威定式是指在思维过程中盲目迷信权威，以权威的是非为是非，缺乏独立思考能力。权威定式来源于儿童走向成年的过程中所接受的“教育权威”以及由于社会分工和知识技能方面的差异所导致的“专业权威”。在家听父母的，在学校听老师的，在单位听领导的，权威定式就此形成，个性从此消失，也就失去了独立思考的能力。

在思维领域，不少人习惯引证权威的观点，不加思索地以权威的是非为是非，一旦发现与权威相违背的观点就认为是错误的，这就是权威定式。事实上权威有时也是会犯错误的，大发明家爱迪生曾经极力反对交流电，许多科学家都曾预言飞机是不能上天的。所以，英国皇家学会的会徽上有一句话："不迷信权威"。

IBM公司总裁小托马斯·沃森说：野鸭一旦被人驯服，就失去了野性，再也无法飞翔了。公司不需要驯服、听话、平庸的人才，需要的是不畏权威、勇于创新的人才。

（3）从众定式。思维中的从众定式是指人云亦云，没有或不敢坚持自己的主见，时刻以众人的是非为是非，时刻与群体保持一致。

骑着自行车来到十字路口，正好赶上红灯，本应停下来，但是看到大家都骑着车往前冲，自己也毫不迟疑地跟着往前冲，这样一种随大流，别人怎么做我也怎么做，别人怎么想我也怎么想的思维模式，就是从众定式。从众定式的产生，可能是屈服于群体的压力，或者认为随波逐流没有错。缺少独立性，难以产生出创造性思维。

（4）经验定式。经验定式是指过分依赖以往的经验，不敢越出经验半步，而且习惯以经验为标准来衡量是非。通过长时间的实践活动所积累的经验，是值得重视和借鉴的。但是，经验只是人们在实践活动中取得的感性认识，并未充分反映出事物发展的本质和规律。人们受经验定式的束缚，就会墨守成规，失去创新能力。

（5）书本定式。所谓书本定式，就是在思考问题时不顾实际情况，不加思考地盲目运用书本知识，一切从书本出发，以书本为纲的思维模式。当然，书本对人类所起的积极作用是显而易见的，但是，许多书本知识是有时效性的，随着社会的发展，有些书本知识会过时。知识只有不断更新才能成为有效信息。所以，当书本知识与客观事实之间出现差异时，受到书本知识的束缚，死抱住书本知识不放，就会成为思想障碍，失去获得重大新成果的机会。

2.1.5 培养创造性思维的常用技巧

（1）换位思维。绝大多数创造性思想都是缘于思维角度的改变。对任何事情，你都应该尝试从不同角度、不同位置、不同群体等方面去看一看、想一想，往往会有一些意想不到的发现。视角的特别，也往往决定了创造力的高低。其中，反向思维便是其中一个特例。例如，开发产品时最好把自己当成服务终端，考虑一下客户以及中间环节，对每一个环节都考察一遍，是不是可以做得跟别人不一样。也可以把自己当成竞争对手，想想他们的情况，多问问为什么这样，反过来问问为什么不这样，这样思考的时候，你就可能发现问题并加以革新和完善。

（2）求同求异。多做比较，而且要换不同角度进行比较，既要找出相同点，也要找出不同点。比较一定要细致、全面，不放过任何细微之处。所以，最好一项一项列出来，翻来覆去地比较。大多数人喜欢求异，而思想家更喜欢求同，从千变万化的复杂事物中找出共性和本质，从而能够更好地理解不同之处。

（3）跳出定式。下意识地问问自己的思维模式是不是一种定式，是否可以跳出来。这样思考的时候，也许你可以感悟到自己的局限，并把思维带到另外的角度或方向，甚至可以天南海北自由驰骋，突破常规。

（4）移植思想。将别的领域的思想方法用到自己专注的领域，或者将自己的思想方法拓展到其他领域，也就是学科交叉甚至学科横断或上升到哲学层次。一有什么想法，就赶紧先记下来，然后不断完善，再然后就会想想是不是可以推广到相关领域，或者更宽的领域。另外就是实用性考虑，诸如可不可以用到日常生活或医学研究中去，可不可以申请专利、开发产品或工业化生产。这样想的时候，也就会连带出更多配套性的问题，思维也就更活跃了。

（5）形象思维。一定要试着用图形表达各种意思，因为形象思维能够再现事物原型，能轻易发现语言容易遗漏的空间细节和时空逻辑矛盾。所以，想问题的时候，不妨多画画图，建立模型，用想象力去弥补思维空缺。你也可以用形象去类比，想象一下它像什么，内部可能是什么样的结构，换个角度想象一下又会是什么结果。或者，建立一定的符号，进行逻辑运算，也可以很直观地理解问题、发现矛盾。

（6）非常规思维。想象一下理想状态会如何，极端条件会怎样，特殊人群会有什么需要，时间起点和终端的情况呢，或者无限夸大、缩小一下又如何，故意犯错会怎样，极小、极大、极多、极少时又会如何，等等。这些思考可能会使你的问题简化，或者拓展。例如，你开发一个产品，想象一下要是小孩子拿了就可能猛敲，战场上就可能颠簸和损伤，你的产品是不是可以往这方面革新。

（7）分解与综合。如果你能将关注的事物分解得足够细，越细越好，把大问题分解成无数个小问题，对每一个问题都细致考察一遍，你就可能找到突破口或开辟新的领地。另外，对自己研究的领域，你也可以这样要求自己，即提出 200 个或更多问题，在这 200 个问题中一定会有你的思想火花。爱因斯坦曾说过，提出问题往往比解决问题更重要，因为关键问题的提出，常常表明你已经意识到解决问题的突破口。

（8）哲学思考。学点哲学总是有好处的，因为哲学是归纳的结果，具有普适性。下意识地用哲学思想去分析具体问题，往往能更深刻地理解事物本质，触发灵感。例如，要学会辩证、系统、动态地分析问题，从不同层次分析系统要素，研究其结构特性和信息调控机制。也可以从具体研究对象由此及彼地推广应用，甚至上升到更高层次或哲学层次。有些人很反感哲学，以为学不学无所谓，其实这也是一种感情用事的定式，因为关键是你会不会用，或者你用了还以为没用。

（9）增加艺术性。你能把平凡的不起眼的事赋予更多艺术性或社会意义，如变得有趣、富含深意，那就是一种创造力。把复杂的公式简单化，把普通的事做得更精美，优化组合，更节能轻便，这是一种美学创意。把简单的东西做出复杂的结构和多样的功能来，也是一种令人惊叹的艺术。所以，做任何事，要试着把它做得细致入微、精美有趣。

（10）增加新特征。组合也是一种创造，所以要时时想着是否可以给你的产品赋予更多的功能，是否可以整合不同的事物。

（11）预测未来。可以想象一下，20 年后人们会怎样生活和工作，然后把目标聚焦到具体领域，细化一下，这些预测结果就可以作为你的研究要达到的目标。例如，计算机行业未来肯定是功能大整合，一台掌上电脑就可以满足你几乎所有的信息处理工作，如打电话、看电视、上网、教育、咨询、服务、仪器控制等。所以，这个行业的一个创新就是不断整合，今天有 iPhone、iPod，明天就可能有 i100，后天就可能有 iAll，也许做饭、看孩子这样的事几个按钮就可以控制。那现在的任务就是围绕这些去开发、去完善，要做出比 iPod 功能更多更好的产品应该是一种必然。对于其他领域，思想也是可以超前的。例如，人体那么多奥秘，有些却乏人问津，虽然技术上相当困难，但也不是不可能设计实验进行研究的，至少可以确定为目标，可以一步一步往前摸索。也只有这样，你的思维才能超过别人，才有可能取得大的突破。

（12）胡乱联系。把大量不相关的东西放在一块，让它们任意组合，胡乱联系一下，再经过筛选分析，启发思维，寻找灵感。所以，有时候随便走走，或者随便翻翻不相关的书刊，跟无关的人员聊聊天，都可能启发思维，不一定要老是待在某个地方冥思苦想才叫工作。

（13）行胜于言。很多时候，只有亲身经历一些事情，你才可能在某方面形成独到的见解。文学家如此，做科学研究的也一样。有时候不一定要有成熟想法才去做，而应边做边发现，摸索前进。

（14）学做有心人。学会收集资料和思想方法，积累基本知识和有用资源，成为某方面的专家，洞察研究前沿，这些都是培养创造性思维的基础。

2.2 突破思维定式

研究表明，左右一个人成功的最关键因素是思维模式，而不是智商的差异。思维和观念才是控制成功的核心密码。

【学习领会】

2.2.1 思维定式的含义

思维定式也称“惯性思维”，就是按照积累的思维活动经验教训和已有的思维规律，在反复使用中所形成的比较稳定的、定型化了的思维路线、方式、程序、模式。在环境不变的条件下，定式使人能够应用已掌握的方法迅速解决问题。而在情境发生变化时，它则可能会妨碍你采用新的方法。消极的思维定式是束缚创造性思维的枷锁。

从另一个角度讲，也可以说思维定式是思维的惯性，或思维的惰性。在人的思维能力上，思维定式是一种重要的表现，是人通过不断的学习和实践累积下来的经验以及形成自己独有的对世界、对客观事物的认识、认知的规律、途径。所以，思维定式具有明显的个体性。

2.2.2 思维定式的作用

（1）思维定式的积极作用。思维定式对于问题解决具有极其重要的意义。在问题解决活动中，思维定式的作用是：根据面临的问题联想起已经解决的类似的问题，将新问题的特征与旧问题的特征进行比较，抓住新旧问题的共同特征，将已有的知识和经验与当前问题情境建立联系，利用处理过类似的旧问题的知识和经验处理新问题，或把新问题转化成一个已解决的熟悉的问题，从而为新问题的解决做好积极的心理准备。具体地说，在问题解决中，思维定式主要包括以下三方面内容：

①定向解决问题总要有一个明确的方向和清晰的目标，否则，解决问题将会陷入盲目性。定向是成功解决问题的前提。

②定向方法是实现目标的手段。广义的方法泛指一切用来解决问题的工具，也包括解决问题所用的知识。不同类型的问题总有相应的常规的或特殊的解决方法。定向方法能使我们对症下药，它是解题思维的核心。

③定向解决问题是一个有目的、有计划的活动，必须有步骤地进行，并遵守规范化的要求。

思维定式是一种按常规处理问题的思维方式。它可以省去许多摸索、试探的步骤，缩短思考时间，提高效率。在日常生活中，思维定式可以帮助我们解决每天碰到的90%以上的问题。但是，思维定式不利于创新思考，不利于创造。

（2）思维定式的消极作用。思维定式对问题解决既有积极的一面，也有消极的一面，它容易使我们产生思想上的惰性，养成一种呆板、机械、千篇一律的问题解决习惯。当新旧问题形似质异时，思维的定式往往会使问题解决者步入误区。

大量事例表明，思维定式确实对问题解决具有较大的负面影响。当一个问题的条件发生质的变化时，思维定式会使问题解决者墨守成规，难以涌出新思维、做出新决策，造成知识和经验的负迁移。

根据唯物辩证法观点，不同的事物之间既有相似性，又有差异性。思维定式所强调的是事物间的相似性和不变性。在问题解决中，它是一种“以不变应万变”的思维策略。所以，当新问题相对于旧问题，是其相似性起主导作用时，由旧问题的求解所形成的思维定式往往有助于新问题的解决。而当新问题相对于旧问题，是其差异性起主导作用时，由旧问题的求解所形成的思维定式则往往有碍于新问题的解决。

从思维过程的大脑皮层活动情况看，定式的影响是一种习惯性的神经联系，即前次的思维活动对后次的思维活动有指引性的影响。所以，当两次思维活动属于同类性质时，前次思维活动会对后次思维活动起正确的引导作用；当两次思维活动属于异类性质时，前次思维活动会对后次思维活动起错误引导作用。

【案例剖析】

【案例 2-1】考考阿西莫夫的智力

世界著名的科普作家阿西莫夫从小就很聪明，在年轻时多次参加“智商测试”，得分总在 160 分左右，属于天赋极高之列。有一次，他遇到一位汽车修理工，是他的老熟人。修理工对阿西莫夫说：“嗨，博士！我来考考你的智力，出一道思考题，看你能不能回答正确。”

阿西莫夫点头同意，修理工便开始说思考题：“有一个听障人士，想买几根钉子，就来到五金商店，对售货员做了这样一个手势——左手食指立在柜台上，右手握拳做出敲击的样子。售货员见状，先给他拿来一把锤子，这位听障人士摇摇头。于是售货员就明白了，他想买的是钉子。这位听障人士买好钉子，刚走出商店，接着进来一位盲人，这位盲人想买一把剪刀，请问：盲人将会怎样做？”

阿西莫夫心想，这还不简单吗？便顺口答道：“盲人肯定会这样。”他伸出食指和中指，做出剪刀的形状。听了阿西莫夫的回答，汽车修理工开心地笑起来：“哈哈，答错了吧！盲人想买剪刀，只需要开口说‘我买剪刀’就行了，他为什么要做手势呀？”

【分析思考】

思维定式、习惯思维框住了我们的思维，囚禁了我们心灵的拓展空间。年轻的阿西莫夫在获得“听障人士通过手势买钉子”的思考经验后，想当然地将盲人买剪刀的行为通过手势进行表达，而忽略了盲人可以通过语言表达的能力。这种思维定式表现在人们生活、学习和工作的各个领域，构成了巨大的定式思维障碍。一方面，思维定式使人们的学习、生活、工作简洁明快，社会高度有序化；另一方面，思维定式往往会形成创造性思维的障碍，极大地影响人们创造力的发挥。

我们总习惯用一种常规的方式思考问题，长年累月地按照一种既定的模式工作、生活，从而形成思维定式。所以，遇到问题时不妨换个角度，打破模式、定式，从而获得突破和创新。

【交流探讨】

【探讨 2-1】怎样把一个鸡蛋竖立在桌面上

哥伦布在发现新大陆后，人们为他举行了宴会。有一些参加宴会的贵族认为他发现新大陆完全出于偶然。哥伦布叫人从厨房拿来几个鸡蛋说：“诸位，你们谁能把一个鸡蛋立在桌子上？”哥伦布笑着说：“问题是你们这些聪明人谁也没有在我之前想起这样做。我的方法：其实任何鸡蛋的表面都是凸凹不平的，不用任何别的办法，我们只要仔细，总可以找到一个平面（实际上可能是三个凸点）将鸡蛋的重心放到上面，这样鸡蛋就立起来了！”

“所以答案是：不用任何特殊的办法，仔细就行。”

在场其他人也提出了一些想法，例如，把鸡蛋来回摇晃十分钟左右，用大头立，就把生鸡蛋立起来；在蛋上涂上强力胶，竖直放到桌子上就立起来了；要挑选一头大一头小的鸡蛋，立鸡蛋时将大头朝下，这样重心会比较低，就像不倒翁一样，容易保持平衡；桌面上涂上印泥，再把鸡蛋立在涂有印泥的桌面……

【各抒己见】

案例中所描述竖立鸡蛋的方法也有其规律可循：能立住的鸡蛋，底部会有一个肉眼很难看清楚的平面，一旦重力作用线能经过这个平面，鸡蛋就能站立起来。另外，生鸡蛋里的蛋黄位置也会影响鸡蛋的站立情况，所以立鸡蛋的手要尽量保持不动，让蛋黄可以慢慢沉淀到鸡蛋下部，这样重心就能足够低，使鸡蛋保持平衡。

根据上述立鸡蛋的原理，突破案例中所提出的立鸡蛋方法的束缚，经研讨后提出一些新的立鸡蛋方法。

【探讨 2-2】外婆家："低价"如何实现赢利

"外婆家"从一家路边店成长为拥有众多连锁分店的杭州餐饮航母。"排队候餐"成为外婆家的品牌标志。当越来越多的人愿意花上一两个小时在外婆家的等位区排队等候的时候，有不少人困惑不解："这么久的等待值不值？"

究竟什么原因让如此多的人心甘情愿地等上一两个小时只为吃顿饭？

外婆家从一开始就把经营目标定位为居家用餐，锁定了朋友聚会和家庭聚会这个消费人群作为外婆家的顾客。30%的产品+40%的环境+30%的服务，通过价格杠杆调节，实现最佳的性价比。

研究菜单可以发现，外婆家吸引食客的招数首推高性价比。别致的就餐环境、品种丰富的菜肴、良好的服务加上相对低廉的价格，让消费者觉得值。

1 元一个茶叶蛋，3 元一份麻辣豆腐，琥珀桃浆 6 元，蓝莓山药 12 元，15 元一份葱花肉，26 元一份西湖醋鱼……这不是城乡接合部某个小饭馆的价位，而是位于北京金街王府井购物中心六层外婆家的几道菜品价格。

而且，外婆家的华丽吊灯、藤编木椅、砖墙、鸟笼、装饰画，颇具情调。装修如此雅致、文艺的餐厅，价位却与普通餐厅相仿甚至更低，很自然就引发一个问题：外婆家究竟如何赢利？

如果说，性价比是外婆家提供给顾客的价值感，那么支撑外婆家赢利的则是产出比，其实，它是对企业而言的"性价比"。外婆家每桌在正餐时间能相继接待 4 群不同的顾客，而大部分生意好的餐厅营业系数一般是 2。

凡到过外婆家就餐的人都会发现，尽管这些餐厅装修颇有格调，但远没有同档次装修餐厅那种宽敞、私密感。桌与桌之间挨得很近，往往只能容一人通过。这样就能充分利用空间摆放尽可能多的餐位。与陌生人过于接近的座位安排，当然不是为了让大家彼此沟通，而是在暗示顾客不要停留太久，以加快翻台率。细心的消费者还发现，和咖啡馆相比，外婆家的椅子不是很舒服，不便久坐聊天，所以吃完了就撤，无形中也提高了营业系数。

而且，与别家餐馆不同，外婆家的就餐桌是定员的。引入定员服务法，寸土寸金，利用空间经营，严格细分，按客群数量分区经营，每张桌子都规定了就餐人数。而叫号机的应用在带来时尚概念的同时，更大意义是实现了餐厅的广告效应和人为造成排队的效果。

【各抒己见】

对于餐饮业如何赚钱，最常规的想法是提高菜价，让吃饭的顾客多掏钱，这样餐馆的利润就可以得到保障。而外婆家的管理者却能打破这种思维局限，将"让吃饭的顾客多掏钱"转变为"让更多的顾客来吃饭"，通过提升每张桌子的产出来保障自己的利润，从而在一定程度上保障自己和顾客的利益，实现双赢。

观察周边"生意火爆""排队候餐"的餐馆，分析该餐馆的定位、价格和盈利模式。如果你开办一家特色餐饮，你打算如何定位？如何实现盈利？

【实战训练】

【训练 2-1】突破从众思维，提出一种与众不同的观念

开动脑筋，想出一种与众不同的观念，这种观念也许并不高明，也很难有运用推广的价值，那也不要紧，只要它与人们的日常习惯相冲突即可。然后把自己的新观念告诉朋友，或者告诉在公园里或汽车上刚认识的其他人，听听大家会有什么说法。

【训练 2-2】突破权威定式，海豚并不是最聪明的动物

很多年来，人们一直觉得，海豚是世界上最聪明的动物之一。而如今，一些研究人员认为，可能事实并不是这样的。生物学家 Justin Gregg 和神经行为学家 Paul Manger 通过多年的研究，他们认为海豚并不是一种聪明的动物，有时候甚至还不如小金鱼。查阅相关资料，然后思考；对于这一问题你是相信以前的经验，还是认可研究人员的结论？说明原因。

【训练 2-3】如何安全过河

有一个人带着猫、鸡、米过河，船除需要人划外，至少能载猫、鸡、米三者之一，而当人不在场时猫要吃鸡、鸡要吃米。试设计一个安全过河方案，并使渡船次数尽量减少。

【训练 2-4】怎样分苹果

篮子里有 4 个苹果，由 4 个小孩平均分。分到最后，篮子里还有 1 个苹果。他们是怎样分的？

2.3 发散思维训练

发散思维是指大脑在思维时呈现的一种扩散状态的思维模式，表现为思维视野广阔，思维呈现出多维发散状。可以通过从不同方面思考同一问题，如“一题多解”“一事多写”“一物多用”等方式，培养发散思维能力。不少心理学家认为，发散思维是创造性思维的最主要的特点，是测定创造力的主要标志之一。

【学习领会】

2.3.1 发散思维的含义

发散思维，也称为多向思维、扩散思维、辐射思维、放射思维，是指对某一问题或事物的思考过程中，不拘泥于一点或一条线索，打破原有的思维格局，通过联想将思路拓展开来，从已有的信息出发，尽可能向各个方向扩展，而不仅仅局限于已知的或现存的方式、方法、规则和范围等的约束，并且从这种扩散、辐射和求异式的思考中求得常规的和非常规的多种不同的解决办法，衍生出各种不同的结果。这种思路好比自行车车轮，许多辐条以车轴为中心沿径向向外辐射。发散思维是多向的、立体的和开放型的思维。

发散思维是针对一个问题，沿着各种不同的方法去思考，从多方面提出解决方案，寻求各种各样的解决办法，以求得最佳答案解决问题的思维。从定义可知，发散思维是从多方面寻求答案，尽可能多地提出不同的答案，它重视问题所提供的信息与记忆中的各种信息的各种关系，从而产生新的信息。发散思维有助于避免考虑问题的单一性，帮助人们摆脱思维的僵化、刻板和呆滞，获得创造性成果。所以说，发散思维是创造性思维的主要构成成分。著名创造学专家吉尔福特说过：“正是在发散思维中，我们看到了创造性思维的最明显的标志。”

2.3.2 发散思维的主要特征

发散思维在人们的语言和行为表达上具有三个明显的特征：流畅性、变通性和独特性，分别代表了发散思维从低到高的三个层次。

（1）流畅性。流畅性就是观念的自由发挥。流畅性是较低层次的发散思维特征，是指针对问题（发散点）从不同角度在单位时间内提出多少个答案的思维特征。流畅性良好的发散思维能在单位时间内提出较多答案，表达尽可能多的思维观念，所以，流畅性反映发散思维的速度和数量特征，用在一定时间内的“个数”指标来表示流畅性好坏的程度。虽说流畅性是较低层次的发散思维特征，但流畅性却是其他两个特征的基础，没有流畅性就很难有变通性和独特性。

（2）变通性。变通性就是克服人们头脑中某种自己设置的僵化的思维框架，按照某一新的方向来思索问题的过程。变通性需要借助横向类比、跨域转化、触类旁通，使发散思维沿着不同的方面和方向扩散，表现出极其丰富的多样性和多面性。

变通性是较高层次的发散思维特征，是指针对问题（发散点）从不同角度、用不同方法思考问题，在单位时间内提出多少种不同类型答案的思维特征。变通性良好的发散思维能在单位时间内想出较多的不同类型的答案，所以，变通性反映发散思维的灵活程度，用在一定时间内的“类型数”指标来表示变通性的好坏程度。变通性是独特性的基础，没有变通性就没有独特性。

（3）独特性。独特性是指人们在发散思维中做出不同寻常的异于他人的新奇反应的能力。独特性是最高层次的发散思维特征，是针对问题（发散点），用前所未有的新角度、新观点去解决问题，提出超乎寻常的新观念、新思维、新方案。独特性良好的发散思维能在单位时间内提出较多的新方案，所以，独特性反映发散思维的本质，在创造思维中所起的作用最为明显，用在一定时间内的“新导数”或“独列数”指标来表示独特性的好坏程度。独特性是发散思维所追求的目的。

发散思维的流畅性、变通性和独特性特征为我们培养和训练发散思维能力指明了方向和目标。从流畅性入手，培养发散思维的速度和数量；然后过渡到思路变换，向多方向思考，培养变通性；最后在变通性的基础上，思路更加开阔，奇思异想不断涌现，提出独特的观点、设想和构思。人们往往在逐步提高发散思维水平的过程中提高创造能力。

2.3.3 发散思维的方法

（1）一般方法。

①材料发散法：以某个物品作为“材料”，以其为发散点，设想它的多种用途。

②功能发散法：从某事物的功能出发，构想出获得该功能的各种可能性。

③结构发散法：以某事物的结构为发散点，设想出利用该结构的各种可能性。

④形态发散法：以事物的形态为发散点，设想出利用某种形态的各种可能性。

⑤组合发散法：以某事物为发散点，尽可能多地与别的事物组合成新事物。

⑥方法发散法：以某种方法为发散点，设想出利用方法的各种可能性。

⑦因果发散法：以某个事物发展的结果为发散点，推测出造成该结果的各种原因，或者由原因推测出可能产生的各种结果。

（2）假设推测法。假设的问题无论是任意选取的，还是有所限定的，所涉及的都应当是与事实相反的情况，是暂时不可能的或是现实不存在的事物对象和状态。

由假设推测法得出的观念可能大多是不切实际的、荒谬的、不可行的，这并不重要，重要的是有些观念在经过转换后，可以成为合理的有用的思想。

（3）集体发散思维。发散思维不仅需要用上我们自己的全部大脑，有时候还需要用上我们身边的无限资源，集思广益。集体发散思维可以采取不同的形式，如我们常常戏称的“诸葛亮会”。在设计方面，每人都说出自己的想法，只要自己能说通，都可以被大家认同，而且被采纳，最后总结出结论，这个方法就叫作“头脑风暴”。

2.3.4 发散思维训练方法

以材料、功能、结构、形态、组合、方法、因果、关系等 8 个方面为“发散点”，进行具有集中性的多端、灵活、新颖的发散训练，以培养创造性思维能力。

（1）材料发散。以某个物品作为“材料”，以其为发散点，设想它的多种用途。例如，尽可能多地写出（或说出）回形针的各种用途。

把纸或文件别在一起；作为发夹用；可用来代替西装领带上的别针；打开一端，烧红了可在软木塞上穿孔；拉开一端，能在蜡板或泥地上画印痕——画图、写字；拉直了，可用作粗织工的针或织针；拉直了还可以做鞋带（穿过鞋带孔纽结起来代替鞋带）；当鱼钩；穿上一条线当挂钩；可用来固定标签；装在窗帘上代替小金属圈……

（2）功能发散。以某事物的功能为发散点，设想出获得该功能的各种可能性。例如，怎样才

能达到照明的目的？（办法越多越好）

点油灯；开电灯；点蜡烛；用镜子反射太阳光；划火柴；烧纸片；用手电筒；点火把；燃篝火……

（3）结构发散。以某种事物的结构为发散点，设想出利用该结构的各种性能。例如，尽可能多地画出包括“︵”结构的东西，并写出或者说出它们的名称。

（4）形态发散。以事物的形态（如形状、颜色、音响、味道、气味、明暗等）为发散点，设想出利用某种形态的各种可能性。例如，尽可能多地设想利用铃声可以做什么事或办什么事，尽可能多地设想利用香味可以做什么事或办什么事。

（5）组合发散。从某一事物出发，以此为发散点，尽可能多地设想与另一事物（或一些事情）联结成具有新价值（或附加值）的新事物的各种可能性。例如，尽可能多地写出（或说出）圆珠笔可同哪些东西组合在一起，尽可能多地写出（或说出）伞可同哪些东西组合在一起，尽可能多地写出（或说出）电话可同哪些东西组合在一起。

（6）方法发散。以人们解决问题或制造物品的某种方法为发散点，设想利用该种方法的各种可能性。例如，尽可能多地写出（或说出）用“翻”的方法可以办成哪些事情或解决哪些问题，尽可能多地写出（或说出）用“摇”的方法可以办成哪些事情或解决哪些问题。

（7）因果发散。以某个事物发展的结果为发散点，推测造成该结果的各种原因；或以某个事物发展的起因为发散点，推测可能发生的各种结果。例如，买东西时常发现，尽可能多地写出（或说出）重量不足的各种可能原因。尽可能多地写出（或说出）每个人都是近视眼的话可能发生的结果。

（8）关系发散。从某一事物出发，以此为发散点，尽可能多地设想与其他事物之间的各种联系。例如，尽可能多地写出（或说出）塑料薄膜的发明对人类社会产生了哪些影响。科学家已发明了一种写上字几天后字迹就会自行消失的纸，尽可能多地写出（或说出）这会使哪些人发生哪些新的变化。

2.3.5 使用“图形发散”的方法训练发散思维

视觉图形在创造中有很重要的意义和作用。一个观念、一个思想有时很难用语言简单地表述出来，但用图形却能很简单地表示出来，而且图形能表示出语言所无法表达的思想。在创造时，动手画画图，能起到使大脑清醒、提高意识功能、促进注意力集中、启发思维等作用。

（1）图形意义发散。从一个简单的图形中辨认出所表示的各种实物的名称，这是图形意义发散训练题目的形式。例如，在黑板上画一个小粉笔点，它代表什么？它代表苍蝇、米粒、星星、箭头、小石子、猫头鹰的眼睛、蟑螂粪便、圆珠笔头、露珠、珍珠、眼泪，等等。

（2）花边设计发散。花边设计发散是给出一个角、一个点、一条曲线、一个或几个简单图形为元素，要求在允许的时间内设计出尽可能多的不同样式的花边。

例如，以“×”图形为基本元素，在 10 分钟内设计出尽可能多的花边样式。

设计得到的几个答案如下：

①××××××××××××××

②×+×+×+×+×+×+×+×+×+

③※※※※※※※※※※※※※

（3）组合设计发散。给出几个简单图形，要求在允许的时间内进行各种各样的组合，并说出组合图形所表示的实物名称或意义。

（4）形成图像发散。给出一个图形，要求加上几个线条进行加工形成一定意义的图像，要求在允许的时间内尽可能多地形成各种图像。

2.3.6 使用“事物功能性质发散”的方法训练发散思维

（1）物品用途发散。以某物品作为发散点，设想出它的多种用途。例如，在 5 分钟内尽可能多地说出曲别针的各种用途：别东西、作装饰物、穿松紧带、当针、对电子表、通烟袋锅、弯成各种图形、当刀子刻东西、作钥匙环用、当牙签、作扣子、作耳勺、作导线、启动日光灯等。

物品用途发散的思维方式有两种。一种是根据物品的特征进行发散，想出可能的用途。例如，回形针是铁制的，是导体，由此我们想到它可用作导线，作启动日光灯用等。另一种是进行强制性的思维发散，即随便想出一个事物，把该事物和作为发散点的物品强制地联系在一起，寻找作为发散点物品的新用途，如想到扣子，把回形针当扣子用。后一种方式对于发现某种材料的新用途能起巨大的作用，取得辉煌的成果。特别是一种新材料发明后，可以应用物品用途发散的第二种方式寻找可应用的领域，一定会得到靠其他方法得不到的新奇创造构思。

例如，玻璃是一种很有用的材料，尽可能多地说出以玻璃为材料的各种物品。你想到了手表，就有了玻璃制手表；想到桌子，就有了玻璃制的桌子；想到书，就有了玻璃制的书等。虽然有些看起来滑稽可笑，但也可能会有可创造的思想方案。例如，玻璃手表，整只手表或部分手表零件如表壳等用玻璃制造，你可想象一下，这该是多么漂亮的一只手表啊！

（2）事物性质应用发散。以某事物的某种性质为发散点，设想出能利用该性质的各种事物，然后把该事物与各种事物结合起来提出方案、思维和观念。例如拉链，其主要的功能性质是开合，把分开的两部分结合起来。针对这个性质，即把“把分开的两部分结合起来”作为发散点，想出需要把两个分开的部分连接起来的事物，如箱子、衣服、家具、家具的抽屉、门的开关、外科手术时伤口的缝合、建房子、组装机器、把邮票贴在信封上、罐头封口等。然后把拉链与想到的各种事物一一结合起来思考，看能否加以利用。例如，外科手术时伤口的缝合和拉链结合，得到伤口拉链缝合技术；建房子和拉链结合，得到先做各种预制构件，然后各构件用拉链的方式连接起来；罐头封口和拉链结合，把罐头封口做成拉链形式，一拉就开。

（3）组合发散。组合发散是以某一事物为发散点，尽可能多地设想出与另一事物联结成具有新价值的新事物的各种可能性。例如，尽可能多地说出钥匙圈可以与哪些东西组合在一起。答案如下：可以与小刀、剪刀、纪念章、工艺品、手电筒、烟斗、收音机、窗帘、门帘、装饰品、衣服、书等组合在一起。组合发散是很重要的思维形式，技术史上的合金钢材料的发明就是组合发散的成果。把铁与各种金属组合，如与锰、铬、镍、铝等组合，更进一步思考与其他金属化合物、非金属和非金属化合物组合，可能会得到很多有用的新材料。

组合发散是一种强制性思维的发散方法，即你想到什么就与发散点的事物组合在一起。例如，尽可能多地说出手电筒可以同哪些东西组合在一起。想到了手表、钟、鞋子、笔、衣服、书、桌子、帽子、汽车、教室。与手电筒组合，就有了带手电筒的手表、钟、鞋子、笔、衣服、书、桌子、帽子、汽车、教室等。从中可以发现一些很好的创意。如带手电筒的表，其形式有夜光表和带灯的电子表；带手电筒的笔，对新闻工作者在进行现场夜间采访时很有用处；带手电筒的书，对住集体宿舍的“夜猫子”真是福音，也不影响别人的休息。组合发散与前面提到的材料用途发散有类似之处，但也有区别。组合发散是把组合的两个事物结合起来，而材料用途发散是用新材料代替旧材料制造想到的东西。

2.3.7 使用“分类发散”的方法训练发散思维

归类、分类在科学技术研究中意义是很大的。科学家强调，我们不仅要能看出同中之异，而且要能看出异中之同，尤其是发现毫无相同之处的两件东西的相似或相同点，即共同特性。例如，一只猫和一台电冰箱，看起来是两种截然不同的东西。但是，如果我们仔仔细细推敲，它们有些共同特征，如放鱼的地方，都有不同的颜色，都有尾部（冰箱的尾部指冰箱接电源的电源插头线），都能发出声音等。分类发散训练是训练以多种方式对事物进行分类的能力。人们是根据种种事物所共同具有的属性来对它们进行分类的。

例如，对下列字母进行分组，要求每组至少有 3 个字母，可以有几种分法？

B、T、H、S、V、O、N、Z

答案如下：BSO（曲线），THVNZ（直线组成），HNZ（平行线），THN（竖线），THZ（横线），VNZ（斜线），VNZ（锐角）

【案例剖析】

【案例 2-2】明白铅笔的用途

法学博士普洛罗夫在将近 6 年的时间里进行调查，问了同一个问题："圣•贝纳特学院教会了你什么？"共收到了 3756 份回函。在这些回函中，有 74%的人回答他们在学校里知道了一支铅笔有多少种用途，入学的第一篇作文就是这个题目。

当初，学生都以为铅笔只有一种用途——写字。后来都知道了铅笔不仅能用来写字，必要时还能用来替代尺子画线；还能作为礼品送朋友表示友爱；能当商品出售获得利润；铅笔的笔芯磨成粉后可以做润滑粉；削下的木屑可以做成装饰画；一支铅笔按照相等的比例锯成若干份，可以做成一副象棋；可以当作玩具的轮子；在野外缺水时，铅笔抽掉笔芯还能当作吸管喝石缝中的水；在遇到坏人时，削尖的铅笔还能作为自卫的武器等。

【分析思考】

圣•贝纳特学院让其学生明白，有着眼睛、鼻子、耳朵、大脑和手脚的人更是有无数种用途，并且任何一种用途都足以使我们成功。

事物的功能性质是方方面面的，不只是日常我们所使用的功能和所认识的性质，还有很多有待发掘、认识的功能性质。发现、认识事物的另一种新的功能性质，能为我们从另一方面、另一角度利用该事物指明方向，引导我们进行新的创造。

【交流探讨】

【探讨 2-3】在没见到 21 号之前别忙着做出决定

曾经有个叫佛瑞迪的青年去求职。当他赶到报考地点时，已有 20 位求职者排在前面，他是第 21 位。怎样才能引起老板的特别注意而赢得唯一的职位呢？佛瑞迪沉思了一会儿，终于想出了一个好主意。他在一张纸片上写了几行字，请人交给了老板。老板看后哈哈大笑起来，并且走到他的面前亲切地拍了拍他的肩。请你们想一想：纸片上写的是什么字？纸片上写的是：先生，我排在队伍的第 21 位。在您看到我之前，请千万别忙着做出决定。

【各抒己见】

佛瑞迪恰当地运用了方法发散思维。方法发散是以人们解决问题或制造物品的某种方法为发散点，设想利用该种方法的各种可能性。

如果你听人家介绍说，新近出版的某本书很好，觉得这本书对你很有用，有收藏的价值，所以，你希望拥有这本书。那么，用什么办法能得到这本书呢？

运用发散思维完成以下任务：

（1）尽可能多地写出（或说出）手机的各种用途。

（2）尽可能多地写出（或说出）砖的各种用途。

（3）尽可能多地写出（或说出）玻璃杯的各种用途。

（4）尽可能多地写出（或说出）书的各种用途。

（5）尽可能多地写出（或说出）报纸的各种用途。

【实战训练】

【训练 2-5】尽可能多地写出以某个字词为元素的各种语词

以“打”为元素的各种语词有：打人、打门、打鼓、打铁、敲打、击打、殴打、攻打、打官司、打交道、打墙、打刀、打卤、打包裹、打毛衣、打格子、打伞、打电话、打酒、打草、打主意、打手势、一打。

（1）在 10 分钟内尽可能多地写出以“发”为元素的各种语词。

（2）在 10 分钟内尽可能多地写出以“过”为元素的各种语词。

【训练 2-6】运用“分类发散”的方法训练发散思维

分类发散训练是训练以多种方式对事物进行分类的能力，人们是根据种种事物所共同具有的属性来对它们进行分类的。

（1）对下列词按意义进行分组，要求每组至少有 3 个词，可以有几种分法？

A．知更鸟　B．飞机　C．小船　D．鲸鱼　E．黄蜂　F．小刀　G．短鼻鳄鱼

（2）把下列物件按照性质尽可能进行分类：A．鸭，B．菠菜，C．石，D．人，E．木，F．铁，G．菜油。

（3）使用两个圆、两条直线和两个三角形，可以组成哪些有意义的图案？

2.4　逆向思维训练

【学习领会】

2.4.1　逆向思维的含义

逆向思维也称反向思维、求异思维，是一种重要的思维方式。它是朝着事物发展相反的方向去思考问题，从而提出不同凡响的超常见解的思维方式。

敢于“反其道而思之”，让思维向对立面的方向发展，从问题的相反面深入地进行探索，树立新思想，创立新形象。当大家都朝着一个固定的思维方向思考问题时，而你却独自朝相反的方向思索，这样的思维方式就叫逆向思维。人们习惯于沿着事物发展的正方向去思考问题并寻求解决办法。其实，对于某些问题，尤其是一些特殊问题，从结论往回推，倒过来思考，从求解回到已知条件，反过去想或许会使问题简单化，使解决它变得轻而易举，甚至因此而有所发现，创造出惊天动地的奇迹来，这就是逆向思维的魅力。

与常规思维不同，逆向思维是反过来思考问题，是用绝大多数人没有想到的思维方式去思考问题。运用逆向思维去思考和处理问题，实际上就是以“出奇”去达到“制胜”。因此，逆向思维的结果常常会令人大吃一惊，喜出望外，别有所得。

2.4.2　逆向思维的特点

逆向思维具有如下特点：

（1）普遍性。逆向性思维在各种领域、各种活动中都有适用性。由于对立统一规律是普遍适用的，而对立统一的形式又是多种多样的，有一种对立统一的形式，相应地就有一种逆向思维的角度，所以，逆向思维也有无限多种形式。如性质上对立两极的转换：软与硬、高与低等；结构、位置上的互换、颠倒：上与下、左与右等；过程上的逆转：气态变液态或液态变气态、电转为磁或磁转为电等。不论哪种方式，只要从一个方面想到与之对立的另一方面，都是逆向思维。

（2）批判性。逆向是与正向比较而言的，正向是指常规的、常识的、公认的或习惯的想法与做法。逆向思维则恰恰相反，是对传统、惯例、常识的反叛，是对常规的挑战。它能够克服思维定式，破除由经验和习惯造成的僵化的认识模式。

（3）新颖性。循规蹈矩的思维和按传统方式解决问题虽然简单，但容易使思路僵化、刻板，摆脱不掉习惯的束缚，得到的往往是一些司空见惯的答案。其实，任何事物都具有多方面属性。由于受过去经验的影响，人们容易看到熟悉的一面，而对另一面却视而不见。逆向思维能克服这一障碍，结果往往出人意料，给人以耳目一新的感觉。

2.4.3 逆向思维的类型

逆向思维的常见类型如下：

（1）反转型逆向思维。这种方法是指从已知事物的相反方向进行思考，产生发明构思的途径，常常从事物的功能、结构、因果关系等三个方面展开反向思维。例如，传统的破冰船，都是依靠自身的重量来压碎冰块的，因此其头部都采用高硬度材料制成，而且设计得十分笨重，转向非常不便，所以这种破冰船非常害怕侧向漂来的流水。苏联科学家运用逆向思维，变向下压冰为向上推冰，即让破冰船潜入水下，依靠浮力从冰下向上破冰。新的破冰船设计得非常灵巧，不仅节约了许多原材料，而且不需要很大的动力，自身的安全性也大为提高。遇到较坚厚的冰层，破冰船就像海豚那样上下起伏前进，破冰效果非常好。这种破冰船被誉为当时“最有前途的破冰船”。这是利用逆向思维，对结构进行反转型思考的产物。

（2）转换型逆向思维。这是指在研究某一问题时，由于解决该问题的手段受阻，而转换成另一种手段，或转换思考角度，以使问题顺利解决的思维方法。例如，历史上被传为佳话的司马光砸缸救落水儿童的故事，实质上就是一个用转换型逆向思维的例子。由于司马光不能通过爬进缸中救人的手段解决问题，因而他就转换为另一种手段——破缸救人，进而顺利地解决了问题。

（3）缺点逆向思维。这是一种利用事物的缺点，将缺点变为可利用的东西，化被动为主动、化不利为有利的思维发明方法。这种方法并不以克服事物的缺点为目的，相反，它是将缺点化弊为利，找到解决方法。例如，某时装店的经理不小心将一条高档呢子裙烧了一个洞，其身价一落千丈。如果用织补法补救，也只能是蒙混过关，欺骗顾客。这位经理突发奇想，干脆在小洞的周围又挖了许多小洞，并精于修饰，将其命名为“凤尾裙”。一下子，“凤尾裙”销路顿开，该时装商店也出了名。

2.4.4 逆向思维的常见形式

逆向思维的常见形式如下：

（1）原理逆向。原理逆向就是从事物原理的相反方向进行思考。意大利物理学家伽利略曾应医生的请求设计温度计，但屡遭失败。有一次他在给学生上实验课时，由于注意到水的温度变化引起了水的体积的变化，这使他突然意识到，倒过来，由水的体积的变化不也能看出水的温度的变化吗？循着这一思路，他终于设计出了当时的温度计。

（2）功能逆向。功能逆向是指按事物或产品现有的功能进行相反的思考，寻求解决问题的新途径的思维方法。例如，3M 公司的一个职员无意中发现，原来废弃的纸张经过一定的处理可以成为粘贴纸，从而为公司创造了巨额的利润。

（3）结构逆向。结构逆向是指从已有事物的逆向结构形式中去设想，以寻求解决问题新途径的思维方法。一般可以从事物的结构位置、结构材料以及结构类型进行逆向思维。例如，日本有一位家庭主妇对煎鱼时总是会黏到锅上感到很恼火，煎好的鱼常常是烂开的，不成片。有一天，她在煎鱼时突然产生了一个念头，能不能锅的下面不加热而在锅的上面加热呢？经过多次尝试，她想到了在锅盖里安装电炉丝这一从上面加热的方法，最终制成了令人满意的煎鱼不煳的锅。

（4）属性逆向。属性逆向就是从事物属性的相反方向所进行的思考。事物的属性往往是多方向的，一件事情可以从不同的角度去理解。即使同一件事情从不同的角度观察，其性质也可以是多方面的，并且是相互转化的。例如，1924 年，法国青年马谢·布鲁尔产生了用空心材料代替实心材料做家具的设想，成为新型建筑师和产品设计师的杰出代表。

（5）方向逆向。方向逆向就是颠倒已有事物的构成顺序、排列位置而进行的思考。例如，变仰焊为俯焊：最初的船体装焊时都是在同一固定的状态进行的，这样有很多部位必须仰焊。仰焊的强度大，质量不易保障。后来改变了焊接顺序，在船体分段结构装焊时将需仰焊的部分暂不施工，待其他部分焊好后，将船体分段翻个身，变仰焊为俯焊，这样装焊的质量与速度都有了保证。

（6）状态逆向。状态逆向是指人们根据事物某一状态的逆向方面来认识事物，引发创造发明的思维方法。过去木匠用锯和刨来加工木头，都是木头不动工具动（实际上是人动）。这样做，人的体力消耗较大。为了改变这一状况，人们从工具不动、木头动的角度出发，设计发明了电刨，从而大大提高了效率和工艺水平，减轻了劳动量。这里从木头静与动这一加工状态的改变，就可知它是与状态逆向思维的内容紧密相连的。

（7）因果逆向。因果逆向是指从已有的事物的因果关系中，变因为果去发现新的现象和规律，寻找解决问题新途径的思维方法。在电的发明史上，从奥斯特的电能生磁到法拉第的磁能生电，它们之间就有着因果逆向思维的联系。例如，近代的无线电广播的播放与接收，录像机的发明与摄像机的发明，这些都属于因果逆向思维的成果。可见，因果逆向思维也是进行发明的有效方法。

逆向思维中“倒因为果、倒果为因”的方法在生活中的应用是极其广泛的。有时，某种恶果在一定的条件下又可以反转为有利因素，关键是如何进行逆向思考。

【案例剖析】

【案例 2-3】奇特的反复印机

如今，复印机、激光打印机等已成日常的办公用品。然而，它却耗费了大量的纸张，既不经济又不符合环保要求。对此，日本理光公司推出了一种“反复印机”，其大小与一台激光打印机差不多，已经复印过的纸张通过它，上面的图文即会消失，还原成能够多次复印的白纸。如此，一张复印纸可以重复使用 10 次左右，不仅节约了资源，创造了财富，而且使人们树立起新的价值观念：节俭固然重要，创新更可贵。这种“反复印机”的出现适逢世界各国日益重视保护森林资源，大力提倡节约用纸之时，故而深受用户欢迎，市场前景十分广阔。

【分析思考】

“反复印机”的发明恰当地运用了逆向思维的方法。逆向思维虽然超常，但不反常；虽然奇特，但不荒唐。它不是毫无根据的胡思，也不是虚无缥缈的乱想，而是一种在解决问题过程中更为艰苦的创造性脑力劳动。它是在一个更为广阔的天地里探求，并在突破常规、与别人完全相反的方向上思考问题的思维方法。反向思维不受旧观念束缚，积极突破常规，标新立异，表现出积极探索的创造性。反向思维不满足于“人云亦云”，不迷恋于传统看法和惯用做法，这种方法常常使问题获得创造性的解决。

逆向思维对于解决疑难问题或创新思维、标新立异具有特殊意义，往往能做出突破性的贡献。怎样去适应市场和日趋变化的消费需求？开拓“反复印机”的成功事例告诉我们，同类产品并非没有开发的潜力和价值，只要生产经营者肯动脑筋，善于把先进的科学技术运用到老产品的挖潜和革新上，多在产品的款式、用途上下功夫，照样能够生产开发出适应市场需求的好产品来。

【案例 2-4】懒马拉车

有一位赶马车的马夫，驱赶着一匹马，拉着一板车煤要上一个坡。无奈路长、坡陡、马懒，马拉着车上了整个坡的三分之一后就再也不愿意前进了，任马夫抽打，马只是原地打转。马夫这时招呼同行马车停下，从同伴处借来两匹马相助。按常规的思维方式，一匹马拉不上坡，另两匹马来帮助，那肯定是来帮忙拉车的。但马夫并不是把另两匹马的牵引绳系在车上，而是将牵引绳系在自己那匹马的脖子上。这时，只听马夫一声吆喝，借来的两匹马拉着懒马的脖子，懒马拉着装煤的车子，很快便上了坡。对马夫这种做法你可能会感到疑惑，用借来的两匹马拉自己的懒马，其结果仍然是自己的懒马在使劲，另两匹马不但使不上劲，而且还有可能拉伤自己的马。

【分析思考】

马夫巧妙运用逆向思维解决懒马问题。这匹马的力量同其他马的力量差不多，车上装的煤也差不多，别的马能上去，这匹马就应当能上去，上不去的原因是这匹马懒惰。也就是说，是态度问题，而不是能力问题。

使用两匹马拉住懒马的脖子，就逼使懒马必须尽最大的力量，拼命拉着煤车前进，否则脖子就可能被另外的两匹马拉断。求生欲使得懒马必须积极主动地拉车上坡。

如果让另外两匹马帮助拉车，虽然可以顺利地将车拉上坡，但让懒马尝到偷懒的甜头后，再遇到上坡时一定还会坐等别的马帮忙。而系住它的脖子让另外两匹马教训它一下，则可以使其记住偷懒所吃的苦头，以后上坡时不敢再偷懒，从而根治该马的懒病。

【交流探讨】

【探讨 2-4】什么样的 18 层大厦可以在地震中屹立不倒

1972 年 12 月 23 日，尼加拉瓜首都马那瓜发生了大地震，一座现代化城市顷刻间变成了一片瓦砾，死亡万余人，震中 511 个街区的房屋被无情地震毁。令人惊奇的是，一片废墟中唯独 18 层的美洲银行大厦竟安然屹立，而大厦正前方的街道地面却呈现了上下达 1/2 英寸（1 英寸≈2.54cm）的错动！如此奇迹轰动了全球。

奇迹的创造者就是著名工程结构专家、美籍华人林同炎。他在设计美洲银行大厦时，试图设计一座震中不会出现房屋崩裂的大厦，但是无论如何都没有办法解决建筑材料在强大外力下不变形、裂开的问题。就在他一筹莫展之际，忽然想到如果不是把思维的重点放在正面（因为放在正面不能彻底解决防震问题），而是把思维着重放在反面呢？

于是，在多方筛选测算后，他采取了框筒结构。这种结构和一般结构不同，具有刚柔相济的特点：在一般受力的情况下，建筑物有足够的刚度来承受外力；而当受到突如其来的强大外力时，可由房屋内部结构中某些次要构件的开裂使房屋总刚度骤然减弱，从而大大减少主要构件建筑材料承受的地震力。这种以房屋次要构件开裂的损失来避免建筑物倒塌的设计思想突破了一般常规的思维框架，突破了以刚对刚的正面思维模式，从而创造了世界上少有的奇迹。

在这里，林同炎选择了以“逆”保护来保护。保护与破坏是完全对立的，但这并不意味着它们不能互补共存。如果不遗余力的保护不能达到“保护”的最终目的，那么用“破坏”来“保护”。使“保护”和“破坏”双方呈现出相互依存的态势，主动设计一些在强烈地震中会被破坏的东西，恰恰成就了保护的目的。在主要建筑体完好的前提下，次要内部结构的破坏反而使得建筑物避开了强烈地震的摧残。

【各抒己见】

结合本案例，谈谈计算机病毒、中小学生上网等问题的积极因素和不利影响。

【实战训练】

【训练 2-7】王老板损失了多少钱

王老板花 30 元进了一双鞋，零售价 40 元。一个小伙子来买鞋，拿一张 100 元人民币，王老板找不开，只能去找邻居换了这 100 元零钱，然后找给了小伙子 60 元。后来邻居发现这张 100 元人民币是假币，没办法王老板又还了邻居 50 元。这场交易里，王老板一共损失了多少钱？

【训练 2-8】猴子采回来多少个桃子

有一只猴子，采回来一堆桃子。第 1 天吃了一半多一个；第 2 天吃了剩下的一半多一个；第 3 天又吃了剩下的一半多一个；接下来的每一天都吃了剩下的一半多一个，到第 10 天的时候剩下一个桃子（第 10 天没有吃桃子）。问：这只猴子采回来多少个桃子？

【训练 2-9】走哪条路你才能生存

假设你是一个求生者，现在面对分岔路口，分别通向生与死。现在，路口分别站着士兵 A 与士兵 B。

（1）士兵 A 与士兵 B 清楚生与死的方向，但你不知道。

（2）两位士兵中，一位一直讲真话，而另一位一直讲假话。

（3）两位士兵都互相知道谁说真话、谁说假话，但你不知道。

现在只有一次选择机会，选择一个士兵并提出一个问题，由此判断出走哪一条路你才能生存。请说出你的问题。

2.5 侧向思维训练

生活中，经常会见到人们在思考问题时“左思右想”，说话时“旁敲侧击”，这种从旁侧开拓出思路的思维方式就是侧向思维。它要求思考者尽量利用其他领域的知识，从别人想不到的角度进行观察、分析，以达到解决问题的目标。

【学习领会】

2.5.1 侧向思维的含义

侧向思维又称“旁通思维”，是发散思维的又一种形式。侧向思维的思路、思维方向不同于正向思维、多向思维或逆向思维，它是沿着正向思维旁侧开拓出新思路的一种创造性思维。通俗地讲，侧向思维就是利用其他领域里的知识和资讯，从侧向迂回地解决问题的一种思维形式。

侧向思维与正向思维是不一样的。正向思维遇到问题，是从正面去想；但是侧向思维是要你避开问题的锋芒，从侧面去想，是在最不起眼的地方也就是次要的地方多做文章，把它挖掘出来，并把它的价值扩大。这样往往会有意想不到的效果，会更简单、更方便。

2.5.2 侧向思维的运用

侧向思维的具体运用方式有以下几种：

（1）侧向移入。侧向移入是指跳出本专业、本行业的范围，摆脱习惯性思维，侧视其他方向，将注意力引向更广阔的领域，或者将其他领域已成熟的、较好的技术方法、原理等直接移植过来加以利用；或者从其他领域事物的特征、属性、机理中得到启发，导致对原来思考问题的创新设想。例如，为了减少摩擦，人们一直在不断地改进轴承。但正常思路无非是改变滚珠形状、轴承结构或润滑剂等，都不能带来大的突破。后来，有人把视野转到其他方向，想到高压空气可以使气垫船漂浮，相同磁性材料会相互排斥并保持一定的距离。于是，将这些新设想移入轴承中，发明了不用滚珠和润滑剂，只需向轴套中吹入高压空气，使旋转轴呈悬浮状的空气轴承，或用磁性材料制成的磁性轴承。

侧向移入是解决技术难题或进行管理创新、产品创新的最基本的思维方式，其应用实例不胜枚举。例如，鲁班由茅草的细齿拉破手指而发明了锯，威尔逊移入大雾中抛石子的现象设计了探测基本粒子运动的云雾器，格拉塞观察啤酒冒泡的现象提出了气泡室的设想。这些事例说明，从其他领域借鉴或受启发是创新发明的一条捷径。

（2）侧向转换。侧向转换是指不按最初设想或常规直接解决问题，而是将问题转换成它的侧面的其他问题，或将解决问题的手段转为侧面的其他手段等。例如，将洗衣机洗的功能侧向移出到洗齿机、洗碗机、洗地瓜机；将熨斗烫的功能侧向移出到烫发棒；阿基米德将洗澡水溢出的道理侧向移出，测皇冠的体积来判断黄金的真假。

（3）侧面移出。侧面移出是指将现有的设想、已取得的发明、已有的感兴趣的技术和本厂产品，从现有的使用领域、使用对象中摆脱出来，将其外推到其他意想不到的领域或对象上。这也是一种立足于跳出本领域，克服线性思维的思考方式。例如，日本人为改变家用冰箱需求逐渐减弱的事实发明了车载微型冰箱，重新拓宽了市场。

总之，我们要善于观察和思考，特别是留心那些表面上似乎与思考问题无关的事物与现象。这就需要在注意研究对象的同时，要间接注意其他一些偶然看到的或事先预料不到的现象。也许这种偶然并非是偶然，可能是侧向移入、移出或转换的重要对象或线索。

侧向思维与逆向思维的区别在于，不是从问题的反面而是从侧面的某个角度来进行思考。

【案例剖析】

【案例 2-5】圆珠不坏油先尽

圆珠笔是比罗兄弟在 1934 年发明的，由于其具有不用灌墨水，可以复写，使用方便等优点，这种笔一问世就受到人们广泛欢迎。但遗憾的是，每当圆珠笔笔芯写到 2 万字左右时，笔芯上的滚珠就由于磨损而变小，这样油就漏出来了。针对这一漏油问题，圆珠笔制造商都投入了大量的人力、物力，进行圆形滚珠耐磨损的研究，在如何延长圆珠的寿命上想办法、找出路，使用更耐磨的金属材料来制造滚珠，从而延长滚珠的磨损寿命。但这样一来就会出现一对矛盾，如果用贵重耐磨金属制造滚珠，就必然大幅度地提高圆珠笔的生产成本和价格，从而在市场上失去竞争力；而普通的廉价金属耐磨损性又比较差。正因为如此，所以多年来圆珠笔漏油这个看似简单的问题都没有得到很好的解决。正当专家们一筹莫展的时候，有位叫中田滕三郎的日本年轻人却另辟蹊径，提出了一个绝妙的想法，从控制圆珠笔的油量着手，通过缩短笔芯使用寿命来达到圆珠不坏油先尽的目的，使色油在写到 1.5 万字左右时正好用完，从而轻而易举地解决了问题。

【分析思考】

有句成语叫作“他山之石，可以攻玉”。当我们在一定的条件下解决不了问题或虽能解决但只是用习以为常的方案时，可以用侧向思维来产生创新性的突破。

很多时候，我们盯住事件本身，也许只能陷入困境，但是侧向思维的恰当运用，会让人以最少的付出达到最大的收益。科学研究表明，一个人为某一问题苦苦思索时，会在大脑里形成一种优势灶，一旦受到其他事物的启发，就很容易与这个优势灶产生相联系的反映，从而解决问题。做有心人，仔细观察，善于思考，捕捉灵感，专心研究，坚持不懈，总会有成功的时候。

本案例巧妙利用逆向思维（从油多逆向为油少）与侧向思维（不从圆珠而从笔芯解决问题）获得成功。

【交流探讨】

【探讨 2-5】乌鸦瓶中取水

一年夏天，乌鸦的家乡遭遇大干旱，它到处都找不到水喝。乌鸦决定搬到一个新地方，那里要有清澈的小河。乌鸦飞了很久，也没有看到小河。它觉得好渴呀，真想马上就喝到水。

突然，乌鸦看到地上有个瓶子，瓶子里有一些水。“终于有水喝了！”乌鸦开心地飞到瓶子旁边。乌鸦想把嘴伸到瓶子里，可是瓶口太小了，瓶子里的水又太低，乌鸦怎么也喝不着。

乌鸦急得团团转，怎么才能喝到水呢？

乌鸦想："如果瓶口再低一点儿，就能喝到水了。"乌鸦一边想，一边衔起一块石子，准备把瓶口砸掉。"不行，不行，万一瓶子被砸碎了，水就流走了。"乌鸦扔掉小石子，转念一想，"如果能让水升到瓶口就好了。"

乌鸦拨弄着瓶子旁边的小石子，忽然想出了一个好办法：往瓶子里放一些石子，水就能升高了。乌鸦衔来很多小石子，小心地把它们放进瓶子里，瓶子里的水渐渐升高了。

不一会儿，瓶子里的水就升到了瓶口，乌鸦开心极了。它张开嘴巴，欢快地喝了一大口，凉凉的、甜甜的，真舒服！ 乌鸦拍着翅膀，大口大口地喝水。喝一会儿，它就往瓶子里放些小石子，然后继续大口喝水。

乌鸦喝完水，感觉自己又有力气了。它要继续向前飞啦！又飞了很久，乌鸦终于来到一个美丽的地方。这里有清澈的小河，还有绿绿的树木、漂亮的花朵，乌鸦开心极了。

【各抒己见】

乌鸦往瓶子里放一些石子，使瓶子里的水渐渐升高，欢快地喝到了水。

一只装满水的杯子，不能倾倒，也不能打碎杯子，如何取出杯中全部的水？请说出你的奇思妙想。

【探讨 2-6】叩诊的发明

一百多年前，奥地利医生奥恩布鲁格想解决怎样检查出人的胸腔是否积水这个问题，他想来想去，突然想到了自己父亲。他的父亲是酒商，在经营酒业时，只要用手敲一敲酒桶，凭叩击声就能知道桶内有多少酒。奥恩布鲁格想：人的胸腔和酒桶相似，如果用手敲一敲胸腔，凭声音，不也能诊断出胸腔中积水的病情吗？"叩诊"的方法就这样被发明出来了。

【各抒己见】

奥恩布鲁格将什么移入"叩诊"方法的发明？请收集一些创意来源于侧向思维的发明。

【实战训练】

【训练 2-10】一笔连 9 点

在最短的时间内，一笔将以下 9 个点（3 个点 1 排，分 3 排共 9 个点）串联起来，必须用直线连接，线条之间必须连贯，不可重复要，一气呵成，总的线条数不能超过 4 根。完成后说说这个游戏给你带来什么样的启示。

【训练 2-11】剪实心圆圈

在 15 分钟内剪下大小不一的 30 个实心圆圈。

2.6 组合思维训练

【学习领会】

2.6.1 组合思维的含义

组合思维又称"连接思维"或"合向思维"，是指把多项貌似不相关的事物通过想象加以连接，从而使之变成彼此不可分割的新的整体的一种思考方式，如鸡尾酒。

组合，不是简单的加法，而是一种创新。它的思维方式是将两个看似不相干的事物进行组合，使“整体具有单个事物所不具备的新质”，增加了新的功能。例如，原来只是一次性的水杯，印上列车时刻表，现在变成茶杯加时刻表了。原来只供喝水用，现在可以边喝茶水边看沿线站名和到站时刻，自己下车的时间就在水杯上，就不用担心坐过站了。而且这种水杯具有新意的情趣，使用起来方便实惠，满足旅客理性需求的“利益点”，带来情感需求的“兴奋点”，大大增强了为消费者服务的能量。

组合是思维的积极发散，不是偶然的巧合。它对对象在空间上进行拓广思考，多方位、多角度探索组合的可能性。例如，水杯的用途除旅行中方便喝水之外，还能提供点什么其他服务呢？它对对象在时间上展开延伸思考，既看到它的过去（质量可以，杯上印有杂七杂八的画），又看到它的现在（组合后可到列车上去卖，市场宽广），还预测它未来的销售趋势。可见，组合不是偶然巧合，它是以某一对象为中心，思维向上下左右、四面八方散发中探求新思路、新点子的创造性活动。组合从突破思维定式开始。惯常的看法是水杯就是供喝茶水的，列车时刻表就是记载列车到发时刻的，两者似乎风马牛不相及，没想过它们还有什么联系。只有破除这种思维定式，才能察人之未察，组合出前所未有的“时刻表茶水杯”。

2.6.2 组合思维的主要形式

组合思维的主要形式如下：

（1）同类组合。同类组合是若干相同事物的组合。参与组合的对象在组合前后其基本原理和结构一般没有根本的变化，往往具有组合的对称性或一致性的趋向。

同类组合的创造目的是，在保持事物原有功能或原有意义的前提下，通过数量的增加，来弥补功能的不足或获取新的功能、产生新的意义。而这种新功能或新意义是原有事物单独存在时所缺乏的。例如，装有两支钢笔和两块手表的礼品盒象征着友谊与爱情，还有双向拉链、情侣装、鸡尾酒、双排订书机、多缸发动机、双头液化气灶、双层文具盒、三面电风扇、双头绣花针等。

（2）异类组合。异类组合是两种或两种以上不同领域的技术思想的组合也可以是两种或两种以上不同功能物质产品的组合。组合对象（技术思想或产品）来自不同的方面，一般无主次关系。参与组合的对象从意义、构造、成分、功能等任一方面和多方面互相渗透，整体变化显著。异类组合是异类求同的创新，创新性很强。

例如，早在18世纪，我国云南哀牢山彝族劳动人民将火药、铅块、铁矿石碴、铁锅碎片等物放入一个掏尽籽的干葫芦里，在葫芦颈部塞入火草作为引火物，把葫芦装进网兜，用于狩猎生产。这就是一个异类组合创造——“葫芦飞雷”，被称为世界上最早的手榴弹。被组合的东西（火药、铅块、铁矿石碴、铁锅碎片等物）是旧的，组合的结果（“葫芦飞雷”）是新的。把旧变新、由旧出新，这就是创造。再例如，塑钢门窗、钢筋混凝土、香味橡皮、音乐贺卡等。

（3）重组组合。重组组合就是在事物的不同层次分解原来的组合，然后再按照新的目标重新安排的思维方式。重组组合一般是在一种事物上实施，在组合的过程中一般不增加新的东西，在重组的过程中主要按预定的目标改变事物各组成部分之间的相互关系。例如，变形金刚式的万能自行车，吸尘器可以有垂直式、手柄式、并列式等。

重组作为手段，可以更有效地挖掘和发挥现有技术的潜力。例如，飞机的螺旋桨装在尾部就是普通飞机，装在顶部为直升机。积木、变形金刚、七巧板等玩具，都有利于儿童建立重组意识，培养重组能力。

（4）共享与补代组合。共享组合是指把某一事物中具有相同功能的要素组合到一起，达到共享的目的。例如，不同的生活用品都用干电池：半导体收音机、电动剃须刀、手电筒、石英表等。

补代组合是通过对某一事物的要素进行摒弃、补充和替代，形成一种在性能上更为先进、新颖、实用的新事物。例如，拨号式电话改为键盘式、银行卡代替存折。又如门锁的演变：挂锁、暗锁、弹子门锁、单保险锁、双保险锁、声控锁、指纹锁等。

（5）概念组合。概念组合就是以词类或命题进行的组合。例如，绿色食品、阳光拆迁、阳光录取、音乐餐厅等。

（6）综合。综合是指为了完成重大课题，在已有的学科、原理、知识、方法、技术不能解决时，创造出新的学科、新的原理、新的方法和新的技术，并对其进行重新组织和安排的思维过程。它具有系统性、完整性、全面性和严密性。

例如，在美国宇航局组织下，动员了 2 万多家企业，200 多个高等院校和科研院所，数百万人参加，共耗资 250 多亿美元，历时 11 年，整个系统共使用数百万个零部件，最终完成了著名的阿波罗计划。

2.6.3 组合思维的常用方法

组合思维的常用方法如下：

（1）主体附加法。主体附加法又称添加法、主体内插式法，它是指以某一特定的对象为主体，通过置换或插入其他技术或增加新的附件而诞生发明或创新的方法。其实施过程为：有目的地选出一个主体；运用缺点列举法全面分析主体的缺点；运用希望列举法对主体提出各种希望；考虑能否在不变或略变主体的前提下，通过增加附属物以克服或弥补主体的缺陷；考虑能否利用或借助主体的某种功能，附加一种别的东西使其发挥作用。例如，电扇加定时器、电冰箱加温度显示器、彩色电视机上附加一个遥控器、带橡皮头的铅笔、含微量元素的食品等。

（2）二元坐标法。二元坐标法就是借用平面直角坐标系在两条数轴上标点（元素），按序轮番地进行两两组合，然后选出有意义的组合物的创新方法。

（3）焦点法。焦点法是以一个预定事物为中心或焦点，依次与罗列的各元素一一构成联想点，寻求新产品、新技术、新思想的推广应用或对某一问题的解决途径。其实施过程为：选择焦点，就是你所希望创新的事物，或者是准备推广的思想技术，将其填入中心圆圈内；列举与焦点无关的事物或技术；强行将中心圆与周围的小圆圈相连接，得到多种组合方案；充分想象，对每种组合提出创造性的设想，最后筛选出新颖实用的最佳方案。例如，玻璃纤维和塑料结合，可以制成耐高温、高强度的玻璃钢。

（4）形态分析法。形态分析法就是通过对研究对象相关形态要素的分列和重新组合，全面寻求各种解决问题方案的方法。例如，为公园游人设计出新颖别致的小游船。首先分析独立要素：船的外形、动力、材料。找出每一独立要素的解决途径：如材料可以选用木材、钢材、玻璃钢、塑料、水泥、铝合金、橡胶板等；动力可以采用划桨、脚踏螺旋桨、电动螺旋桨、明轮、喷水；外形可以用鸳鸯、鹅、龙、画舫、鱼等。然后再把这三种要素的各种子要素进行组合。

形态分析法的步骤如下：

①确定创新对象：准确表述所要解决的课题，包括该课题所要达到的目的及属于何类原理、技术系统等。

②基本因素分析：即确定创新对象的主要组成部分（基本因素），编制形态特征表。

③形态分析：要揭示每一形态特征的可能变量（技术手段），应充分发挥横向思维能力，尽可能列出无论是本专业领域的还是其他专业领域的所有具有这种功能特征的各种技术手段（方法）。在形式上，为便于分析和进行下一步的组合，往往采取列矩阵表的形式，一般表格为二维的，每个因素的每个具体形态用符号 P_{ij} 表示，其中 i 代表因素，j 代表具体形态。对较复杂的课题，也可用多维空间模式的形态矩阵。

④形态组合：根据对发明对象的总体功能要求，分别把各因素的各形态一一加以排列组合，以获得所有可能的组合设想。

⑤评价选择最合理的具体方案：选出少数较好的设想后，通过进一步具体化，最后选出最佳方案。

（5）信息交合法。信息交合法是根据课题的实际需要采用二元坐标法，母本轴、父本轴或以中心点按独立要素分别拉线，标出信息点进行组合，产生大量新观念（想法）、新方案、新技术，创造出更多新产品的方法。

信息交合法实施步骤为：把物体的总体信息分解成若干要素，然后把这种物体与人类各种实践活动相关的用途要素进行分解，把两种信息要素用坐标法连成信息标于 x 轴与 y 轴，两轴垂直相交，构成“信息反应场”，每个轴上的各点的信息依次与另一轴上的信息交合从而产生新的信息。

【案例剖析】

【案例 2-6】爱迪生组合创新发明留声机

1877 年的一天，爱迪生将一张画着锡纸圆筒、螺旋杆、带有尖针和薄膜的圆头的图纸交给一个工人去制造。这个工人虽然根据要求把爱迪生需要的东西制造出来了，但他不懂得这是什么东西。当爱迪生把这台“会说话的机器”带到《科学美国人》杂志编辑部去表演时，各报记者都来观看，盛况空前。

当爱迪生把尖针放在锡纸圆筒上，转动圆筒，发出记录在锡纸上的说话声音时，大家无不热烈欢呼。这就是爱迪生发明留声机的故事，也是爱迪生进行组合思维的结果：几件平凡的东西组合在一起产生了意想不到的效果。

【分析思考】

组合思维就是对现有的实物加以组织，以形成形态、功能更优的事物的创新思维方法。

在科学界、商业和其他行业都有大量的组合创造的实例。当然，组合不是随心所欲的拼凑，必须是遵循一定的科学规律的有机的最佳组合。

【交流探讨】

【探讨 2-7】知识、技术、模式的有机组合

许多科学家认为，知识体系的不断重新组合是人类知识不断丰富发展的主要途径之一。从这一角度看，近现代科学的三次大创造是由三次大组合所带来的。

第一次大组合是牛顿组合了开普勒天体运行三定律和伽利略的物体垂直运动与水平运动规律，从而创造了经典力学，引起了以蒸汽机为标志的技术革命。

第二次大组合是麦克斯韦组合了法拉第的电磁感应理论和拉格朗日、哈密顿的数学方法，创造了更加完备的电磁理论，因此引发了以发电机、电动机为标志的技术革命。

第三次大组合是狄拉克组合了爱因斯坦的相对论和薛定谔波动方程，创造了相对量子力学，引起了以原子能技术和电子计算机技术为标志的新技术革命。

【各抒己见】

（1）探讨乔布斯是如何把世界上最先进的技术进行最优组合，从而达到完美的用户体验，让消费者满意的目标的？

（2）探讨微信组合了哪些技术？微信如何将计算机技术、通信技术、金融支付融合，形成 Internet 平台、通信平台、支付平台最优组合？

【实战训练】

【训练 2-12】主体附加训练

在保留以下器物主体功能不变的情况下，加上其他附加物，以改善或扩大其功能，把结果填入表内。

主体	附加物	改进后的名称	主体	附加物	改进后的名称
日历	手表	带日历的手表	钱包		
电视机			黑板		
自行车			旅行包		

【训练 2-13】汉字重组训练

请给下面每个字各配一个字，再将两字拆一拆、拼一拼，变成一个常用语。

例：注+（吾）=（主）（语）

勋+（ ）=（ ）（ ）　汗+（ ）=（ ）（ ）

夯+（ ）=（ ）（ ）　汕+（ ）=（ ）（ ）

杆+（ ）=（ ）（ ）　杳+（ ）=（ ）（ ）

柱+（ ）=（ ）（ ）　洽+（ ）=（ ）（ ）

【训练 2-14】从洞里怎么掏出铁球

有一棵长在沙丘旁边的大树，树的根部有一个 1 米深、碗口一般大的洞。一天，几个小孩在树下玩铁球，一不留神，铁球掉进了洞里。小孩们只有一根 1 米长的木棍，此外再没有其他什么可以利用的工具。

如何通过动态的组合把掉进洞里的铁球掏出来？利用已有的信息、资源、条件组合完成。

模块 3　巧用创新技法

如何通过提问题来达到发明创造的目的？这有个方法和技巧的问题。创新技法的应用既可直接创造成果，同时也可启发人的创新思维，提高人们的创新能力。

如果把创造创新活动比喻成过河的话，那么方法和技法就是过河的桥或船。方法和技巧可以说比内容和事实更重要。法国著名生理学家贝尔纳曾说过：“良好的方法能使我们更好地发挥天赋的才能，而笨拙的方法则可能阻碍才能的发挥。”黑格尔说：“方法是任何事物所不能抗拒的，最高的，无限的力量。”笛卡儿认为：“最有用的知识是关于方法的知识。”

【知识梳理】

3.1　认知创新技法

1．创新技法的含义

创新技法是指创造学家收集大量成功的创造和创新实例后，研究其获得成功的思路和过程，经过归纳、分析、总结，找出规律和方法，以供人们学习、借鉴和仿效。简言之，创新技法就是创造学家根据创新思维的发展规律总结出来的一些原理、技巧和方法。

2．创新技法的主要特点

创新技法有如下主要特点：

（1）可操作性。可操作性是人们对创新理论及规律融会贯通并加以具体运用的结果。也可以说，没有创新理论就无法指导进一步的创新实践。然而，理论并不是直接去指导实践的，它需要中间环节，其中一个环节是理论—原则方法（技法）—实践。理论只有变成可操作的方法才能更好地指导实践。

（2）技巧性。技巧是技能的熟练化，它是一种和学习训练有关的活动。技巧可以通过学习而得来，可以通过练习而熟练。熟练的技巧已将一切多余而不必要的操作省去，效率更高。技巧的这一特点决定了创新技法的掌握需要实践，需要多用和多练。

（3）概略性。概略性是指创新技法的运用因人、因地、因事而异，不一定能完全成功、有效。这一特点是由创新活动的本质决定的。创新的规律不是很严格，也可以说能很容易地解决一些有效性较高的专业方法解决不了的问题，但使用者又往往说不出其有效性的原因所在。

（4）多样性。创新技法已被越来越多的人重视，也被越来越多的人总结和完善。不同的创新领域、不同的创新阶段、不同类型的创新问题和不同类型的使用者，都有相应的创新技法。创新技法被人们越造越多，有的文献称目前已有 340 多种，有的文献记载目前世界上至少已有 1000 余种。可见，多样性永远是创新技法的一大特点。

3．创新技法的常见类型

创新技法有很多类型，现将这些创新技法的常见类型总结如下：

（1）研究类。研究类侧重于科学研究与发现，运用范围最广，如观察法、实验法、模拟法、假说法、归纳法和演绎法等，适用于策划过程的制定方案阶段、寻求问题阶段、论证方案阶段。

（2）激励类。激励类侧重于激发新奇构想、拓展思路，如智力激励系列方法，以头脑风暴法、哥顿法等为典型，适用于决策过程的产生动因阶段、寻求问题阶段。

（3）取向类。取向类侧重于围绕策划目标提出一系列相关问题或取向点，从而全面准确把握目标，如核检表法、特性列举法、缺点列举法、希望列举法等，适用于策划过程的确定目标阶段、寻求问题阶段。

（4）组合类。组合类侧重于根据目标原则，将两个以上的因素巧妙组合，从而获得具有整体功能的新成果，如形态分析法、物场分析法、信息交合法、组合法等，适用于策划过程的制定方案阶段、寻求问题阶段、论证方案阶段、产生动因阶段。

（5）类比类。类比类侧重于运用类比机制促使激励而联想，从而冲击过程系统化，成为一种对处理复杂问题行之有效的方法，其核心是类比，适用于处理复杂问题，如比较法、分类法、等价交换法等，适用于策划过程的制定方案阶段、寻求问题阶段、确定目标阶段、论证方案阶段。

（6）联想类。联想类侧重于以联想思维作为主要步骤，沟通创新思路，从而产生新的设想和构思点，如强制联想法、类比联想法、创新对比联想法、因果联想法等，适用于策划过程的制定方案阶段、寻求问题阶段、论证方案阶段。

（7）设计类。设计类侧重于新产品的开发设计，是其他创新技法的外在表现阶段，如设计类比法、设计清单法、模块化设计法、计算机辅助设计法、模拟设计法、功能设计法等，适用于策划过程的制定方案阶段、论证方案阶段。

（8）综合类。综合类侧重于把创新对象的各种信息和要素统一起来进行综合观察和研究，从而在整体上引发创新成果，即所谓“综合就是创新”，如论证法、水平思考法、力行思考法、重点扩展法、移植法、分析法、综合法等，适用于策划过程的制定方案阶段、论证方案阶段、寻求问题阶段、确定目标阶段。

（9）设问类。设问类侧重于围绕创新对象或老产品提出各种问题设想和改进方案，从而获得创新成果构想和创新产品，如稽核问题表法、放大缩小法、颠倒逆向法、拉伸折叠法、科学艺术法等，适用于策划过程的产生动因、寻求问题阶段、制定方案阶段。

（10）系统类。系统类侧重于把创新对象作为一个系统进行分析，从整体上研究其发展变化规律，处理各种系统问题，强调对创新研究的整体性、综合性，是介于哲学方法与专门方法之间的方法，如系统论法、控制论、信息论、耗散结构论法、突变论法、协同论法等，适用于策划过程的制定方案阶段、论证方案阶段、寻求问题阶段、确定目标阶段。

3.2 头脑风暴法及其应用

【学习领会】

1. 头脑风暴法的含义

头脑风暴法是世界上最早付诸实施的创新技法之一，是指利用特定的会议形式，使与会者产生联想和创造性想象，激发灵感，以获得大量的创新性设想的创新技法。

头脑风暴法是由创造学家奥斯本于 1939 年首次提出、1953 年正式发表的一种激发性思维方法。此法经各国创造学研究者的实践和发展，至今已经形成了一个发明技法群，如奥斯本智力激励法、默写式智力激励法、卡片式智力激励法等。

头脑风暴法是一种通过小型会议的组织形式，让所有参加者在自由愉快、畅所欲言的气氛中，自由交换想法或点子，并以此激发与会者创意及灵感，使各种设想在相互碰撞中激起脑海的创造性“风暴”。它适合于解决那些比较简单、严格确定的问题，如研究产品名称、广告口号、销售方法、产品的多样化研究等，以及需要大量的构思、创意的行业，如广告业。

2. 头脑风暴法的优势与局限性

头脑风暴法是一种生动灵活的创新技法，应用这一技法的时候，完全可以并且应该根据与会者情况以及时间、地点、条件和主题的变化而有所变化、有所创新。

头脑风暴法可以让人自由交流，容易碰撞出思维性的火花，是创新的有效手段。同时，这种方式所诞生的创意往往是由多方面的各行业人士进行完善的，会比单个专家单独思考得出的创意更为全面、合理。

头脑风暴法具有以下优势：

（1）极易操作执行，几乎不再有任何难题，具有很强的实用价值。

（2）非常具体地体现了集思广益，体现团队合作的智慧。因为良好的沟通氛围，有利于增加团队凝聚力，增强团队精神，可以有效锻炼个人及团队的创造力。

（3）创造良好的平台，提供了一个能激发灵感、开阔思路的环境。每个人的思维都能得到最大限度的开拓，能有效开阔思路、激发灵感。

（4）在最短的时间内可以批量生产灵感，会有大量意想不到的收获。可以提高工作效率，能够更快更高效地解决问题。

（5）面对任何难题，举重若轻。对于熟练掌握头脑风暴法的人来讲，再也不必一个人冥思苦想、孤独“求索”了。

（6）使参加者更加自信，因为参加者发现自己居然能如此有“创意”。使参加者更加有责任心，因为人们一般都乐意对自己的主张承担责任。

（7）可以发现并培养思路开阔、有创造力的人才。

同时，头脑风暴法也有如下局限性：

（1）由于头脑风暴法参与人员过多，层次太杂，一旦涉及意见不能统一时往往会出现少数服从多数现象。

（2）如果是在过程中运用头脑风暴法，容易扰乱设计者和规划者的思路，而且往往是在会议中做出的一些决定可能不是经过深思熟虑的。头脑风暴也容易造成头脑发热。

（3）参与者可能缺乏必要的技术及知识，无法提出有效的意见。

（4）由于头脑风暴法相对松散，因此较难保证过程的全面性。

（5）可能会出现特殊的小组情况，导致某些有重要观点的人保持沉默而其他成员成为讨论的主角。

（6）实施成本较高，要求参与者有较好的素质，这些因素会影响头脑风暴法实施的效果。

（7）头脑风暴不适用于一些具有机密性和高技术含量及专业性的问题。

3. 头脑风暴法的组织形式

头脑风暴法通常采用会议形式实施，会议要求参加的人都能尽情地发表意见，充分发挥想象能力，鼓励大家在别人提出设想的基础上进行补充和综合，进一步提出自己的新设想。

（1）参加人数一般为5～10人（课堂教学也可以班为单位），最好由不同专业或不同岗位人员组成。

（2）会议时间控制在1小时左右。

（3）设主持人一名，主持人只主持会议，对设想不做评论。

（4）设记录员1～2人，要求认真将与会者每一设想不论好坏都完整地记录下来。

4. 头脑风暴法的成功要点

一次成功的头脑风暴除了在实施步骤上的要求之外，更为关键的是探讨方式，心态上的转变。概言之，即充分地、非评价性地、无偏见地交流。具体而言，则可归纳为以下几点：

（1）自由畅谈。参加者不应受任何条条框框限制，放松思想，让思维自由驰骋。从不同角度、不同层次、不同方位，大胆地展开想象，尽可能地标新立异、与众不同，提出独创性的想法。

（2）延迟评判。必须坚持当场不对任何设想做出评价的原则。既不能肯定某个设想，又不能否定某个设想，也不能对某个设想发表评论性的意见。一切评价和判断都要延迟到会议结束以后才能进行。这样做，一方面是为了防止评判约束与会者的积极思维；另一方面是为了集中精力先开发设想，避免把应该在后阶段做的工作提前进行，影响创造性设想的大量产生。

（3）禁止批评。绝对禁止批评是头脑风暴法应该遵循的一个重要原则。参加头脑风暴会议的每个人都不得对别人的设想提出批评意见，因为批评对创造性思维无疑会产生抑制作用。有些人习惯于用一些自谦之词，这些自我批评性质的说法同样会破坏会场气氛，影响自由畅想。

（4）追求数量。头脑风暴会议的目标是获得尽可能多的设想，追求数量是它的首要任务。参加会议的每个人都要抓紧时间多思考、多提设想。至于设想的质量问题，可留到会后的设想处理阶段去解决。在某种意义上，设想的质量和数量密切相关，产生的设想越多，其中的创造性设想就可能越多。

5. 头脑风暴法应遵循的基本原则

为顺利实施头脑风暴法，应遵循以下基本原则：

（1）自由原则。与会者可以自由地、任意地提出解决问题的设想，不受任何限制。思维越狂放，构想越新奇越好。有时，看似荒唐的设想，却是打开创意大门的钥匙。

（2）平等原则。与会者不分职务、资历、性别、年龄、专业，一律平等。

（3）不评判原则。与会者相互之间不许质询、赞扬、批评和评论。即使是对幼稚的、错误的、荒诞的想法，也不得批评。如果有人不遵守这一条，会受到主持人的警告。

（4）数量原则。鼓励人人多谈想法，数量越多越好，而不求质量，数量多了质量自然会高。新设想越多越好，设想越多，可行办法出现的概率就越大。

（5）单一原则。每人每次发言仅提一个设想，只说想法而不陈述理由和背景。

（6）优先原则。可以利用他人想法，提出更新、更奇、更妙的构想。凡是因前一个人的发言而激起的新想法，优先发言。为此，属优先的发言者应及时发出“优先”的信号。

（7）综合改善原则。鼓励与会者多提改善已发表设想的综合、改善类设想。

（8）公开原则。与会者的发言必须被小组全体人员都听到，不允许开小会。

（9）奖励原则。在会上提出设想多的人，或其构想被采纳的人，都应得到高于其他人的奖励。为此，应记录好每个人的发言。但绝不议论哪些构想不好，更不许提及不好的设想是谁提出的。

【案例剖析】

【案例 3-1】如何清除电线上的积雪

有一年，北方格外寒冷，大雪纷飞，电线上积满冰雪，大跨度的电线常被积雪压断，严重影响电力供应和通信。过去，许多人试图解决这一问题，但都未能如愿以偿。后来，电信公司经理应用头脑风暴法，尝试解决这一难题。他召开了一种能让头脑卷起风暴的座谈会，参加会议的是不同专业的技术人员，要求他们必须遵守以下原则：

第一，自由思考。即要求与会者尽可能解放思想，无拘无束地思考问题并畅所欲言，不必顾虑自己的想法是否“离经叛道”或“荒唐可笑”。

第二，延迟评判。即要求与会者在会上不要对他人的设想评头论足，不要发表“这主意好极了！”“这种想法太离谱了！”之类的“捧杀句”或“扼杀句”，至于对设想的评判，留在会后组织专人考虑。

第三，以量求质。即鼓励与会者尽可能多而广地提出设想，以大量的设想来保证质量较高的设想的存在。

第四，结合改善。即鼓励与会者积极进行智力互补，在增加自己提出设想的同时，注意思考如何把两个或更多的设想结合成另一个更完善的设想。

按照这种会议规则，大家七嘴八舌地议论开来，有人提出设计一种专用的电线清雪机；有人想到用电热来化解冰雪；也有人建议用振荡技术来清除积雪；还有人提出能否带上几把大扫帚，乘直升机去扫电线上的积雪。对于这种“坐飞机扫雪”的想法，大家心里尽管觉得滑稽可笑，但在会上也无人提出批评。相反，有一位工程师在百思不得其解时，听到用飞机扫雪的想法后，大脑突然受到冲击，一种简单可行且高效率的清雪方法冒了出来。他想，每当大雪过后，出动直升机沿积雪严重的电线飞行，依靠调整旋转的螺旋桨即可将电线上的积雪迅速扇落。他马上提出“用干扰机扇雪”的新设想，顿时又引起其他与会者的联想，有关用飞机除雪的主意一下子又多了七八条。不到一个小时，与会的 10 名技术人员共提出 90 多条新设想。

会后，公司组织专家对设想进行分类论证。专家认为设计专用清雪机，采用电热或电磁振荡等方法清除电线上的积雪，在技术上虽然可行，但研制费用大、周期长，一时难以见效。那种因“坐飞机扫雪”激发出来的几种设想，倒是一种大胆的新方案，如果可行，将是一种既简单又高效的好办法。经过现场试验，发现用直升机扇雪真能奏效，一个久悬未决的难题终于在头脑风暴会中得到了巧妙的解决。

【分析思考】

自古以来中国民间流传着“三个臭皮匠顶个诸葛亮”的说法，形容在遇到问题时采取集思广益的方式，博采众长。英国学者萧伯纳也说：倘若你有一个苹果，我也有一个苹果，而我们彼此交换这些苹果，那么，你和我仍然只有一个苹果。但是，倘若你有一种思想，我也有一种思想，而我们彼此交流这种思想，那么我们每个人将各有两种思想。头脑风暴法就是基于这个道理产生的。这种技法一方面能够给予与会者的大脑较多的信息刺激，促进与会者的大脑把已有知识和所得信息围绕着要解决的问题重新进行安排，形成多种新的组合，从而产生大量的新设想；另一方面能够造成一种鼓励与会者大胆思维和提出新设想的氛围，提高与会者的创新积极性。

随着发明创造活动的复杂化和研究对象涉及技术的多元化，单枪匹马式的冥思苦想将变得软弱无力，而“群起而攻之”的发明创造战术则显示出攻无不克的威力。

【交流探讨】

【探讨 3-1】破解城市交通问题

运用头脑风暴法讨论“砸核桃的方法”，以下是讨论的过程和大家提出的方案：

主持人：我们的任务是砸核桃，要求多、快、好，大家有什么办法？

甲：平常在家里用牙磕，用手或榔头砸，用钳子夹，用门挤压。

主持人：几个核桃用这种办法行，但核桃多怎么办？

乙：应该把核桃按大小分类，各类核桃分别放在压力机上砸。

丙：可以把核桃黏上粉末一类的东西，使它们成为一般大的圆球，在压力机上砸，用不着分类。

丁：黏上粉末可能带磁性，在压力机上砸压后，或者在粉碎机上粉碎后，由于磁场作用，核桃壳可能脱掉，只剩下核桃仁。

主持人：很好！大家再想想用什么样的力才能把核桃砸开，用什么办法才能得到这些力。

甲：应该加一个集中的挤压力。用某种东西冲击核桃，就能产生这种力，或者相反，用核桃冲击某种东西。

乙：可以用气枪往墙壁上射核桃，例如，可以用射软木塞的儿童气枪射。

丙：当核桃落地时，可以利用地球引力产生力。

丁：核桃壳很硬，应该先用溶剂加工，使它软化、溶解……或者使它们变得很脆。经过冷冻就可以变脆。

主持人：动物是怎么完成这一任务的？例如乌鸦。

甲：鸟儿用嘴啄……或者飞得高高的，把核桃扔在硬地上。我们应该把核桃装在容器里，从高处往硬的地方扔，例如，在气球上、直升机上、电梯上往水泥板上扔，然后把摔碎的核桃拾起来。

乙：可以把核桃放在液体容器里，借助水力冲击把核桃破开。

主持人：是否可使用发现法，例如认同、反向……解决问题呢？

丙：应该从里面把核桃破开，把核桃钻个小孔，往里面打气加压。

丁：可以把核桃放在空气室里，往里打气加压，然后使空气室里压力锐减，内部压力就会使核桃破裂，因为内部压力不可能很快减少。或者可以急剧增加和减少空气室压力，这时核桃壳会承受交变负荷。

甲：应该掘口深井，井底放一块钢板，在核桃与深井之间开几道沟槽。核桃从树上掉下来，顺着沟槽滚到井里，摔在钢板上就会摔破。

结果，仅用 10 分钟就收集了 40 个想法，经评价后，从中得出参考解决方案。

【各抒己见】

运用头脑风暴法，讨论当前或今后城市堵车的解决方案，由每组的代表做主题发言，组内成员可以补充。

【探讨 3-2】突破自我，尝试创新

分析思考以下创新样例：

（1）改变外形。单层公共汽车加倍变成双层公共汽车，轿车加长变成加长汽车，根据运输货物的特殊要求设计其外形，如液罐汽车、冷藏汽车、散装水泥汽车、集装箱汽车。裙子减少长度变成超短裙或比基尼，鲜花弄干变成干花，面包切开变成汉堡包。

（2）寻找替代物。汽车的动力源由车载电源替代燃油，于是产生了电动汽车。用小球替代钢笔尖，于是诞生了圆珠笔。按键拨号替代手摇方式，于是产生了按键电话机。传输方式由无线信号替代有线信号，于是产生了移动电话。使用方式由便携方式替代固定方式，于是产生了笔记本电脑。实时聊天方式替代电子邮件方式，于是产生了 QQ 聊天工具。

（3）多个元素组合。耳机与收放机组合产生了随身听。尼龙与紧身裤结合产生了连裤袜。电话机与录音机结合产生了录音电话机。房和车的功能结合就产生了房车。

（4）不断改进。台式计算机改为笔记本电脑，再改为平板电脑。电视机由电子管式改为晶体管式，再改为集成电路。通信方式由通过邮局寄送书信改为发 E-mail，再改为通过 QQ 或微信实时聊天。白炽灯改为荧光灯，再改为 LED。

（5）冲破功能限制。可以将手机变成计算机用，也可以将计算机变成手机用。可以将电视机当作计算机显示器用，也可以将计算机显示器当作电视机用。电梯门口也可以做广告，饭馆内也可以搭台表演节目。塑料纸可以做成时装，通过 QQ 也能实现视频电话。

（6）新的组合。一个新想法是旧成分的新组合。所有的色彩都是由 3 原色组合而成，所有的音乐都是以未超过 12 种音调的方式构成的，所有的数字都是以 10 个符号构成的，神奇的计算机所有的逻辑运算只有两个量——0 和 1，由 8 种基本笔画组成的汉字可以描述客观与主观的整个世界。移动电话机与上网功能、多媒体功能、辅助办公功能融为一体就产生了智能手机。

【各抒己见】

采用头脑风暴法说出其他的创新事例或创新设想。把一个小组的全体成员组织在一起，每个成员都可毫无顾忌地发表自己的观点。

【实战训练】

【训练 3-1】讨论旅游活动方案

拟组织一次旅游活动，运用头脑风暴法讨论活动方案，包括目的地、费用、时间、交通等方面。以小组为单位进行讨论，并阐述各组的活动方案设计。

【训练 3-2】运用默写式智力激励法解决问题

头脑风暴法虽然能造成自由探讨、互相激智的气氛，但也有一些局限性。例如，有的创造性强的人喜欢深思，但会议无此条件；表现力强和控制力强的人会影响其他人提出设想；会议严禁批评，虽能保证自由思考，但又难于及时对众多的设想进行评价和集中。针对这些局限性，德国人提出了一种默写式智力激励法，此法规定：每次会议请 6 人参加，每人在卡片上默写 3 个设想，每轮限时 5 分钟，即默写式智力激励法（也称为 635 法）。

有 2 位船长，和 12 名水手一起驾船出海，船上有足够的粮食和水，船上还携带了 5 只鸭子和 5 只鸡。请问：船长还带了几只羊？运用默写式智力激励法写出自己的答案，即 6 人一组，每人在纸上默写 3 个设想，每轮限时 5 分钟。

3.3 奥斯本检核表法及其应用

奥斯本检核表法以该技法的发明者奥斯本命名，该方法引导主体在创造过程中对照 9 个方面的问题进行思考，以便启迪思路，开拓思维想象的空间，促进人们产生新设想、新方案。

【学习领会】

1. 奥斯本检核表法的含义

1941 年出版了世界上的第一部创新学专著《创造性想象》，在这本专著中奥斯本提出了检核表法，该书累计销量达 4 亿册。奥斯本检核表法又称分项检查法或对照表法。所谓检核表法，是根据需要研究对象的特点列出有关问题，形成检核表，然后一个个来核对讨论，从而发掘出解决问题的大量设想。它引导人们根据检核项目一条条地打开思路、求解问题，以利于较系统周密地进行思考。奥斯本检核表是针对某种特定要求制定的，主要用于新产品开发等。

2. 奥斯本检核表法的检查项目与包括的问题

奥斯本检核表共有 9 类 75 个问题，如表 3-1 所示，其实质就是从 9 个方面的 75 个角度，启发我们提出问题和思考问题，使思路沿着正向、侧向、逆向及合向发散开来。因此，它的侧重点是提出思考问题的角度而不是步骤，它的核心是启发和发挥联想的力量。

表 3-1 奥斯本检核表法的检查项目与包括的问题

序　号	检核项目	含　义	包括的问题
1	能否他用	现有的事物有无其他的用途；保持不变能否扩大用途；稍加改变有无其他用途	1-1 有无新的用途？ 1-2 是否有新的使用方法？ 1-3 可否改变现有的使用方法？
2	能否借用	能否引入其他的创造性设想；能否模仿别的东西；能否从其他领域、产品、方案中引入新的元素、材料、造型、原理、工艺、思路	2-1 有无类似的东西？ 2-2 利用类别能否产生新观念？ 2-3 过去有无类似的问题？ 2-4 可否模仿？ 2-5 能否超越？
3	能否改变	现有事物能否做些改变，如颜色、声音、味道、式样、花色、音响、品种、意义、制造方法；改变后效果如何	3-1 可否改变功能？ 3-2 可否改变颜色？ 3-3 可否改变形状？ 3-4 可否改变运动？ 3-5 可否改变气味？ 3-6 可否改变音响？ 3-7 可否改变外观？ 3-8 是否还有其他改变的可能性？

续表

序　号	检核项目	含　义	包括的问题
4	能否扩大	现有事物可否扩大适用范围；能否增加使用功能；能否添加零部件；延长它的使用寿命，增加长度、厚度、强度、频率、速度、数量、价值	4-1　可否增加些什么？ 4-2　可否附加些什么？ 4-3　可否增加使用时间？ 4-4　可否增加频率？ 4-5　可否增加尺寸？ 4-6　可否增加厚度？ 4-7　可否提高性能？ 4-8　可否增加新成分？ 4-9　可否加倍？ 4-10　可否扩大若干倍？ 4-11　可否放大？ 4-12　可否夸大？
5	能否缩小	现有事物能否体积变小、长度变短、重量变轻、厚度变薄以及拆分或省略某些部分（简单化）；能否浓缩化、省力化、方便化、短路化	5-1　可否减少些什么？ 5-2　可否密集？ 5-3　可否压缩？ 5-4　可否浓缩？ 5-5　可否聚合？ 5-6　可否微型化？ 5-7　可否缩短？ 5-8　可否变窄？ 5-9　可否去掉？ 5-10　可否分割？ 5-11　可否减轻？ 5-12　可否变成流线型？
6	能否替代	现有事物能否用其他材料、元件、结构、力、设备力、方法、符号、声音等代替	6-1　可否代替？ 6-2　用什么代替？ 6-3　还有什么其他的排列？ 6-4　还有什么其他的成分？ 6-5　还有什么其他的材料？ 6-6　还有什么其他的过程？ 6-7　还有什么其他的能源？ 6-8　还有什么其他的颜色？ 6-9　还有什么其他的音响？ 6-10　还有什么其他的照明？
7	能否变换	现有事物能否变换排列顺序、位置、时间、速度、计划、型号；内部元件可否交换	7-1　可否变换？ 7-2　有无可互换的成分？ 7-3　可否变换模式？ 7-4　可否变换布置顺序？ 7-5　可否变换操作工序？ 7-6　可否变换因果关系？ 7-7　可否变换速度或频率？ 7-8　可否变换工作规范？

续表

序　号	检核项目	含　义	包括的问题
8	能否颠倒	现有的事物能否从里外、上下、左右、前后、横竖、主次、正负、因果等相反的角度颠倒过来用	8-1　可否颠倒？ 8-2　可否颠倒正负？ 8-3　可否颠倒正反？ 8-4　可否前后颠倒？ 8-5　可否上下颠倒？ 8-6　可否颠倒位置？ 8-7　可否颠倒作用？
9	能否组合	能否进行原理组合、材料组合、部件组合、形状组合、功能组合、目的组合	9-1　可否重新组合？ 9-2　可否尝试混合？ 9-3　可否尝试合成？ 9-4　可否尝试配合？ 9-5　可否尝试协调？ 9-6　可否尝试配套？ 9-7　可否把物体组合？ 9-8　可否把目的组合？ 9-9　可否把特性组合？ 9-10　可否把观念组合？

3．运用奥斯本检核表法进行创新活动的实施过程

运用奥斯本检核表法进行创新活动的实施过程如下：

（1）根据创新对象明确需要解决的问题。

（2）根据需要解决的问题，参照表 3-1 中列出的问题，运用丰富想象力，强制性地一个个核对讨论，写出新设想。

（3）对新设想进行筛选，将最有价值和创新性的设想筛选出来。

【案例剖析】

【案例 3-2】针对手电筒的创新思路

运用奥斯本检核表法对手电筒进行分析并提出创新思路，如表 3-2 所示。

表 3-2　针对手电筒的创新思路

序　号	检核项目	创新思路
1	能否他用	其他用途：信号灯、装饰灯
2	能否借用	增加功能：加大反光罩，增加灯泡亮度
3	能否改变	改一改：改灯罩、改小电珠和用彩色电珠等
4	能否扩大	延长使用寿命：使用节电、降压开关
5	能否缩小	缩小体积：1 号电池→2 号电池→5 号电池→7 号电池→8 号电池→纽扣电池
6	能否替代	代用：用发光二极管替代小电珠
7	能否变换	换型号：两节电池直排、横排，改变式样
8	能否颠倒	反过来想：不用干电池的手电筒，用磁电机发电
9	能否组合	与其他事物组合：带手电的收音机、带手电的钟等

【分析思考】

奥斯本检核表法有利于提高发现创新的成功率。创新发明的最大敌人是思维的惰性。大部分人的思维总是自觉和不自觉沿着长期形成的思维模式来看待事物，对问题不敏感，即使看出了事物的缺陷和毛病，也懒于去进一步思索，不爱动脑筋，不进行积极的思考，因而难以有所创新。

奥斯本检核表法的设计特点之一是多向思维，用多条提示引导你去发散思考。奥斯本检核表法中有 9 个问题，就好像有 9 个人从 9 个角度帮助你思考。你可以把 9 个思考点都试一试，也可以从中挑选 1～2 条集中精力深思。奥斯本检核表法使人们突破了不愿提问或不善提问的心理障碍，在进行逐项检核时，强迫人们思维扩展，突破旧的思维框架，开拓了创新的思路。

【交流探讨】

【探讨 3-3】运用奥斯本检核表法进行创新设计

以电风扇为对象，运用奥斯本检核表法进行创新设计的设想，如表 3-3 所示。

表 3-3　运用奥斯本检核表法对电风扇进行创新设计的设想

序　号	检核类别	创造性设计的设想
1	能否他用	（1）湿气干燥装置；（2）吸气除尘装置；（3）风洞试验装置
2	能否借用	（1）仿古电扇；（2）借用压电陶瓷制成无翼电扇
3	能否改变	（1）方形电扇；（2）立柱形电扇；（3）其他外形奇异的电扇
4	能否扩大	（1）可吹出冷风的电扇；（2）可吹出热风的电扇；（3）驱蚊电扇
5	能否缩小	（1）微型吊扇；（2）直流电微型电扇；（3）太阳能微型电扇
6	能否替代	（1）玻璃纤维风叶的电扇；（2）遥控电扇；（3）定时电扇；（4）声控或光控电扇
7	能否变换	（1）模拟自然风的电扇；（2）保健电扇
8	能否颠倒	（1）利用转栅改变送风方向的电扇；（2）全方位风向的电扇
9	能否组合	（1）带灯电扇；（2）带负离子发生器的电扇；（3）对转风叶的电扇

我们来看一款可拆卸的无线电风扇。

电风扇无疑是夏日生活的必备良伴，但电风扇储存时却又往往占据较大空间，这与其一年中短暂的使用期限显然不成正比。

为解决这一问题，某工作室开发了一款 Conbox 电风扇，这款风扇不仅将美感与功能性完美结合，可以完全拆卸储存，也可以组装成两种不同高度使用，大大节省了储存空间。不仅如此，Conbox 还支持无线供电，可通过移动应用进行控制，有多种功能可供选择。

再来看一款没有扇叶的风扇。

有一款名叫“Dyson Air Multiplier”的风扇，其最大的特点是没有扇叶，通过高效率的无刷电机使气流增加 15 倍，以每秒 118 加仑（约 450 升）的速率释放出来。它能产生强有力的凉爽空气，而且安静无声，也比传统电风扇安全。清洗起来也比传统电风扇方便得多，扇叶上难以清理的灰尘将成为过去式。

接下来看一款鹦鹉螺形风扇。

这款风扇的设计灵感来自鹦鹉螺，利用内置的涡轮产生风力，再从剖面的通风口吹出来。它四周的突出花纹使得这款小巧的风扇可以随意摆放成任何的角度。当然了，也可以随身带着它，不仅会在炎炎夏日给你带来一丝清凉，时尚的外观也可以起到很好的装饰作用。

【各抒己见】

运用奥斯本检核表法进行创新设计或思维：

（1）眼镜、电吹风、水泥、纸张等物品能否他用？
（2）超声波、激光、红外辐射等技术能否借用？
（3）在纯牛奶、纯铁、玻璃中增加点什么可提高功能或性能？
（4）衣架、尺子、澡盆、电话机能缩小吗？
（5）热水瓶、算盘、轮胎、自行车能改变吗？
（6）汽车燃料、文字记录能否替代？
（7）车床、刨床的加工方式可否调整？
（8）大炮能否向地下发射？
（9）定时器、程序控制器可与什么物品组合在一起？

【实战训练】

【训练 3-3】运用奥斯本检核表法分析优化产品

运用奥斯本检核表法对下列产品从 9 个方面进行分析，并提出相应的优化改进解决方案。①枕头；②眼镜；③拖鞋；④手机；⑤自动车；⑥空调。

以小组为单位进行讨论，并提出各自的优化改进解决方案。

【训练 3-4】优化产品的设计与制造

通用汽车公司针对产品生产制造过程进行优化的训练内容如下：
（1）为了提高工作效率，不能利用其他适当的机械吗？
（2）现在使用的设备有无改进的余地？
（3）改变滑板、传送装置等搬运设备的位置或顺序，能否改善操作？
（4）为了同时进行各种操作，不能使用某些特殊的工具或夹具吗？
（5）改变操作顺序能否提高零部件的质量？
（6）不能用更便宜的材料代替目前的材料吗？
（7）改变一下材料的切削方法，不能更经济地利用材料吗？
（8）不能使操作更安全吗？
（9）不能除掉无用的形式吗？
（10）现在的操作不能更简化吗？

德国奔驰公司针对产品设计与制造进行优化的训练内容如下：
（1）增加产品——能否生产更多的产品？
（2）增加性能——能否使产品更加经久耐用？
（3）降低成本——能否去除不必要的部分？能否换用更便宜的材料？能否使零件更加标准化？能否减少手工操作而搞自动化？能否提高生产效率？
（4）提高经销的魅力——能否把包装设计得更引人注意？能否按用户、顾客要求卖得更便宜？

以小组为单位到周边企业实地调研一种产品的外观、性能、包装和生产过程，并运用以上两组方法对该产品的设计与制造进行尽可能的优化。

3.4 特性列举法及其应用

【学习领会】

1. 特性列举法的含义

特性也称为特有属性，是指某类对象都具有而别的对象都不具有的属性。特性列举法，也称为属性列举法，是一种通过创新对象的特征，包括名词性、形容词性和动词性等一一列举出来，然后分析、探讨能否以更好的特性替代，最后提出革新的方案的创新技法。

特性列举法是内布拉斯加大学教授克劳斯特归纳、总结出来的一种创新技法，他提出用一个词来描述产品的一个特性，这些词分为名词（部件、材料、制造方法等）、形容词（形状、颜色、状态等）、动词（功能、作用等）三大类。然后逐一思考每个词的替代、修改、取消、补充，只要某一特性得到改进，其整体性能就可能出现质的飞跃。

2．运用特性列举法进行创新活动的基本原理

运用特性列举法进行创新活动的基本原理有两点：

（1）对物体的特性加以描述。例如键盘，那么如何来描述键盘的特性呢？可以用形状、颜色、使用功能、使用方法、使用人群等。例如显示屏，又该如何描述？可以用材料、尺寸、形状、使用场合、使用人群、重量等。使用这种方法首先要熟悉所要研究的对象，列举出它的特性。

（2）分解。由整体到局部，由大到小，分得细了，更容易发现问题和解决问题。当然，在分解的同时要考虑此物品的使用环境和使用人群，就更容易发现创新点。

3．运用特性列举法进行创新活动的一般过程

运用特性列举法进行创新活动的一般过程如下：

（1）确定一个研究对象。一般来说，研究对象宜小不宜大。如果是一个比较大的研究对象，最好分成若干个小的对象来进行。例如，汽车这个大的研究对象可以分成发动机、离合器、传动装置、制动装置、车身、底盘、车灯、轮胎等小的研究对象。

（2）将研究对象加以分解。将对象的特性全部罗列出来，并分门别类加以整理。一般事物的特性包括以下 4 个方面：

①名词特性：采用名词来表达的特性。全体、部分、材料、制作方法等，可以是整体的、部分的一些结构的名称，也可以是建造时所用材料的名称及其制造方法等。

②形容词性：采用形容词来表达的特性。形状、颜色、重量、尺寸等，一般来讲是用来描述事物性质的形容词。

③动词特性：采用动词来表达的特性。主要是用来描述使用功能的，如扫帚扫东西、刀子割物品等。

④类比方式：类比也可分为很多种，如直接类比、幻想类比、对称类比、因果类比等。当然，不同类比方式得出来的结果也是不一样的。

（3）按照特性分类加以创新。可以找一找缺点，能否用其他物品代替，怎样更实用等。然后分别记录下来，最后加以筛选，获得创新性设计。

运用特性列举法对水壶进行创新设计的示例如下：

①名词特性。

a．全体：水壶。

b．部分：壶柄、壶盖、蒸汽孔、壶身、壶口、壶底。

c．材料：铝、铜。

d．制作方法。

②形容词特性。

性质：轻、重。

③动词特性。

功能：烧水、装水、倒水。

单以壶柄为例，可得到如下启示：金属的壶柄，水烧开后提起时很烫手，于是就在提手处装上塑料；开始时，塑料提手做成平的，倒水不方便，后来就在塑料件大拇指着力的地方做出一个合适的突出点，而四指着力的地方则做成下凹状；另外，壶柄要烧水的时候搁在壶身上，水烧开后壶柄太烫手，于是就在壶柄上装上支臂活动卡，烧水的时候使壶柄竖着，情况就好多了。

在对研究对象的特性进行列举的时候，特性分析越详细越好。仍以水壶为例，看看除了壶柄之外的其他特性给人们带来了哪些启示。

a．壶盖：在倒水的时候，壶盖有时会翻落，弄不好会烫伤人。在最初进行改进时，人们以为这是因为壶盖插入到壶身的内圈部分太短而造成的。于是，就设法使其加长。加长后效果虽然好一些，但有时壶盖还会翻落。如果再加长，开盖又不方便。于是人们又进行了防倾水壶盖的设计。

b．蒸汽孔：蒸汽孔一般开在壶盖的边缘。水烧开后，由于蒸汽向上冒，壶柄很烫。现在，市场上有一种鸣笛水壶，蒸汽孔设在壶口，水烧开后会自己鸣笛。由于蒸汽直接从壶口跑掉了，壶柄自然就不会烫手。

c．壶口：开始时，有的水壶壶口设计不合理，在倒水时出水不畅，不仅费力，还影响了倒水的速度。后来改进成现在的壶口形状。

d．壶底：壶底最初是平的。为了使集热效果更好，人们就把水壶底改成了波浪形。有人考虑到水烧开后溢出的水会浇灭煤气，于是就把壶底改为四周向下凸而壶底向上凹。这样，溢出的水就不会浇灭火焰了。

e．从材料和制作方法、性质和状态方面考虑，水壶由用铜制作改为用铝板冲压。这样既轻巧又美观，造价也低多了。

f．从烧水和倒水两方面考虑，人们发明了电热水瓶。

【案例剖析】

【案例 3-3】运用特性列举法对圆珠笔进行特性分析

运用特性列举法对圆珠笔进行特性分析，可提出许多改进设想。

（1）名词特性。

①部件：笔杆、笔帽、笔夹、笔芯、笔珠、弹簧等。

改进设想：笔杆中能否放置一小卷备用纸？能否将油墨直接灌入笔杆中？笔帽能否取消？笔夹是否设计成内嵌式？笔芯是否加粗？笔芯能否重复使用？笔珠能否用其他耐磨材料取代？弹簧非要不可吗？

②材料：塑料、金属、竹木、油墨等。

改进设想：能否采用其他材料？能否制造一种永不褪色的油墨？能否制造一种可擦写的油墨？能否制造一种定时褪色的油墨？

③制造方法：注塑、冲压、装配等。

改进设想：能否一次性注塑而成？能否进行流水线作业？能否应用机器人装配？能否生产过程全部自动化？

（2）形容词特性。

①形状：圆柱形。

改进设想：能否采用三棱柱形、头圆尾扁形、鹅毛形、尖刀形、汤匙形？笔杆能否按手指压痕塑造？能否采用动物或植物造型？

②颜色：白、红、蓝、绿、黑、紫等。

改进设想：能否采用一些淡雅颜色来保护视力？能否在笔上设置一些变幻图案以吸引消费者？

③状态：固定式、活动式、单色笔、双色笔等。

改进设想：能否设计一种可自由弯曲的笔？能否设计一种可折叠的多色笔？

（3）动词特性。

①功能：书写、复写、绘图等。

改进设想：可否制成带磁性按摩器的笔？可否制成带指南针的笔？可否制成带放大镜的笔？可否制成带发光装置的笔？可否制成带计算器的笔？可否制成带反光镜的牙科笔？可否制成涂胶水的笔？

②作用：文具。

改进设想：能否拓展为工艺精品笔？能否拓展为生肖纪念笔？能否拓展为情侣对笔？

如果将上述的设想进行认真整理，就可筛选出一些创新课题。

【分析思考】

通过对需要革新改进的对象进行观察分析，尽量列举该事物的各种不同的特征或属性，然后确定应加以改善的方向及实施措施，应用这种方法进行创新可以大大提高创新效率。

【交流探讨】

【探讨 3-4】运用特性列举法进行创新思维

当对某一产品进行创新设计时，倘若只是从整体上考虑，由于涉及面较广，很难找出主要矛盾，也难以发掘创新点和得出创新设想。如果先按照产品的属性将该产品化整为零，按组成要素分解并分别进行研究，就比较容易找出问题，得到创新的方案。

下面以台灯为例说明运用特性列举法进行创新设计的方法。

（1）名词特性。

①整体：台式台灯、挂式台灯、夹式台灯、吊式台灯。

②部件：灯罩、灯泡、立柱、底座、开关、电源线。

③材料：金属、塑料、玻璃、铝合金、钢、棉布、纸、木质。

④制造方法：手工制作、机器加工、锻造、铸造。

⑤性能：高低、能见度、可调节。

针对名词属性进行思考，改进设想：增加一组？即换用双层灯罩，组成“双层台灯”。开关的改进，可以改成遥控式开关或感应式开关。

（2）形容词特性。

①外形：圆形、椭圆形、梯形、方形、三角形、多边形、不规则形状。

②颜色：彩色、黑色、白色、蓝色。

针对形容词属性进行思考，改进设想：能否做成装饰性台灯？日常台灯闲置不用，可以改变其造型设计，外形设计新颖，灯罩配以各种造型，作为很好的室内装饰品。台灯的灯罩涂色能否多样化？将单色变为彩色，让其有个性化特点，或者采用变色材料，开发一种迷幻式台灯，给人以新的感受。

（3）动词特性。

功能：照明、发热、辐射、防近视、清新空气、风扇式。

针对动词属性进行思考，改进设想：防近视灯，通过可保护眼睛的光，对正在使用照明功能的人眼进行“保护”；清新空气灯，具有清新空气的功能，通过发热一段时间发挥作用，来达到清新空气的目的；风扇式台灯，在台灯原有的灯功能下多加一个风扇的功能，两者并用。

【各抒己见】

参考台灯的创新设计方法，针对以下物品进行创新思维与优化设计：①枕头；②空调；③拖鞋；④手表；⑤自动车；⑥杯子。

以小组为单位进行讨论，并提出各自的优化改进设计方案。

【实战训练】

【训练 3-5】运用特性列举法进行创新设计

运用特性列举法对以下物品进行创新设计：①眼镜；②帽子；③雨伞；④香肠；⑤手机；⑥插座。

各小组选取一种物品，组内运用头脑风暴法进行讨论，从而得到多种设计方案。

3.5 缺点列举法及其应用

【学习领会】

1. 缺点列举法的含义

在创新技法中有一种名为缺点列举法的方法，这是一种易理解、易操作、易见效的改善方法。缺点列举法是指通过发掘现有事物的缺陷，把事物的缺点一一列举出来，然后提出改革或革新方案的一种技法。列举缺点就是发现问题，而创造发明就是要解决现有存在的问题。每发现一个缺点，提出一个问题，也就找到了一个创造发明的课题。

缺点列举法是针对一个产品（部件）进行的，任何产品无论它设计得多么合理，制造得如何精致，一旦它交付生产或投入使用就会显露出某些方面的不足，这是一个客观的规律。所以，当我们拿任何一个产品进行分析时，都能很快地找到它的不足之处。例如钢笔的缺点：不易下水，灌水不方便，刚灌水时字体粗，水快干时字体细，携带不便，易把笔尖摔坏，漏水把手染色，磕碰后笔帽不易拔出，挂不住时污染衣物，写错字不易涂改，钢笔水洇脏纸，长时间不用易堵塞，有油的纸不易写上字，特软的纸无法写字，笔帽易滑落，笔尖只能朝一个方向使用。这种寻找产品在使用中的缺陷的方法就是缺点列举法。也许正是由于钢笔存在的上述种种缺陷，现在已基本上被圆珠笔、签字笔所替代。

缺点列举的方法是主动围绕产品的功能、材料、结构、造型、性能、装饰等方面去寻找不足之处。由于人们使用产品时的感受不同，所观察产品的角度也不同，提出的缺点也是五花八门的，这样更能全面地看待和分析产品。

自贝尔 1875 年发明第一部磁石电话机，一百多年来，随着社会的发展和科学技术的进步，世界各国竞相研制出各种新型电话机。从创新的观点看，这些新型电话机的开发，与人们对已有电话机的“吹毛求疵”有关，在不断地列举已有电话机的缺点的过程中，激发科技人员的创意。也就是说，新型电话机的开发是以现有电话机的缺点作为创造背景的。例如，移动电话机，克服了固定电话机不能移动的缺点；可视电话机，克服一般电话机无法看见通话者形象和活动的缺点；防窃听电话机，克服一般电话机能被第三者窃听谈话内容的缺点；声控电话机，用声音识别代替号码盘，克服一般电话机需要拨号的缺点；自动应答电话机，克服普通电话机不能将对方讲话内容记录下来，也不能帮助主人简单应答的缺点；灭菌电话机，克服一般公用电话机送话筒缺少防止病毒传染性能的缺点。

2. 运用缺点列举法进行创新活动的一般过程

运用缺点列举法进行创新活动的一般过程如下：

（1）确定研究对象。研究对象要相对小一些、简单一些，这样比较容易成功。如果研究对象过大，则可以把它分解开来，就该研究对象的局部进行考虑。

（2）确定与研究对象有关的相关信息种类，如材料、功能、结构等。

（3）根据已确定的信息一一列出缺点，分析产生缺点的各种原因。

（4）针对一个或几个缺点提出改进方案。

（5）综合各类解决办法，提出最先解决主要缺点的可操作方案。

下面运用缺点列举法分析体温表，并提出改进方案。

采用头脑风暴会议的形式提出目前国内使用的体温表的缺点如下：

容易碎（表体是玻璃）、使用不方便（要解开衣服放置）、不卫生（消毒后轮流使用）、看不清刻度（要转动表体找刻度）、测试时间长（至少 5 分钟）、存放不方便、水银有毒（破碎后不好清除）、能够弄虚作假、冬天使用时发凉、只能从一面看刻度（其他角度看不见）、夜间无光线时无法使用、重病人夹持不住、测量精度低、表体太光滑、容易脱落、样式单一、功能单一、易污染环境、使用前要甩动表体（有些人不易掌握该方法）、技术落后（靠液体受热膨胀）、盲人无法使用（无法读数）、测量部位单一、小孩看了害怕等。

根据列举出来的缺点，逐条找出生产缺点的原因。此阶段不要满足于一一对应的方式，因为形成缺陷的原因往往不是唯一的。

针对产生缺点的原因，提出相应的改进设想或改进的具体方法。列举几条改进设想如下：

（1）为改变易碎、不卫生、使用不方便的缺点，应该设计一种一次性高敏测温纸，贴在身上可测温。纸的颜色可随温度发生变化，类似 pH 试纸，包装可呈卷尺或书本状，用一次撕一条。

（2）测体温元件与手表或手表带组合在一起，制成柔性体温表。

（3）体温表和退烧药物组合在一起。

（4）采用音乐定时。

（5）鸣叫式报体温，供盲人使用。

（6）电子测温表，数字显示，可报时间，测好后鸣叫。

（7）不接触身体的测体温系统。

【案例剖析】

【案例 3-4】减震网球拍的发明

日本某公司原是一家规模较小的生产体育用品的工厂，为了拓展产品销售市场，将产品销至海外，公司研发人员进行市场调查。在调查过程中他们了解到，初学网球者在打球时不是打不到球，就是打一个“触框球”，把球碰偏了，十分头疼。很多人都想，要是球拍大一点，兴许不会出现上述毛病。国际网联规定，网球拍面积必须执行相关标准。该公司就专门做了一些比标准大 30% 的初学者球拍。这种球拍一上市果然畅销。

后来，公司研发人员又了解到初学者打网球时，手腕容易患一种称为“网球腕”的皮炎症，这是腕力弱的人打球时因承受强烈的震动而造成的。于是，该公司又发明了减震球拍。他们用发泡聚氨酯为材料，但是经过试验，发现打起球来“软塌塌”的，很容易产生疲劳。又重新进行了试验，终于制成了著名的“减震球拍”，产品打进了欧美各国。

这里，该公司运用了什么创新技法呢？这种创新技法叫作缺点列举法。

【分析思考】

这家公司如何实现缺点列举？答案是市场调查，了解消费者需求。

该公司针对几个缺点进行改造？答案是两个，一个是对初学者而言球拍面积太小，一个是对初学者来说球拍造成手腕震动而导致一种皮炎症。

两次改造，两次都得到了市场的认可。这就是“缺点”对于创新的魅力。

缺点列举就是发现已有事物的缺点，将其一一列举出来，通过分析选择，确定发明课题，制定革新方案，从而获得发明成果的创新技法。它是改进原有事物的一种发明创新方法。在社会生活中各种不方便、不称心的事物随处可见，尽善尽美的东西是不多见的。即便是长处，在它的背后也会有弱点和不足。只要发现使用的物品存在不合理、不习惯、不顺手、不科学的地方，经过认真分析研究，就能从中选出有益的发明课题。由于这时的课题和改进都有比较明确的目的性，所以就有较高的成功率。

缺点列举的实质是一种否定思维，唯有对事物持否定态度，才能充分挖掘事物的缺陷，然后加以改进。因此，运用缺点列举法，必须克服和排除由习惯性思维所带来的创新障碍，培养善于对周围事物寻找缺点、追求完美的创新意识。

【交流探讨】

【探讨 3-5】运用缺点列举法进行创新思维

从伞的演变，可以清楚地看到人们是怎样一一发现缺点并进行改进的。

在公元前 11 世纪中国已发明了伞。伞的主要结构有伞衣、伞柄、伞骨，材料有油纸、油布、竹，功能有遮雨和遮阳等。在千百年的使用过程中，人们根据其存在的缺点一一改进如下：

（1）伞衣：油纸不结实，就改用油布；油布太粗糙，就改用细布或尼龙布；单色布不美观，不容易辨认，又改用花布，也有印上十二生肖等图案的。再如撑伞时遇上顶面风，伞撑在前面挡住了视线，撑伞人看不见前面的车辆，很容易造成车祸，于是就有了透明伞和带有观察窗的伞。

（2）伞柄、伞骨：竹质不结实，就改用钢质；直柄不能挂，就装上弯把；伞尖太尖，容易刺伤人，就改为圆钝形；伞柄太长，存放不便，就改为缩折型的；伞开合不便，就改为自动开合伞；为了防止“吹伞喇叭”，就装上防吹顶装置。

（3）功能：雨夜赶路，一手持伞，一手握手电筒照明，多有方便，人们就发明了照明伞。另外，还有散热消暑的风扇伞，一物多用的手杖伞、折凳伞等。

（4）种类：有晴雨两用伞，两人合用的椭圆形伞，母子合用的高低伞，不用手持的肩背伞、帽伞。此外，还有撑在自行车上的自行车伞、不用伞骨的充气伞和伞帽两用的帽伞等。

【各抒己见】

应用缺点列举法提出改进长柄雨伞的创新设想。

【实战训练】

【训练 3-6】运用缺点列举法进行创新设计

（1）人员分组。按 4 种不同用具（剪刀、筷子、削皮器、螺丝刀）分 4 个组，每小组选出 1 名主持人。

（2）准备教具。

①剪刀组：普通剪刀、头发、纸张、布料、硬纸板、一截软水管。该组的口号为：人生是一把剪刀，应该剪出最美的图案。

②筷子组：竹筷、碗、豆腐、花生米、肉、蟹脚、粗粉干、水。该组的口号为：多用筷子，有助心灵手巧。

③削皮器组：普通瓜果刨（削皮器）、杧果、土豆、南瓜、柿子（水柿）。该组的口号为：去除赖皮，留取精华，演绎精彩生活。

④螺丝刀组：大小不同的一组螺丝刀、大小不同的螺丝钉、木板、闹钟。该组的口号为：螺丝刀，旋紧人生的每一个接口。

（3）列举生活用具的缺点。给 4 组学生分别发放活动任务书，分别研究 4 个用具。各主持人给本组成员分派研究任务，并做缺点记录。本组全体成员认真观察、体验，并结合生活经验，运用头脑风暴法，每人至少说出一个缺点。

①剪刀。

研究任务：剪一张 2 厘米宽、10 厘米长的纸条，剪大小不同的五角星两个、爱心两个，剪断一把头发，将一个硬纸板对半剪开，剪断一根软水管。

②筷子。

研究任务：用筷子夹花生米吃完，每吃两口把筷子放下一次；用筷子夹粗粉干；用筷子当工具吃螃蟹脚；用筷子吃豆腐；用筷子将一块肉分成两块。吃完以后将筷子、碗等装到盒子里。

③削皮器。

研究任务：刨南瓜皮，刨马铃薯皮，刨杧果皮，刨橙子皮，刨晒干的番薯皮，把马铃薯刨成丝。

④螺丝刀。

研究任务：将闹钟上的一组螺丝拧出来，再拧进去，保持螺丝距离闹钟表面 7 毫米；将大小不同的螺丝拧进一块木板；将一组小螺丝拧进一个凹槽的一组孔眼里；估算一下拧螺丝刀要多少力。

（5）找出生产缺点的原因。根据列举出来的缺点，逐条找出生产缺点的原因，此阶段不要满足于一一对应的方式，因为形成缺陷的原因往往不是唯一的。

（6）提出改进设想或改进方法。针对产生缺点的原因，提出相应的改进设想或改进的具体方法，各小组列举几条改进设想。

3.6 希望列举法及其应用

【学习领会】

1．希望列举法的含义

人们很早以前就有顺风耳和千里眼、上天和入地的“希望”。经过一代又一代人的不懈努力，现在都如愿以偿了：雷达、收音机、电视机就是顺风耳和千里眼，宇宙飞船和探空火箭就是上天。希望给人们带来许许多多新的发明。人们希望在暗处能够书写，于是就发明了既可照明又可书写的“光笔”。人们希望擦黑板时没有飞扬的粉笔灰，于是就发明了无尖黑板擦。人们希望削苹果不用手，于是就发明了削苹果机。人们希望钉纽扣不用线，于是就发明了拆装式纽扣等等。

常言道“需要为发明之母”，心里想要什么东西，或希望能有哪些功能的东西，常常是促使你产生解决方法的动机。今日不可行的幻想，或许是明日最成功、最畅销的产品。就某项产品积极地展开幻想，希望它还能有什么优点（希望点）和期望，不论是否可行、是否天马行空，都将其逐条列出来，过于拘泥于现状或常识反而成为障碍，而难以自由自在地构思；再根据这些希望点来构思新创意，这种方法称为希望列举法。它与缺点列举法刚好相反，从希望的优点（功能）出发来构思新创意，所产生的创意经常是石破天惊的。希望列举法也是特性列举法的一种，所要列出的属性/特性是产品所希望拥有的希望点（功能），要积极地幻想，将不论是否可行、是否天马行空的希望点（功能）都列出来，再针对这些希望点（功能）来构思新的改进方案、产生新的创意。换句话说，希望列举法就是对现有产品积极地幻想其他希望点（功能），来拓展产品设计的新构思方向，找出新的创意产品。

从社会需求和个人愿望出发，通过对某事物的希望，进行一一列举，以实现希望而寻找设计方案的技法称为希望列举法。希望列举法也是由内布拉斯加大学教授克劳福特发明的。这是一种不断地提出“希望”“怎么样才会更好”等理想和愿望，进而探求解决问题和改善对策的技法。这种方法是通过提出对该问题和事物的希望或理想，使问题和事物的本来目的聚合成焦点来加以考虑的技法。

希望列举法的特点是要求运用扩散性想象去发现问题、解决问题。有时非专业人员的参与可以起到激发新设想的目的。希望列举法是从发明者的愿望出发提出各种新的设想，可以不受原有物品的束缚。因此，它是一种积极的、主动型的发明方法。

2．运用希望列举法进行创新活动的一般过程

运用希望列举法进行创新活动的一般过程如下：

（1）确定研究对象。

（2）针对研究对象列出希望点。

（3）制定具体的实施方案。

我们以常用的笔来说明希望点列举法的施行步骤。

（1）确定研究对象和欲改进的目标：改进现有笔的功能。

（2）列出笔的希望点如下：

①如果能够有好几个颜色可以更换该多好。

②如果能够调整笔的粗细该多好。

③如果能够同时具有测电功能该多好。

④如果能够同时具有激光指示的功能该多好。

⑤如果能够长久使用又不会断墨水该多好。

以上仅列出部分希望点，并未完全列举出来，可依个人主观意念加以列举。接着评估所列出的希望点，构思改进方案，提升笔的功能。

（3）根据这些希望点进行构思，满足其中一项或多项希望点，构思新的创意。可能的方案如下：

①利用按钮或旋转来更换笔芯的方法，将笔设计成具有好几个颜色的功能。

②利用按钮或旋转来更换笔芯的方法，将笔设计成具有不同粗细的功能。

③在笔的头部增加测电装置，使之具有测电功能。

④在笔的头部增加激光装置，使之具有激光指示功能。

⑤将笔的内部挖空并装入大量的墨水，使之长久使用又不会断墨水。

【案例剖析】

【案例 3-5】设计色盲可辨认的信号灯

现在，市场上的许多新产品都是根据人们的“希望”研制出来的。例如，人们希望茶杯在冬天能保温，在夏天能隔热，就发明了一种保温杯。人们希望有一种能在暗处书写的笔，就发明了内装一节五号电池，既可照明又可书写的“光笔”。在研制一种新的服装时，人们提出的希望包括：不要纽扣，冬天暖夏天凉，免洗免熨，可变花色，两面都可以穿，重量轻，肥瘦都可以穿，脱下来可作提物袋，等等。现在，这些愿意大多数都在日常生活中变成了现实。

在 1992 年北京国际发明展览会上，有位小学生的参展项目格外引人注目。他为色盲者辨别交通信号灯提供了一个可行方案。由于色盲者只对颜色辨别不清，而对形状的辨别与常人无异，因此，只要将红灯的玻璃罩改为三角形，将黄灯的玻璃罩改为正方形，绿灯的玻璃罩保持原来的圆形，色盲者可从交通信号灯所显示的形状中间接地获得红、黄、绿的信息。倘若这个方案被交警部门采纳，则可提高色盲者的交通安全。

【分析思考】

在创造发明活动中，希望是灵感的源泉，通过对研究对象提出希望和理想，使问题的本来目的聚合成焦点，再加以考虑的技法，就是希望列举法。

希望列举法是一种启发大家产生新设想的有效工具，它能够在较短的时间里让大家通过使用扩散思维、求异思维、横向思维等思维方法去发现问题和提出问题。有意识地使用希望列举法，可以摆脱思维惰性，突破事物的旧框框，提出改进管理、产品、流程、营销的新点子，通常情况下还会使人产生新奇的设想。

【交流探讨】

【探讨 3-6】列举物品的希望点

自从 1878 年法国发明天然水泥以来，水泥以其独特的性能在建筑材料中独占鳌头。为了适应某些特殊工程和特殊环境的需要，人们对水泥提出了更高的要求，也陆续发明了许多新型水泥：

（1）速凝水泥：这种水泥能在短时间凝固，可在修复飞机跑道、堤坝及水下建筑物等工程的施工中大显身手。

（2）黏接水泥：用来修补断裂的水泥构件，其牢固程度高于原先未损的部分，施工简便，被誉为“焊接水泥”。

（3）弹性水泥：普通的水泥材料抗拉性能极差，倘若在水泥浆中添加一些细小的强化纤维，其弹力则增加 100 倍。这种弹性水泥特别适用于抗弯曲和振动的地方。目前，有些国家甚至制造出水泥弹簧。

（4）变色水泥：掺入少量二氧化钴的水泥具有变色功能，空气干燥时呈蓝色，空气潮湿时变成紫色，下雨时又变成玫瑰色。用这种水泥盖起来的房子，等于耸立起一座天然的“气象台”，美化环境的效果也很好。

（5）可加热的水泥：加入一些金属颗粒和纤维的水泥通上电后，水泥就会变热。这种水泥特别适用于铺设寒冷地区的路面和机场跑道，可防止结霜和积雪。

（6）家具水泥：这种特制的水泥板材的性能几乎跟木材一样，可以锯、刨、钉。用它制作的家具，可与木制家具相媲美，是一种便宜又耐用的替代品。

（7）医用水泥：这种可塑性特别强的水泥不是用来盖病房，而是一种新型的补牙填料。

【各抒己见】

尽可能多地把对纸、鞋子、空气净化器的希望列举出来。

【实战训练】

【训练 3-7】运用希望列举法进行创新设计

（1）电风扇的希望点如表 3-4 中第 2 列所示，针对这些希望点进行创新设计，将创新设想填写在表 3-4 的第 3 列中。

表 3-4　电风扇的希望点与创新设想

序　号	希 望 点	创 新 设 想
1	希望角度不仅仅限制在一定范围内	
2	希望不摆头部就能得到不同的风向	
3	希望风吹的范围更大	
4	希望随意调节风力的强弱，而不用换挡位	
5	希望电扇也像电视机一样用遥控器控制	
6	希望风扇能丰富多彩	
7	希望风扇像折扇那样方便随身携带	
8	希望风扇的转叶不会伤到人	
9	希望是一种节约空间的风扇	
10	希望只是调节空气流动的功能	
11	希望更关注健康功能	
12	希望风速根据温度的高低而变化	

续表

序　号	希 望 点	创 新 设 想
13	希望能驱蚊虫	
14	希望在停电时也能享受风扇	
15	希望在计算机前享受舒服的凉风	
16	希望结合空调和风扇的优点	

（2）塑料曾以结实耐用、易成型、成本低、耐腐蚀等优点，成为人们喜爱的材料。然而，它一旦废弃，便成为不易腐烂的环境污染物。据统计，垃圾中的塑料占8%左右。在自然条件下，塑料分解起码需要一百年时间。有效地控制和消除塑料这个“白色污染”源，是人类共同的“希望”。科学家经过多年的研究，终于发明出可降解的塑料。构成塑料的分子链长度是决定塑料强度的关键，分子链一旦断裂，塑料也就变得易碎和易分解了。当塑料中掺入3%左右的添加剂（以淀粉为主）后，分子链的长度就会变短，废弃后由细菌进行生物化解，最后变成对环境无害的水和二氧化碳。塑料的分解速度取决于添加剂的比例。目前，可降解塑料的寿命可控制在2个月至6年的时间范围内。

“可降解塑料”除了应用于快餐盒外，还可以应用在哪些项目上？

3.7　组合创新技法及其应用

【学习领会】

1．组合创新技法的含义

组合创新技法是指利用创新思维将已知的若干事物合并成一个新的事物，使其在性能和服务功能等方面发生变化，以产生出新的价值。以产品创新为例，可根据市场需求分析比较，得到具有创新性的技术产物，包括功能组合、材料组合、原理组合等。

人类的许多创造成果来源于组合。正如一位哲学家所说：“组织得好的石头能成为建筑，组织得好的词汇能成为漂亮文章，组织得好的想象和激情能成为优美的诗篇。”同样，发明创造也离不开现有技术、材料的组合。

2．组合创新的常见形式

各种各样的事物要素都可以进行组合。例如，不同的功能或目的可以进行组合；不同的组织或系统可以进行组合；不同的机构或结构可以进行组合；不同的物品可以进行组合；不同的材料可以进行组合；不同的技术或原理可以进行组合；不同的方法或步骤可以进行组合；不同的颜色、形状、声音或味道可以进行组合；不同的状态可以进行组合；不同领域不同性能的东西也可以进行组合；两种事物可以进行组合；多种事物也可以进行组合。可以是简单的联合、结合或混合，也可以是综合或化合等。

根据特定的组合法则，可运用数学、机械、物理、化学或者生物学的手段，在材料、结构和功能等方面，将有关的一群客体进行有目的的匹配，以满足某种要求，达到人们预期的效果。按运用的手段来分，组合方法有数学组合法、物理组合法、化学组合法、生物组合法等；按组合对象来分，则有工艺组合法、结构组合法、材料组合法等；按所实现的目的，又可分为提高效能或综合性能组合法、完全多效用组合法、具有最优性组合法、探索创新组合法等。组合方法的具体类型很多，它在工程技术中的应用十分广泛。

组合创新是很重要的创新方法。组合创新的形式主要有以下几种：

（1）功能组合。功能组合就是把不同物品的不同功能、不同用途组合到一个新的物品上，使之具有多种功能和用途。例如，按摩椅就是按摩功能和椅子功能的结合体，具有计算功能的闹钟也是一种新的组合。

（2）意义组合。这种组合功能不变，但组合之后赋予了新的意义。例如，在文化衫上印上旅游景点的标志和名字，就变成了具有纪念意义的旅游商品。同样，一本著作有了作者的亲笔签名，其意义也会不同。

（3）构造组合。把两种东西组合在一起，它便有了新的结构并带来新的实用功能。例如，房车就是房屋与汽车的组合，它不仅可以作为交通工具，还可以作为居住的场所。电脑桌也是一种构造组合的结果。

（4）成分组合。两种物品成分不同，组合在一起后就构成了一种新的产品。例如，柠檬和红茶组合在一起，就开发出了柠檬茶。调酒师调制鸡尾酒采用的也是一种不同成分的组合。

（5）原理组合。把原理相同的两种物品组合在一起，产生一种新产品。例如，将几个衣服架组合在一起可构成一个多层挂衣架，以分别挂上衣和裤子，从而达到充分利用衣柜空间的目的。

（6）材料组合。不同材料组合在一起，不仅可以改善原物品的功能，还能带来新的经济效益。例如，现在电力工业使用的远距离电缆，其内芯用铁制造，而外层则用铜制造，由两种材料组合制成的新电缆不仅保持了原有材料的优点（铜的导电性能好，铁硬度高且不易下垂），还大大降低了输电成本。

组合类型的分类方法也是多种多样的，根据参与组合的组合因子的性质、主次以及组合的方式，可将组合类型大体分为以下5类。

（1）同类组合。同类组合也称同物组合，就是将若干相同的事物进行组合。同类组合的创新目的，是在保持事物原有功能或原有意义的前提下，通过数量的增加来弥补功能的不足，或获取新的功能、产生新的意义，从而产生新的价值。而这种新功能或新意义，是原有事物单独存在时所缺乏的。

装在一只精巧礼品盒中的两支钢笔、两块手表，便成了象征友谊与爱情的“对笔”“对表”。类似的还有双插座、双层公共汽车、情侣伞、情侣衫、双向拉链、双色笔或多色笔、子母灯、霓虹灯、双层文具盒、多级火箭等。

同类组合中参与组合的对象与组合前相比，只是通过数量的变化来增加新事物的功能，其性质、结构没有发生根本变化。

同类组合的特点如下：

①组合的对象是两个或两个以上的同一事物，或者是同一类事物。

②组合的过程中，各个参与组合的对象在组合前后其基本原理、基本结构一般没有实质性的变化。

③同类组合的产物往往具有组合的对称性或一致性的趋向。

（2）异类组合。异类组合是指将两种或两种以上的不同领域的事物、思想或观念进行组合，产生有价值的新整体。两种或两种以上不同功能的物质产品的组合都属于异类组合。例如，维生素和糖果都是客观存在的事物，但是将二者融合，摇身一变就成了“维生素糖果”；超声波灭菌法与激光灭菌法组合，利用“声—光效应”几乎能杀灭水中的全部细菌。

异类组合的特点如下：

①组合对象（思想或物品）来自不同的方面，一般无主次之分。

②组合过程中，参与组合的对象从意义、原理、构成、成分、功能等任一方面或多方面互相渗透，整体变化比较显著。

③异类组合是异中求同，因此范围很广、创造性很强。

（3）主体附加组合。主体附加组合又称添加法、主体内插式法，是指以某一特定的事物为主体，通过补充、置换或插入新的附属事物，而得到新的有价值的整体。主体附加法是一种创造性较弱的组合，人们只要稍加动脑和动手就能实现。但只要附加物选择得当，同样可以产生巨大的效益。在琳琅满目的市场上，我们可以发现大量的商品是采用这一技法创造的。例如，在圆珠笔上安上橡皮头，在电风扇中添加香水盒，在摩托车后面的储物箱上装上电子闪烁装置，都具有美观、方便又实用的特点。

又如，最初的洗衣机只有搓洗功能，之后增加了喷淋、甩干装置，使洗衣机有了漂洗和甩干功能；电风扇开始也只有简单的吹风功能，逐渐增加了控制摇头、定时、变换风量等的装置后，才成为今天的多功能电风扇；手机一开始叫大哥大，只有通话的功能，现在附加了短信、上网、照相等多种功能。

在运用主体附加组合时，首先要确定主体附加的目的，可以先全面分析主体的缺点，然后围绕这些缺点提出解决方案，再通过增加附属物来达到改善主体功能的目的。其次，根据附加目的确定附加物。主体附加组合的创新性在很大程度上取决于对附加物的选择是否别开生面，能否使主体产生新的功能和价值，以增强其实用性，从而增强其竞争力。

在运用主体附加组合时需注意：

①主体不变或变化不大，即原有的物品、技术、思想等基本保持不变。

②附加的物品只是起到补充完善主体的作用，不会导致主体大的变化。

③附加的物品有两种：第一种是已有的物品，第二种是根据主体的情况专门设计的新物品。

④附加的物品都是为主体服务的，用于弥补主体的不足。

因此，在运用主体附加组合时应该全面考虑，权衡利弊，否则会事与愿违，费力不讨好。例如，有的文具盒由于附加物过多，既导致价格昂贵，又容易分散学生注意力，以致不少老师禁止学生携带布满按键机关的文具盒到学校。

（4）重组组合。重组组合简称重组，是指在同一个事物的不同层次上分解原来的事物或组合，然后再按新的目的或以新的方式重新组合起来。重组组合只改变事物内部各组成部分之间的相互位置，从而优化事物的性能。它是在同一事物上施行的，一般不增加新的内容。

任何事物都可以看作由若干要素构成的整体，各组成要素之间的有序结合是确保事物整体功能和性能实现的必要条件。如果有目的地改变事物内部结构要素的次序，并按照新的方式进行重新组合，以促使事物的功能和性能发生变化，这就是重组组合。重组组合能引起事物属性的变化。

重组组合的特点如下：

①组合在一件事物上实施。

②组合过程中，一般不增加新的东西。

③重组主要是改变事物各组成部分之间的相互关系。

善于把各种事物进行重新组合，从而催生新事物、产生新意。例如，传统玩具中的七巧板、积木，现在流行的拼板、变形金刚等，就是让孩子们通过一些固定板块、构件的重新组合，创造出千姿百态、形状各异的奇妙世界。重组组合作为一种创新手段，可以有效地挖掘和发挥现有事物的潜力。例如，企业的资产重组，说明重组可以引发质变。重组在商店的柜台安排、工厂的流水线布置中都是有用的，不同的安排与布置会对销售额或生产率产生影响。

（5）综合性组合。综合是对大量先进事物、思想、观念等实行融合并用而形成新的有价值的整体。综合是各类组合的集大成者，是一种更高层次的组合，具有系统性、完整性、全面性和严密性的特点。牛顿说过：我是站在巨人的肩膀上。这绝不是谦虚，牛顿发现万有引力定律不是其匠心独运，而是综合了天文学家开普勒的天体力学和物理学家伽利略的力学知识而提出来的。在管理领域，企业采用多种方法对资金、物流、人力资源等进行有效管理。项目管理、ERP 和 CRM、ISO 国际质量标准等管理方法综合并存，从而创造出有自己特色的管理方法和模式，如 ABC 管理模式和海尔管理模式。综合不是杂乱无章的“大拼盘”，而是完美的有机结合。艺术上的综合也不例外。例如，陈钢、何占豪将传统越剧优美的旋律与交响乐浑厚的表现方式完美结合，奏出了轰动世界的《梁祝》；徐悲鸿、蒋兆和将中西画功底与表现技巧巧妙结合，创造出丹青泼墨。在文学艺术创作中，综合一些人的特点，然后集中到一个人的身上，便能创造出典型人物，使之形象鲜明、血肉丰满，这是作家塑造人物形象的重要手段。

现代科学技术突飞猛进，边缘学科不断兴起，各种科学技术你中有我、我中有你。在知识激增、信息按指数规律增长的条件下，综合方法在整个发明创造中的作用越来越重要，许多发明创造中所用的主要创造思维方法无不包括有综合特征。当代一切重大的科学技术项目都是综合性的，都是综合利用各种不同门类技术的结果，阿波罗登月计划就是非常著名的典型案例。

【案例剖析】

【案例 3-6】瑞士军刀的精彩组合

被世界各国人士视为珍品的瑞士军刀是迄今为止最精彩的组合之一，其中被称为“瑞士冠军”的款式最为难得，它由大刀、小刀、木塞拔、螺丝刀、开瓶器、电线剥皮器、钻孔锥、剪刀、钩子、木锯、鱼鳞刹、凿子、钳子、放大镜、圆珠笔等 31 种工具组合而成。携带一把这样的瑞士军刀，等于带了一个工具箱，但整件长只有 9 厘米，重只有 185 克，完美得令人难以置信。瑞士军刀的生产商在2009年国际消费电子展上推出了一款数字版的瑞士军刀，这把军刀集成了一个32GB的 U 盘，可支持硬件 256bit 数据加密，并整合了指纹识别认证功能。除此之外，它还集成了蓝牙模块，在连接计算机后，用户可利用刀身上的两个按钮来控制幻灯片播放，并附带了一个演讲中常用的激光灯。当然，作为一把瑞士军刀，它依旧配备了主刀、指甲锉、螺丝刀、剪刀和钥匙圈等工具。

【分析思考】

巧妙的组合就是创新。组合在创新活动中极为常见并被广泛运用。组合创新方法是以两个或多个事物为基础，按照一定的原理或目的，进行有效组合而产生新的事物。当今世界，大多数创新成果都是采用组合创新方法取得的。在进行创新时，组合只要合理有效，就是一项成功的创新。

“巧妙的组合就是创新”看似有夸大其词之嫌，但却道出了组合的真谛。组合绝不是各种事物的简单凑合。组合的本质是想象和创新。某些组合看起来不合理，但是，在这“不合理”中却融进了创造性的想象，在标新立异中开辟出一片新天地。在一定的目标下，把若干事物、元素等按照一定的原则进行组合，生成创新成果，其中，各个组成事物和元素相互协调、有机组合、相互作用。当然，组合创新的事物必须具有创新的特征，组合创新事物的功能之和应大于内部各组成事物、元素的单独功能之和。所以，进行组合创新，找到组合对象并不难，困难在于找到组合对象后如何有机地把它们组合在一起。要做到这一点，除了要有知识和经验之外，还需要有丰富的想象力。

组合创新方法以组合为核心，把表面看来似乎不相关的事物有机地结合在一起，合多为一，从而产生意想不到的、奇妙新颖的创新成果。组合创新的机会无穷无尽，组合创新方法也多种多样。

创造学研究者认为，创新的实质是信息的截取和处理后的再次结合。在组合创新实践中，把聚集的信息分离开，以新的方式进行组合，就可能会产生新的事物。组合是对事物的创造性综合，综合的结果是创新出新思想、新概念、新技术、新产品等。参与组合的事物相辅相成、优势互补，共同发挥作用。组合后不仅是量的叠加，更是质的突变。

【交流探讨】

【探讨 3-7】多功能的智能手机

随着科技的发展与进步，以及人们在通信领域对手机要求的不断提高，手机已经成为大家生活中必不可少的一部分。最初，使用手机只为了打打电话、发发短信，现在已广泛使用智能手机。智能手机就是一种安装了开放式操作系统的手机。智能手机实际上是结合了传统手机和 PDA（个人数字助理）的一种新兴的科技产品。它不仅具备普通手机的全部功能，而且像一部小型的计算机，比传统的手机具有更多的综合性处理功能。成为一部智能手机所必备的几个条件是：

第一，具备普通手机的全部功能，能够进行正常通话、发短信等。

第二，具备无线接入互联网的能力，即需要支持 GSM 网络下的 GPRS，或者 3G 网络、4G 网络、5G 网络。

第三，具备 PDA 的功能，包括 PIM（个人信息管理）、日程记事、任务安排、多媒体应用、浏览网页等。

第四，具备一个开放式操作系统，在这个操作系统平台上可以安装更多的应用程序，从而使智能手机的功能可以得到无限扩展。

其中，以最后一条最为关键，因为一个操作系统的优劣直接决定了可以在手机上应用的各种软件的数量和质量。

【各抒己见】

（1）智能手机主要应用了哪种组合创新技法？对手机应用其他形式的创新技法，还可以创新出什么样的产品？

（2）对于梳子、水杯、桌子、手机、黑板这几种事物，在保留这些事物主体功能不变的情况下，加上其他附加物，以扩大其功能，描述自己的创新设想。

【探讨 3-8】超声波与电动牙刷的组合

在购物网站上，超声波电动牙刷很受人们的追捧。它结合了电动牙刷和超声波的功能，清洁效果优于一般的电动牙刷和普通牙刷。在用超声波牙刷刷牙时，利用强力的摆动速度，通过流体动力来清洁牙齿，摆动频率可达每分钟 31000 转，利用共振的原理，产生动态流体强力清洁作用。由于超声波牙刷利用超声波能量的空化效应达到清除牙周的病菌和不洁物的目标，其可以全方位深入手动刷牙时根本无法到达的牙缝甚至牙龈内。超声波能量通过刷头的刷毛传递到牙齿和牙龈表面，使菌斑、牙垢和细小的牙石松动，破坏在龈袋及牙面各处隐藏的细菌的繁殖；同时，超声波能量通过触及牙龈的刷毛传递到牙龈表面，并渗透到牙齿内部，作用于细胞膜后，可以加速血液循环，促进新陈代谢，从而抑制牙周炎症和牙周出血，防止牙龈萎缩。

【各抒己见】

（1）超声波电动牙刷主要应用了哪种组合创新技法？对牙刷应用其他形式的创新技法，还可以创新出什么样的产品？

（2）收录机、电子表笔、闪光装饰品、香味橡皮、音乐贺卡、钢筋混凝土、混纺毛线、玻璃纤维分别是哪些对象组合创新而来的？

【实战训练】

【训练 3-8】运用各种类型的组合创新

先看一款创新产品：打火机与手电筒完美结合。

手电筒的主体是由耐用的阳极氧化铝制作而成的，符合人体工程力学的设计，确保了人们抓握手电筒时的舒适度。打火机的盖子可以用来覆盖等离子打火机，实现打火机的“快开快灭”，同时还能挂在手电筒上变身“灯笼”。

这款打火机充满了高强度的等离子，在任何天气条件下都可以使用，这多亏了里面 3350 毫安的可充电锂电池，能够保证数百次的反复使用。为了防止不必要的点火，这款打火机还设计有安全装置，使用前需要使用者连续三次按下按钮。

设计师意识到他们可以将相似的功能结合在一款更小的产品之中，打造一款更为实用的生活用品，因此又设计了 mini 版。这款 mini 版更像是一款传统的打火机，底部内置有 LED 灯源，可以作为手电筒使用，因此呈现了更加经典的外形以及优化后的功能。

（1）列举几种组合创新的物品。

（2）对列举的物品进行甄别，删除不属于组合创新的物品。

（3）围绕以上创新进行新的组合创新，可以异想天开，不考虑能否实施。

（4）讨论新的创新方案，并评选出 3～5 项最佳创意。

（5）选取一项自己最感兴趣的最佳创意。

模块 4　训练创新能力

创新能力是民族进步的灵魂、经济竞争的核心。当今社会的竞争，与其说是人才的竞争，不如说是人的创新能力的竞争。创新是一个民族的灵魂，是一个国家兴旺发达的不竭动力。培养大学生创新能力既是实施科教兴国战略和建设创新型国家的必然要求，也是提高大学生自身综合素质的重要途径。在建设创新型国家的总体战略部署下，大学生主动培养创新能力势在必行。

企业的竞争归根到底是员工素质的竞争，而核心是员工发现问题、解决问题能力的竞争。只有善于用创新思维发现问题并积极探寻解决问题方法的员工才是企业最需要的员工。因为积极寻找解决问题方法的员工表现出更高的企业忠诚度和职业责任感，能够把企业存在的问题和困难的解决当成自己的使命，能够为企业创造良好的经济效益，从而成为企业生存和发展的可靠基础。企业员工必须立足于岗位，也就是说从解决生产技术难题、攻克生产难关做起，用创新完善自己的劳动，提升自身劳动价值。

企业中每一个问题的发现和解决的过程都可以说是一个创新的过程。因此，能否积极发现问题、解决问题是区分员工优秀与平庸的分水岭，也是衡量员工分析解决问题能力和创新能力强弱的重要标尺。有探索才会有创新，有创新才会有办法。

创新并不像人们通常想的那样神秘、复杂，伟大的创新往往来自对最简单、最容易被忽略的事实的观察。

【知识梳理】

4.1　认知创新能力

4.1.1　创新能力的含义

所谓创新能力，是为了达到某一目标，综合运用所掌握的知识，通过分析、解决问题，获得新颖、独创的具有社会价值的精神和物质财富的能力。换言之，创新能力是指根据一定的目标任务，提出新理论、新构想或发明新技术、新产品，从而创造性地解决问题的能力。

运用知识和理论，在科学、艺术、技术和各种实践活动领域中打破常规与惯例，不断改进工作方法，不断提供具有经济价值、社会价值、生态价值的新思想、新理论、新技术、新方法和新发明，创造出新产品、新成果，这也是创新能力。

创新能力是人们用已经积累的丰富知识，通过不断的探索研究，在头脑中独立地创造出新的形象、提出新的见解和做出新的发明的能力。创新能力是人们产生新认识、新思想和创造新事物的能力。

对于创新能力的最好诠释，应该首推一位著名学者的话：“既要异想天开，又要脚踏实地。”是的，创新能力指的不仅仅是良好的发散思维能力，还包括对事物持之以恒的忍耐力。当然，更重要的是将两者有机结合起来的综合能力。

创新能力是人才素质的核心，包括发现问题、提出问题的能力，创造性地分析问题和解决问题的能力，发现规律的能力，发明新技术、创造新产品的能力等。它是由观察敏锐性、记忆保持性、思维灵活性、独立思考能力、创造性思维、创造性想象和创新意识等基本要素构成的。

创新能力是个体的一种创造力，它从来就不是孤立地存在于个体的心理活动中的，而是与每个人都具有的人格特征紧密相连的。古今中外科学发展史的实践证明，优秀的人格特征是创造力充分发挥的必备品质。一般来说，对科技发展和人类进步有突出贡献的科学家都具有优秀的人格特征，其中，坚定的事业心、强烈的责任感、勇于探索、敢于创新的精神尤为重要。

4.1.2 培养创新能力的主要方式

我们要培养自己的创新意识，敢于突破思维定式，提高创新能力。创新能力的表现主要有：发现问题的敏锐观察能力，分析问题的思维能力，远见卓识、预见未来的能力，拓展思路求索答案的能力，借鉴经验开拓新路的能力等。

培养创新能力的主要方式如下：

（1）善于思考。没有想象就没有创新。创新实质是对现实的超越。要实现超越，就要对现实独具“挑剔”和“批判”的眼光，对周围事物善于发现和捕捉其不正确、不完善的地方。不经过独立思考或人云亦云，就不可能产生新的创意。要经常有意识地观察和思考一些问题，独立发现问题、解决问题。通过这种日常的自我训练，可以提高观察能力和大脑灵活性，才可能有不同于他人的新发现。

（2）满怀好奇。从态度上讲，应有创新精神。创新能力强的人，兴趣总是十分广泛，对任何事情总是有一种好奇的心理。他们总是善于在自己接触到的现象特别是在新奇的现象面前提出问题。

（3）敢于冒险。创新创造实质上也是一种冒险，因为否定了人们习惯了的旧思想可能会遭到公众的反对。冒险不是那些危及生命和肢体安全的冒险，而是一种合理性冒险。

（4）充满自信。人的各种心理力量非常依赖于其勇气和信心。信心是成功者应具备的最基本、最重要的心态。一个乐观自信、深信自己事业会成功的人，必定会走上成功之路；相反，一个怀疑自己能力，对未来失去信心的人，必定不会取得成功。自信的人，才敢于提出自己的创意，才能成为创新型人才。

（5）具有耐力。一项创造性活动的完成，需要百折不挠、持之以恒的毅力和意志。抓住目标后锲而不舍，不得结果决不罢休。特别是在主客观环境十分复杂，而问题又百思不得其解之时，是否具有耐力对一位创新型人才就显得格外重要了。

（6）学习求知。创新思维不是凭空产生的，需要积累丰富的工作经验和各种知识。知识是产生创新的基础和原料，创新灵感是突发的，但它来自长期的思考积淀，是以经验和知识积累为基础的“水到渠成”。任何领域的创新活动都要以该领域的已有知识为起点。

（7）付诸实践。我们一旦在工作中有了新思路，看准了的就要大胆地试。当然，创新要讲究科学的态度、科学的方法，要遵循科学发展的规律，但是实践层面的探索是不可缺少的。

4.1.3 大学生主动培养创新能力的途径

当代大学生在学习知识、增强才干的过程中，应同时注重培养想象力和发散思维，通过实践锻炼和经验积累，积极开发个人创新潜能。大学生毕业后，在实际工作中将会遇到一些前人从未问津的新课题。有的人能对这些问题进行科学的分析，理出头绪、分清主次、抓住本质、提出方案，充分利用自己解决实际问题的能力进行不断的探索研究，得出科学的结论，取得创新的成果。相反，也有的人面对无成规可循的新问题，不知所措、不敢问津，或者乱撞乱碰，费了不少精力和时间，到头来却一事无成。这些差异正是由开拓创新能力的不同所致。所以，大学生在学校期间，要不断加强自己的开拓创新能力的锻炼，增强开拓创新意识，为在今后的工作中有所发明、有所创新奠定良好的基础。

著名教育学家陶行知说过，“处处是创造之地，天天是创造之时，人人是创造之人。”当代大学生应该通过各种途径勇于培养自我的创新能力。为此，大学生必须树立创新意识，掌握创新方法，培养创新精神，逐步提高创新能力。

大学生主动培养创新能力的途径如下：

（1）勤于实验观察，树立创新意识。大学生应该积极地发现并保护自己的好奇心，激发求知欲，培养创新意识。好奇心是人们对新鲜奇异事物以及纷繁复杂的大千世界进行探究的一种心理倾向，是推动我们主动积极地观察生活、观察社会，展开创新思维的内在动因。观察是有目的、有计划的一种思维知觉，是知觉的高级形式。操作实验是锻炼大学生观察能力、培养创新意识的最重要途径。从实验目的的角度讲，实验一般可分为验证性实验和探索性实验。对于验证性实验，应该注重实验操作步骤的合理性和规范性，培养自己严谨的实验态度和作风；而对于探索性实验，应该灵活运用所学的科学知识，对实验过程进行全方位的想象，对多种因素进行取舍，对所得信息进行筛选，有全局观念并善于应变。

（2）努力学习课程知识，掌握创新思维方法。研究表明，人的创新能力来源于创新思维，而创新思维是建立在合理的知识结构之上的。因此，培养创新能力，必须从构建良好的知识结构开始。没有扎实的知识基础，创新就成了无源之水、无本之木。扎实学好基础课程知识是大学生培养创新能力的基础。通过学习获得的知识和经验越丰富、越扎实，就越能观察和发现问题，就越能开阔视野，思路也越宽广，越易于产生灵感，找出解决问题的办法。因此，要创新就必须打好学习基础。

对于基础课程的学习要全面系统，扎实掌握基本的内容及原理，这是以后学习的基础；而对于专业课程的学习，在扎实掌握课堂知识的前提下，应该理论联系实际，了解行业的发展趋势，勇于发现、思考并解决问题；对于公共选修课程，应该根据自己的兴趣以及大学学习规划广泛地展开学习，要敢于跳出主要的专业学科领域，在力所能及的情况下可以参与学习校内或校际开设的选修课程。

（3）积极参与科研项目，锻炼创新技能。在当今的教育模式下，大学生日常的学习和实践基本上都是验证性的活动，而选择研究课题并参与相关的科研活动，可以使自己在整个科研活动中发现问题并采用有效的方法和途径解决问题。参与科研项目，可以培养大学生的信息加工能力、动手操作能力、创新技术的运用能力、创新成果的表现能力及物化能力等创新技能，进而提高创新能力。

（4）善始善终参加各种竞赛，培养创新精神。创新不但需要付出艰苦的思想劳作，更是一种探索、一种尝试，是一种“闯”和“试”。要提高创新能力，大学生应该培养坚韧不拔、善始善终的创新精神。积极参加一些创新竞赛活动，可以激发大学生的学习兴趣以及创新潜力，培养迎难而上、开拓进取的创新精神。

4.2 认知创新途径

4.2.1 创新的十种表现形态

创新并非少数天才的专利。一个纪律严明的团队，再加上有效的系统方法，就能更好地实施创新，并取得卓越的业绩。德布林咨询公司在研究了近2000个最佳创新案例后发现，历史上所有伟大的创新都是十种基本创新类型的某种组合，并由此开发出“创新的十种类型”框架，引领企业向更有序、更可靠的创新迈进了一大步。

创新的十种表现形态如下：

（1）盈利模式创新。赢利模式创新指的是公司寻找全新的方式将产品和其他有价值的资源转变为现金流。这种创新常常会挑战一个行业关于生产什么产品、确定怎样的价格、如何实现收入等问题的传统观念。溢价和竞拍是赢利模式创新的典型例子。

（2）网络创新。在当今高度互联的世界里，没有哪家公司能够独自完成所有事情。网络创新让公司可以充分利用其他公司的流程、技术、产品、渠道和品牌。悬赏或众包等开放式创新方式是网络创新的典型例子。

（3）结构创新。结构创新是通过采用独特的方式组织公司的资产（包括硬件、人力或无形资产）来创造价值。它可能涉及从人才管理系统到重型设备配置等方方面面。结构创新的例子包括建立激励机制，鼓励员工朝某个特定目标努力，实现资产标准化从而降低运营成本和复杂性，甚至创建企业大学以提供持续的高端培训。

（4）流程创新。流程创新涉及公司主要产品或服务的各项生产活动和运营。这类创新需要彻底改变以往的业务经营方式，使得公司具备独特的能力，高效运转，迅速适应新环境，并获得领先市场的利润率。流程创新常常构成一个企业的核心竞争力。

（5）产品性能创新。产品性能创新指的是公司在产品或服务的价值、特性和质量方面进行的创新。这类创新既涉及全新的产品，也包括能带来巨大增值的产品升级和产品线延伸。产品性能创新常常是竞争对手最容易效仿的一类。

（6）产品系统创新。产品系统创新是将单个产品和服务联系或捆绑起来创造出一个可扩展的强大系统。产品系统创新可以帮助企业建立一个能够吸引并取悦顾客的生态环境，抵御竞争者的侵袭。

（7）服务创新。服务创新保证并提高了产品的功用、性能和价值。它能使一个产品更容易被试用和享用；它为顾客展现了他们可能会忽视的产品特性和功用；它能够解决顾客遇到的问题并弥补产品体验中的不愉快。

（8）渠道创新。渠道创新包含了将产品、顾客与用户联系在一起的所有手段。虽然电子商务在近年来成为主导力量，诸如实体店等传统渠道还是很重要——特别是在创造身临其境的体验方面。这方面的创新老手常常能发掘出多种互补方式，将他们的产品和服务呈现给顾客。

（9）品牌创新。品牌创新有助于保证顾客和用户能够识别、记住你的产品，并在面对你和竞争对手的产品或替代品时选择你的产品。好的品牌创新能够提炼一种“承诺”，吸引买主并传递一种与众不同的身份感。

（10）顾客契合创新。顾客契合创新是要理解顾客和用户的深层愿望，并利用这些了解来发展顾客与公司之间富有意义的联系。顾客契合创新开辟了广阔的探索空间，帮助人们找到合适的方式把自己生活的一部分变得更加难忘、富有成效并充满喜悦。

只选择一两种创新类型的简单创新不足以获得持久的成功，尤其是单纯的产品性能创新很容易被模仿、被超越。企业需要综合应用上述多种创新类型，才能打造可持续的竞争优势。

4.2.2 企业创新能力的主要表现形态

提起企业创新，人们往往联想到技术创新和产品创新，其实企业创新的形态远不止这些。一般来说，企业创新主要有发展战略创新、产品（服务）创新、技术创新、组织与制度创新、管理创新、营销创新和文化创新等。

（1）发展战略创新。发展战略创新是对原有的发展战略进行变革，是为了制定出更高水平的发展战略。实现企业发展战略创新，就要制定新的经营内容、新的经营手段、新的人事框架、新的管理体制、新的经营策略等。

（2）产品（服务）创新。这对于生产企业来说，是产品创新；对于服务行业而言，主要是服务创新。例如，手机在短短的几年时间内已从模拟机发展到数字机、可视数字机、可以上网和可以拍照的手机等。手机的更新换代，生动地告诉我们产品的创新是多么迅速。

（3）技术创新。技术创新是企业发展的源泉，竞争的根本。就一个企业而言，技术创新不仅指商业性地应用自主创新的技术，还可以是创新地应用合法取得的、他方开发的新技术或已进入公有领域的技术，从而创造市场优势。例如，沃尔玛在 1980 年就全球率先试用条形码即通用产品码（UPC）技术，结果使其收银员工作效率提高了 50%，并极大地降低了经营成本。

（4）组织与制度创新。组织与制度创新主要有三种：

一是以组织结构为重点的变革和创新，如重新划分或合并部门、组织流程改造、改变岗位及岗位职责、调整管理幅度等。

二是以人为重点的变革和创新，即改变员工的观念和态度，包括知识的更新、态度的变革、个人行为乃至整个群体行为的变革等。例如，GE 总裁韦尔奇在掌权后就曾采取一系列措施来促进 GE 这家老企业重新焕发创新动力。有一个部门主管工作很得力，所在部门连续几年盈利，但韦尔奇认为可以干得更好。这位主管不理解，韦尔奇建议其休假一个月，放下一切。等再回来时，变得就像刚接下这个职位，而不是已经做了 4 年。休假之后，这位主管果然调整了心态，像换了个人似的，对本部门工作又有了新的思路和对策。

三是以任务和技术为重点的创新，即对任务重新组合分配，并通过更新设备、技术创新等，来达到组织创新的目的。

（5）管理创新。世上没有一成不变的管理方法。管理方法往往因环境情况和被管理者的改变而改变，这种改变在一定程度上就是管理创新。例如，英特尔总裁葛洛夫的管理创新就是因环境情况和被管理者的改变而改变的：实行产出导向管理——产出不限于工程师和工人，也适用于行政人员及管理人员；在英特尔公司，工作人员不只对上司负责，也对同事负责；打破障碍，培养主管与员工的亲密关系等。

（6）营销创新。营销创新是指营销策略、渠道、方法、广告促销策划等方面的创新。例如，雅芳和安利的直销等都曾是营销创新。

（7）文化创新。文化创新是指企业文化的创新。企业文化的与时俱进和适时创新，能使企业文化一直处于一种动态的发展过程。这样不仅可以维系企业的发展，更可以给企业带来新的历史使命和时代意义。

4.3 创新案例赏析

1. 光圈扳手。

Steranka 是一名资深摄影爱好者，长期以来一直为光学相机中控制光线进入相机镜头的“光圈”所着迷，于是便有想法将这一模型应用于工业设计中，“Aperture Wrench”光圈扳手的想法由此产生。这款工具可以让用户随意调整扳手的尺寸大小，大大减少了备用工具的数量。

利用相机孔径内机械运动的原理，可以一把扳手应对不同直径的螺母。这款扳手的操作十分简单，使用者只需旋转位于工具顶部的红色刻度盘来调整尺寸，直到大小合适，再按下侧面下方的“锁定”按钮便可锁定开口。这款扳手还有一个类似相机的闪光灯，位于光圈结构的下方，按下这个红色的电源按钮，闪光灯可以照亮工作环境。

2. 刷牙只需 6 秒。

这款名为“Blizzident”的 3D 打印牙刷与传统的牙刷区别很大，除了外形，使用方式也有很大的不同，它无需“刷”，放置在牙齿表面，用“咬”即是刷牙，显然简单方便了很多，可在 6 秒时间内彻底清洁牙齿。

Blizzident 采用量身定制的方式，由塑料和约 400 根软毛构成。软毛起到清洁牙齿间隙的齿线作用，非常柔软且成锥形，可匹配用户的牙齿结构，以 45° 清洁牙龈。人们只需咬着这款牙刷大概 6 秒钟，就能完全清洁牙齿。这款牙刷同时还是舌苔清洁器，使用过程中可清除舌头上的细菌。

3．二合一自行车灯。

对于爱好骑行的人来说，自行车灯是必备的配件。“Blink”是一款二合一可充电的自行车灯，前照明灯（白）和后警示灯（红）可以合在一起成为一个整体，其方正圆润的造型方便用户收纳，而且还可以一起充电。

“Blink”自行车灯使用起来非常方便，只需将底座安装在自行车上，接下来将车灯吸附在上面即可，非常地牢固，骑行震动也不会轻易掉落。不用时可直接将车灯取下，不仅方便充电，也方便收存。

4．电梯里的创意。

2005年，分众传媒在纳斯达克上市，缔造了江南春的财富神话。作为新经济的代表人物，江南春的财富神话备受推崇。从一个文学青年到一个商业奇才，江南春用了10年的时间蜕变。江南春靠的是什么？也许只能用一句话来形容：善于发现，善于开拓创新。

在创立分众传媒前就有了10年的广告从业经历，也就是说年仅20岁还是一名在校大学生的江南春就接触了广告。是什么让这个生于1973年、出身普通的上海人白手起家创造了奇迹？

有一天，江南春去上海徐家汇太平洋百货办事，就在等电梯的那一会儿，他发现了一个很多人都会发现但没有认真探究的现象：由于电梯很慢，电梯口等电梯的人很多，这些人都在很好奇地看电梯门上的什么东西。一开始等电梯的时候他也没有怎么注意，等他前面的一拨人走进电梯后，他才看到电梯的两扇门上张贴有广告。这一发现让江南春顿时眼前一亮：大家等电梯的时候会感到很无聊，这是一个绝佳的宣传广告的好时机。

凭着自己多年从事广告相关工作的经验，江南春当时就想，如果说把这里的平面广告换成电视，再播放一些时尚表演，穿插广告，这样不仅让那些等电梯的人不觉得电梯速度慢，而且还会有很好的广告效果，一举两得。江南春用“在电梯旁装块电视屏幕卖广告”这一创意开掘了全新的广告市场，短短几年之间，楼宇电视广告从无到有，很快占领了国内主要城市绝大多数的楼宇电梯，并开始向大卖场、连锁超市等场所延伸，形成了一个规模颇大的广告媒体平台。

江南春的“电梯广告”之所以能够在很短的时间内盈利，正是靠这份“人无我有，人有我优”的独创性。

5．迪士尼乐园的路径设计。

迪士尼乐园举世闻名，它的设计者之一是哈佛大学建筑学院院长格罗皮乌斯。他是现代主义大师和景观建筑方面的专家，从事建筑研究四十多年，攻克过无数个建筑方面的难题，在世界各地留下七十多处精美的杰作。

洛杉矶迪士尼乐园经过三年建设，主体工程已全部完成，即将对外开放，但是各个景点之间的路径该如何设计还没有形成具体的方案。路径的设计也是一个非常重要的部分，它更能体现和增添整个乐园的风格。于是，施工部打电报给正在法国参加庆典的格罗皮乌斯大师，请他赶快定稿，以期迪士尼乐园能够按计划竣工和开放。

然而，这次的路径设计却让这位世界级大师大伤脑筋。对迪士尼乐园各景点之间的道路安排，他已修改了五十多次，没有一次是让他满意的。接到催促电报后，他心里更加焦躁。巴黎的庆典一结束，他就让司机驾车带他去了地中海滨。他想整理一下思绪，争取在回国前把方案定下来。令他意想不到的是，这次路途上的所见竟然给他带来了创作上的灵感，问题就迎刃而解了。

汽车在法国南部的乡间公路上奔驰，这里是法国著名的葡萄产区，漫山遍野，到处都是当地居民的葡萄园。一路上，他看到无数的葡萄园主把葡萄摘下来，提到路边，向过往的车辆和行人兜售，然而很少有人停车。

可是，当他的车子拐入一个小山谷时，发现那儿停满了车。原来这里是一个无人看管的葡萄园，只要在路边的箱子里投入5法郎，就可以摘一篮葡萄上路。据说，这是一位老太太的葡萄园，她因年迈无力料理而想出了这个办法。起初，她还担心这种办法是否能卖出葡萄，谁知在这绵延上百千米的葡萄产区，她的葡萄总是最先卖完。她这种给人自由、任其选择的做法使格罗皮乌斯深受启发。他下车摘了一篮葡萄，就让司机掉转车头，立即返回了巴黎。

回到住地，格罗皮乌斯立即给施工部发了封电报：撒上草种，提前开放。施工部按照他的要求，在乐园撒下了草种。没过多久，小草长出来了，整个乐园的空地被绿茵所覆盖。在迪士尼乐园提前开放的半年里，草地被踩出许多条小径，这些踩出的路径有宽有窄，优雅自然。第二年，格罗皮乌斯让人按这些踩出的痕迹铺设了人行道。在1971年举行的伦敦国际园林建筑艺术研讨会上，迪士尼乐园的路径设计被评为世界最佳设计。

当人们问他，为什么会采取这样的方式设计迪斯尼乐园的道路时，格罗皮乌斯说：艺术是人性化的最高体现。最人性的，就是最好的。迪士尼乐园的路径设计独具匠心，充分体现了“人性化”，它的最大特点是“以人为本，顺其自然”。

6．微信的创新和未来。

2010年，移动互联网呼啸而来，腾讯在所有互联网巨头中第一个转身。

大象的转身是如此地轻盈而迅速。

从2011年1月推出至当年年底，微信在1年的时间里更新了11个版本，平均每个月迭代一个版本。1.0版本仅有聊天功能，1.1版本增加对手机通信录的读取，1.2版本打通腾讯微博，1.3版本加入多人会话，2.0版本加入语音对讲功能。直到这个时候，腾讯才完成了对竞争对手的模仿和追赶，开始创新之路。

2.5版本率先引入查看附近的人，正是这个功能的推出，实现了对主要对手米聊的技术创新和用户大爆炸式增长。

3.0版本率先加入漂流瓶和摇一摇功能。3.5版本增加英文界面，全面进军海外市场。这个时候的国际市场上，日本的Line同时崛起，并且更早一步开始了对东南亚地区的“占领”。

时不我待，机不可失。4.0版本率先推出相册和朋友圈功能，4.2版本增加视频聊天插件，4.4版本增加语音搜索功能，4.5版本增加多人实时聊天、语音提醒和根据对方发来的位置进行导航的功能。微信的社交平台功能日趋完善，并且一步步向移动智能助手的角色发展。必须说明的是，在视频聊天和智能语音搜索上，微信比Line更早一步，产品体验开始领先。

2013年8月5日，微信5.0 for iOS上线，添加了表情商店和游戏中心，扫一扫（简称313）功能全新升级，可以扫街景、扫条码、扫二维码、扫单词翻译、扫封面。同年8月9日，微信5.0 for Android上线。

2013年8月15日，微信海外版（WeChat）注册用户突破1亿，一个月内新增3000万用户。2013年10月24日，腾讯微信的用户数量已经超过了6亿，每日活跃用户达1亿。

2013年12月31日，微信5.0 for Windows Phone上线，添加了表情商店、绑定银行卡、收藏、绑定邮箱、分享信息到朋友圈等功能。

2014年1月4日，微信在产品内添加由“嘀嘀打车”（滴滴出行）提供的打车功能。2014年1月28日，微信升级为5.2版本，Android版界面全新改版。2014年3月，开放微信支付功能。

2014年3月24日，电脑管家牵手微信上线聊天记录备份功能。

2014年8月28日，微信支付正式公布“微信智慧生活”全行业解决方案，具体体现在以微信公众号+微信支付为基础，帮助传统行业将原有商业模式“移植”到微信平台。

2015年1月21日，微信在App Store率先上线了6.1版，新版增加了“附件栏发微信红包”“更换手机时，自定义表情不会丢失”“可以搜索朋友圈的内容和附近的餐馆”三大功能。还有安装之后的开场幻灯片——统计你过去一年“送出的赞”以及“收获的赞”。

微信提供的闭环式移动互联网商业解决方案中，涉及的服务能力包括移动电商入口、用户识别、数据分析、支付结算、客户关系维护、售后服务和维权、社交推广等。这也预示着微信再次加大商业化开放步伐，为合作伙伴提供连接能力，助推企业用户商业模式的移动互联网化转型。

通过为合作伙伴提供“连接一切”的能力，微信正在形成一个全新的“智慧型”生活方式，其已经渗透进入诸多传统行业，如微信打车、微信交电费、微信购物、微信医疗、微信酒店等，为医疗、酒店、零售、百货、餐饮、票务、快递、高校、电商、民生等数十个行业提供标准解决方案。

2017 年 2 月，Brand Finance 发布 2017 年度全球 500 强品牌榜单，微信排名第 100。

从全球来看，Line 的商业化无疑更早获得成功，国际化的脚步也更快，但是腾讯最擅长的就是后来居上：只要方向正确，专注创新，奇迹总会发生。

某一件事，不要因为别人都这样做，我们也一定要这样做；不要因为过去是这样做，现在就得这样做。换一种思路，甚至用完全相反的方法试一下，你可能会发现问题同样得到解决，但结果可能完全不同。当别人都纵向地将苹果切开，你不妨横着切一次，你会发现苹果里原来还隐藏着那么多美丽的图画。

4.4 提高问题解决能力

我们在工作、学习、生活中每逢遇到问题，总要“想一想”，想到办法后，再进行实际操作、解决问题。它需要经过一系列分析、综合、概括、抽象、比较、具体化和系统化等过程，对感性材料进行加工并转化为理性认识，最后解决问题。

遇到一个问题，无论是工作或生活上的，都能手到擒来、很快解决，工作上，是不是会更快地发展？生活上，是不是会更惬意一些？

【学习领会】

4.4.1 问题解决能力的含义

问题（problem）是指在目标确定的情况下却不明确达到目标的途径或手段。

问题解决（problem solving）是要把问题的给定状态转化为目标状态。在问题解决的过程中，为了达到特定的目标，人们会运用既有的知识、经验、技能，借助于各种思维活动和行动来处理问题，使问题得以解决。问题解决的过程非常复杂，它包括整个认识过程、情绪和意志过程，其中关键性的是思维活动。

问题解决是一个过程或一种活动，是在一定条件和准则制约下，对问题情境或未知因素要求确定出最佳方案或最佳值的活动过程。在一个问题解决活动中，应该包括以下一些特点：

（1）问题解决者想达成一个目标。

（2）达成这个目标需要一个操作序列。

（3）提出多种方案供选择，并提高从这些方案中选择最有效方案的概率。

（4）需要使用知识、技能来间接地处理问题。

（5）根据此方案所进行的实施过程。

问题解决能力（problem solving ability）就是一种面对问题的习惯和处理问题的能力。这种能力体现在：一个人在遇到问题时，能自主地、主动地谋求解决，能有规划、有方法、有步骤地处理问题，并能适宜地、合理地、有效地解决问题。

4.4.2 问题解决过程划分的阶段

问题解决能力是一种面对问题的习惯和处理问题的能力，它必定要在问题解决过程中才能展现出来。问题解决过程可以划分为四个阶段。

（1）理解和表征问题阶段。第一步确定问题到底是什么，需要找出相关信息而忽略无关的细节，并准确地表征问题。

（2）寻求答案阶段。如果表征问题能够使问题解决者联想起一个顿悟式的解决方案，就能使问题被有效解决；反之，就只能遵循寻求解答的路线。寻求解答，可能存在算法式（指对一个问题所有可能的途径都加以尝试）和启发式（凭借经验来解决问题）两种途径。

（3）执行计划或尝试某种解答阶段。当表征某个问题并选好某种能够解决的方案之后，就开始计划和尝试解答问题。如果解答方案主要涉及某些算法的使用，一定要在使用算法的过程中避免产生系统性的错误。

（4）评价结果阶段。评价结果的方法之一就是寻找能够证实或证伪这种解答的证据，对解答进行核查。许多人在这一步完成之前就停止了工作，其实有可能得出的解答只是在一定情况下行得通而已。所以，这一步与其他各阶段一样，是应该重视的。

问题解决过程各个阶段之间的界限不一定非常明显，在某些阶段可能存在与其他阶段相区别的鲜明特点，在有些问题情境中我们甚至还能判断出问题可能出在哪个阶段上，但在有些情况下就只能笼统地对整个过程加以评价。

4.4.3　提高问题解决能力从培养四大问题意识开始

工作的过程就是一个不断解决问题的过程，养成以下四大问题意识将会让你从平凡走向优秀，从优秀走向卓越。

（1）机会意识。所谓机会意识是指把解决问题当成锻炼自己的机会、成长的机会、展现才能的机会、挑战潜能的机会。

遇到问题你发现了、解决了，就会展现自己的能力，就会脱颖而出。从现实通向完美之路是用问题铺就的，每解决一个问题，就离完美近了一步，业绩就会提高一点，水平就会提升一截。

有的人在工作上遇到问题的第一反应往往是烦恼和沮丧，甚至会有逃避的想法。其实，用积极长远的眼光来看，问题意味着进步与发展。在推掉问题的同时，机会也被拒之门外了。相反，如果我们努力解决问题，从中获得的不仅是经验和智慧，还有更多成长机会以及超越自我的机会。

所以，在遭遇问题时不应该沮丧，而是调整好心态，欣然地接受。只要冷静地分析，积极地行动，不但问题可以迎刃而解，隐藏在问题下的机会也会浮出水面。而那些见了问题就害怕、躲着走、不能发现问题、无力解决问题的员工肯定是被淘汰的对象。

（2）发现意识。所谓发现意识是指对问题具有敏锐的洞察力，能够发现已经出现的问题苗头，发现尚未出现的问题隐患，进而及早地解决问题并预防问题的发生。

发现问题有时候比解决问题更重要，发现问题是一种创新，解决问题是一种执行。发现问题也是一种能力，是从外界众多的信息源中，发现自己所需要的、有价值的问题信息的能力。

实际上，要看出和说出问题并不是一件容易的事。能够及时发现问题、勇于揭露问题，也是很大的成绩。因为有了发现问题的能力，才能有不断改进工作的基础；有了揭露问题的勇气，才能有不断前进的动力。

管理大师说，“管理只有恒久的问题，没有终结的答案。”实际上，工作就是不断发现问题和解决问题的过程。有问题不可怕，可怕的是对待问题熟视无睹的态度。发现不了问题才是最大的问题。任何一个企业都有问题，但关键的问题在于你能否发现。在我们的工作范围内，如果因为一项问题没有被发现而导致企业的损失或重大损失，就是我们的失职，甚至是渎职。

如果满足于现状，任何事情都看似没有问题。因此，发现问题的关键是要有不满。不满有积极的不满和消极的不满。积极的不满也就是为了进步而不满足，具有积极性，可以通过进一步强化，形成问题意识。人类今天所拥有的世界，正是前人不满足于现状，把不满化为动力，一个一个地解决问题的努力结果。

有的人满足于现状，即使有不满，但认为自己无能为力，或者发发牢骚，或者干脆“事不关己，高高挂起”，或者努力了一下遇到难处就“知难而退”了，这就是“消极不满”。这样的人不可能开动脑筋改善现状，当然就很难谈得上获得什么成功。

（3）解决意识。所谓解决意识是指发现问题之后抱着负责任的态度，立即开动脑筋，想尽千方百计，排除千难万险，历尽千辛万苦，也要把问题解决掉。而不能逃避问题，拖延推诿，或者“事不关己，高高挂起”，致使问题长时间得不到解决，最终由问题演变成了危机。

问题出现了，要对问题做出三个方面的思维反映：首先，这是什么性质的问题？然后，是什么原因致使问题发生？最后，怎样解决问题？要在对问题的思考与思辨过程中，逐步找到解决的方法和对策。

出现问题的时候不要随随便便想个办法应付一下，如果是这样的话，那就是在应付问题而不是在解决问题。而且，今天的最佳方法，并不代表永远都是最佳的方法。随着时间的推移，促使我们必须树立一种与时俱进的态度，不断学习，不断更新，永远追求更好的方法。

（4）预防意识。所谓预防意识是指能够结合经验与信息，预防可能发生的问题，并采取相应的措施，防止问题的发生和发展。虽然我们不能像诸葛亮那样“能掐会算”，但是，事物发展还是有一定的客观规律可循的。只要我们不断地学习观察，善于总结与反省，就会逐渐提高自己预测问题的能力。只有研究不到的问题，没有解决不了的问题。

平庸的人没有问题意识；一般的人不会预测问题；优秀的人能够发现问题并解决问题；而只有卓越的人，不但能够解决问题，而且能在解决问题之后采取措施，预防问题的再度发生。为什么很多问题重复发生又重复解决？为什么很多问题屡禁不止、屡屡发生？为什么年年、月月甚至天天在解决以前出现的问题？这就是不能很好地预防问题所致。

俗话说“预防重于治疗”，能防患于未然，更胜于治乱于已成之后，所以，能预防问题发生的人，应该比解决问题的人更优秀，也更有功劳。曲突徙薪讲的就是这个道理。

总之，一个企业的核心竞争力就是其发现问题和解决问题的能力，而一个员工的核心能力则在于能否用正确的方法把问题解决掉。问题意识是一个员工的责任心、敬业精神、主人翁意识的综合体现。工作中的一个细节，业务中任意一个风险点，都是需要我们去逐一发现和解决的。一个人面对问题和困难时所表现出来的态度和素质是其走向卓越或平庸的分水岭。

敏锐地发现问题，勇敢地面对问题，冷静地分析问题，积极地解决问题，并超前地预防问题，将会让你从优秀走向卓越。

4.4.4 如何使顿悟经常光顾你的大脑

顿悟是一种重要的创造性思想方式，是指人们对情况的一种突如其来的领悟或理解，也就是人们在不自觉地反复想着某一题目（问题）时，突然跃入意识的一种使问题得到澄清（解决）的想法。许多科学家认为，在科学发现的认识阶段，为了解决问题主要是使用灵感或顿悟去提出猜想的。灵感与顿悟是新思想产生的主要途径。生理学家赫尔姆霍茨从他的科学创造活动中认识到，存在着科学发现的三个阶段：①最初的一种持续不断的研究，直至不可能再进行下去；②一段时间的休息，然后恢复研究；③一个突然的、意想不到的答案的出现，这就是直觉、灵感和顿悟。

现代心理学家发现，任何顿悟必须有明确的思考为大前提，同时，顿悟必然对此问题经过长期、认真甚至艰苦的思考才可能出现。由此看来，顿悟所产生的灵感也是长期积累的结果。

那么，怎样使顿悟经常光顾你的大脑呢？

（1）对问题和资料进行了长时间的考虑，直至达到思想的饱和，这是最重要的前提。必须对问题抱有浓厚的兴趣，对问题的解决抱有强烈的愿望。

（2）摆脱分散注意力的其他问题或有兴趣的事，特别是有关生活的烦恼，这是一项重要的条件。

（3）另一个有利条件是研究不被中断，并摆脱一切使人分心的因素，如室内有趣的对话或突然发出的大声响。

（4）在紧张工作一段时间以后，稍事休息，悠游闲适，更容易产生直觉。

（5）长期思考以后，与别人攀谈或浏览一下其他书籍，有利于诱发直觉、灵感和顿悟。

（6）新想法常常瞬间即逝，必须努力集中注意力，牢记在心，方能捕获直觉。一个普遍使用的好方法是养成随身携带纸和笔的习惯，随时记下闪过脑际的有独到之见的念头。

4.4.5 问题解决能力的评价

对能力内涵解释的方式不同，陈列出的能力内涵指标项也不相同。许多学者都曾试图对问题解决过程中可能运用到的能力加以解释。《“问题解决”的能力》一文认为，问题解决过程中各个阶段包含了 20 项不同的能力，如表 4-1 所示。

表 4-1 问题解决过程中所运用的能力

问题解决的过程	对应的“四个阶段”	各阶段运用的能力
发现问题	理解和表征问题阶段	①对境况的发展能保持正向、积极的心态。 ②面对问题能够先做合理评估，并具有勇于承担的态度。 ③借助批判和想象等思维活动，意识到问题情境中还可能有许多开拓空间
确定问题		④能根据情境演变的脉络，确定“问题”的意义。 ⑤能准确评估问题的初始状态和预测问题的最终状态。 ⑥能洞察问题的各层次结构，并从结构中发现解决问题的关键。 ⑦能适当和准确地评估可运用的资源和受到的限制条件。 ⑧能恰当地表述问题
形成策略	寻求答案阶段	①能借助推论和想象来开拓“问题”的发展空间。 ②能同时拟定多种解题策略，能合理地进行决策
执行实现	执行计划或尝试某种解答阶段	①能以行动来处理问题，具有动手实操的习惯。 ②具有行动能力，能控制变量并做有条理的处理。 ③能随机处理预料之外的情境变化，使工作持续地沿主轴推进。 ④养成能在过程中随时做好对“要达成的目标”、“活动”和“评价”三者之间进行相互校正的习惯
整合成果	评价结果阶段	①对所获得的信息，能统合整理出成果，并做出合理的评价。 ②能根据事件的前因后果，发现其中的意义并做出解释。 ③能观察到处理问题过程中的不足之处和可以改进的地方
推广应用		④体会处理事件过程所产生的影响，并做合理的调节。 ⑤了解事件后续的发展，并做适当的处理。 ⑥获得经验，并应用于解决其他的问题

具体使用时，可以参考表 4-1 中列出的指标项来观察。但是，对如此多的项目在短时间内观测并给出一个对问题解决能力的总体评价仍是很不容易的。《“问题解决”的能力》一文建议改用“面对问题的态度”“处理问题的方式”“问题解决的品质”三项来评价，即“三项”评价法。并且，为了使评价中的指标项更具可观察性，还将解析出来的三项内涵（“态度”、“方式”及“品质”）加以仔细界定，如表 4-2 所示。

表 4-2　问题解决能力的评分指标

评价的项目：五等级与精熟度评分指标		对应的各项能力的表现
面对问题的态度	5 级：面对问题能事先评估，觉得合理后能勇于承担责任。 4 级：接纳问题，并认真去处理。 3 级：承接问题，动手去执行。 2 级：承受问题，参与支持性的活动（不去承担责任）。 1 级：没有参与的意愿，但尚能敷衍地参与活动	【正向态度】 ①对境况的发展能保持正向、积极的心态。 ②面对问题能先做合理评估，并具有勇于承担的态度。 ③养成一种遇到问题时先行考虑、了解、规划的习惯。 【了解问题】 ①能根据情境演变的脉络，确定“问题”的意义。 ②能准确评估问题的初始状态和预测问题的最终状态。 ③能洞察问题各层次结构，并从结构中发现解决问题的关键。 ④能适当和准确评估可运用的资源和受到的限制条件。 ⑤能恰当地表述问题。
处理问题的方式	5 级：了解问题并能掌握目标，合理地、有效地、协调地去推进。 4 级：知道问题，并能合理、有效地去执行。 3 级：能与人合作，把自己应完成的工作负责、努力地完成。 2 级：能接受分派的任务，实地去执行。 1 级：未能了解问题，随机反应、盲目尝试，不计后果	【执行实现】 ①能以行动来处理问题，具有动手实操的习惯。 ②具有行动力，能控制变量并做有条理的处理。 ③能随机处理预料之外的情境变化，使工作持续沿主轴推进。 ④养成能在过程中随时做好对“要达成的目标”、“活动”和“评价”三者之间进行相互校正的习惯。 ⑤能与他人分工合作完成工作。 【鉴赏结果】 ①能从事件的前因及后续发展中看出其意义并做出诠释。 ②对所获得的信息，能统合整理出成果及做合理的评价
问题解决的品质	5 级：能经由创造性的工作，获得可信赖的、优良的成果。 4 级：能切实有效地执行，获得可信的成果。 3 级：能依指示去执行，所得结果符合一般常情。 2 级：所依据资料勉强可信，所得结果尚可交差。 1 级：处理问题零乱遗落、有始无终	【批判创造】 ①对所获得的信息，能整理出成果，并做出合理的评价。 ②能借助推论和想象来开拓“问题”的发展空间。 ③能同时拟定多种解题策略，也能合理地进行决策。 ④能观察到处理问题过程中的不足之处和可以改进的地方。 ⑤了解事件后续的发展，并做适当的处理。 ⑥体会处理事件过程所产生的影响，并做合理的调节。 ⑦获得经验，并应用于解决其他的问题

这里把“问题解决能力”分成三项来评价，只是为了评价时观察的方便。三个评价项目之间的联系是非常紧密的，有一项做得好，三项都会有提升；反之亦然。所以，这样的划分对“问题解决能力”的评价并不会有质的影响。

4.4.6　如何提高自身的问题解决能力

遇到一个问题，无论是工作或生活上的，如果都能手到擒来、很快解决，工作上是不是会更快地发展？生活上是不是会更惬意一些？答案是毫无疑问的！所以，应该提高自身的问题解决能力！

那么，如何提高自身的问题解决能力呢？

一般而言，问题解决能力可解构为预见力、决策力、执行力。

（1）预见力。预见力是以信息为依据预见结果的能力，具体而言，就是在限定的时间内通过采集客观信息，预测结果，并预设高成功率达成结果的路径或解决方案。

我们每天都要面临如何解决问题的困境。这种情况下，无论在时间上还是在资源上都不允许调查完所有情况后再拿出解决办法。如果能在限定的时间内只用少量信息就找到最佳办法，那么你就能显著提高业务上的成功率。这种能力就是结合你现有经验通过少量信息进行结果预测

（2）决策力。根据已掌握的有效信息，高效率做出路径或解决方案的选择决策。具体而言，根据掌握的有限信息，尽快地选出达成预期结果的最优路径或解决方案。

一旦信息过多，就可能会延误做决策的时机。在做决策的时候，只有那些可以帮助缩小现有选择范围的信息才是有用信息。

一般而言，许多企业也有这样一个比较强的倾向：在搜集尽可能多的信息后做出决策。遗憾的是，很多企业由于在做决策上花的时间过多，进而延误了执行必要措施的时机。或者，有的企业会出现这种情况：在搜寻新信息的过程中致使选项增多，或出现了原本不知道的新的实际情况，从而使企业一直瞻前顾后，怎么都做不出决策。事实上，很多人都是这么做的：从能想到的各个角度展开调查、分析，再以调查分析结果为基础得出结论。

（3）执行力。执行力是根据解决方案制订计划，并保障计划实施和预定目标完成的能力。具体而言，根据解决方案，分解为执行方案，然后以行动能力保障执行方案的执行。

以上对问题解决能力的结构属于概念性知识的一级解构，这种一级解构的价值在于明确了提高自身问题解决能力的三个方向，这三个方向也就构成了问题解决能力的三个子能力系统。我们应着力提高这三方面的能力，从而提高自身的问题解决能力。

在日常问题解决的过程中，这三个能力子系统一般是从系统的角度出发，落实到不同的职能模块或职能主体之中。例如，对于企业高层的关键职能在于预见、决策，中层的关键职能在于执行。

4.4.7 提升问题解决能力的五个步骤

提升问题解决能力的五个步骤如下。

步骤一：发现问题

问题主要分为以下 3 类：

（1）恢复原状型问题——不良状态已经浮现，解决方法为恢复原状。

（2）预防隐患型问题——如果放在不管，就会发生不良状态，解决方法就是维持现状，即防止恶化。

（3）追求理想型问题——现状并无大碍，问题在于我们要追求理想，解决方法就是付出努力以达成理想状态。

步骤二：设定课题

（1）恢复原状型问题的核心课题是“掌握状况”。

①掌握状况——是怎么损坏的？

②应急处理——如何防止状况恶化？

③分析原因——为什么会坏掉？

④根本措施——知道原因后，如何做才能复原？

⑤防止复发——应该怎么做，以后才不会又损坏？

（2）预防隐患型问题的核心课题是“诱因分析”和“预防策略”。

①假设不良状态——不希望事物以何种方式损坏？

②诱因分析——何种诱因导致损坏？

③预防策略——如何防止不良状态发生？

④发生时的应对策略——发生时，如何将不良的程度降到最低？

（3）追求理想型问题的核心课题是“选定理想”和“实施策略”。

①资产盘点——自己的强项和弱项是什么？

②选定理想——根据实力决定目标。

③实施策略——决定达成目标的顺序。

步骤三：列举并检查替代方案

一般情况下，运用头脑风暴的方式来构思替代方案。

步骤四：评估替代方案

头脑风暴后会有大量的想法，现在到了做减法的阶段了。

在列举所有替代方案时，最好把其中的必要条目与优先条目分开，分别评估替代方案。

替代方案不能只评估好处，还要评估风险。

步骤五：实施解决方案

不管是什么策略和方案，实施起来不外乎以下五个步骤：

（1）设定实施的终止期限。

（2）确定要做哪些事情。

（3）学习知识和技能，或找到具备这些知识和技能的人。

（4）制作实施进度表，也就是甘特图。

（5）修正期限以及开始行动。

以上步骤中，最有价值的就是对问题的分类及其对应的核心课题。

【案例剖析】

【案例 4-1】竞争力源自解决问题的能力

迈克尔·奥利里于 1991 年接管濒临破产的爱尔兰瑞安航空公司。很快，他就使这家航空公司成为欧洲航空旅游业内利润最高的企业之一。1999 年，当大多数欧洲航空公司都在苦苦挣扎时，瑞安航空公司总收入却高达 2.6 亿美元，税前利润为 5180 万美元。

瑞安航空公司能在市场大环境不景气的情况下取得如此良好的经营业绩，关键在于公司 CEO 迈克尔·奥利里较早地认识到了航空旅游业存在的问题，并对解决策略进行了系统和理性的分析。

其实，奥利里的管理并不复杂，只是他比一般的管理者更善于发现问题、解决问题。当他发现公司亏损是由于机票价格太高而使旅客流失时，便决定改变经营方针。瑞安航空公司开始为一些欧洲机场如瑞典马尔默、伦敦北郊的卢顿和斯坦斯特德提供飞机。另外，奥利里还大幅度降低了机票价格：当瑞安航空公司开通飞往威尼斯航线时，往返票价仅为 147 美元，而英国航空公司是 815 美元。

奥利里的目标是使坐飞机成为更多欧洲人能够负担得起的交通方式，同时公司还要赢利。1999 年，在欧洲航空公司中排名第八的瑞安公司载客量是 600 万人次。奥利里计划在五年之内使这一数字翻一番。但是一开始，计划实施得并不顺利，因为公司的成本总是居高不下。对此，奥利里没有坐在办公室里发脾气，也没有一味责怪下属，而是亲自下到各个分公司了解情况。

通过调查研究，奥利里发现公司成本过高的原因是机场收费较高，而要解决这一问题的最佳方法就是逐渐将公司业务转移到英国较小且收费也较低的机场，因为那里的乘客比爱尔兰多。找到问题的症结和解决方案后，奥利里立即实施自己的计划，将业务转移到了英国，约有 55%的瑞安航空公司乘客从英国机场起飞。

在奥利里解决了一系列问题后，瑞安航空公司不仅闯过了危机，而且由此建立了良好的运营机制，公司也逐渐摆脱了困境，走上了健康、良性的发展道路。

【分析思考】

竞争力来源于解决问题的能力。企业经营的过程就是不断地发现问题、解决问题的过程。企业发展的程度取决于员工解决问题能力的高低。一个员工的智商再高，人际关系处理得再好，如果缺乏解决问题的能力，那也不会受到企业的青睐。企业不会容忍一名不具备问题解决能力的员工。

企业的持续竞争优势只有通过稀缺的、竞争对手难以模仿的价值创造过程才能获得。传统的竞争优势如自然资源、技术、规模经济等，日益变得易于模仿。只有人才，才是企业取得竞争优势的关键，而人才的价值又体现在解决问题的能力上。人才的竞争力必须表现为卓越的解决问题的能力，否则一文不值。因此，优秀员工必须具备解决问题的能力。

【交流探讨】

【探讨 4-1】小小汤匙的“妙想”

世界上等待我们去改良的物品用具不知有多少，如果你注意观察、勤于思考，新的创意将会源源不断。

大家知道，抚育小孩少不了小汤匙，年轻的母亲要用小汤匙给小孩喂饭、喂汤、喂药，也就是说小汤匙的使用频率是很高的。

有一家小工厂专门生产各种汤匙和小勺，经理是一名年轻人。因为资金少，又有实力强大的公司竞争，工厂生产的汤匙销路一直不好。有一天，这位年轻人正在街上行走，突然，一位抱小孩的妇女引起了年轻人的注意。这位妇女正在用小汤匙给婴儿喂汤，一边喂汤一边向汤匙吹气，一边用舌头试探汤的温度，直到温度合适，她才让婴儿喝下。

看到这一情形，这位年轻人灵机一动，心里有了主意。他把温度计装在汤匙上，开发出“温度匙”，非常适合母亲喂婴儿用，这种“温度匙”能够显示匙内物品的温度，有效地避免烫伤婴儿。由于“温度匙”非常实用，特别受母亲们的欢迎，果然，销路很好。

【各抒己见】

想象是一种惊人的思维能力。合理、科学的想象是指立足已知事实，根据已知的规律充分发挥人的思维潜能，创造性地提出新问题、解决新问题。合理的想象和创造性思维对人们认识世界和改造世界极为有益。在竞争激烈的市场经济条件下，任何人都应该发挥合理的想象和创新精神，破除思想僵化、墨守成规和安于现状的旧观念，不断学习新知识、新技术，这样才能取得新成果。

本案例中的年轻人是如何发现小汤匙存在的不足的？又是如何解决问题的？

你常用的学习用品、生活用品是否也存在不满意的问题？思考一下：如何解决这些问题？

【实战训练】

【训练 4-1】移动圆环

图中从左至右依次为 B 柱、A 柱和 C 柱。B 柱上套有 1 个圆环；A 柱上套有 2 个圆环，并且小圆环在上，大圆环在下；C 柱上套有 1 个圆环。要求在最少步骤之内，将 A 柱上的 2 个圆环移到 C 柱上去，每次仅能从一柱到另一柱移动 1 个圆环，不能将大圆环放到小圆环上（图中圆环上的数字代表圆环的大小，数字越小则圆环越小）。

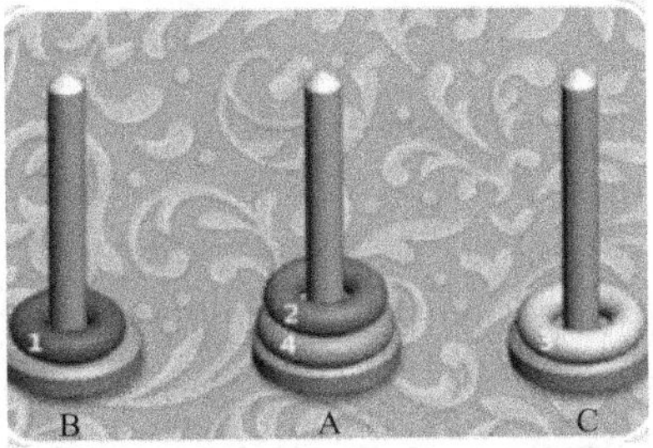

【训练 4-2】测试问题解决能力

问题解决能力测试表如表 4-3 所示，每个测试项有 5 个选项，依次为“从不这样（1 分）”“很少这样（2 分）”“有时这样（3 分）”“经常这样（4 分）”“总是这样（5 分）”5 个等级。数值越大，代表能力越强。请根据自身相符合的实际程度作答，选择相应的等级选项。注意：每个问题只选 1 个等级选项。

表 4-3　问题解决能力测试表

序号	测试项	从不这样（1 分）	很少这样（2 分）	有时这样（3 分）	经常这样（4 分）	总是这样（5 分）
1	面对问题时，我能很快地理解问题是什么					
2	遇到问题时，我能很快地确定哪些信息是主要的，哪些信息是次要的					
3	我能很快地明确解决问题所需要的知识					
4	面对问题时，我能恰当地表述问题内容					
5	我会很快抓住问题的主要信息来进行思考					
6	准确评估问题的初始状态和预测问题的最终状态					
7	洞察问题的各层次结构，并从结构中发现解决问题的关键					
8	清楚地列出需要解决的复杂问题中的要点					
9	清晰地阐述解决问题的过程和结果					
10	清晰而连贯地解释推理过程，并且其推理过程富有见解					
11	真实的结果常常和我所预测的结果相似					
12	成功解决问题后，我能获得经验，并应用于解决其他的问题					
13	遇到问题时，我会首先想到寻求他人的帮助					
14	遇到问题时，我经常上网查资料，相信通过自己的能力可以解决问题					
15	我通常用自己想到的第一个方法去解决问题					
16	我使用学科领域的策略、工具和知识来解决问题					
17	解决问题前，我会制定一个具体的目标，以清楚知道自己要完成的部分					
18	我会同时拟定多种解题策略，并且合理地进行决策					
19	我会在开始解决问题之前，细心而有步骤地分析问题的所有特征					
20	我会分析并尝试找出哪些是妨碍我成功的因素					
21	遇到问题时，我会尽量想出所有可能解决问题的方法去处理它，直到我无法想出其他的方法为止					

4.5　提高变通能力

变通是一种审时度势的智慧，变通是一种打破常规的勇气，变通更是一种挑战自我的决心。

【学习领会】

4.5.1　变通能力的含义

古人云：穷则变，变则通，通则达。这并不是一句无凭无据的空话，而是一个经过实践反复验证的真理。懂得变通的人才能走出梦想的困境，找到人生的新支点，觅出通向成功的光明大道。鲁迅弃医从文，用脆弱的笔杆直刺敌人的心脏，成就了他“中国的民族魂”的崇高地位；比尔·盖茨在看到软件开发的前景后毅然改变读书成才途径，投身商场，终于获得成功。他们的生命因为变通而更加绚丽，他们的梦想因为变通而更加有意义，他们的人生价值也因为变通而得到提升。

变通能力是指思维迅速地由一类对象转变到另一类对象的能力。具有变通能力的人，一般都能根据客观情况的变化来解决问题，思维灵活应变，不囿于条条框框，敢于提出新观点，思想活跃。而缺乏变通能力的人，往往机械呆板，墨守成规，没有创新精神，思想陈旧，观点保守。

创新实践表明，凡是在创新上大有作为的人，都思路开阔、妙思泉涌。因为创新需要找到不同的应用范畴或新观念。越是能带来重大突破的创新，越是需要借助于其他领域的知识，吸取外来的思想。

创新需要多向思维，仅仅有流畅的思维远远不够，还需要变通的能力。变通性不只反映思维的广度，还反映思维的维度及其多样化。要提高变通能力，就必须克服思维定式，打破传统的思维习惯。

4.5.2 如何提高变通能力

每天面对层出不穷的矛盾和变化，是刻舟求剑以不变应万变，还是采取灵活机动的变通方式，这是我们要确立的一种做人做事的态度。学会变通，是做人做事的诀窍之一。

可以从以下几个方面入手提高自己的变通能力。

（1）学会变通要审时度势、打破常规。生活中总会发现一些人被一些条条框框所束缚，让自己变成一只井底之蛙。常见的一种现象就是：我在工作上只能这样了，好像突破不了。这类人内心连突破一下的想法都没有，又怎么可能实现改变呢。不管是在生活中还是在工作中，一定要做那个善于打破常规的人，因为这样可以为你增加很多解决问题的办法。

（2）学会变通要借助外力、为我所用。一个人不管自恃有多大本事，个人的力量毕竟是有限的，但是却可以借用外力，使自己强大起来，这也算是一种变通。有一则笑话，讲一个大汉在大街上喊："谁敢惹我？"看到这位膀大腰圆的大汉，人们纷纷闪开。这时来了一个更强的大汉，他走了过去，大叫一声："我敢惹你！"原先的大汉沉思了一会儿，便回答说："那好吧，谁敢惹咱俩？"围观的人群本想让两个大汉较量一番，没想到他们竟然联合起来。虽然一台"好戏"没看成，但大家悟出一个道理：借助别人的力量，自己就可以变得强大起来。这就是借的变通术。

（3）学会变通要有勇气应对变化。勇气是什么？勇气是一个哨音，一声呐喊，一个命令，它的作用就是调动起自己全部的能力去迎接变化和挑战。有人曾对数百个百万富翁做过一番调查，发现这些百万富翁并非都是名牌大学毕业的，其中不少人是智力平平者，然而他们创新的勇气却大大超过一般人。勇气是人的一种非凡力量，它虽然不能具体地去处理某一个问题、克服某一种困难，但这种精神和心态却能唤醒你心中的潜能，帮助你应对一切变化和困难。

（4）学会变通要有信心开发潜能。所谓信心，就是一种心态潜能。一个人对自己充满信心的时候，常常就是他获得成功的时候。有一位心理学家指出："人的天性里有一种倾向——如果将自己想象成什么样子，就真会成为什么样子"。也就是说，如果你是一个充满信心的人，你有信心克服困难，有信心处理问题，有信心获得成功，那么，你身上的一切能力都会为你的信心去努力，你也就有可能成为你希望成为的样子。

（5）学会变通要善于改变自己的思维定式。人的思维方式常常出现两大定式：一是直线型，不会拐弯抹角，不会逆向思维和发散思维；二是复制型思维，常以过去的经验作为参照，不容易接受新鲜事物。西方有一句谚语，"上帝向你关上一道门，就会在别处给你打开一扇窗。"只要不拒绝变化，并且善于改变自己的思维习惯，善于改变自己的观念，我们就能走出困境，进入新的天地。

实践证明，不管你是觉察到还是没有觉察到，不管你是愿意还是不愿意，每个人时时刻刻都在寻求变通。所不同的是，善于变通的人越变越好，而不善于变通的人却是越变越差。我们只要掌握了变通之道，就会应对各种变化，在变化中找到机会，在变化中取得成功。

【案例剖析】

【案例 4-2】坚守与变通

从前有个渔夫，听说市场上墨鱼价格高，出海时便发誓专捕墨鱼。但出海后遇到的却全是螃蟹，他便空手而归。上岸后，发现螃蟹比墨鱼的价格更高，第二次出海时又发誓："此次出海专捕螃蟹。"可这一次遇到的却全是墨鱼，他又空手而归。第三次出海时又发誓："此次出海，墨鱼、螃蟹都要。"可出海后，一只墨鱼、一只螃蟹也没遇到，遇到的全是马鲛鱼，他又空手而归。没等赶上第四次出海，他就在饥寒交迫中死去了。人生在世，最大的愿望莫过于看到自己的价值，所以会去不懈地实现自己的价值。

【分析思考】

一路上磕磕碰碰，最终能够到达目的地的人，无疑在坚守着。是的，人需要坚守，坚守"实现自我价值"这一人生信念，坚守骨子里大无畏的那股闯劲，坚守心底里无人能挡的那股冲劲……只有坚守了，人才有成功的可能。

但是，坚守并不等于死守。

可怜的渔夫一次次地发誓要专捕什么，一次次地扬帆出海，却又一次次地空手而归。或许是他太固执，或许是他把生活想得太美好了，以为凡是眼下热门的海鲜他撒网即得。可生活哪会时时处处顺你的意呢？正是因为他将自己的目标守得太死了，所以最终他才落了一个可悲的结局，出人意料却又在情理之中啊！坚守，不是选定了一条路就一定要走到底。好比开车，如果在原定的路线上发生了堵车，难道你会死心塌地地等在那儿，不管车要堵到何年何月？想必不会，你肯定会转动方向盘，寻觅别的捷径。这才是聪明之举！"条条大道通罗马"，人要坚守的其实是那个"罗马"，就像渔夫坚守的要赚钱的梦想一样。在通往目的地的过程中，可不能在一棵树上吊死，不要将自己锁在一个永无尽头的圆圈中，直至转了无数圈之后趴地不起。要做的是在圆圈的某个位置偏一个角度，拐出去，那么迎接我们的将是"柳暗花明又一村"。其实，这就是变通。

人需要变通。变通正是为了抓住机遇，机遇总是稍纵即逝的，而机遇往往又会给你添加动力。试想：假如那个渔夫在第一次出海时捕回螃蟹，在第二次出海时捕回墨鱼，在第三次出海时捕回马鲛鱼，那么渔夫的命运又将会是怎样的呢？好的机遇总会给你带来一次又一次的惊喜，前提是你能走出那个永无尽头的圆圈，勇敢地伸手抓住机会。

【交流探讨】

【探讨 4-2】小河流跨越沙漠

有一条小河从遥远的高山上流下来，经过了很多村庄与森林，最后来到了一个沙漠。它想："我已经越过了重重的障碍，这次应该也可以越过这个沙漠吧！"

当它决定越过这个沙漠时，发现它的河水渐渐消失在泥沙当中。它试了一次又一次，总是徒劳无功，于是它灰心了。"也许这就是我的命运，我永远到不了传说中那个浩瀚的大海。"它颓丧地自言自语。

这时候，四周响起了一阵低沉的声音："如果微风可以跨越沙漠，那么河流也可以。"原来这是沙漠发出的声音。小河很不服气地回答说："那是因为微风可以飞过沙漠，可是我却不行。"

"因为你坚持你原来的样子，所以你永远无法跨越这个沙漠。你必须让微风带着你飞过这个沙漠，到达你的目的地。只要你愿意放弃你现在的样子，让自己蒸发到微风中。"沙漠用它低沉的声音这么说。

小河从来不知道有这样的事情，"放弃我现在的样子，然后消失在微风中？不！不！"小河无法接受这样的概念，毕竟它从未有过这样的经验，叫它放弃自己现在的样子，那么不等于是自我毁灭了吗？"我怎么知道这是真的？"小河这么问。

“微风可以把水气包含在它之中，然后飘过沙漠，到了适当的地点，它就会把这些水气释放出来，于是就变成了雨水。然后这些雨水又会形成河流，继续向前进。”沙漠很有耐心地回答。

“那我还是原来的河流吗？”小河问。

“可以说是，也可以说不是。”沙漠回答，“不管你是一条河流或是看不见的水蒸气，你内在的本质从来没有改变。你会坚持你是一条河流，是因为你从来不知道自己内存的本质。”

此时在小河的心中，隐隐约约地想起了自己在变成河流之前，似乎也是由微风带着自己，飞到内陆某座高山的半山腰，然后变成雨水落下，才变成今日的河流。

于是小河鼓起勇气，投入微风张开的双臂，消失在微风之中，让微风带着它，奔向它生命中的梦想。

【各抒己见】

南孚电池是中国著名品牌，其广告语大家非常熟悉：玩具车用完，遥控器还能接着用。南孚电池也成为我国最早可以二次利用的电池。电池没电的情况时常发生，可为什么只有南孚电池厂家想到了变废为宝呢？这就是学会了创新，学会了灵活变通，最重要的是学会了把它应用到生活中的每一处。

（1）要拧一颗螺丝，在一般人的想法里一定要有扳手。但是，如果当时没有扳手，还有别的应变方法吗？分小组探讨没有扳手时拧螺丝的方法。

（2）说说你在学习、生活中曾发生过变通的事例和固执的事例。

【探讨 4-3】金边凤尾裙的变通

有一位裁缝不小心将一条高档裙子烧了一个窟窿，使其成了废品。这位裁缝为了挽回损失，凭借其高超的技艺，在裙子四周剪了许多窟窿，并精心饰以金边，然后将其取名为“金边凤尾裙”，不但卖出了好价钱，还一传十、十传百，使不少女士上门求购，生意十分红火。

【各抒己见】

变通，变则通，通则达。裁缝的灵通一变，不仅使他的生意红火，还令他的名声大震。所以，我们要学会改变自己的思维，学会变通，走向成功！

如果你遇到这种情形，你会如何变通？分小组讨论还有什么变通方法处理烧了一个窟窿的高档裙子。

【实战训练】

【训练 4-3】奇数、偶数报数

将全班分为若干小组，所有人围成一个圆圈，面向内侧坐下，然后按圆中央主持人的口令逐次报数。但是和普通的报数不同，以只报奇数或只报偶数的不规则的形态进行。如果主持人说“报奇数”，就是 1、3、5、7；主持人换成说“报偶数”，则是接前面报的最后一个奇数的下一个偶数 8、10、12、14……如果出错了，就被判出局，必须离开圆圈。玩到最后的人越来越少，就可以结束游戏。剩下人较多的小组获胜。

【训练 4-4】车往哪里开

下图中有一辆公共汽车，还有 A 和 B 两个车站。请问：公共汽车现在是要驶向 A 车站还是 B 车站？试试看，你能找出正确答案吗？请说明理由。

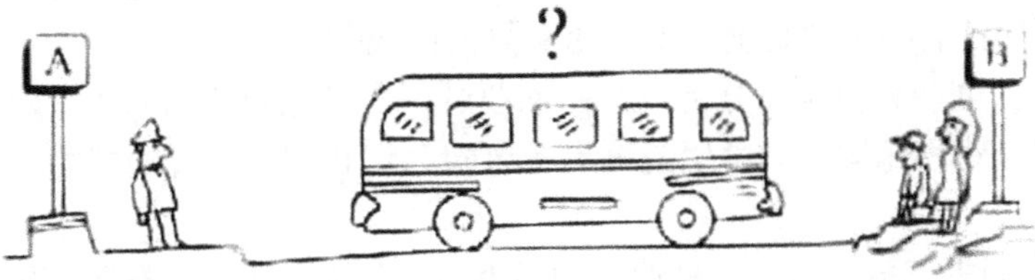

模块 5　激发创业热情

创业就是发现机会、整合资源，从而创造财富。创业是创业者依自己的想法及努力工作来开创一个新企业，包括新公司的成立、提供新产品或新服务，以实现创业者的理想。

创新和创业是两个既有紧密联系又有区别的概念，二者在某种程度上具有互补和替代关系。创新是创业的基础和灵魂，而创业在本质上是一种创新活动。

【知识梳理】

5.1　增强创业意识

1. 创业的内涵

创业是指某个人利用或借用相应的平台或载体，将其发现的信息、资源、机会或掌握的技术，以一定的方式，转化、创造成更多的财富、价值，并实现某种追求或目标的过程。

创业是在动态竞争前提下的机会驱动过程，是创业者在面对大量的不确定性因素时分析、评估机会并进行有选择的投资决策的行动。简单来说，创业是指创办新的企业或开辟新的事业，实践性是创业的标志。

创业是创业者对自己拥有的资源或通过努力对能够拥有的资源进行优化整合，从而创造出更大经济或社会价值的过程。创业是一种劳动方式，是一种需要创业者组织与运用服务、技术、器物作业的思考、推理和判断的行为。

根据杰弗里·蒂蒙斯（Jeffry A. Timmons）所著的创业教育领域的经典教科书《创业创造》（*New Venture Creation*）的定义：创业是一种思考、推理结合运气的行为方式，它为运气带来的机会所驱动，需要在方法上全盘考虑并拥有和谐的领导能力。

2. 创业意识的内涵

创业意识是指人们从事创业活动的强大内驱动力，是创业活动中起动力作用的个性因素，是创业者素质系统中的第一个子系统即驱动系统。

创业意识的内涵主要体现在以下几个方面：

（1）商机意识。真正的创业者，会在其创业之前、创业中和创业后，始终面临着识别商机、发现市场的考验。创业者必须有足够的市场敏锐度，可以宏观地审视经济环境，洞察未来市场形势的走向，以便做出正确的决策来保证企业的持续发展。

（2）转化意识。仅有商机意识是不够的，还要在机会来临时抓住它，也就是把握机会，把商机转化成实实在在的收入和公司的持续运作，最终实现自己的创业梦想。转化意识就是把商机、机会等转化为生产力，把自己的才能、在学校学到的知识转化为智力资本、人际关系资本和营销资本。

（3）战略意识。创业初期给自己制订一个合理的创业计划，解决如何进入市场、如何卖出产品等基本问题。创业中期需要制定整合市场、产品、人力方面的创业策略，转换创业初期战略。需要指出的是，创业战略不是仅有一种，也没有绝对的好坏之分，关键要适合自己的创业之路。在这条路上应时刻保持着战略的高度，不以朝夕得失论成败。

（4）风险意识。创业者要认真分析自己在创业过程中可能会遇到哪些风险，一旦这些风险出现要懂得应该如何应对和化解。大学生是否具备风险意识和规避风险的能力，将直接影响到创业的成败。

（5）勤奋敬业意识。李嘉诚说：“事业成功虽然有运气在其中，主要还是靠勤劳，勤劳苦干可以提高自己的能力，就有很多机会降临在你面前。”大学生创业，一定要务实，要勤奋，不能光停留在理论研究上。可以从小投资开始，逐步积累经验，不能只想着“一口吃成个胖子”。没有资金、没有人脉都不要紧，关键是要有好的思路和想法，有勇气迈出第一步，才可能成功。

3. 创业意识的要素

（1）创业需要：指创业者对现有条件的不满足，并由此产生的最新的要求、愿望和意识，是创业实践活动赖以展开的最初诱因和最初动力。但仅有创业需要，不一定有创业行为，想入非非者大有人在，只有创业需要上升为创业动机时，创业行为才有可能发生。

（2）创业动机：指推动创业者从事创业实践活动的内部动因。创业动机是一种成就动机，是竭力追求获得最佳效果和优异成绩的动因。有了创业动机，才会有创业行为。

（3）创业兴趣：指创业者对从事创业实践活动的情绪和态度的认识指向性。它能激活创业者的深厚情感和坚强意志，使创业意识得到进一步的升华。

（4）创业理想：指创业者对从事创业实践活动的未来奋斗目标较为稳定、持续的向往和追求的心理品质。创业理想属于人生理想的一部分，主要是一种职业理想和事业理想，而非政治理想和道德理想。创业理想是创业意识的核心。

5.2 分享创业经验

5.2.1 分享任正非的创业经验

【创业经历简介】

1987年，43岁的任正非集资2.1万元，在深圳创立了华为公司；次年，任正非出任华为公司总裁。随后三十多年间，任正非凭借持续创新创业的精神，引领华为不断创造商业奇迹，并走出国门，走向世界。如今，华为从一家立足于中国深圳特区的民营企业，稳健成长为全球领先的信息与通信技术解决方案供应商。华为的电信网络设备、IT设备和解决方案以及智能终端等已应用于全球170多个国家和地区。

作为华为创始人，任正非成为中国杰出的企业家之一，曾多次登上《时代》杂志全球100位最具影响力人物榜单，《时代周刊》曾这样评价他：“任正非是一个为了观念而战斗的硬汉。”

【创业经验分享】

任正非从1987年的2.1万元发展到如今拥有20万名员工、年销售收入达数千亿元的科技巨头，到底如何做到的？任正非在中国民企中是一位十分成功的企业家，那他又是如何成功的呢？

任正非说：“什么叫成功？九死一生还能好好地活着，这才是真正的成功！”

1. 从零开始，任正非不惑之年创业

著名企业家邱永汉说过：“25岁到35岁为创业最佳期，40岁已经相当迟，40岁以后则是例外中的例外。”

这句话的意思是说，一个人创业的时候越年轻，也就有更多尝试的机会，更大的冲劲和实力。相比之下，任正非的成功更像是一个例外中的例外，他创业的时候已经43岁了。这看上去确实太迟了，他不会有更多的时间。43岁还要从零开始拼搏，这谈何容易？

但是，即使到了这个年岁，任正非依旧保持着年轻人的冲劲和锐气。创办华为公司后不久，任正非即决定走一条自主创新之路。1991年9月，华为租下了当时的深圳市宝安县蚝业村工业大厦三楼作为研制程控交换机的场所，五十多名年轻员工跟随任正非开始了充满艰险和未知的创业之路。虽然环境艰苦，但是大家对未来充满信心。怀着勇往直前的干劲，任正非几乎每天都到现场检查生产及开发进度，开会研究面临的困难，分工协调解决各类问题。

任正非就是用这种精神弥补了当时公司物质极度短缺的劣势，使得大家都为一个美好的明天而齐心协力。10年后，华为年销售额已经达到200多亿元人民币，公司总部搬到了深圳龙岗坂田华为工业园。华为熬过了创业的艰苦岁月。

2. “假设”未来的思考者

在过去三十多年的发展历程里，华为始终保持着快速前进的步伐，创造着各种令人瞠目结舌的商业神话，将一个个历史悠久、资金技术实力雄厚的对手甩在身后。华为能够取得今天这样的成就，任正非起到了重要的引领和决定性作用。

正是一种无时不在的危机感，默默引领着这个庞大的通信帝国披荆斩棘。华为内部不时传出任正非“泼冷水”的声音，比如“华为没有成功，只是在成长”“华为的冬天”，甚至要求员工坚持对自己、对今天、对明天做出批判以及对批判的批判等。

“这不是危机意识，这就是假设，假设未来的方向。我是假设个危机来对比华为，而不是制造一种恐慌危机。”任正非曾幽默地称他在华为最大的权力就是思想权，而思想家的作用就是假设。他进一步阐述了假设之于思想的重要性：“只有有正确的假设，才有正确的思想；只有有正确的思想，才有正确的方向；只有有正确的方向，才有正确的理论；只有有正确的理论，才有正确的战略……”这种忧患意识的假设，让华为员工戒骄戒躁、奋斗不息。

同时，华为做任何事情都以客户为中心，全力以赴，甚至不顾个人安危——生怕做不好让客户产生不满情绪。这种思想理念正是华为持续发展的源头活水。“思想有多远，我们就能走多远。”这句广告语无形中为华为的持续高速成长做了最好的注脚。

“华为的追求是在电子信息领域实现顾客的梦想，并依靠点点滴滴、锲而不舍的艰苦追求，使我们成为世界级领先企业……通过市场压力传递，使内部机制永远处于激活状态。”华为不仅输出了优质产品、行业标准和先进的管理制度，更输出了思想。事实上，任正非的企业管理理念在中国企业界乃至其他领域都产生了广泛的影响。

任正非说，华为需要一批各方面的统帅人物，需要在管理、研发等领域造就出一批战略家，也需要一批仰望星空、假设未来的思想家。

3. 放眼全球的战略家

这是一个互联网的时代。当下，互联网以其无时不在、无处不在的信息沟通、交流以及海量的信息资源传送、呈现、挖掘和共享，正在颠覆传统经营模式，并对越来越多的行业造成巨大影响和冲击。互联网思维开始盛行，甚至颠覆、超越以往的工业科学管理模式。

2015 年 10 月，任正非接受了《福布斯》杂志专访，畅谈了对中国创新、“互联网+”、“工业4.0”等热门话题的看法。任正非认为，互联网只是工具，我们的目的是发展实业，解决人们的生存、幸福问题。实业是就业和社会稳定的基础。这中间，保护知识产权对于创新至关重要。因此，我们国家要踏踏实实迈过工业化才行。另一方面，云计算正在摧毁基于卖产品和卖服务的传统 IT 业，包括软件、硬件、网络设备和传统 IT 服务厂商等。云计算的颠覆性有可能是 IT 业有史以来最大的一场革命。

任正非以“纵深发展，横向扩张”为核心，分析了华为如何立足主航道，在已发现的战略机会上聚集能量，迅速做大。他提出，终端业务要在5年内超越1000亿美元的销售收入；企业业务要抓住成功的部分，先纵向发展，再横向扩张。智慧城市、金融行业的IT正向云架构转型，电力行业转向数字化，政府和企业扩大对云服务的需求，这些都是重要的战略机会。华为要敢于和大数据、云计算的科技巨头博弈，以迎来新的历史转折，实现更好发展。

“未来将是一个全连接的世界。”这是任正非领导下的华为孜孜以求的信念。近二十年来，华为抓住中国改革开放和 ICT 行业高速发展带来的历史机遇，基于客户需求持续创新，赢得了客户的尊重和信赖。华为坚持聚焦战略，对电信基础网络、云数据中心和智能终端等领域持续进行研发投入，以客户需求和前沿技术驱动创新，使公司始终处于行业前沿，引领行业的发展。华为在构建高效整合的数字物流系统，促进人与人、人与物、物与物的全面互联和交融等方面一马当先，推动了行业和社会进步。

5.2.2 分享马化腾的创业经验

【创业经历简介】

马化腾，中国著名企业家，毕业于深圳大学计算机系。1998 年 11 月创办腾讯，现为深圳市腾讯计算机系统有限公司董事会主席兼首席执行官，有“QQ 之父”之称。

【创业经验分享】

腾讯董事会主席兼首席执行官马化腾曾在他的微博上发了一篇《创业者写给创业者的一封信》，他在信中总结道，创业者需要有创新思维、创业精神并为用户创造价值。以下为这封信的全文。

1. 创新思维

互联网的竞争生死时速，用创新的方式去突破，才具竞争力。

在 PC 互联网，QQ 首次把通信、社交、平台化三者一体地建立起来，这是我们亚洲互联网企业在全球互联网行业的一次创新。在移动互联网，微信引入朋友圈和轻 App 的模式也是全球第一个。我们觉得未来互联网世界或许不需要域名，不需要注册一个网址，只需要一个号码或二维码一扫，所有的服务都可以提供和实现。

创新，才是我们永葆青春的方式。

互联网从来不论资辈，没有先来后到。无论是应用还是平台，无论是员工还是管理者，都应该敢于挑战、勇于试错。正是因为不断地尝试，经历过失败，才能深入学习，才能宽容失败，才能理解多样性。新的挑战带来新机会和新活力，实时激发我们个人及团队的灵感。

2. 创业精神

有志向创业或准备创业的同学常常思考这个问题：“我适合创业吗？”

选择“创业”，其实是选择了这个生活方式，与你所在的家庭、职位、平台、环境没有特别大的关系。发现自己的兴趣、渴望、理想，专注地去发挥自己最擅长的那个部分，就是有梦想有行动力的创业者，在哪儿都能创造和贡献自己的价值。这也是我们国家我们民族重点倡导的创业精神。

在腾讯开放平台百万开发者中，我们看到个人创业者达到 70%，中小企业超过 96%，小而美的中小团队服务着三亿用户，创新创业的风气深入人心，创业精神已成普世价值观。

最近和创业者接触，我也常常被问这样的问题：“这是最好的时代吗？现在创业还有机会吗？”

不少媒体和创业者曾认为，腾讯、百度、阿里这样的大企业的存在，使中国创业机会减少，创业的风险和成本很高。

我们知道，创业不是件容易或轻松的事，中小创业者在产品、资本、人才、管理、品牌、营销等方面的资源十分有限，却要与大公司直接竞争，人们都用“九死一生”来形容创业的艰难。幸运的是，我们遇上了开放平台。开放平台提供一个无风险零成本的创新创业机会，大大地降低了创业门槛，还提供丰富的能力和资源，创业成功率翻倍。

开放的移动互联网，演变出了新的商业模式，是 2013 年最受关注的创业机遇。通过微信公众平台、QQ 生活服务平台，所有的线下商户、个人、草根团队已能成为内容和服务供应商，真正迎来了创业者的春天。

3. 创造价值

用户价值，是互联网产品的立身之本。

从 QQ 的第一个产品经理开始，我们就坚持用户价值至上的原则。当腾讯做开放平台的时候，我们不仅关注平台对开发者、创业者的价值，关注应用内容的健康度，也关注着整体产业生态链、创业的生态圈。

比如，一边提升社交平台的增值服务，一边发展社交平台的广告模式，同时做好全程的管理和协调，才能确保用户、创业者和平台之间的利益长期均衡。

共创美好新生态是期许，更是承诺。

未来，我们是永远的合作伙伴。创业者与腾讯有更多的合作空间，不断地实现产品互联、业务共享、多网互动或内容互相授权。

未来，我们有所为有所不为。一方面，在专业领域深耕细作，打造最好的用户平台；另一方面，培育产业链，让更多的腾讯合作伙伴走向成功。

未来，我们进一步开放思维。向互联网产业的更高境界迈进，共同构建一个跨屏的跨界的新生态系统，与各位合作伙伴一起培育这片森林。

互联网的明天，承载着十多亿用户的期盼，我们创业的蓝海无限。希望所有合作伙伴与我的同事一起扎根中国，放眼世界，拥抱变化，拥抱未来，创造有价值的互联网服务，让亿万用户生活更美好！

因为我们正青春，我们有激情有兴趣去探索，我们有理想有信心再携手。

谢谢你们！

5.2.3 分享周鸿祎的创业经验

【创业经历简介】

周鸿祎，360公司董事长、知名天使投资人。1992年，大学本科毕业于西安交通大学电信学院计算机系。1995年，就职于北大方正集团。2004年3月，就任雅虎中国总裁。2006年8月，投资奇虎360科技有限公司，出任奇虎360董事长。2011年3月30日，带领奇虎360在美国纽交所上市。

【创业经验分享】

1. 创业者需具备的三个条件

周鸿祎用他自己的创业经历，分享给年轻人创业必备的三个要素。

（1）创新是几乎所有创业者都要考虑的问题。

周鸿祎认为，不要去做一些别人已经做成功的事情，而是要Think Different（不同凡想）。同时，应该多发现用户的刚性需求，也就是用户在用已有产品的过程中不方便、不舒服的地方，从这些需求中做出差异化和创新。

（2）周鸿祎提出了两个改变：一是用户习惯的改变；二是企业商业模式的改变。

用户习惯的改变就是将用户的体验变得更容易、更简单。而商业模式的改变，周鸿祎总结为“人家收费，我免费。人家很贵，我很便宜”的差异化模式。比如，微博就是通过140字的发布限制，改变了商业模式也改变了用户体验，最终获得成功。

（3）不要恐惧失败，从哪儿跌倒就要从哪儿爬起来。

周鸿祎说自己曾经也是个失败者，但如果能从每次失败中吸取教训，才可能真正地坚持创业。他还希望每个人都能够形成一种新的价值观：不再鄙视失败，也不嘲笑失败，能够宽容失败者，也能够宽容自己。

2. 选择创业者的3个标准

在做天使投资时，周鸿祎对创业者有三个选择标准。

（1）首先创业者得承认自己还不是很牛。

周鸿祎认为，如果你已经是中国最棒的人了，那早就成功了。我们每个人都有很多缺点，而且所处的行业一直在变化。所以，要考察创业者有没有自我反省、自我学习、自我提高的能力，能不能听得进批评的话，能不能面对自己犯的错误，能不能修正自己。如果特别固执，特别自负，自以为是，就算因为运气取得一些成绩，但最终也做不大。

（2）要看创业者有没有开放的胸怀，是否善于跟别人合作。

合作精神非常重要，一个人很难成事，需要建立团队，跟天使投资人也是一种合作，更要看将来跟大量员工能不能合得来。周鸿祎认为，一个人如果做事特别“独”，未来也很难做大。

（3）创业者要有坚韧不拔的精神，有韧性。

创业开始到获得成功，这一过程可能需要很长时间，短则三五年，长则七八年。期间创业者会遇到很多困难，所以需要创业者付出比较艰苦的努力，还要有坚忍不拔的精神，有韧性。

3．关于创业的三个寓言故事

（1）南辕北辙。就是说，在创业的过程中，首先要想清楚自己的战略方向，创业要往何处去。如果没有想清楚方向就出发，方向不明确，那么钱越多，越有可能是背道而驰。

（2）守株待兔。就是说，成功都是偶然的，一个人可能成功地办起过一个创业公司，卖了或者 IPO（一般指首次公开募股）了；或者作为投资人，投资的一些公司成功了。但这些成功是偶然的，成功就是不小心撞死在树上的那个兔子。所以，不能以经验主义的思维继续创业。

（3）刻舟求剑。就是说，时事易也，随机应变。创业条件和环境总是在变化，就像江水一样。按照原来的经验做的记号，到今天不一定能起作用，所以，一定要与时俱进，不断去了解现在的行业发展，了解现在的用户所思所想，这样才能及时进行调整。

4．创业是一种心态

周鸿祎认为，创业不是一种形式，而是一种心态，你要把“打工”当作学习如何“创业”的过程。去任何一家公司，你可能都不会特别挑剔短期的待遇怎么样，更多是看在这家公司能学到什么东西，是不是可以增强自己的实力。头衔和金钱都是很虚的东西，只有通过实践学到的能力才是别人剥夺不走的，才是真正属于自己的财富。所以，大学生在刚毕业什么资源都不具备的情况下，一定要学习如何“创业”，不要把这个过程看成是“打工”。

周鸿祎发现很多年轻人在工作时有两个极端：一种是想独立创业当老板；一种是找工作的时候想去大公司。周鸿祎认为，如果你真的计划独立创业，就应该到成长期的创业企业，才能真正学到创业的能力。

可以看看外企在中国的掌门人及高管，有没有出来独立创业成功的例子？非常少。周鸿祎认为，他们都是很优秀的职业经理人，而外企的发展状态相对稳定，需要的是一颗螺丝钉，不需要太多创造力。在这种情况下，你所依赖的平台是已经搭建好的，你所拥有的资源不是自己聚拢的。很大程度上人们并不是尊重你个人，而是尊重你所在的公司。当你独立创业时，会发现一夜之间所有人看你的眼光不一样了。所以，如果你想真正地创业，在学习阶段就不要怕吃苦，加入创业企业中，才能真正学到创业的真谛。

完成学习阶段后，如果想开始创业，就一定要有合作的心态。一个人可能是天才，但不可能是全才，更不可能是通才。要学会利用别人的资源，与人合作。如果创业者拥有的资源不多，甚至可以考虑用合作的方式创业，而不是自己掌控一切。只有当你真的拥有更丰富的经验和资源时，才可能真正做一家自己的公司，这是创业的最后一种形式，也是最高阶段。

现在很多大学生创业，往往是刚出校门一步就想跳到最高阶段，自己成立公司，掌控一切，周鸿祎觉得这种情形下基本上百分之百失败。周鸿祎也是一个理想主义者，但是在现实中多次碰壁，他希望大学生继续抱有理想，但要有实用主义的操作想法，使得自己在未来的人生中一步一步逼近目标。无论今天是“打工”，还是“创业”，周鸿祎觉得都不重要，重要的是无论遇到什么困难，永远不要把创业的梦想丢掉。“创业”不是为了短期内挣钱，而是要做出与众不同的东西，实现目标的形式不妨灵活一些。

5.3 培养创业精神

创业本身是一种无中生有的历程，只要创业者具备求新、求变、求发展的心态，以创造新价值的方式为企业创造利润，那么我们就能说这一过程中充满了创业精神。创业精神是指在创业者的主观世界中，那些具有开创性的思想、观念、个性、意志、作风和品质等。

【学习领会】

5.3.1 创业精神的含义

哈佛大学商学院对创业精神的定义是："创业精神就是一个人不以当前有限的资源为基础而追求商机的精神。"从这个角度讲，创业精神代表着一种突破资源限制，通过创新来创造机会、创造资源的行为，而不是简单地体现在创建新企业，或体现在创新上。因此，创业精神可以简洁地概括为：没有资源创造资源，没有条件创造条件，用有限资源去创造更大资源。

创业精神是一种追求机会的行为，这些机会暂不存在于目前资源应用的范围，但未来有可能创造资源应用的新价值。因此可以说，创业精神是促成新企业形成、发展和成长的原动力。

创业精神类似一种能够持续创新成长的生命力，一般可区分为个体的创业精神及组织的创业精神。所谓个体的创业精神，指的是以个人力量，在个人愿景引导下，从事创新活动，进而创造一个新企业；而组织的创业精神则指在已存在的一个组织内部，以群体力量追求共同愿景，从事组织创新活动，进而创造组织的新面貌。

创业精神有三个层面的内涵：哲学层面的创业思想和创业观念，是人们对于创业的理性认识；心理学层面的创业个性和创业意志，是人们创业的心理基础；行为学层面的创业作风和创业品质，是人们创业的行为模式。

5.3.2 创业精神的特征

创业精神具有以下几方面特征：

（1）高度的综合性。创业精神是由多种精神特质综合作用而成的，诸如创新精神、拼搏精神、进取精神、合作精神等都是形成创业精神的特质精神。

（2）三维整体性。无论是创业精神的产生、形成和内化，还是创业精神的外显、展现和外化，都是由哲学层面的创业思想和创业观念，心理学层面的创业个性和创业意志，行为学层面的创业作风和创业品质三个层面所构成的整体，缺少其中任何一个层面，都无法构成创业精神。

（3）超越历史的先进性。创业精神的最终体现就是开创前无古人的事业，创业精神本身必然具有超越历史的先进性，想前人之不敢想，做前人之不敢做。

（4）鲜明的时代特征。不同时代的人们面对着不同的物质生活和精神生活条件，创业精神的物质基础和精神营养也就各不相同，创业精神的具体内涵也就不同。创业精神对创业实践有重要意义，它是创业理想产生的原动力，是创业成功的重要保证。

5.3.3 创业精神的五大要素

我们经常听那些有名的企业家说起：在他们还没有运作百万美元规模的公司之前，借着在街边售卖饮料、在车库里生产些小玩意，他们逐步培养起自己的经商技能。看起来好像每一位成功的大人物都是为了商业而生的。不过企业家到底有哪些与众不同之处呢？是什么令某些人能够充满自信地积极面对失败挫折，先人一步达成自己的目标？

（1）激情（Passion）。没有人能比维珍集团（Virgin Group）创始人理查德·布兰森（Richard Branson）更理解“激情”一词的含义。布兰森的激情，从他对创建公司的强烈欲望中可窥一斑。始建于1970年的维珍集团，目前旗下拥有超过200家公司，业务范围涵盖音乐、出版、移动电话甚至太空旅行。布兰森曾打过一个比方，“生意就好像公共汽车，总会有下一班车过来。”

（2）积极性（Positivity）。亚马逊（Amazon）创始人杰夫·贝索斯（Jeff Bezos）非常清楚积极思考的能量。他以“每个挑战都是一次机会”为座右铭。事实上，贝索斯把一家很小的互联网创业公司发展成全球最大的书店。

亚马逊于1995年7月正式启动，两个月内就轻松实现每周2万美元的销售额。1990年代末，互联网公司纷纷倒闭，亚马逊股价也从100美元降至6美元。雪上加霜的是，一些评论家预测，美国最大的书店巴诺（Barnes & Noble）启动在线业务，这将彻底击垮亚马逊。紧要关头贝索斯挺身而出，向外界表达了乐观和信心，针对批评言论，他还一一列举公司的积极因素，包括已经完成的和准备实施的。贝索斯带领亚马逊不断壮大，出售从图书到衣服、玩具等各种商品。

（3）适应性（Adaptability）。具备适应能力是企业家应具备的最重要的特质之一。每个成功的企业家，都乐于改进、提升或按照客户意愿定制服务，以持续满足客户所需。

Google（谷歌）创办人谢尔盖·布林（Sergey Brin）和拉里·佩奇（Larry Page）更胜一筹，他们不仅对变化及时做出反应，还引领发展方向。凭借众多新创意，谷歌不断引领互联网发展，将人们的所见所为提升到一个前所未有的新境界。拥有这种先锋精神，也无怪乎谷歌能跻身最强大的网络公司行列。

（4）领导力（Leadership）。好的领导人一定具有很强的个人魅力和感召力，有道德感，有在组织里树立诚信原则的意愿；他也可能是个热心人，具有团队协作精神。在玫琳凯·艾施（Mary Kay Ash）身上可以发现所有这些元素。她创建了玫琳凯（Mary Kay Cosmetics）品牌，帮助超过50万名女性开创了自己的事业。

很早以前，身为单亲母亲的艾施为一个家用产品公司做销售。25年间她的销售业绩一直名列前茅，1963年她用5000美元创办了玫琳凯公司。艾施以具有强大驱动力和富于灵感的领导风格而闻名，她创办公司的态度是“你能做到”。她甚至将凯迪拉克轿车奖给顶尖的销售者。玫琳凯公司曾被评为美国最适合工作的企业之一。

（5）雄心壮志（Ambition）。20岁时，黛比·菲尔兹（Debbi Fields）几乎一无所有。作为一个年轻的家庭主妇，她毫无商业经验，但她拥有绝佳的巧克力甜饼配方，并梦想全世界的人都能分享这一美味。

1977年，菲尔兹开设了自己第一家店（Mrs. Fields），尽管很多人认为她仅靠卖甜饼无法将业务维持下去。菲尔兹的果断决定和雄心壮志使得小小甜饼店变成了一家大公司，600多个销售点遍布美国和其他多个国家和地区。

5.3.4 培养大学生创业精神的基本途径

良好的精神品质是创业成功的前提和条件，一个人对于创业的理解和追求是在后天的生活实践中陶冶训练出来的，高校只要通过正确的途径，创建良好的培养环境氛围，对于大学生创业精神的培养就会起到很好的促进作用。

（1）开展创业思想教育课程。通过理想教育端正创业目标，有目标才有动力，有理想才有追求，可以说创业目标就是人生目标的浓缩，也是人生理想的现实体现。应通过广泛深入地开展创业教育，使大学生树立创业理想，增强大学生的创业意识，使他们愿意创业、乐于创业。

通过创业思想教育帮助大学生端正创业态度，树立正确的人生观、价值观；通过创业理论教育使学生明确创业的目的和意义，从而将创业理想化为自己自觉的行动，积极主动地投身于创业实践；通过创业典型教育激发大学生的创业欲望，让他们创业有动力、学习有典型、追赶有目标。

（2）建设有利于创业的环境。广泛利用广播、电视、校刊、校报、板报等宣传工具，大力宣传创业的重要意义，宣传创业的经验，宣传成功创业的典型，树立勇于创业的榜样，弘扬创业精神，在校园形成讲创业、想创业、崇尚创业、以创业为荣的校园舆论氛围，引导形成鼓励创新、开拓进取、宽容失败、团结协作、乐于奉献的校园创业文化氛围。

（3）树立创业榜样进行引导。榜样的力量是无穷的，他人的创业行为和成就是一笔宝贵的财富。古往今来，创业成功者具有一些共同的精神品质：自信、热情、专注、心态积极、意志坚定、不怕挫折、情绪稳定、喜欢独立思考、敢于创新、敢于竞争和冒风险、具有寻根究底的好奇心和探索精神等。

一是借鉴历史上的创业榜样，编选他们创业成功的案例，通过他们明确创业目标，激发创业热情，树立创业志向。

二是要学习现实生活中的创业榜样，各行各业的创业典型是大学生学习的活教材，通过"请进来、走出去"的方式，让大学生耳濡目染，受到熏陶。

三是教师应成为创业的榜样，教师具有创业的成功经历，不但对学生起到示范作用，而且还可以迁移到教学之中，这会给大学生创业者以莫大的启示和感染。

（4）提供创业实践锻炼的机会。良好创业精神品质的形成重在实践训练，积极的实践能带来及时的反馈和成就感，也能带来一步步走向成功的喜悦。切切实实地投入创业实践中去，定能磨炼出坚强的创业心理品质。

一是学校要构建创业实践基地，为学生提供创业实践的便利，如创业见习基地、创业实习基地和创业园等，实现产、学、研一体化。

二是社会要为大学生提供更多的创业岗位供学生选择，如勤工俭学岗位、社区服务岗位等，使其经受创业实践熔炉的考验。

三是大学生自己课余主动参与创业实践，从小商品推销到饭店洗盘子，从为人打工到自己开店，熟悉各种职业特点和自己的能力特点，积累创业经验，增长创业才干，减少将来创业的盲目性。只有经受创业实践的锻炼，创业目标才会更加明晰，创业信念才会更加强烈，才会形成良好的创业习惯和人格。

（5）加强创业心理指导。心理指导是在专门人员的指导下，参与者自己练习、实践、锻炼的方法，实质上是一种特殊的教育过程。

首先，开设心理课程，如《心理与情商教育》《大学生创业心理品质的陶冶》等，传授心理知识，将心理知识内化为大学生的心理品质。

其次，开展心理咨询活动，帮助大学生分析创业过程中出现的心理问题，进行有针对性的咨询指导，助其自助。

最后，进行自我修养指导。如何挖掘和开发自己的心理潜能？如何培养自己的创业心理品质？最关键的还是要通过自我修养才能达到。

古人曾强调要"吾日三省吾身"，就是要对照标准，经常看看自己的心理品质是否符合要求，就是要有一面镜子，时时端正自己，这样持之以恒地坚持下去，终会形成良好的创业心理品质。

5.3.5 创业者必备的优秀品质

纵观所有成功的创业者和企业家，成功的方法各有不同，但他们所拥有的思想观念和精神境界却基本相同。

（1）远大理想——兴奋源泉。每一个成功的创业者都是一个绝对的梦想家。比尔·盖茨在创业之初的梦想就是让每个家庭都能用上互联网；飞机的发明源于莱特兄弟“人类也能在天空中像鸟一样飞翔”的梦想……历史上每一个伟大的企业都是起源于创业者的一个伟大梦想。如果你想创业，就一定要先给自己确定一个具有强烈吸引力的大梦想、大目标，这个梦想一定要能让你兴奋。一个没有理想、没有梦想、没有抱负的人是不可能成为创业者的，要想成为一个真正的创业者，一定要有理想、有抱负，有属于自己的伟大梦想。

（2）坚强意志——成功保障。坚强的意志包括了坚持、专注以及克制诱惑的能力。很多实例证明，创业者不断坚持的精神能够解决大多数问题。在管理学中有这样一句名言：“创业途中如果有今天、明天、后天，大多数人往往都死在了明天晚上，而后天，太阳才会出来。”这是一种不幸和悲哀。因此，只要创业者坚持的方向是符合历史发展规律的，对社会有益的，坚持下去就一定会有不错的结果。拥有坚强的意志，是创业成功的有力保障。

（3）积极心态——发现机会。积极的心态是创业成功者必须具备的精神品质。毫无疑问，创业是一个机遇和挑战并存的过程，只有拥有积极的思维模式和人生态度，才能从事物的两面中取正弃负，发现更多机会。

（4）敢为气魄——必备品质。虽然创业的过程对于很多人来说是一个充满激情与喜悦的过程，但也同样是一个充满风险、艰辛与坎坷的过程。从风险的角度来说，创业的过程实际就是一种不断挑战风险的过程，是一种风险与收益博弈的过程。真正的创业者不是要万无一失地去做事情，而是要去尽量规避风险、获得回报。所以，拥有敢为的气魄，是创业者必须具备的精神品质。

（5）诚信态度——精神基石。诚信是创业者精神的基石，也是创业者的立身之本。在创业者修炼领导艺术的所有原则中，诚信是绝对不能妥协的原则。市场经济是法治经济，更是信用经济、诚信经济。没有诚信的商业社会，将充满极大的道德风险，显著抬高交易成本，造成社会资源的巨大浪费。不管你做的是小生意还是大买卖，都要具备诚信精神，尤其是作为一个创业者，没有诚信，你就无法立足于这个社会，更何况是竞争残酷的市场呢。

（6）善于合作——精华所在。“小富靠个人，大富靠团队”。合作是创业者精神的精华。正如艾伯特·赫希曼所言，创业者在重大决策中实行集体行为而非个人行为。尽管伟大的创业者表面上常常是一个人的表演，但真正的创业者其实是擅长合作的，而且这种合作精神需要扩展到企业的每个员工。

这是一个团队合作、抱团取暖的时代，没有合作精神就不会有团队。没有团队，单纯靠自己个人是无法完成创业的。创业者必须有合作精神，必须具备合作精神才能更好地创业。

（7）承担责任——甘于奉献。伟大的创业者不只是完全为了实现个人的财富梦想而创业的，而是为了帮助普通人实现自己的梦想的责任而努力的人。创业精神中也包括创业者必须承担社会责任并且拥有一种甘于奉献的精神。一个人创业所开创的事业，应该把实现社会价值和赚取阳光财富结合起来，成功的创业者应该是一个有社会责任感的人。

（8）超强适应——精神力量。成功的创业者一定要有超强的适应性，不但能够适应艰苦的生活，也同样要能够适应成功与富足，特别是在很多暂时取得阶段性成功的时候，一定不能被胜利冲昏头脑。只有迅速适应新的环境，将自己及企业的状态调整到符合新情况的状态，才能使企业一直走正确的道路。这也是一个成功创业者必须具备的精神力量。

【案例剖析】

【案例 5-1】董明珠的创业精神

格力电器董事长董明珠说过一句话，“我不觉得自己很强大，只是在做一件事而已。但做决定时，果断是不可缺少的。”

进入格力以来，董明珠说她只做了一件事，那就是做“好空调，格力造”。

一谈起空调，从空调各个零部件的成本、各种技术的应用、市场销售价格及对手的价格和销售策略，董明珠都能如数家珍。董明珠从一名普遍的销售人员做到拥有数万员工公司的总裁，她自己的经历已然证明了这一点。这就是她身上那股劲儿：只要有目标，就一定会实现。

现在的格力深深打上了董明珠的烙印，强调核心技术，强调工业精神。

在中国，99%的家电业都有与外资合资的背景，将别人的技术转化为自己的产品。格力也曾经持同样的观点。所以在 20 世纪 90 年代，董明珠也曾赴日本，希望以最简单的购买方式，直接从日本企业手中获取核心技术，以便在国内的竞争中赢得主动。但是日本人拒绝了格力，“这种技术我们是不会卖的，因为它现在是世界上最先进的技术。”日本人的话点醒了董明珠，让她真正意识到：跟外资合作无非是别人将即将淘汰的技术给你，而他们会有更新的产品、更新的技术与你竞争，而且还能用这些淘汰技术获得另外的收益。“只有走中国创造之路，才能有中国制造的天下”，这让格力在痛定思痛中开展了自主研发之路。为此，格力付出了 10 年的时间。

2009 年，格力反过来再次与日本企业大金空调合作，双方站在了一个完全平等的地位上，并且改变了过去简单购买别人技术的合作方式。合作公司以技术攻关为主业，格力出资 5.3 亿元实现控股，对方出 4.9 亿元，然后共同研发，共同享用从这家公司中所产生的科技成果。

“格力掌握核心科技”这句话，在格力内部也经历了几个阶段：最早的是“8 年不回头”，就是 8 年消费者不回头；后来格力又推出了“6 年免费服务”，强调“没有售后服务的服务才是最好的服务”，这相当于把自己逼到了墙角。“工业精神就是要精益求精”，董明珠说。

在格力的生产车间及实验室里，随处可见体现着“董氏风格”的标语，“绝不拿消费者当实验品”“创造不需要售后服务的产品才是好产品”“严禁返修机进入市场”……

格力研发中心有 4 个特殊的实验室，分别研究在微生物、雨打、噪声及模拟环境中对空调运作的影响，模拟环境设计了从高温 80℃到零下 30℃时空调温度、湿度及风速的运转情况。正是有了这种前期准备，格力在新疆克拉玛依市场已经占到了 80%以上的市场份额。而在我国南方遭遇严寒天气时，格力空调也经受住了考验。

【分析思考】

从某种程度上，董明珠就代表了格力，而董明珠也几乎扛住了各方面的外来压力。在董明珠的强势领导下，格力在强势前行。

这就是董明珠的创业精神。你领悟了多少？

【交流探讨】

【探讨 5-1】史玉柱的创业精神缔造财富神话

改革开放以来，我国高速、强劲的经济发展为创业者创造财富的活动提供了丰富的土壤和环境，无数关于冒险、机会、财富创造与成功的故事向人们演绎着一个又一个创业者的传奇。史玉柱就是这些创业者中一个最具传奇色彩的典型人物之一。他的传奇经历，向我们生动地展示了一连串关于创业精神和财富创造的故事。在他身上，我们看到一种不屈的、顽强的精神在熠熠生辉，这就是创业精神——财富创造和经济发展的原动力。

史玉柱曾经是莘莘学子万分敬仰的创业天才，5 年时间内跻身财富榜第 8 位；从一无所有到亿万富翁，他是一个著名的成功者；从亿万富翁到一无所有，他是一个著名的失败者；再从一无所有到亿万富翁，他是一个著名的东山再起者。他创造了一个中国乃至全球经济史上绝无仅有的传奇故事。支持史玉柱东山再起的正是他坚定的不服输的信念以及他的才智与努力。

创业精神之一：机会敏锐，精细过人

创业者的成功，很大程度上取决于他们对机会具备天生的敏锐感和判断力，正如经济学家柯兹纳所言：“机会源于信息不对称。”正是这种“精细和敏锐”，使创业者能够抓住眼前稍纵即逝的机会，并且常常先于平常人看到这些机会的苗头，从而为采取行动赢得先机。史玉柱身上，我们看到了很多这样的“敏锐”：20 世纪 80 年代末创业初期看准汉字桌面系统软件开发，20 世纪 90 年代初期开发保健品市场，2003 年售出公司拳头保健品产品的知识产权及其营销网络 75%的股权转而投资股票市场，2004 年进军网络游戏……尽管这个过程中，史玉柱也有过失误和沉痛的教训，但是，在每一个经济发展时期，他似乎都抓住了熊彼特所说的“具有吸引力”的产业，而且善于将这些机会与企业资源有效地匹配起来，从而为他未来的财富帝国找到立足的根基。

创新精神之二：首创精神和冒险精神

创业者怀揣着一种梦想和意志，企图建立起一个属于自己的“王国”，他们不甘人后，思想和行动常常先于天下，这为创业者创造财富提供了“先动”优势。冒险精神是创业者身上表现出的突出特质之一，创业者的血液中流淌着对“生意”的激情，他们具有创造的激情，追求成功的激情，施展个人能力和智谋的激情。他们喜欢挑战，迎接变革，敢于冒险去追求成功。在史玉柱的传奇经历中，从他创业之初，倾其所有为自己的产品打广告，后来在其产品营销中惯用的“高强度”广告攻势，以及不断探索新的业务领域和经营模式，都充分地体现了这种冒险精神。企业家的冒险是在精心“计算”基础之上的理性决策，他们胆大心细又才智过人，对于这一点，我们在经历了从成功到失败、再从失败到成功的史玉柱身上看到了明显的变化。在控制财务风险、保障企业经营安全、决策科学和完善管理方面，完成资本原始积累的企业需要在这些地方多下功夫。

创新精神之三：不断创新，不断变革

经济学家威廉·鲍莫尔认为，创新是发现一种有利可图的机会，并且不断地追寻这种机会直到使其在实践中得到运用；创新就是实现资源的“新组合”，这是创业精神最重要的特征，即以新的形式和方法，把资本、技术等要素有效地组合起来，创造性地应用到企业生产和管理过程中去。史玉柱的创业成功历程就是一个个不断创新行动的联结，也是他传奇式成功最重要的原因。例如，“脑黄金”“脑白金”“黄金搭档”准确的产品市场定位，极富创意和人气响应的广告设计，《征途》网络游戏产品设计和销售模式中的诸多创新点，以及企业不断根据外部环境变化调整、开辟新业务领域，从最早的软件行业到保健品行业再到资本市场投资以及网络游戏行业，都体现出一种极强的应变能力、学习能力和遗忘能力（unlearn）。一个企业如果具备核心能力，但缺乏应变和遗忘能力，则可能陷入核心能力僵化陷阱而丧失竞争优势，这正是时下许多大型公司面临的创业难题。

创业精神之四：渴望成功，百折不屈

熊彼特认为，只有不甘平庸，而且具有强烈“成功欲”的人，才有成为企业家的资格。创业者具有征服的意志，战斗的冲动，证明自己比别人优越的冲动，求得成功不是为了成功的结果，而是为了取得成功的过程。企业家具有坚韧不拔的毅力，百折不挠战胜困难和失败的勇气和能力。从史玉柱的创业经历中可以看到，正是在成功和理想驱动下的百折不回的创业精神和永无止境的探索与奋斗，使他从平庸中崛起，从失利与逆境中重新奋起。

作为企业家的史玉柱，带给我们关于创业精神缔造财富神话的诸多思考。

【各抒己见】

（1）史玉柱的创业故事带给我们哪些启发？你认为史玉柱的哪些创业精神值得大学生学习与借鉴？

（2）理想主义情怀和精神，坚定的信念和坚持的精神，笃定精神，大胆精神，诚信精神，合作精神，这些精神中哪些是创业者必须具备的精神？大学生在校期间应重点加强哪些精神的培养？

【实战训练】

【训练 5-1】树立创业精神

成功的创业者多是白手起家、出身草根，靠的是勇气和智慧、勤奋和执着。创业确实让很多人实现了人生理想。对创业者来说，既是一件极具诱惑的事，又是一件极具挑战的事。对创业者来说，既会领略到蓝天白云、风和日丽的顺境，也会陷入步履维艰的困境。不是人人都能成功，成功也并非想象中的遥不可及。一个梦想成功的创业者，只要通过学习创业知识，参加创业培养，树立创业精神，摆脱传统的择业观，克服自身的心理障碍，勇于创新，敢于实践，那么成功必将到来！

以小组为单位，班内组织一次有关“创业精神”的演讲比赛，通过竞赛活动培养创业精神、激发创业热情。

5.4 提升创业素质

【学习领会】

5.4.1 创业素质的含义

创业素质指的是创业者的心理素质和人格素质。其中，心理素质包括要明确目标，要有激情，要有拼搏意识，要明白创业的风险且有失败的心理准备；而人格素质则包括坚强的意识品质，坚强的必胜信心，良好的沟通能力，较强的组织管理能力，一定的企业工作或管理经验，良好的交际能力，要公平公正做人，广交朋友，这样才能调动所有人的积极性。

关于创业素质的含义有三种代表性的观点：

第一种观点认为，“创业素质是指人在后天接受教育和环境影响下形成和发展的，在社会实践活动中表现出来的比较稳定的个性特征”。

第二种观点认为，“创业素质是指在人的心理素质和社会文化素质基础上，在环境和教育的影响下形成和发展起来的，在社会实践活动中全面地、较稳定地表现出来并发挥作用的身心组织要素、结构及其质量水平”。

第三种观点认为，“创业素质是以人的先天禀赋为基础，在环境和教育的影响下形成和发展起来的，在创业实践活动中表现出来并相对稳定地发挥作用的身心组织要素的总称”。

由此可见，创业素质的培养主要依靠后天的教育，在某些特定环境和教育下形成和发展。对于当代大学生的创业素质教育，也离不开这些基础和条件。因此，我们将当代大学生的创业素质的含义概括为：以其时代特点和自身特点为基础，优化整合优质教育资源，通过学校、家庭、企业、社会等多渠道，帮助他们树立创业意识，激发创业激情，掌握创业知识，提高创业能力，进一步培养具有时代特征的创业素质。

5.4.2 提高大学生创业素质的途径和方法

1. 加强职业指导，强化创业知识的培训

创业知识是学生进行创业的基本要素，包括专业技术知识、经营管理知识和综合性知识。专业技术知识对于创业者了解创业现状、明确创业目标有着直接作用，特别是在一些应用高科技的领域，扎实掌握专业技术知识能够使创业者具有竞争优势。经营管理知识的掌握，可以通过一些针对性的学习，如开设的职业指导课、市场经济和法律课程等，使大学生更好地了解市场运行规律，掌握管理经营企业的知识和谈判技巧。而综合性知识，可以通过开设的第二课堂学习和掌握，如模拟经营，也可以通过其他相关领域课程的学习来获得。总之，只有具备了深厚的专业知识和广博的非专业知识，才能认清形势、抓住机遇、把握全局，实现创业目标。

2. 锻炼创业能力，提高自身综合素质

创业能力是大学生创业素质的一个重要方面，也是多数初入社会的大学生创业者所缺乏的一种综合能力，主要包括以下五个方面：

（1）创新能力。主要包括制度创新、管理创新、产品创新等能力。创新精神是一个民族发展的灵魂，开拓创新也是创业发展的灵魂和赢得竞争优势的关键。新的管理体制和产品开发要求创业者善于推陈出新，打破传统思维的樊篱。

（2）管理能力。主要包括决策、组织、计划、控制、领导和协调等能力，还包括经营能力，市场调查分析、谈判和推销等能力。管理活动贯穿于组织运行过程的每一个环节。

（3）资源整合能力。创业者在创业之初不可能面面俱到，必须善于借用外力，利用自身的资源去整合他人资源，最终达到共赢的效果。

（4）语言表达和书面表达能力。创业者必须与投资者、政府部门、客户、消费者进行沟通，其口语表达要求清楚、流畅、准确、简洁、生动。另外，各类创业策划书和投资计划书的写作也对创业者的表达能力提出了较高要求。

（5）人际交往能力。人际交往是创业者同各行业、部门、人员打交道的过程中不可或缺的。因此，大学生在校期间须有意识地培养与他人的协作能力，获得他人和社会的支持。

3. 塑造创业人格，形成自身人格魅力

阿玛尔・毕海德（Amar V. Bhide）在《新企业的起源与演进》一书中通过对现有的有发展前景的企业进行分析推论，得出企业家创建有前途的新企业需要一些特殊的品质，起决定作用的重要品质包括：

（1）受家庭背景、文化程度和经验所影响的创业倾向。

（2）适应性调整能力，如果断、开明、控制内心冲突与发现因果关系的能力等。

（3）获取资源的能力，如应变能力、自制力、洞察力和销售技巧等。相比较而言，如承担风险、创造性活动、愿望与远见、雄心壮志、领袖气质、运用权力、管理才能等是次要的品质。

国内也有学者根据对中国创业者的调查，得出成功企业的领导人应具有以下品质：

（1）诚实、谦虚以赢得别人的信任。

（2）克制、忍耐以获得良好的人际关系。

（3）热情、富有责任感以保持克服困难的决心并感染别人。

（4）积极性的心态和创造精神，使创业者充分发挥潜能，不被束缚，开创新局面等。

（5）公道正派、团结协作，具有自信心和较强的适用能力。

5.4.3 一个成功的创业者应该具备的创业素质

创业素质是一种包括知识、技能或能力、经验和人格在内的复杂结构，是一种综合性的主体因素。因此，就提高和增强人们的创业素质而言，主要可以分别从前述三个方面进行。但是，由于知识、技能或能力、经验和人格之间是密切联系的，因此，更应该注重对这三个层面的整体把握。

创业是极具挑战性的社会活动，是对创业者自身智慧、能力、气魄、胆识的全方位考验。一个人要想获得创业的成功，必须具备如下的基本创业素质。

1. 强烈的创业意识

要想取得创业的成功，创业者必须具备自我实现、追求成功的创业意识。强烈的创业意识，可帮助创业者克服创业道路上的各种艰难险阻，将创业目标作为自己的人生奋斗目标。创业的成功是思想上长期准备的结果，事业的成功总是属于有思想准备的人，也属于有创业意识的人。

2. 自信的创业精神

自信就是对自己充满信心，自信心能赋予人主动积极的人生态度和进取精神。要成为一名成功的创业者，必须坚持信仰如一，拥有使命感和责任感；信念坚定，顽强拼搏，直到成功。信念是生命的力量，是创立事业之本，信念是创业的原动力。要相信自己有能力、有条件去开创自己未来的事业，相信自己能够主宰自己的命运，成为创业的成功者。

3. 优秀的创业品质

创业之路是充满艰险与曲折的，自主创业就等于是一个人去面对变化莫测的激烈竞争以及可能随时出现的需要迅速正确解决的问题和矛盾，这需要创业者具有非常强的心理调控能力，能够持续保持一种积极、沉稳的心态，即有良好的创业心理品质。它是对创业者的创业实践过程中的心理和行为起调节作用的个性心理特征，与人固有的气质、性格有密切的关系，主要体现在人的独立性、敢为性、坚韧性、克制性、适应性、合作性等方面，它反映了创业者的意志和情感。

创业的成功在很大程度上取决于创业者的创业心理品质。正因为创业之路不会一帆风顺，所以，如果不具备良好的心理素质、坚忍不拔的意志，一遇挫折就垂头丧气、一蹶不振，那么在创业的道路上是走不远的。宋代大文豪苏轼说："古之成大事者，不唯有超世之才，亦必有坚韧不拔之志。"只有具有处变不惊的良好心理素质和愈挫愈强的顽强意志，才能在创业的道路上自强不息、竞争进取、顽强拼搏，才能从小到大、从无到有，闯出属于自己的一番事业。

4. 超强的创业能力

能力是保证活动得以顺利完成并影响活动效率的心理特征，因而创业能力是创业活动得以顺利完成的保障。创业能力越强，创业越易成功。对于大学生而言，必备的创业能力主要有人际交往能力、管理能力、经营能力、创新能力、终身学习能力、信息收集与处理能力、应变能力、语言能力、把握机遇能力、预见能力等。

5. 扎实的创业知识

知识经济时代的特点决定了创业知识是创业的基础。大学生必备的创业知识有专业知识、经营与管理知识以及其他综合性知识。

（1）一定的专业知识不仅使得大学生创业有一个较高的起点，而且使得其创业实践有专业理论的支撑。

（2）创业活动离不开一定的市场，必须懂得有关市场经济的基本理论与相关管理知识。

（3）对于大学生创业来讲，除了必备专业知识与相关经营及管理知识，还须具备一些综合性知识，主要包括心理学、政策、法规、人际交往、公共关系、写作等。

6. 一定的创业经验

经验是人们经由实践活动对客观事物的直接了解，是在感性认识过程中形成的，是人与客观事物直接相互作用的结果。它是一种非知识体系的东西，但却有助于人们深刻地感悟创业这种实践活动。

5.4.4 创业者成功创业需具备的五大能力

创业不是一件简单的事情，需要忍受我们平时难以想象的艰难和困苦，因此这也更加考验创业者的能力。拥有过人的能力，可以让创业之路走得更加顺畅一些。

1. 决策能力

决策能力代表一个人的综合能力，是一种必不可少的能力。如果一个创业者不具备管理者的基本素质，不能代表团队做出决策的话，是不可能有发展前途的。决策能力是创业者根据主客观条件，因地制宜，正确地确定创业的发展方向、目标、战略以及具体选择实施方案的能力。

一个创业者首先要成为一个决策者，良好的决策能力是良好的分析能力加果断的判断能力。大学生要创业，首先要求创业者具有良好的分析能力，要从众多的创业目标和方向中进行分析比较，选择最适合发挥自己特长与优势的创业方向和途径、方法。在创业的过程中，能从错综复杂的现象中发现事物的本质，找出存在的真正问题，分析原因，从而正确处理问题。其次要求创业者具有良好的判断能力，能从客观事物的发展变化中找出因果关系，并善于从中把握事物的发展方向。分析是判断的前提，判断是分析的目的。

2. 经营管理能力

经营管理能力是指对人员、资金的管理能力，涉及人员的选择、使用、组合和优化，也涉及资金聚集、核算、分配、使用、流动。经营管理能力是一种较高层次的综合能力，是运筹性能力。经营管理能力的形成要从学会经营、学会管理、学会用人、学会理财等几个方面去努力。

（1）学会经营。创业者一旦确定了创业目标，就要组织实施。为了在激烈的市场竞争中取得优势，必须学会经营。

（2）学会管理。要学会质量管理，要始终坚持质量第一的原则。质量不仅是生产物质产品的生命，也是从事服务业和其他工作的生命。创业者必须严格树立牢固的质量观。要学会效益管理，要始终坚持效益最佳原则，效益最佳是创业的终极目标。可以说，无效益的管理是失败的管理，无效益的创业是失败的创业。做到效益最佳，要求在创业活动中人、物、资金、场地、时间的使用都选择最佳方案运作。做到不闲人员和资金，不空设备和场地，不浪费原料和材料，使创业活动有条不紊地运转。学会管理还要敢于负责，创业者要对本企业、员工、消费者、顾客以及对整个社会都抱有高度的责任感。

（3）学会用人。市场经济的竞争是人才的竞争，谁拥有人才，谁就拥有市场、拥有顾客。一个学校没有品学兼优的教师，这个学校必然办不好。一个企业没有优秀的管理人才、技术人才，这个企业就不会有好的经济效益和社会效益。一个创业者不吸纳德才兼备、志同道合的人共创事业，创业就难以成功。因此，必须学会用人，要善于吸纳比自己强或有某种专长的人共同创业。

（4）学会理财。学会理财首先要学会开源节流。开源就是培植财源，在创业过程中除了抓好主要项目创收外，还要注意广辟资金来源。节流就是节省不必要的开支，树立节约每一滴水、每一度电的思想。其次要学会管理资金。一是要把握好资金的预决算，做到心中有数；二是要把握好资金的进出和周转，每笔资金的来源和支出都要记账，做到有账可查；三是把握好资金投入的论证，每投入一笔资金都要进行可行性论证，有利可图才投入，大利大投入、小利小投入，保证使用好每一笔资金。总之，创业者心中时刻装有一把算盘，每做一件事、每用一笔钱，都要掂量一下是否有利于事业的发展，有没有效益，会不会使资金增值，这样才能理好财。

（5）要讲诚信。就创业者个人而言，诚信乃立身之本，“言而无信，不知其可也。”创业者在创业过程中，如不讲信誉，就无法开创出自己的事业；失去信誉，就会寸步难行。诚信，一是要言出必行，二是要讲质量，三是要以诚感人。

3. 创新能力

创业实际就是一个充满创新的事业，所以创业者必须具备创新能力，有创新思维，无思维定式，不墨守成规，能根据客观情况的变化及时提出新目标、新方案，不断开拓新局面，创出新路子。可以说，不断创新是创业者不断前进的关键环节。具备创新能力的人，总会有更多的优势，让企业步入快速发展阶段，并提升竞争力。

4. 专业技术能力

专业技术能力是创业者掌握和运用专业知识进行专业生产的能力。专业技术能力的形成具有很强的实践性。许多专业知识和专业技巧要在实践中摸索，逐步提高、发展、完善。创业者要重视创业过程中积累专业技术方面的经验和职业技能的训练，对于书本上介绍过的知识和经验在加深理解的基础上予以提高、拓宽；对于书本上没有介绍过的知识和经验要探索，在探索的过程中要详细记录、认真分析，进行总结、归纳，形成自己的经验特色，积累起来。只有这样，专业技术能力才会不断提高。

5. 协调交往能力

协调交往能力在书本上是学不到的，它实际上是一种社会实践能力，需要在实践活动中学习，不断积累总结经验。

一是要敢于与不熟悉的人和事打交道，敢于冒险和接受挑战，敢于承担责任和压力，对自己的决定和想法要充满信心、充满希望。

二是养成观察与思考的习惯。社会上存在着许多复杂的人和事，在复杂的人和事面前要多观察、多思考。观察的过程实质上是调查的过程，是获取信息的过程，是掌握第一手材料的过程。观察得越仔细，掌握的信息就越准确。观察是为思考做准备，观察之后必须进行思考，做到三思而后行。

三是处理好各种关系。可以说，社会活动是靠各种关系来维持的，处理好关系要善于应酬。应酬是职业上的“道具”，是处事待人接物的表现。心理学家称：应酬的最高境界是在毫无强迫的气氛里，把诚意传达给别人，使别人受到感应，并产生共识，自愿接受自己的观点。搞好应酬要做到宽以待人、严于律己，尽量做到既了解对方的立场又让对方了解自己的立场。协调交往能力并不是天生的，也不会在学校里就形成了，而是走向社会后慢慢积累社会经验，逐步学习社会知识而形成的。

5.4.5 如何创业才是成功之道

哈佛大学教授拉克讲过这样一段话：“创业对大多数人而言是一件极具诱惑的事情，同时也是一件极具挑战的事。不是人人都能成功，也并非想象中那么困难。但任何一个梦想成功的人，倘若他知道创业需要策划、技术及创意的观念，那么成功已离他不远了。”

创业素质对一个成功的创业者来说十分重要。如果你想成为一个成功创业者，就必须做到以下七大要点。

1. 制定创业计划书

创业计划书对创业来说是必不可少的部分，是成功创业的开端。没有严谨的策划，创业也是一纸空白书。创业不是仅凭热情和梦想就能支撑起来的。因此，在创业前期制定一份完整的、可执行的创业计划书应该是每位创业者必做的功课。一份好的策划分析必须建立在现实、有效的市场调查基础上，不能凭空想象、主观判断。根据计划书的分析，再制定出创业目标并将目标分解成各阶段的分目标，同时制定出详细的工作步骤。

2. 做好周密的资金运作计划

周密的资金运作计划是保证创业运行的重要步骤。在项目刚启动时，一定要做好预测盈利期之前的资金准备。但启动项目后遇到不可避免的变化，则需适时调整资金运作计划。如果能懂得一些必要的财务知识，计划好收入和支出，始终使资金处于流动状态，那么项目的初级阶段就能为未来发展打好基础。

3. 在创业中不断强化创业能力与知识

俗话说“不打无准备之仗”，创业者要想成功，必须扎扎实实做好充分准备和知识的不断积累。很多大学生在自主创业时都会运用自己所学的专业知识，但是这远远不足以适应社会经济发展，很容易遇到“供不应求”的现象。实践出真知，很多成功的创业者都是在创业的同时慢慢积累创业知识，这些知识的获取渠道可以是其他成功者的经验，也可以是书本理论知识。同时，还要学会和各类人士打交道。

4. 培养一个执行力强、效率高的团队

人多力量大，在创业中团队精神是必不可少的。无论做什么事情，都是需要由人去完成的。有了创业计划和创业能力及知识后，还需要组建一支执行力强、效率高的团队。团队是创业项目成功的基础。

5. 确定企业最终的目标

做企业的最终目的就是盈利，它是推动企业发展的动力，无论你的点子有多少，不能为企业赢利就不具备商业价值。因此，无论是制定可行性报告、工作计划还是活动方案，都应该明确如何去盈利。企业的盈利来源于找准你的用户，了解你最终使用客户是谁，他们有什么需求和想法，并尽量使之得到满足。

6. 在失败中寻找经验

在企业发展过程中，失败乃家常便饭，盈利与亏本是企业经营过程中常有的事，只是次数或发生频率有所不同。在亏本中寻找经验是提高盈利的重要路径。从创业成功案例中不难发现，创业者往往都有“见了南墙挖洞也要过去”的信心。从小就知道“失败是成功之母”这个真理的大学生创业者，又有多少人真正体会到其中的力量呢？充分的准备和不断的学习，就能够在很大程度上减少这种亏本的概率。与此同时，调整方案，换个方式和方法继续前进，永远不要停止前进的脚步。经历过一个“死而复生”的过程，就能在未来的发展中脚步更加坚定。

7. 在创业中为自己制定一个台阶

由于缺少社会经验和商业经验，大学生创业总是显得“心有余，而力不足”。不如给自己营造一个小的商业氛围，比如加入行业协会，就可以借此了解行业信息，学会借助各种资源结识行业伙伴，建立广泛合作，提升自己的行业能力。千方百计给自己营造一个好的商业氛围，这对创业者的起步十分重要。

【案例剖析】

【案例 5-2】雷军创业生涯的成功之道

成功的创业者究竟应具备些什么条件？你是否具备成为企业家的潜质呢？解析名人的成功之道，可以让我们更清晰地发现成功的奥秘。让我们一同解析雷军的创业生涯。

【创业经历简介】

雷军，小米科技创始人、董事长兼首席执行官，金山软件公司董事长，著名天使投资人。2012年12月，荣获“中国经济年度人物新锐奖”。2013年12月12号，再次荣获“中国经济年度人物”及“十大财智领袖人物”。2014年2月，小米创始人雷军首次以280亿元财富进入“胡润全球富豪榜”，跃居大中华区第57名，全球排名第339位。2023年3月，雷军以850亿元财富位列“胡润全球富豪榜”第153位。

【创业经验分享】

1. 七字诀

专注、极致、口碑和快，这七个字是雷军认为的互联网最核心的思想，他认为以此做任何一件事情，都会有巨大的效果。这也是雷军的一条做事规则。

（1）专注是前提。就是以少博多。高度聚焦、专注做事，把事情做好。

（2）极致是关键。就是专注在一个点上，把事情做细，做到自己能力的极限，从而干到别人达不到的高度和水准。或者说，极致就是干活干到把自己逼疯的程度。

（3）口碑是核心。形成口口相传的品牌，最核心的东西是超预期，超越客户预期，一个产品只有真正超过了用户的心理期待才会有真正的口碑。首先，这个世界一定存在口碑两个字。其次，在全球竞争的市场，一个产品能形成口碑，背后真实的原因是它总有那么几点能打动消费者，才会真正形成一种口碑，造成一种巨大的光环效应，达到一种无法比喻的热度。

（4）快是保证。互联网讲究唯快不破，所以创业一定要保持极高的速度。首先，开发产品必须在两三个月或者最多半年就做出来。其次，快速测试用户的需求和反馈，并给出一个结果。还有怎么跟用户快速沟通，做到快速反馈、快速修正，这几个问题就是快的关键。

2. 创业要乐观

创业这个活儿很苦，但是既然干了就要有乐观的态度，把这个相对比较艰苦的创业过程变成一个有意思的人生之旅。

创业就是从无到有，很多时候伴随着颠覆、打破和创造的过程，是一种人生蜕变的历练过程。创业是一个很自虐的活儿，如果不想过自虐的生活就不要创业。而一旦选择，在决定创业的时候就是已经选择了一种自虐的生活方式。面对艰难险阻，创业者尤其需要一颗无限乐观的心，要享受创业过程。首先，找一群志同道合的伙伴一起干。其次，初期找几个联合创业者非常关键。再次，想方设法提升创业过程的快乐，要一边唱着歌，一边吃着火锅，吃完继续干活。开开心心，这样每个人的持续性会更好，正向激励的作用会更强。比如小米就特别强调快乐创业。公司不打卡，也没人管几点上班，所以自始至终公司的整个精神面貌都是很快乐的，气氛甚至醉人。其实极力渲染一种悲壮无助于创业。只要创业者不把目标定得过高，真正去享受创业的每个环节和每个过程，享受一起克服困难的过程，找到强大的成就感。

其实在创业中，实现自己的目标，超越自己目标的人，都是自己人生的英雄。经得起输，万一输了就输了，吸取经验教训重新来过。万一成功了呢？

3．做好减法

创业要学会做减法。一个上市公司老总想第二次创业，找雷军咨询，雷军告诉他，创业是要花很多钱干好几年时间才知道结果的事情。

首先，确定了创业方向，就先把要做的事情都列出来。其次，找出必须要做的事情，按照轻重缓急排好。最后，集中精力做一件事情。

做减法的目的是为了聚焦，逼着少做一些事情，逼着把问题想清楚，这样反过来看，反而更容易成功。

4．不要害怕资源少

很多时候，初始的创业者反而容易成功。为什么？是因为他们资源少，无可选择，反而能够听从自己内心的指引，把一件事情做得专、做得透。而一个有很多资源的人，往往退路多，方向也多，受到的掣肘也多，在充满变换和诱惑的市场中，往往不能听从自己的内心。尤其是一个曾经创业成功的人第二次创业更是如此，之前的经验往往成为其再创业的阻碍。

5．从一开始就拧紧发条

多年前，雷军刚刚开始创业，一切还在磨合期。有一天，一个微软来的同事找他，中午两个人吃饭。这个同事说，你这个公司很像微软，大家十点多钟来，五六点钟就走，这么干，肯定会死。雷军吓了一身冷汗。他的观念中，认为刚在组团队还没正经干呢。于是马上开会，一定要意识到大家是在创业，决心用一个创业者的态度去做事情。从一开始就拧紧发条。

6．豁出去创业

既然选择创业，就要正经干，就要豁出去干。不要给自己留什么退路。输了也没什么了不起，而且也只有这样话，人生才不会后悔。而无限的人生动力正是来源于二三十年如一日，听从自己内心的方向，坚持不懈地努力。

【分析思考】

成大业者必须目光远大、志存高远，但也必须脚踏实地、求真务实。雷军为创业者树立了榜样。在“资源有限、创意无限”的创意时代，在以创新为主要推动力的新一轮创业中， 我们期待涌现出更多善于把经济文化化、文化经济化的企业家。

【交流探讨】

【探讨 5-2】创业始于梦想，成于坚持

阿里巴巴创始人曾说：“我觉得创业者第一要有一个梦想，这很重要，你没有梦的话，为做而做，别人让你做是做不好的，要坚强。第二要有毅力，没有毅力做不好，从我自己的经验，我每次创业的时候，有一个美好设想的过程，但是往往你走到那儿它不一定美好。所以你要告诉自己，自己走的路上面每天碰上的事情特别多。我1995年创办黄页，然后又开始创业做阿里巴巴，我觉得自己反正已经倒霉，这个不成，那个也不成，反正再做十年倒霉也无所谓了，毅力很重要。”

1996年，巨人大厦资金告急，史玉柱决定将保健品方面的全部资金调往巨人大厦，保健品业务因资金“抽血”过量，再加上管理不善，迅速盛极而衰。巨人集团解体后，史玉柱一夜之间身无分文，但是他并没有放弃，而是选择重整旗鼓、东山再起。1998年，山穷水尽的史玉柱找朋友借了50万元，开始运作脑白金。脑白金一炮走红并没有让史玉柱满足。2001年，黄金搭档上市，并很快走红全国市场。从此，这两个产品成了保健品市场上的常青树。史玉柱再次成为商界的佼佼者。试想，如果没有当初的坚持，怎么会有日后的巨人崛起？

【各抒己见】

（1）大学生创业有哪些优势和劣势？

（2）以下素质中，哪些是大学生创业者应重点培养的？你具备了哪些素质？

自信自立、敢于冒险、善于沟通、团结合作、吃苦耐劳、乐观豁达、诚实守信、把握机遇、创新精神、终身学习、勤奋努力、领导才能、坚韧执着、责任感、勤奋、毅力等。

【实战训练】

【训练5-2】大学生创业的SWOT分析

现在大学生创业是一种趋势，虽然有优势和机遇，但同时也存在劣势和威胁。大学生在创业的同时，要根据自己的特点，抓住机遇、发挥优势，要找出具体的不足，制定方案解决威胁与困难，从而实现自己的人生目标。

SWOT分析是指分析优势（Strengths）、劣势（Weaknesses）、机会（Opportunities）和威胁（Threats）四个方面，参考以下内容试进行大学生创业的SWOT分析。

1．大学生创业的优势

（1）接受新鲜事物快，甚至是潮流的引领者。

（2）思维普遍活跃，不管是敢不敢干，至少是敢想。

（3）自信心较足，对认准的事情有激情去做。

（4）年纪轻，精力旺盛，故有“年轻是最大的资本”之说。

2．大学生创业的劣势

（1）缺乏社会经验和职业经历，尤其缺乏人际关系和商业网络积累。

（2）缺乏真正有商业前景的创业项目，许多创业点子经不起市场的考验。

（3）缺乏商业信用，在校大学生信用档案与社会没有接轨，导致融资借贷困难重重。

（4）心理承受能力差，遇到挫折轻易放弃，有的学生在前期听到创业艰难，没有尝试就轻易放弃了。

（5）整个社会文化和商业交往中往往对青年人缺乏足够的信任，不利于年轻人的创业。

3．大学生创业的机遇

国家政策鼓励大学生创业，学校也注重培养大学的创业技能，社会也开始逐步认可大学生创业，家庭也开始给予大学生一些创业的资金。大学生创业的环境在逐渐改善。

4．大学生创业的威胁

人才竞争越来越激烈，大学生毕业走向社会的社会压力越来越大。虽然自己创业，但是市场竞争也很激烈，资金压力也很大。想得到家长和社会的认可更不容易。一开始的创业虽然解决了就业，但是自己还年轻，还想让生活更加充实，想生存得更有尊严。

【训练 5-3】创业素质训练之我见

大学生创业素质训练载体的类型主要包括课堂教学载体、文化活动载体、社会实践载体、管理服务载体等，承载着教授创业知识、训练创业技能、丰富创业经验等功能。

以小组为单位，对所在学校教授创业知识、训练创业技能、丰富创业经验的平台、载体、制度情况进行调查分析，也对学生的创业素质训练方面的需求进行调查分析，然后综合各方面的情况，撰写一份“加强创业素质训练，提升创业能力”的建议书。

模块 6　捕捉创业机会

创业往往是从发现、把握、利用某个或某些商业机会开始的。识别创业机会是创业成功最重要的第一步，好的创业机会是创业成功的一半。创业与一般管理的不同，在于创业机会的寻找过程并非一个理性的过程，也并非一个求最大值的过程。

【知识梳理】

6.1　认知创业机会

1．创业机会的含义

所谓创业机会，也称商业机会或市场机会，是指有吸引力的、较为持久的和适时的一种商务活动的空间（机会窗口），并最终表现在能够为消费者或客户创造价值或增加价值的产品或服务之中。创业者据此可以为客户提供有价值的产品或服务，并同时使创业者自身获益。所谓机会窗口是指市场存在的发展空间有一定的时间长度，使得创业者能够在这一时间段内抓住机会，创立自己的企业，并获得相应的赢利与投资回报。

创业机会主要是指具有较强吸引力的、较为持久的有利于创业的商业机会，也可以是进行创业活动存在的可能性范围和创业者通过自己的行为影响成功的范围。创业机会是技术、经济、政治、社会及人口环境发生了变化，使新产品、新服务、新原材料和新的组织方式出现了新的情景。

2．创业机会的基本类型

创业机会产生于一定的环境中，创业机会的发现往往是因为环境的变动，市场的不协调或混乱，信息的滞后、领先或缺乏，以及各种各样的其他因素的影响。也就是说，在一个自由的企业系统中，当行业和市场中存在着变化的环境——混乱、混沌、矛盾、落后、领先、知识和信息的鸿沟以及各种各样其他变化，如技术革新、消费者偏好的变化、法律政策的调整等，此时创业机会就产生了。

创业机会主要包括技术机会、市场机会和政策机会三种类型。

（1）技术机会。技术机会是指由于技术变化带来的创业机会，主要来源于新的科技突破和社会的科技进步。技术上的任何变化或多种技术的组合都可能给创业者带来某种商业机会。

技术机会主要表现为三种形式：

①新技术替代旧技术。

②实现新功能、创造新产品的新技术的出现。

③新技术带来的新问题。

（2）市场机会。市场机会是指富有吸引力的领域能给企业营销活动带来良好机遇与盈利的可能性。市场机会来源于营销环境的变化，表现为市场上尚未满足或尚未完全满足的需求。

市场机会主要有四类：

①市场上出现了与经济发展阶段有关的新需求，相应地就需要有企业去满足这些新的需求，这同样是创业者可以利用的商业机会。

②当期市场供给缺陷产生新的商业机会。

③先进国家（或地区）产业转移带来的市场机会。

④从中外差距中寻找隐含的某种商机。

（3）政策机会。政策机会是指由于政府制定的法律、法规有所变动而带来的新的行业、新的市场、新的创业机会；或是由于国家发展计划重点的转移，原来没有受到重视的区域市场重新受到人们的重视，创业者也跟随政府开发这一没有开发的市场，从中获取新的创业机会。

政策机会主要包括三类：

①法律法规开禁带来的创业机会。

②因政府在地区政策上的差异而带来的创业机会。

③新政策的实施所带来的创业机会。

3．创业机会的主要来源

（1）来自问题的存在。创业的根本目的是满足顾客需求。而顾客需求在没有满足前就是问题。寻找创业机会的一个重要途径是善于发现和体会自己与他人在需求方面的问题或生活中的难处。例如，上海有一位大学毕业生发现远在郊区的本校师生往返市区交通十分不便，于是创办了一家客运公司，这就是把问题转化为创业机会的成功案例。

（2）来自不断变化的环境。变化是创业机会的重要来源，人们通过这些变化，常常会发现新创业机会。创业的机会大都产生于不断变化的市场环境，环境变化了，市场需求、市场结构必然发生变化，就会给各行各业带来商机。著名管理大师彼得·德鲁客将创业者定义为“寻找变化并积极反应，把它当作机会充分利用起来的人”。这种变化主要来自产业结构的调整、消费结构升级、城市化加速、人口思想观念的变化、政策的变化、人口结构的变化、居民收入水平提高、全球化趋势等诸方面。例如，居民收入水平提高，私人轿车的拥有量将不断增加，这就会派生出汽车销售、修理、配件、清洁、装潢、二手车交易、陪驾等诸多创业机会。

（3）来自创造发明。创造发明提供了新产品、新服务，更好地满足顾客需求，同时也带来了创业机会。在人类发展史上，每次重大的发明创造都引起了产业结构的重大变革，产生了无数的创业机会。例如，随着计算机的诞生，计算机维修、软件开发、计算机操作培训、图文制作、信息服务、网上开店等等创业机会随之而来，即使你不发明新的东西，也能成为销售和推广新产品的人，从而给你带来商机。

（4）来自竞争。如果你能弥补竞争对手的缺陷和不足，这也将成为你的创业机会。看看你周围的公司，你能比它们更快、更可靠、更便宜地提供产品或服务吗？你能做得更好吗？若能，你也许就找到了机会。

（5）来自新知识、新技术的产生。新知识可以改变人们的消费观念，新技术可以进一步满足人们的需求，甚至使人们产生新的需求进而引导消费。例如，当生产微型计算机的技术形成后，中国的企业也获得了生产与维护计算机的创业机会，联想等企业抓住了这个机会。又如，随着健康知识的普及和技术的进步，围绕“水”就带来了许多创业机会，上海就有不少创业者加盟“都市清泉”而走上了创业之路。

4．创业机会的特征

有的创业者认为自己有很好的想法和点子，对创业充满信心。有想法、有点子固然重要，但是并不是每个大胆的想法和新异的点子都能转化为创业机会。创业机会有以下四个特征：

（1）普遍性。凡是有市场、有经营的地方，客观上就存在着创业机会。创业机会普遍存在于各种经营活动过程之中。

（2）偶然性。对一个企业来说，创业机会的发现和捕捉带有很大的不确定性，任何创业机会的产生都有“意外”因素。

（3）消逝性。创业机会存在于一定的时空范围之内，随着产生创业机会的客观条件的变化，创业机会就会相应地消逝和流失。

5．从哪里发现创业机会

既然业务要从机会中产生，那么机会在哪儿？哪些情况又代表着机会呢？可以说机会无时不在、无处不在。但如果想知道掌握机会的方法，不妨关注以下几个方面：

（1）变化就是机会。环境的变化会给各行各业带来良机，人们透过这些变化就会发现新的前景。变化可以包括：产业结构的变化；科技进步；通信革新；政府政策变化；经济信息化、服务化；价值观与生活形态变化；人口结构变化。以人口因素变化为例，可以举出以下一些机会：为老年人提供的健康保障用品；为独生子女服务的业务项目；为年轻女性和上班女性提供的用品；为家庭提供的文化娱乐用品。

（2）从“低科技”中把握机会。随着科技的发展，高科技领域开发是时下热门的课题。但是，机会并不只存在于“高科技领域”，在运输、金融、保健、饮食、流通这些所谓的“低科技领域”也有机会，关键在于开发。

（3）集中盯住某些顾客的需要就会有机会。机会不能从全部顾客身上去找，因为共同需要容易认识，基本上已很难再找到突破口。而实际上每个人的需求都是有差异的，如果时常关注某些人的日常生活和工作，就会从中发现某些机会。因此，在寻找机会时，应习惯将顾客分类，如政府职员、菜农、大学教师、杂志编辑、小学生、单身女性、退休职工等，认真研究各类人员的需求特点，就能发现机会。

（4）追求“负面”就会找到机会。所谓追求“负面”，就是着眼于那些大家“苦恼的事”和“困扰的事”。因为是苦恼，是困扰，人们总是迫切希望解决，如果能提供解决的办法，实际上就是找到了机会。例如，双职工家庭往往没有时间照顾小孩，于是有了家庭托儿所；没有时间买菜，就产生了送菜公司。这些都是从“负面”寻找机会的例子。

6.2　寻找与识别创业机会

创业难，发掘创业机会更难。一般而言，改进现有商业模式比创造一个全新的商业模式更为容易。许多创业者都可以由过去任职公司的经验中发现大量可以立即改进的缺失，包括未被满足的顾客需求、产品品质上的瑕疵、作业程序上的不经济等。

机会如风，来无影去无踪，但它却经过每一个人的身旁，就看你是否感觉得到。机会在每个人面前都是平等的，有的人总以为机会来临时还要先“打个招呼”，空等不知错失了多少机会，所以说机会不是等来的。但是机会在等着所有的人，所以机会需要主动去寻找，我们要成为第一个它等到的人。人一生之中能够果断坚定，把握机会，就可能品尝到成功的欢乐；优柔寡断，瞻前顾后，就可能错过很多机会，甚至留下永远的遗憾。

识别创业机会是创业的起点，也是核心。机会识别是创业的开端，也是创业的前提。可以说，机会无时不在，无处不在。

【学习领会】

6.2.1　影响创业机会识别的因素

为什么是有些人而不是另外的人看到一个机会？这些看到了机会的创业者有什么独特之处？普遍而言，下面的几类因素被认为是影响创业机会识别的基本因素，也是这些人具备的一些特征：

（1）先前经验。在特定产业中的先前经验有助于创业者识别机会。有调查发现，70%左右的创业机会其实是在复制或修改以前的想法或创意，而不是全新创业机会的发现。

（2）专业知识。拥有某个领域更多专业知识的人，会比其他人对该领域内的机会更具警觉性与敏感性。例如，一位计算机工程师就比一位律师对计算机产业内的机会和需求更为警觉与敏感。

（3）社会关系网络。个人社会关系网络的深度和广度影响着机会识别，这已是不争的事实。通常情况下，建立了大量社会联系网络的人，会比那些拥有少量联系网络的人容易得到更多机会。

（4）创造性。从某种程度上讲，机会识别实际上是一个创造过程，是不断反复的创造性思维过程。在许多产品、服务和业务的形成过程中，甚至在许多有趣的商业传奇故事中，我们都能看到有关创造性思维的影子。

尽管上述特征并非导致创业成功的必然，但具备了这些特征，往往较其他创业者具有更多的优势，也更容易获得成功。

6.2.2 创业机会的识别过程

创业者从繁杂和梦幻盘的创意中选择其心目中的创业机会，随之而来的是组织资源着力开发这一机会，使之成为真正的企业，直至最终收获成功。这一过程中，机会的潜在预期价值以及创业者的自身能力得到反复的权衡，创业者对创业机会的战略定位也越来越明确，这一个过程称为机会的识别过程。

机会识别包括三个截然不同的过程：

（1）感觉或感知到市场需求和尚未利用的资源。

（2）认识和发现在特殊的市场需求和特别的资源之间“相匹配的东西”。

（3）这种“相匹配的东西”以新业务的形式展现出来。

这些过程分别代表了感知、发现和创造，而不仅仅是“识别”。

这一过程分为三个阶段。

1．机会的搜寻

这一阶段创业者对整个经济系统中可能的创意展开搜索，如果创业者意识到某一创意可能是潜在的商业机会，具有实际的发展价值，将进入机会识别的下一阶段。

2．机会的识别

相对整体意义上的机会识别过程，这里的机会识别应当是狭义上的识别，即从创意中筛选合适的机会。这一过程包括两个步骤：

首先，对整体的市场环境，以及一般的行业分析来判断该机会是否在广泛意义上属于有力的商业机会，称为机会的标准化识别阶段。

其次，对于特定的创业者和投资者来说，考察这一机会是否有价值，也就是个性的机会识别阶段。

3．机会的评价

实际上机会评价已经带有部分调查的含义，相对比较正式，考察的内容主要是各项财务指标、创业团队的构成等。通过机会的评价，创业者决定是否正式组建企业，吸引投资。

通常机会识别和机会评价是共同存在的，创业者在对创业机会识别时也有意无意地进行评价活动。在机会活动的初始阶段，创业者可以非正式地调查市场的需求、所需的资源，直到断定这个机会值得考虑或进一步深入开发；在机会开发的后期，这种评价变得较为规范，并且主要集中于考察这些资源的特定组合能否创造出足够的商业价值。

6.2.3 发掘创业机会的主要方式

1．分析特殊事件来发掘创业机会

有一家高炉炼钢厂因为资金不足，不得不购置一座迷你型炼钢炉，而后竟然出现后者的获利率要高于前者的意外结果。再经过分析，才发现钢品市场结构已产生变化。因此，这家钢厂就将往后的投资重点放在能快速满足市场需求的迷你炼钢技术。

2．分析矛盾现象来发掘创业机会

金融机构提供的服务与产品大多只针对专业投资大户，但占有市场七成资金的一般投资大众未受到应有的重视。这样的矛盾显示，提供一般大众投资服务的产品市场必将极具潜力。

3．分析作业程序来发掘创业机会

在全球生产与运筹体系流程中，可以发掘极多的信息服务与软件开发的创业机会。

4．分析产业与市场结构变迁的趋势来发掘创业机会

在国营事业民营化与公共部门产业开放市场自由竞争的趋势中，可以在交通、电信、能源等产业中发掘极多的创业机会。在政府部门推出的各类规划方案中，也可以寻得许多新的创业机会。

5．分析人口统计资料的变化趋势来发掘创业机会

社会老年化现象、教育程度的变化、青少年国际观的扩展，必将提供许多新的市场机会。

6．分析价值观与认知的变化来发掘创业机会

人们对于饮食需求认知的改变，造就了美食市场、健康食品市场等新兴行业。

7．分析新知识的产生来发掘创业机会

随着人类基因图谱研究的不断深入，可以预期必然在生物科技与医疗服务等领域带来极多的新创业机会。

6.2.4　创业机会识别所需的条件

面对具有相同期望值的创业机会，并非所有潜在创业者都能把握。成功的机会识别是创业愿望、创业能力和创业环境等多种因素综合作用的结果。

（1）创业愿望是机会识别的前提。创业愿望是创业的原动力，它推动创业者去发现和识别市场机会。没有创业意愿，再好的创业机会也会视而不见，或失之交臂。

（2）创业能力是机会识别的基础。识别创业机会在很大程度上取决于创业者的个人（团队）能力，这一点在《当代中国社会流动报告》中得到了部分佐证。报告通过对 1993 年以后私营企业主群体变迁的分析发现，私营企业主的社会来源越来越以各领域精英为主，经济精英的转化尤为明显，而普通人转化为私营企业主的机会越来越少。国内外研究和调查显示，与创业机会识别相关的能力主要包括远见与洞察能力、信息获取能力、技术发展趋势预测能力、模仿与创新能力、建立各种关系的能力等。

（3）创业环境是机会识别的关键。创业环境是创业过程中多种因素的组合，包括宏观政策、社会经济条件、创业和管理技能、创业资金和非资金支持等方面。一般来说，如果社会对创业失败比较宽容，有浓厚的创业氛围，政府有各种渠道的金融支持和完善的创业服务体系，产业有公平、公正的竞争环境，那就会鼓励更多的人创业。

6.2.5　如何研究市场动向

能够自己去识别和把握创业机会，根据自己的具体情况找到适合的创业方向，明确想做什么和能做什么以后，这往往还不够，还要研究市场。市场需求是客观的，你能够做到的是主观的，主观只有和客观一致起来，才能变成现实，才能有效益。因此，要尽自己所能，研究市场、捕捉信息、把握商机。机会从来都是垂青有心人的，做一个有心人，就会发现处处有市场，就会发现你拥有的各种资源的最佳用处。所以，还应该做以下的工作，为更好地创业做铺垫。

（1）研究大家都在做什么、如何做。不妨先向做得好的人虚心学习，学习他们经营的长处，摸清一些做生意的门道，积累必要的经验与资金。学习该行业的知识和技能，体会他们经营的不足之处，在你做的时候力争改进。

（2）研究自己家庭生活经常需要什么商品和服务。研究大众需求从你自己的家庭需要开始，首先研究你家里每天什么东西消费得最多。普通老百姓衣食住行的日常需要是一个稳定而广阔的市场。

（3）研究当前及今后一段时间的社会热点与公众话题。对精明的商人来说，热点就是商机，就是挣钱的项目和题材。抓住热点、掌握题材、独居匠心就能挣钱。同时，注意潜在热点的预测和发现，在热点没有完全热起来之前就有所发现、有所准备，在别人没有发现商机时你能发现商机，就更胜一筹。

（4）研究社会难点，关注社会焦点。只要用心看就会发现我们身边有这样那样小的难点，看看我们能做什么来解决这些“麻烦”，这就是个商机。

（5）研究市场的地区性差异。不同的地区需要不同的产品和市场，地理因素的限制会带来不同地区之间的市场差异。市场的地区性差异是永远存在的，关键在于你能不能发现。发现差异并做缩小差异的工作，就是在满足市场需求，就是挣钱之道。

（6）研究生活节奏变化而产生的市场需求。现代生活节奏越来越快，快节奏的生活方式必然会产生新的市场需求，用金钱购买时间是现代都市人的时髦选择。精明的生意人就会看到这一点，做起了各种各样适应人们快节奏生活需求的生意。

6.2.6 如何筛选创业机会

经过创业机会的识别以后，要进行机会的选择。在现实经济生活中，适于创业的机会并不是很多。创业者需要借助“机会选择漏斗”，经过一层又一层筛选，在众多机会中筛选出真正适于自己的创业机会。

1. 要筛选出优势的创业机会

一般而言，较好的创业机会有五个特点：

（1）在前景市场中，前 5 年中的市场需求会稳步快速增长。

（2）创业者能够获得利用该机会所需的关键资源。

（3）创业者不会被锁定在“刚性的创业路径”上，而是可以中途调整创业的“技术路径”。

（4）创业者有可能创造新的市场需求。

（5）特定机会的商业风险是明朗的，且至少有部分创业者能够承受相应风险。

2. 要筛选出利己的创业机会

面对较好的创业机会，特定的创业者需要回答四个问题：

（1）创业者能否获得自己缺少但他人控制的资源。

（2）遇到竞争时，自己是否有能力与之抗衡。

（3）是否存在该创业者可能创造的新增市场。

（4）该创业者是否有能力承受利用该机会的各种风险。

6.2.7 如何培养和提高发现创业机会的能力

机会为何总青睐于特定创业者？虽然大量的创业机会可以经由有系统的研究来发掘，但最好的创业机会还是来自创业者的长期观察与生活体验。创业者可以在日常生活中有意识地加强实践，培养和提高发现创业机会的能力。

（1）养成良好的市场调研习惯。发现创业机会的最根本一点是深入市场进行调研。要了解市场供求状况、变化的趋势，顾客的需求是否得到了满足，竞争对手的长处与不足等。

（2）多看、多听、多想。我们常说见多识广、识多路广。每个人的知识、经验、思维以及对市场的了解不可能做到面面俱到。多看、多听、多想能使我们广泛获取信息，及时从别人的知识、经验、想法中汲取有益的东西，从而增强发现机会的可能性和概率。

（3）培养独特的思维。机会往往是被少数人抓住的。要克服从众心理和传统习惯思维的束缚，敢于相信自己，有独立见解，不人云亦云，不为别人的评头论足、闲言碎语所左右，才能发现和抓住被别人忽视或遗忘的机会。

6.2.8 如何把握创业机会

创业者不仅要善于发现机会、评估机会，更需要正确把握并果敢行动，将机会变成现实的结果，这样才有可能在最恰当的时候出击，获得成功。

把握创业机会，应注意以下几点：

1. 着眼问题把握机会

机会并不意味着无须代价就能获得，许多成功的企业都是从解决问题起步的。问题就是现实与理想的差距。顾客需求在没有满足之前就是问题，而设法满足这一需求就抓住了市场机会。

以车载空气净化器行业为例。随着严重呼吸系统疾病的流行以及国民物质生活水平的不断提升，消费者的健康消费意识有了极大提高，改善车内空气品质成为人们迫切的愿望和要求，加上中国汽车保有量的持续增长，中国车载空气净化器市场孕育着巨大的市场机会。

2. 利用变化把握机会

变化中常常蕴藏着无限商机，许多创业机会产生于不断变化的市场环境。环境变化将带来产业结构的调整、消费结构的升级、思想观念的转变、政府政策的变化、居民收入水平的提高。人们透过这些变化，就会发现新的机会。

任何变化都能激发新的创业机会，需要创业者凭着自己敏锐的嗅觉去发现和创造。许多很好的商业机会并不是突然出现的，而是对"先知先觉者"的一种回报。聪明的创业者往往选择在最佳时机进入市场，当市场需求爆发时，创业者往往已经做好准备等着接单。

3. 跟踪技术创新把握机会

世界产业发展的历史告诉我们，几乎每一个新兴产业的形成和发展都是技术创新的结果。产业的变更或产品的替代，既满足了顾客需求，同时也带来了前所未有的创业机会。

4. 在市场夹缝中把握机会

创业机会存在于为顾客创造价值的产品或服务中，而顾客的需求是有差异的。创业者要善于找出顾客的特殊需要，盯住顾客的个性需要并认真研究其需求特征，这样就可能发现和把握商机。有为数不少的创业者追求向行业内的最佳企业看齐，试图通过模仿快速取得成功，结果使得产品和服务没有差异，众多企业为争夺现有的客户和资源展开激烈竞争，企业面临困境。所以，创业者要克服从众心理和传统习惯思维的束缚，寻找市场空白点或市场缝隙，在行业或市场发展中形成的空白地带把握机会。

5. 捕捉政策变化把握机会

新政策出台往往引发新商机。如果创业者善于研究和利用政策，就能抓住商机站在潮头。例如，随着国家对环保的重视程度不断提升，像空气净化器这样的环保相关产业如果能把握机会，必能大有作为。

6. 弥补对手缺陷把握机会

很多创业机会是缘于竞争对手的失误而"意外"获得的。如果能及时抓住竞争对手策略中的漏洞而大做文章，或者能比竞争对手更快、更可靠、更便宜地提供产品或服务，也许就找到了机会。

【案例剖析】

【案例 6-1】"牛仔大王"李维·斯特劳斯

当年李维·斯特劳斯像许多年轻人一样，带着梦想前往西部追赶淘金热潮。一天，突然间他发现有一条大河挡住了他前往西部的路。苦等数日，被阻隔的行人越来越多，但都无法过河。于是陆续有人向上游、下游绕道而行，也有人打道回府，更多的则是怨声一片。而心情慢慢平静下来的李维·斯特劳斯想起了曾有人传授给他的一个"制胜法宝"，那是一段话："太棒了，这样的事情竟然发生在我的身上，又给了我一个成长的机会。凡事的发生必有其因果，必有助于我。”于是他来到大河边，“非常兴奋”地不断重复着对自己说：“太棒了，大河居然挡住我的去路，又给我一次成长的机会，凡事的发生必有其因果，必有助于我。”果然，他真的有了一个绝妙的创业主意——摆渡。没有人吝啬一点小钱坐他的渡船过河，迅速地，他人生的第一笔财富居然因大河挡道而获得。但一段时间后，摆渡生意开始清淡。

他决定放弃，并继续前往西部淘金。来到西部，四处是人，他找到一块合适的空地方，买了工具便开始淘起金来。在刚到西部的那段时间，他多次被人欺侮，有一次被人打完之后，看着那些人扬长而去的背影，他又一次想起他的“制胜法宝”。终于，他又想出了另一个绝妙的主意——卖水。

西部不缺黄金，但似乎自己无力与人争雄；西部缺水，可似乎没什么人能想到它。不久他卖水的生意便红火起来。慢慢地，也有人参与了他的新行业，再后来，同行的人已越来越多，竞争越来越激烈。终于有一天，他不得不再次无奈地放弃卖水生意。然而他立即开始调整自己的心态，再次强行让自己兴奋起来，又一次想起他的“制胜法宝”，并开始调整自己注意的焦点。他发现来西部淘金的人，衣服极易磨破，同时又发现西部到处都有废弃的帐篷，于是他又有了一个绝妙的好主意——把那些废弃的帐篷收集起来，清洗干净，就这样，他缝成了世界上第一条牛仔裤，最终成为举世闻名的“牛仔大王”（Levi's）。

【分析思考】

“只有愚者才等待机会，而智者则造就机会。”培根的这句话也在启发着我们，创业机会需要去创造和发现。只要平时时刻注意周围的事情，观察生活中的点点滴滴，勇于开动大脑，找到灵感，我们就能寻找到机遇。然后再为此付出自己的汗水，就一定能开启成功之门。

李维·斯特劳斯是如何选择他的 3 个创业项目的？前两次为什么失败了？为什么第三次创业成功了？

【交流探讨】

【探讨 6-1】向前看两年

1999 年，李彦宏回国准备创业。但是做什么呢？这是首先要解决的问题。当时有三条路摆在李彦宏面前：电子商务、翻译和搜索。那时电子商务刚刚兴起，李彦宏的搭档徐勇就是做电子商务出身，可以说在电子商务方面具备了天时、地利、人和，非常具有诱惑力。而当时的一些风投公司则建议李彦宏做翻译。

李彦宏到底会选择哪一个呢？这是他创业路上的第一道坎。

李彦宏没有选择当时正火热的电子商务，他对徐勇说：“B2B 虽然很火，但是已经有很多公司在做了，我们现在进去不一定能成功。”他也没有选择似乎有着大好前景的翻译网站，而是果断选择了搜索。

首先，李彦宏本身具有技术优势。在搜索领域，李彦宏不仅在中国算得上是最早的专家之一，在世界上也已经跻身前列。1996 年，李彦宏发明了“超链分析”，这是 1999 年之后世界主流搜索引擎都采用的一种技术。1998 年，在硅谷，李彦宏是第一个将长远分析理论和技术实际运用到搜索引擎的人。那时，谷歌还不是一家主流搜索引擎企业，但已经开始使用这套东西做搜索引擎。2000 年，当李彦宏开发百度的时候，谷歌也还不是一个具有巨大影响力的公司。其实，搜索引擎的门槛非常高，不是谁想做就能做。对于李彦宏而言，与其花大力气在一个并不擅长的领域和强大对手去肉搏，还不如在自己领先的领域集中精力保持领先地位。

还有更重要的一点，那就是李彦宏看准了搜索领域的巨大潜力。在网络技术领域摸爬滚打了多年，李彦宏对这个行业的现状和未来走向都有了清晰的认识。在互联网领域，当网页内容还不多时，搜索引擎还可有可无。随着网上内容的丰富，人们对搜索引擎的要求必然会越来越高。搜索引擎的发展潜力巨大。李彦宏记得，在美国留学期间，一次打高尔夫球的间隙，他的导师说了一句漫不经心的话："搜索引擎技术是互联网一项最基本的功能，应当有未来。"导师的话更坚定了李彦宏的信心。

"向前看两年"的理念，让李彦宏更加坚定了自己的决心——做搜索。李彦宏对徐勇说："国内在搜索引擎方面还是一片空白，尽管现在不热，但是向前看两年，这个市场一定会火起来。"果不其然，百度成立没多久，就开始在市场上崭露头角，成为一匹无人可以争锋的黑马。

选择意味着取和舍，意味着得到和放弃，意味着正确或错误，意味着机会成本。对商业来说，选择特别是商业模式的选择，往往决定着成败。能不能做出正确的选择，依靠科学而不是盲目做选择，是商业选择的基本要求。除此之外，选择者也要具备一些独到的性格特质。

李彦宏选择创业之时，正是电子商务最火的时候，当时不知道有多少人疯狂地想要挤上这趟"网络列车"。但李彦宏认为，这种跟风式的创业，吃到的只能是别人的残羹冷炙。他选择了搜索引擎，是因为他看到了搜索在未来将对这个世界产生的重大作用。如今百度的成功也验证了李彦宏眼光的独到和长远。时至今日，面对跃跃欲试想要创业的年轻人，李彦宏说得最多的就是"一定要有向前看两年的眼光"。

【各抒己见】

（1）关联产业从婴儿潮中受益。

据统计，我国2015年新出生人口规模为1655万，在放开二胎后的4年（2016年至2019年）内，我国每年新出生人口分别为1846万、1723万、1523万和1465万。

在我国"放开生育二胎"的背景下，分析儿童玩具、儿童服饰、儿童食品、母婴医疗、教育培训等儿童产业所出现的创业机会。

（2）人口城镇化有效释放消费潜力。

2012年，我国城镇化率为52.57%，实际的人口城镇化率仅为35%，远低于2011年世界52%的平均水平。2020年，我国人口城镇化率达63.89%，已经高于55.3%的世界平均水平。到2030年，我国城镇化率将达到70%，基本实现人口城镇化。人口城镇化能够有效释放消费潜力并引导相关的投资需求。

在我国人口城镇化率稳步提升的过程中，分析旅店业、餐饮业、批发和零售业、交通运输业、旅游业、仓储业、租赁业、代理业、计算机服务业等服务行业的创业机会。

【探讨6-2】来自一份国际电池行业动态的创业灵感

比亚迪创办人王传福的创业灵感来自一份国际电池行业动态，一份简报似的东西。1993年的一天，王传福在一份国际电池行业动态上读到，日本宣布本土将不再生产镍镉电池，王传福立刻意识到这将引发镍镉电池生产基地的国际大转移，意识到自己创业的机会来了。果然，随后的几年，王传福利用日本企业撤出留下的市场空隙，加之自己原先在电池行业多年的技术和人脉基础，做得顺风顺水，于2002年首次进入了《福布斯》杂志推出的中国富豪榜。

【各抒己见】

在传统的商业观里，只要在繁华地带有个场地，开个服装店、书店，也许你就能造就一个赢利的企业。

新一轮全球技术革命在移动互联网领域取得了巨大的进展，我国在移动互联网技术的研发特别是应用领域也有不错的表现。2023年3月中国互联网络信息中心（CNNIC）在京发布的第51次《中国互联网络发展状况统计报告》显示，截至2022年12月，三家基础电信企业的移动电话用户总数达16.83亿户，较2021年12月净增4062万户，其中5G移动电话用户达5.61亿户，占移动电话用户的33.3%，较2021年12月提高11.7个百分点；我国网民规模达10.67亿，较2021年12月增长3549万，互联网普及率达75.6%；我国手机网民规模达10.65亿，较2021年12月增长3636万，网民使用手机上网的比例为99.8%。

移动互联网对人类的生产生活方式带来了革命性的影响和冲击，在移动互联网颠覆传统领域的背景下，分析基于移动互联网满足80后、90后、00后的消费需求的创业机会。

【实战训练】

【训练6-1】捕捉我国人口老龄化背景下的创业机会

国家统计局2021年5月11日发布的《第七次全国人口普查公报（第五号）——人口年龄构成情况》数据显示，2020年11月1日零时我国大陆31个省、自治区、直辖市和现役军人的人口年龄构成情况中，60岁及以上人口为2.64亿人，占18.70%，其中65岁及以上人口为1.91亿人，占13.50%。与2010年第六次全国人口普查相比，60岁及以上人口的比重上升5.44个百分点，65岁及以上人口的比重上升4.63个百分点。

彼得·德鲁克认为，创业机会有以下七大来源：

（1）从意外情况中捕捉创新动机。

（2）从实际和设想不一致性中捕捉创新动机。

（3）从过程的需要中捕捉创新动机。

（4）从行业和市场结构变化中捕捉创新动机。

（5）从人口状况的变化中捕捉创新动机。

（6）从观念和认识的变化中捕捉创新动机。

（7）从新知识、新技术中捕捉创新动机。

针对我国人口老龄化现象，分析老年医疗、保健护理、老年教育、老年文化、老年卫生、老年体育、老年用品生产经销、社区养老等老龄产业所出现的创业机会。

6.3　评估创业机会

创业机会是通过把资源创造性地结合起来，迎合市场需求（或兴趣、愿望）并传递价值的可能性。创业者对机会的评价来自他们的初始判断，而初始判断通常就是假设加简单计算。这种直觉的商业判断有时候是简单有效的。但对于一般创业者而言，这种判断显得有些武断，甚至不够科学。

【学习领会】

6.3.1　创业机会的评估准则

所有的创业行为都来自绝佳的创业机会。创业团队与投资者均对创业前景寄予极高的期待，创业者更是对创业机会在未来所能带来的丰厚利润满怀信心。但是，创业失败的教训也会时常发生。为了尽可能地避免这样的情况，创业者应该先以比较客观的方式对创业机会进行评估，评估准则分为以下两类。

1．市场评估准则

（1）市场定位。评估创业机会的时候，可由市场定位是否明确、顾客需求分析是否清晰、顾客接触通道是否流畅、产品是否持续衍生等，来判断创业机会可能创造的市场价值。创业带给顾客的价值越高，创业成功的机会也越大。

（2）市场结构。对创业机会的市场结构进行相关分析：市场进入障碍，供货商、顾客、经销商的谈判力量，替代性产品的威胁和市场内部竞争的激烈程度，由此可知该企业在未来市场中的地位，以及可能遭遇竞争对手反击的程度。

（3）市场规模。市场规模大者，进入障碍相对较低，市场竞争激烈程度也会略为下降。若要进入的是一个十分成熟的市场，那么利润空间会很小，不值得再进入；若是一个成长中的市场，只要时机正确，必然会有获利的空间。

（4）市场渗透力。对于一个具有巨大市场潜力的创业机会，市场渗透力评估将会是非常重要的。应该知道选择在最佳的时机进入市场，也就是市场需求正要大幅增长之际。

（5）市场占有率。一般而言，成为市场的领导者，最少需要拥有百分之二十以上的市场占有率。若低于百分之五的市场占有率，则这个新企业的市场竞争力不高，自然也会影响未来企业上市的价值。

（6）产品的成本结构。从物料与人工成本所占比重的高低、变动成本与固定成本的比重以及经济规模产量大小，可以判断企业创造附加价值的幅度以及未来可能的获利空间。

2．效益评估准则

（1）合理的税后营业净利率。

一般而言，具有吸引力的创业机会，至少需要能够创造 15%以上的税后营业净利率。如果创业预期的税后营业净利率是在 5%之下，那么这就不是一个很好的投资机会。

（2）达到损益平衡所需的时间。合理的损益平衡时间应该在两年之内达到，如果三年还达不到，恐怕就不是一个值得投入的创业机会了。当然，有的创业机会确实需要经过比较长的耕耘时间，通过前期投入，创造进入障碍，保证后期的持续获利，这样的情况可将前期投入视为投资，才能容忍较长时间的损益平衡时间。

（3）投资回报率。考虑到创业面临的各种风险，合理的投资回报率应该在 25%以上，而 15%以下的投资回报率是不值得考虑的创业机会。

（4）资本需求量。资本需求量较低的创业机会，投资者一般会比较欢迎。资本额过高其实并不利于创业成功，甚至还会带来稀释投资回报率的负面效果。通常，知识越密集的创业机会，对资金的需求量越低，投资回报反而会越高。因此，在创业开始的时候，不要募集太多资金，最好通过盈余积累的方式来创造资本，而比较低的资本额将有利于提高每股盈余，并且还可以进一步提高未来上市的价格。

（5）毛利率。毛利率高的创业机会，相对风险较低，也比较容易取得损益平衡。反之，毛利率低的创业机会，风险则较高，遇到决策失误或市场产生较大变化的时候，企业很容易遭受损失。一般而言，理想的毛利率是 40%。当毛利率低于 20%的时候，这个创业机会就不值得考虑。软件业的毛利率通常都很高，所以只要能找到足够的业务量，从事软件创业在财务上遭受严重损失的风险相对会比较低。

（6）策略性价值。能否创造新企业在市场上的策略性价值，也是一项重要的评价指标。一般而言，策略性价值与产业网络规模、利益机制、竞争程度密切相关，而创业机会对于产业价值链所能创造的价值效果也与它所采取的经营策略和经营模式密切相关。

（7）资本市场活力。当新企业处于一个具有高度活力的资本市场时，它的获利回收机会相对也比较高。不过资本市场的变化幅度极大，在市场高点时投入，资金成本较低，筹资相对容易。但在资本市场低点时，投资新企业开发的诱因则较低，好的创业机会也相对较少。不过，对投资者而言，市场低点的成本较低，有的时候反而投资回报会更高。一般而言，新创企业在活跃的资本市场比较容易创造增值效果，因此资本市场活力也是一项可以被用来评价创业机会的外部环境指标。

（8）退出机制与策略。所有投资的目的都在于回收投资，因此退出机制与策略就成为一项评估创业机会的重要指标。企业的价值一般也要由具有客观鉴价能力的交易市场来决定，而这种交易机制的完善程度也会影响新企业退出机制的弹性。由于退出的难度普遍要高于进入，所以，一个具有吸引力的创业机会应该为所有投资者考虑退出机制以及退出的策略规划。

6.3.2 创业机会评价体系简化版

囿于蒂蒙斯创业机会评价体系的提出背景与局限，创业导师和创业者在实际进行创业机会评价时，通常会参考该指标体系，筛选出符合国情、行业特征与评价者特质的精简化的指标体系。

1．姜彦福的创业机会评价重要指标序列

创业机会评价的 10 项重要指标序列是清华大学姜彦福教授的实证研究成果，指标类别与具体指标如表 6-1 所示。创业导师可以运用姜彦福的评价体系进行打分，以保证评价结果的公正性。

表 6-1 姜彦福的创业机会评价重要指标序列

指 标 类 别	具 体 指 标
管理团队	创业者团队是一个优秀管理者的结合
竞争优势	拥有优秀的员工和管理团队
行业与市场	顾客愿意接受该产品或服务
致命缺陷	不存在任何致命缺陷
个人标准	创业者在承担压力的状态下心态良好
收获条件	机会带来的附加价值具有较高的战略意义
管理团队	行业和技术经验达到了本行业内的最高水平
经济因素	能获得持久的税后经营利润，税后经营利润率要超过 10%
竞争优势	固定成本和可变成本低
个人标准	个人目标与创业活动相符合

2．中创教育的大学生创业机会评价体系

中创教育通过大学生创业指导的实践研究，提出了一套简单易操作且效果比较好的评价体系，供创业导师作为课堂教学与咨询辅导的工具，如表 6-2 所示。

表 6-2 中创教育的大学生创业机会评价体系

指 标 类 别	具 体 指 标
致命缺陷	不存在任何致命缺陷
行业与市场	（1）顾客可以接受产品或服务，愿意为此付费 （2）市场容易识别，可以带来持续收入
管理团队	创业者团队是一个优秀管理者的结合
个人标准	个人目标与创业活动相符合
竞争优势	固定成本和可变成本低
战略性差异	在客户服务管理方面有先进的服务或运营理念
经济因素	（1）项目对资金的要求不是很大，能够获得融资 （2）能获得持久的税后经营利润，税后经营利润率要超过 10% （3）有良好的现金流，能占到销售额的 20%～30%甚至更多

创业者可以参考中创教育的创业机会评价体系，运用标准矩阵打分法，确认自己的创业项目优势，完善自己的创业规划。

6.3.3 创业机会评价的两种简便方法

蒂蒙斯创业机会评价体系只是一套评价标准，在进行创业机会评价实践时，还需要科学的步骤和专业的评价方法才能操作。下面介绍两种常用且易操作的评价方法。

1．标准矩阵打分法

标准打分矩阵，是指将创业机会评价体系的每个指标设定为 3 个打分标准，例如，最好得 3 分，好得 2 分，一般得 1 分，形成打分矩阵表。在打分后，求出每个指标的加权评价分。

这种方法简单易懂、易操作。该方法主要用于不同创业机会的对比评价，其量化结果可直接用于机会的优劣排序。只用于一个创业机会的评价时，则可采用多人打分后进行加权平均。加权平均分越高，说明该创业机会越可能成功。一般来说，高于 100 分的创业机会可进一步规划，低于 100 分的创业机会则需要考虑淘汰。

2．选择因素法

该方法可以看作是标准矩阵打分法的简化版。评价者通过对创业机会的认识和把握，按照蒂蒙斯创业机会评价体系的各项标准，看机会是否符合这些指标要求。如果统计符合指标数少于 30 个，说明该创业机会存在很大问题与风险；如果统计结果高于 30 个，则说明该创业机会比较有潜力，值得探索与尝试。应用该方法时需要注意一点，如果机会存在“致命缺陷”，需要一票否决。致命缺陷通常是指法律法规禁止、需要的关键技术不具备、创业者不具备匹配该创业机会的基本资源等方面的系统风险。该方法比较适合于创业者对创业机会进行自评。

【案例剖析】

【案例 6-2】雾霾背景下创业机会的评估

我国许多地方曾经深受空气污染困扰，雾霾频频爆发，随着雾霾天气的持续，“PM2.5”成为各大商家的促销热词，口罩、空气净化器大卖，室内健身火爆，清肺防霾医药走俏，躲霾游走红等。数据统计显示，京东一家电商平台一天的口罩销售量曾达到 300 万只。

由于普通大众对空气质量的重视程度越来越高，激发规模各异的中国企业纷纷推出防雾霾新产品。消费者已经不满足于口罩和空气净化器，他们开始把目光投向防雾霾的可穿戴设备。这给中国的创业公司带来了新商机。

雾霾不是短期内形成的，也不会在短期内消失。在彻底根治之前，全天下父母对雾霾天气下孩子健康的担忧是可想而知的。

三位爸爸也在 2014 年初开始为孩子的健康“谋划”着一些事情，但他们选择的是打造儿童专用净化器，让更多的孩子享受到干净的天气，而这款净化器的名字就叫作“三个爸爸”。

【分析思考】

三个爸爸搭乘移动互联网顺风车，精准定位用户，建立社群，用重度垂直的思维和用户进行深入沟通，并提炼出用户的关键痛点，作用于产品设计，从而打造出孩子专用的净化器。同时，三个爸爸利用互联网的方式做营销，用极少的营销成本，迅速建立口碑和品牌，并创造了中国第一个千万级众筹的纪录。

成功识别创业机会，对创业机会进行科学、理性、系统的评价是创业活动成功的起点和基础。创业导师如何评价创业者的项目选择方向是否正确、是否可行、有多大价值，是创业指导过程中经常遇到的专业问题。蒂蒙斯创业机会评价体系给我们提供了一套系统的评价框架和可量化的指标体系。这个工具可以帮助创业导师和创业者，科学深入地评价创业项目的可行性及其价值。

【交流探讨】

【探讨 6-3】眼镜市场势将风云再起

2020 年 9 月至 12 月，国家全面开展了近视专项调查，覆盖全国 8604 所学校，共筛查 247.7 万名学生。结果显示：2020 年，我国儿童青少年总体近视率为 52.7%，较 2019 年上升 2.5 个百分点，较 2018 年下降 0.9 个百分点；其中，6 岁儿童为 14.3%，小学生为 35.6%，初中生为 71.1%，高中生为 80.5%。有关报告显示，大学生近视率更是高达 90%。加之中国已经进入老龄化社会，目前全国 60 岁及以上人口为 2.64 亿人（第七次全国人口普查公报数据），90%以上的老年人需要佩戴老花镜。

仅在近视镜和老花镜这两块市场的商机就不可估量，再加上太阳眼镜、司机防护镜、计算机防辐射镜等各种功能眼镜也已越来越多地进入了人们的生活，市场前景堪称十分可观。但是，中国眼镜市场商业模式亟待创新，势必要给老百姓一个物美价廉的全新体验。

随着现代科技的发展，面对由大数据、物联网等所带来的人性化、智能化的行业变革，Google Glass、华为智能眼镜等高科技眼镜的出现更是让传统眼镜市场措手不及，应对无招。本来销售手段就相对单一的中国眼镜市场如再不进行革新和升级，真的是要在“前狼后虎”的夹缝中“喘息”了。

面对这一切，如要盘活中国眼镜市场，并非手足无措。目前的中国眼镜市场，谷歌眼镜 Google Glass 的“高大上”着实有点雷声大雨点小，高昂的价格让众多消费者“望镜兴叹”。因此，老百姓急需一款“接地气”的人人都消费得起的物美价廉的产品，既符合实际需求又能跟得上时代发展的潮流。

庞大的市场潜力，引来了大量外资。在传统和现代之间，我国眼镜市场势将风云再起。专家预测：具备现代化的研发理念、创新的商业模式、接地气的亲民价格等要素构成了中国眼镜市场发展的必备基本条件。创业者应如何把握这难得的创业良机呢？

【各抒己见】

风云再起的眼镜市场给了创业者难得的创业良机，参考蒂蒙斯创业机会评价体系的标准，运用标准打分矩阵对这一创业机会进行评价。

【实战训练】

【训练 6-2】运用创业机会评价体系进行创业机会评估

以下为大学生创业的推荐领域。

方向一：高科技领域

身处高新科技前沿阵地的大学生，在这一领域创业有着近水楼台先得月的优势，“易得方舟”“视美乐”等大学生创业企业的成功，就是得益于创业者的技术优势。但并非所有的大学生都适合在高科技领域创业，一般来说，技术功底深厚、学科成绩优秀的大学生才有成功的把握。有意在这一领域创业的大学生，可积极参加各类创业大赛，获得脱颖而出的机会，同时吸引风险投资。

推荐商机：电子商务、软件开发、网站开发、网络服务、手机游戏开发等。

方向二：智力服务领域

智力是大学生创业的资本，在智力服务领域创业，大学生往往游刃有余。例如，家教领域就非常适合大学生创业，一方面，这是大学生勤工俭学的传统渠道，积累了丰富的经验；另一方面，大学生能够充分利用高校教育资源，更容易赚到“第一桶金”。此类智力服务创业项目成本较低，一张桌子、一部电话就可开业。

推荐商机：家教、家教中介、设计工作室、翻译事务所等。

方向三：连锁加盟领域

统计数据显示，在相同的经营领域，个人创业的成功率低于20%，有的则高达80%。对创业资源十分有限的大学生来说，借助连锁加盟的品牌、技术、营销、设备优势，可以较少的投资、较低的门槛实现自主创业。但连锁加盟并非“零风险”，在市场鱼龙混杂的现状下，大学生涉世不深，在选择加盟项目时更应注意规避风险。一般来说，大学生创业者资金实力较弱，适合选择启动资金不多、人手配备要求不高的加盟项目，从小本经营开始为宜。此外，最好选择运营时间在5年以上、拥有10家以上加盟店的成熟品牌。

推荐商机：动漫店、快餐业、家政服务、校园小型超市、数码速印站等。

方向四：开店

大学生开店，一方面可充分利用高校的学生顾客资源；另一方面，由于熟悉同龄人的消费习惯，因此入门较为容易。正由于走“学生路线”，因此要靠价廉物美来吸引顾客。此外，由于大学生资金有限，不可能选择热闹地段的店面，因此推广工作尤为重要，需要经常在校园里张贴广告，或与社团联办活动，才能广为人知。

推荐商机：高校内部或周边地区的餐厅、早餐店、咖啡屋、美发屋、文具店、书店等。

方向五：技术创业

在校期间精通一门技术，可以让大学生很快融入社会。拥有一技之长，进可开店创业，退可打工积累资本。好酒不怕巷子深，所以有一技之长的大学生在开店创业的时候，可以避开热闹地段节省大量的门面租金，把更多的创业资金用到经营活动中去。

推荐商机：3D打印、电子产品维修、广告服务、机械产品加工等。

请选择感兴趣的推荐商机，运用中创教育的大学生创业机会评价体系进行创业机会评估。

6.4 分析客户需求

【学习领会】

6.4.1 客户群体的类型

站在利润的角度上来看，不同群体的客户都是企业的主要利润来源，他们是企业大力培养的对象，他们都是市场的基石。但是将客户有效地分类，然后进行不同的培养，能够对企业利润增长有巨大的帮助。

客户群体主要有以下四种类型。

1. 老客户、大客户

因为是老客户，他们对企业各个方面的运作非常了解，对企业在政策上面的“花招”非常精通，在他们面前，企业的一般性政策往往失效，激励他们比较难。有人和公司总部高层有多年私人密切关系，销售代表和他们沟通时往往处于劣势。一般来说，对他们，销售代表把政策一放到底。甚至有人会直接和总公司申请额外政策，还有人会受到总部某些人的特殊关照。

因为是大客户，企业的大销量要依靠他们，企业要他们忠诚，投入是少不了的。他们知道自己是大客户，对企业很重要，要政策也决不手软。综合以上观点来看，企业对这些经销商的投入很大，他们带来的销量也很大，管理得好，企业赚小钱，但他们可以帮企业摊成本和费用。

站在利润的角度上来看，企业要对这些经销商的数量进行控制，不能太多；对他们的规模也要进行控制，不能做得太大。

2. 新客户、大客户

他们是新客户，事先的市场开发需要花费厂家很多“银子”，前期沟通、培训的代价也不小，而销量能不能上去却是个未知数。又因为他们是所在区域的大客户，或有可能成为厂家的大客户，除非厂家是大品牌，否则往往是厂家求他们合作。这一个“新”一个“大”，就要今天花厂家流水一样的费用，来赌明天的成功合作。万一合作失败，万一他们与企业竞争对手合作，企业的底细已经被对方探到了，将来的市场运作将更加被动。这样的客户，前期企业一定赔钱，未来培养成老客户、大客户，企业也没有多少利润，但可以保证销量。

站在利润的角度上来看，这样的客户目前是吃钱的“黑洞”，今后做大也不会带来很大的利润，而合作的风险很大。所以一定要慎重，全面地考察，详细地计划，小心地防范，才可以合作。

3．新客户、小客户

一般来说，这样的小客户是自己找来要和企业合作的，企业处在主动选择的地位。企业要看他们的表现，政策不大可能一下放到底来全面扶持，而要表现给企业看。他们也知道，做出业绩才可以说话。因为是新客户，企业有可能先投入做市场，也可能让这些小客户投入做市场，这要看公司的市场政策，要看品牌影响力。一般来说，这样的客户，企业是初期合作赚小钱，起码不赔钱。万一合作失败，即便他投靠对手，在市场上也掀不起什么风浪来。

站在利润的角度上来看，这样的客户是企业未来利润的来源，目前要大胆开发，多多益善，可以多而选优。

4．老客户、小客户

一般来说，因为是老客户，所以对公司的产品、价格、政策、服务、品牌等都比较认同。很可能是公司一手扶持起来的，可能对公司有感激之情，比较忠诚。他们也知道自己做得小，没有什么谈判的筹码，不够享受最优政策的资格，对“公开的政策”也比较接受（一般来说，公开的政策是公平的，隐蔽的政策是有差别的）。销售代表在对他们的管理上，会充分利用手中的政策，牵引这些小客户，客户对销售代表也比较重视。企业对他们在销售和市场方面的投入相对来说比较小。但因为他们是小批量进货，他们总数又比较多，增加了配送等服务费用。综合来看，在这些客户身上，企业是赚钱的，虽然单个的利润不大，但是这样的客户在企业占多数，总利润不小。

6.4.2 消费者对市场的基本期望和要求

1．期望能在市场上买到称心如意、符合需要的商品

商品的花色、品种、规格、式样、数量、质量、包装等都要符合消费者心意，即能满足消费心理上的要求。

2．期望商品价格合理，同购买能力相适应

人们在生活上和心理上对物质资料的要求是无止境的，但要受购买力的限制。因此，每个消费者在市场上购买商品时，总是希望在有限制的收入范围内，花费最少的代价得到最大的满足感。

3．期望购买及时、方便

供应商品的时间、地点和方式方法适应自己的要求。

4．期望得到良好的市场服务

如良好的服务态度和服务质量、优美的购货环境、周到的售后服务等。

以上是消费者对市场的共同要求，也是他们购买商品的一般心理。据此，企业就应在商品的使用价值、价格，供货时间、地点、方式方法，以及各种服务工作等方面，做出基本的经营决策，以满足消费者的共同要求。但是，不同的消费者在不同时期、不同地点购买不同商品的具体要求又是千差万别的。因此，企业在经营活动中，除了要掌握消费者的一般心理要求之外，还要灵活地掌握不同消费者的特殊心理要求。

6.4.3　消费者需求的特征

消费者需求的特征如下。

1．多样性

由于各个消费者的收入水平、文化程度、职业、性别、年龄、民族和生活习惯的不同，自然会有各式各样的爱好和兴趣，对商品和服务的需要也是千差万别、丰富多彩的。例如，对穿着用品，每个人在品种、质量、花色、规格上的需要都不尽相同，对食物的需求也存在着习惯上的差异。这种不拘一格的要求，就是消费者需求的多样性。

2．发展性

随着工农业生产的发展和消费者收入水平的提高，人们对商品和服务的需要也在不断变化。未曾消费过的高档商品进入消费；过去消费少的高档耐用商品，现在大量消费；过去质量一般的商品，现在质量有所提高。一种需要满足了，又会产生新的需要。

3．伸缩性

消费者购买商品，在数量、品种等方面往往是随购买力的变化和商品价格的高低而转移的。例如，基本的日常生活必需品消费需求的弹性较小，人们对它们的需求是均衡而有一定限度的，不会因为货币收入增多而使需求急剧增加，或因销售价格降低而产生更多的需求。但是，像穿着用品和装饰品，以及中、高档商品和耐用消费品，选择性强，消费需求的伸缩性就比较大。一般地讲，随着货币收入的增多，购买量迅速增加，其需求也会明显增多。

4．层次性

人们的消费需要是有层次的，虽然各个层次很难截然分开，但在大体上还是有顺序的。一般地说，首先保证满足最基本的生活需要，然后再满足社会性需要、精神需要，即满足对“享受资料”“发展资料”的需要。

5．可诱导性

消费者需求是可以引导和调节的。通过工商企业的工作和影响，人们的消费需求可以变化和转移。潜在的欲望可以变为明显的购买行动，未来的消费需求可以成为现实的消费。例如，人们原来并没有准备很快购买某种商品，但由于产品的问世或广告宣传等影响，就会由不准备购买或不准备现在购买，而迅速演变为强烈的购买冲动。因此，工商企业不仅应当适应和满足人们的需求，而且还可以启发、诱导人们的消费需求。

6．联系性和代替性

消费者需求在某些商品上具有联系性，如消费者在购买皮鞋时，可能附带购买鞋油、鞋带、鞋刷等。经营有联系的商品，不仅会使消费者购买方便，还能扩大商品销售额。只要企业及时掌握市场发展趋势，就能更好地满足消费者的需要。

7．时代性

消费需求常受到时代精神、风尚、环境的影响。时代不同，消费的需求和爱好也会不同。例如，对科技书籍和文化用品的需要日益增多，这就是一种消费者需求的时代性。

6.4.4　青年消费者群体的消费心理特征

青年是指少年向中年过渡时期的人群，一般指 15 岁～35 岁的人。

1．青年消费者群体的特点

（1）青年消费者群体人数多，是一支庞大的消费群体。

（2）青年消费者具有巨大的购买潜力。青年消费者已具备独立购买商品的能力，具有较强的自主意识。尤其是参加了工作以后有了经济收入的青年消费者，由于没有过多的负担，独立性更强，购买力也较高。

（3）青年消费者群体的购买行为具有扩散性，对其他各类消费者都会产生深刻的影响。他们的购买意愿大多为家庭所尊重，年轻父母独特的消费观念和消费方式影响下一代的消费行为，且对他们的长辈也会产生极大的影响。

2. 青年消费者群体的消费心理特征

（1）追求时尚、表现个性。青年人思维活跃，富于幻想，勇于创新，渴求新知，追求新潮，积极向上。这些心理特征反映在消费心理方面即追求新颖与时尚，力图站在时代前列，领导消费新潮流，体现时代特征。他们总是对新产品有极大的兴趣，喜欢更换品牌体验不同的感受。青年消费者往往是新产品或新消费方式的尝试者、追求者和推广者。

（2）突出个性、表现自我。处于青春时期的消费者自我意识逐渐增强。他们追求个性独立，希望形成完善的自我形象。反映在消费心理方面就是愿意表现自我个性与追求，非常喜欢个性化的商品，有时还往往把所购买的商品同自己的理想、职业/爱好和时代特性甚至自己所崇拜的明星和名人等联系在一起，并力求在消费活动中充分表现自我。

（3）追求实用、表现成熟。青年消费者的消费倾向从不稳定向稳定过渡，因而在追求时尚、表现个性的同时，也注重商品的实用性和科学性，要求商品使用经济、货真价实。由于青年人大多具有一定的文化水准，接触信息比较多，因而在选择的过程中盲目性较少，购买动机及购买行为表现出一定的成熟性。

（4）注重感情、冲动性强。青年消费者处于少年到成年的过渡阶段，思想倾向、志趣爱好等还不完全稳定，行动易受感情支配。上述特征反映在消费活动中，表现为青年消费者易受客观环境的影响，感情变化剧烈，经常发生冲动性购买行为。同时，直观选择商品的习惯使他们往往忽略了综合性选择的必要，款式、颜色、形状和价格等因素都能单独成为青年消费者的购买理由，这也是冲动性购买的一种表现。

6.4.5 大学生的消费心理特征

大学生消费内容表明，他们追求现实、重视自我，要求个人和社会并重，并呈现出如下特点：

1. 讲究实用性

从相关统计数据来看，大学生认同率最高的三个选项是知识、事业和健康，其次是友谊、爱情、家庭和金钱，而后才是理想、权力、地位和名誉。大学生的基本生活消费、学习消费、休闲及娱乐消费、人际交往消费，都带有浓厚的实用色彩。大学生对实用技术类书籍、文学类书籍、娱乐消遣类报刊的选择率较高，而对科普读物、人文社科类理论书籍的选择率较低。

2. 崇尚个性化

大学生消费个性化的表现是当代青年表现出的时尚化和风格化，表明青年大学生心理的成熟和独立意识的增强。大学生对个性和自我的刻意追求与表现，反映出当前新知识的爆炸式增长、新技术的迅速推广和新的信息传播媒介对大学生的影响。例如，智能手机、笔记本电脑、平板电脑等物品已成为当今大学生的必备之物，他们作为一个特殊的消费群体，有着自己独有的消费现象和观念。

3. 追求前卫性

大学生消费“前卫”的特征主要表现为三个方面：一是追求品牌，崇尚权威；二是追求新颖、时尚；三是理性消费。

大学生正处于追求个性发展，自我意识增强，乐于接受新鲜事物的年龄阶段。对于品牌商品，青年大学生不太注重产品的功能，而是追求品牌商品的文化价值，更多地倾向于心理感受，而不是从直观上判断某种商品的优劣。品牌代表“质量”、“价格”以及“文化”的权威性，以显示自己的身份、地位，增强自信心和自豪感。同时，大学生的消费心理更趋理性化。例如，大学生在购买像计算机这样昂贵的商品时，往往表现出购买前的冷静，大部分大学生要查阅价格、性能等有关资料后再决定是否购买。

4．注重差异性

来自贫困家庭的大学生的消费水平较低，有些人甚至连基本生活费都难以保障，心理承受着经济困难的巨大压力，不少人因此产生自卑心理。同时，社会上的高消费现象已波及高等院校，有些家庭条件好的大学生倡导高消费和超前消费，他们的虚荣心态和炫耀行为造成了一种示范效应，导致校园平均消费水平水涨船高，同校特别是同专业、同班、同宿舍同学间消费水平表现出明显反差。

【案例剖析】

【案例 6-3】胡润富豪榜顺势而生

胡润，1970 年出生于卢森堡，曾就读于英国杜伦大学，专业学的是中文。1990 年他到中国留学，后来就留在安达信会计师事务所上海分部工作，成为一名会计师。但是，胡润遇到了一件麻烦事，每次休假回到英国，大家都会很好奇地问他，中国什么样？这个问题看似简单，不过还真是难以回答，关键是没有标准。偌大一个中国，五千年历史，十三亿多人口，给你说什么呢？胡润为了这件事特别烦恼，一个在中国留学的人，连这个“简单的”问题都回答不了，白在中国上学了。每次回国，胡润都要受这种刺激。1999 年，正值中华人民共和国成立 50 周年，给你介绍 50 个中国特别成功的人，不就可以让你知道新中国成立 50 年来的变化吗？基于这样的想法，胡润后来推出了胡润富豪榜。

【分析思考】

客户是企业最宝贵的资源，其他所有企业资源存在的意义就在于满足客户的需求，否则将失去存在的价值。因此，满足客户需求是企业生存的唯一目的，利润只是在满足客户需求过程中的结果；社会责任也只能在满足客户需求并创造了利润后才能实现。所以，满足客户需求是在市场经济条件下，企业生存发展的永恒主题。

（1）满足客户对产品的需求。一是满足客户对产品质量的需求，要保证产品的安全和健康。二是满足客户对产品数量的需求，要保证按时按计划供给。三是满足客户对产品个性化的需求，要保证产品的特色。四是满足客户对产品造型的需求，尤其是高档产品，不但是卖质量，而且是卖品相、卖造型，高档产品的高价格在一定意义上讲主要体现在产品造型的要求上。

（2）满足客户对服务的需求。随着生活水平的提高，人们不仅要购买产品，而且要购买服务；人们在满足生理需求的同时，也要满足心理上的需求。优质服务往往比优质产品更使客户的心理得到满足。因此，营销人员对客户要微笑服务、有求必应、热情主动，帮助客户解决实际问题，用真情和温情打动客户的心，以提高客户的满意度和忠诚度。

（3）满足客户对价值的需求。我们一般比较重视满足客户对产品和服务的需求，而忽视客户对价值的需求，即对产品价格的需求。其实，我们应该清醒地认识到，之所以研究客户和消费者的需求心理，为客户和消费者提供满意的产品和服务，归根到底是为了让客户和消费者接受我们对产品所制定的价格。如果客户和消费者不接受我们产品的价格，在为满足客户对产品和服务的需求上所做出的努力都将付之东流、失去意义。所以，我们制定产品价格一定要以满足客户价值需求为准绳，一定要使客户感到我们所提供产品的价格是物有所值的。因为，客户最根本的心理就是能使自己的消费物有所值。

【交流探讨】

【探讨 6-4】用社区思维打造一个会沟通的女性品牌

据报道，范小米和她的团队大概用了 8 个月的时间，通过卖化妆品赚了三千多万元。这个过程，她的团队从刚起步不到 10 个人发展到快 60 人，而她们的社区平台粉丝量已达 120 万。

范小米这个团队里面，几乎没有人有传统属性。她们的特点是不以产品为导向，而是以人为导向，通过“社区思维”来圈住用户，进而植入产品。以下来自创始人自述。

以价值观来提炼用户，用强相互社交沉淀粉丝

通过做社区，我有我的目标人群，假定她们是 18 岁到 30 岁这个区间，然后定位她们是高端或者是中高端的客户。我通过“圈养”这些女性来进行转化，也就是说我不是以产品为导向，而是以人为导向的。我认为，我让她们有了我的群体之后，我可以植入任何的产品，化妆品也好，我可以植入任何类型的东西。

我首先提炼用户，这个用户并不一定要求她是 80 后或者 90 后，当然我们比较偏向 80 后、90 后，这和我们的特点以及产品的特点有关。提炼用户是以我们的价值观为导向的，我们所传递的一定是对品牌的一种迷恋，对女性生活解放的向往和时尚女性的一种生活方式。

媒体思维做产品，颠覆传统做营销

我们注重做内容，这和传统的公司设置不一样。传统公司可能比较注重组织架构，一些行政部门，包括 HR，这些我们都没有。我们所有的东西都是围绕做内容而生的。因为我们是要“圈养”住我们社区里的人，所以我们的设计团队很强，这也是我们最重要的一块，包括平面设计师、UI 设计师、开发师、段子手、文案企划等。我们团队在做内容还有传播内容、网络推广方面非常擅长，这也是我们有竞争力的一个方面。另外我们有信息攫取部门、信息转化部门，从陌生人变成粉丝，粉丝变成顾客，从顾客变成代理，我们只需要几个步骤，我已经把这个步骤无限地放大，不是我一个人在做项目，我们能够打造 100 个甚至 1000 个外项目，这就是互联网的去中心化。

产品的研发是以倒推的方式进行的。范小米自主研发的自营品牌，研发团队有上海等地的，也有和境外包括瑞士、日本的研发团队进行合作的。我们跟传统是不一样的，传统是先出产品再投放市场，我们是先看市场再投放产品，先让我们的粉丝人群去试用然后做决定，当然我们可以设计产品导向。

因为我不是传统的，所以没有刻意去寻求怎么将传统转型，甚至没有去考虑传统是怎样的，应该怎么去变，然后怎么互联网思维。我和我的团队本身就是在互联网成长起来的，不存在一个很痛苦的转型。所以我们一开始做的时候，是个很自然而然的过程。

我们是有自媒体属性的，自媒体本身就是我们的强项，我们注重做内容，并不总是做产品，我们是用媒体思维做产品。因为现在找流量很方便，所有的东西都是透明的，这些小流量聚集起来其实是很简单的，重点是你怎么把这个流量沉淀下来。其实，方法也很简单，但是你得有不同，你的每一次内容的迭代，每一个不同的互动，都是一个变现。也就是说你要明白自己想抓住的精准的用户是哪类人群。在了解这些人的特征以后，所有的一切都是围绕她生活的方方面面形成的，不是单纯为了切入产品而切入产品，而是先切入她的生活，“占有”了她整个生活的方方面面之后，再往里面植入东西，植入产品，化妆品也好甚至更多的东西。

总的来说，范小米是通过强相互社交解决客户体验和信任的问题，用优质内容打造平台和社区，以颠覆性的营销思维强化用户黏度和复购率。而在商业模式和盈利模式这一块，范小米想做的是通过人与闲置空间加上电商平台的互动，从而打造一个互联网物流。

【各抒己见】

本案例销售的产品满足了哪些客户群体的哪些消费需求？是通过什么方式了解与满足消费需

求的？哪些方面值得广大创业者学习和借鉴？

【实战训练】

【训练 6-3】满足客户个性化的需求

随着拥有汽车的族群越来越年轻化，特别是女性车主特别青睐有个性的车贴，如何美化装饰自己的个性爱车已成为当前有车一族的热门话题。车贴就是一种最为直观、醒目、实惠的车身外部装饰方式。分析特色车贴满足了客户的哪些需求？

目前人们所饮用的水以酸性为主，导致人们体内酸碱不平衡，营养成分缺失严重。市场中各种相关健康水产品存在一定的不足，如矿泉水，虽然可以补充人体所缺的各种矿物元素，但是由于水分子团（即水分子簇）比较大，不易被人体吸收；纯净水，虽然能够调节人体内的酸碱平衡，但是缺少各种微量元素。如何使普通自来水优化，弥补现有产品的不足，满足大众化的健康需求？

6.5　选择创业项目

“创业做什么好？”创业前，应该有不少创业者因为寻找创业项目的问题而苦恼、纠结。但其实选择创业项目并不难，一看社会的发展方向，二看人们的具体需求，从这两点着手，从中选出一个自己感兴趣或者在某方面有优势的项目就行了。

【学习领会】

6.5.1　选择创业项目的原则

很多创业者选择创业项目都不知如何入手，从而盲目选择创业项目，导致创业失败。那么到底如何正确选择创业项目呢？选择创业项目有哪些原则呢？

1．因时而动

正确选择创业项目要看两个时间段的市场行情：看当前的市场需求、市场空白和市场上畅销的产品；看行业今后长远的发展前景，是否符合国家产业政策，是否适应人们的消费发展趋势。选择当前畅销的产品项目，要注意冷静分析，弄清畅销的真正原因。

想要开创自己的一番事业，就必须先知道国家目前在扶持鼓励哪些行业发展，哪些行业是允许创业的，哪些是有限制的。创业者选择国家政策扶持鼓励的行业，对于日后企业发展将起到不可估量的作用。

2．因需而动

不少创业者只是认为，办企业、办公司就是为了赚钱，哪些行业热火、哪些赚钱就做哪个，其实这种想法是不对的。创业必须树立一个“企业为解决客户需求而存在”的观点，才能确保企业长盛不衰。创业项目的选择是以市场为导向的，投资什么项目不是凭空想象出来的，必须从社会需求出发。要想知道社会需求，就必须做调查研究，特别是第一次创业者就必须对市场做出详细的调研报告。

3．因人而异

市场就好比一个汪洋大海，创业老前辈都将创业称为下海，创业者好比沧海一粟。但是每个人都有自己的长处和优势，当你对某一行业、某一领域感到熟悉，又在技术上有所专长时，这就是自己的行业长处之一了。切记：能充分发挥自己的长处和优势，选择自己有兴趣熟悉的行业，创业就成功一半了。

一般所说的好的创业项目，是说目前市场行情总体看好，大部分从业人员有利可图。但产业市场行情看好的，也不见得人人都能发展。再好的项目，如果不适合自己，也有可能亏损。反之，大家都认为行情不好、不愿意去投资的冷门产业，如果自己有优势，也可以尝试。

6.5.2 选择投资项目的路径

按照以下四个步骤来确定选择投资项目路径：

1．排除一大片，知道什么事情是不可以做的

说有个地方有 100 户人家，每家有 1 元钱；你有很大的本事，把这个地方所有人家的所有的钱都赚来了——100 元。还有个地方有 100 户人家，每家有 10000 元；你本事不大，只能把这个地方 1/10 人家的 1/10 的钱赚来——10000 元。

2．画出一个圈，知道哪些事情是能长期做的

把社会恒久需要的、已初露端倪的大趋势画进来，圈子里的事才具有发展的空间与时间。空间意味着有发展的广阔天地，时间意味着可以长期地做下去。以趋势为例，任何一种趋势都是一个长长的链条，环环相扣。只要能够抓住其中的一个环节，项目的前景便大体确定了。例如，由环境保护引发江河治理，导致中小造纸厂关闭，产生纸制品的供求不平衡，腾出了一块市场。如果用再生纸去添补，会怎么样呢？

3．列出一个序，把可能做的事情排列起来

回头看看过去的 20 年中，做强、做长的企业都立足于哪些行业，很大程度上能够证实行业与发展的联系，如房地产、医药、保健品、证券市场、建材、装修、交通、教育、通信等。那么，先将大的范围圈定，再选出若干项。

4．切入一个点，把想法变成做法

成就事业的公认法则是集中和持续，让生命之火在一点上持续地燃烧，不发光才是奇怪的事。在已经缩小的范围内，可做的事仍然很多，该是把眼睛转向自己的时候了。这时，比较优势的道理是有用的——认真地审视自己的强项、优势、兴趣何在，可能同时有几个，与他人比较哪个优势是最有利的。这时，机会成本的概念也是有用的——同样多的时间，同样的付出，哪个能力所对应的事业会有更大的前景收益，比较中优势会凸显出来，与自己比较选出最强的。项目选择固然重要，但还需要记住：再好的项目也要靠创造性的艰苦努力。结果由过程决定，过程由细节决定。人生的成败，主要源于选择。展示自我、张扬个性、发扬特色是选择的出发点。学会放弃是一种明智的选择。放弃该放弃的是明智，不放弃该放弃的是无知，放弃不该放弃的是愚蠢，不放弃不该放弃的是执着。如果你选择财富，你就去做商人；如果你选择科学研究，你就去做科学家；如果你选择打工一族，你就永远不会当上老板。这就是选择。人生的命运，都是自己选择的结果。运用好选择的力量，做自己命运的船长、灵魂的舵手。

【案例剖析】

【案例 6-4】满足个性化需求的创业项目选择

随着生活水平的提高，人们在吃穿用方面基本都已得到了满足，这时，彰显个性就成为当下的市场主流。例如，很多人尤其是女性都不希望在街上碰到有人和自己穿一样的衣服、拿一样的包包。买手机的时候，都不愿意选择人人都用的“街机”，还得给自己买一个好看的“外套”。因此，人们对个性化的不断追求，也就促成了当下一个巨大的商机。

时下的很多行业，因为竞争的加剧，盈利空间都在不断缩小，老老实实做传统零售的空间已十分有限。一些聪明的商家便开始不断追求个性化，从万千商家中脱颖而出，吸引消费者挑剔的眼光，在减少竞争的同时开拓发展空间。

那么，创业者应该如何做到个性化呢？或者说，有哪些行业是符合个性化市场需求的呢？这里将个性化概念分为两种说明。

一种是商品的个性化，抓住消费者标榜时尚个性的需求，提供独一无二的个性化商品或服务。比如手机美容，汽车美容等，根据顾客的需求，让他们的手机或爱车充满个性；又比如DIY产品，如DIY巧克力、DIY植物等，将传统巧克力或植物经过DIY变成个性化商品；另外，还有如个性名片，为个性化商品提供必要技术支持的行业，也同样是符合个性化市场需求的商机。

另一种则是店铺个性化。比如强调咖啡文化的星巴克，通过一种文化理念博得消费者认同，彰显个性。

【分析思考】

个性化需求是建立在市场基础之上的，虽然与众不同，但不代表创业者个人标新立异的需求，需要创业者把握好个性与实用性之间的尺度。同时，由于个性化产品的流行时限不长，就要求创业者在进货、销售的时候，都要随时保持其独特性。

未来对生活的追求将是从生存型走向所谓的享受和发展型，品质、体验、服务、个性化这些关键词在各个场合、在各自企业实践中都能感受到。在这样几个词所构建的趋势下，要注意用户正在发生什么样的变化。工业社会，基本上是卖方市场，能够买到满足你基本生活的产品已经非常幸运了。信息时代，更多的是消费者在买一些消费品，买一些供需之外的服务。今天的用户变成了创造者，在购买你的产品时，若这种产品中没有其思想、价值主张，用户可能是不会购买的。

互联网时代，用户逐渐年轻化，80后、90后、00后已成为互联网主力消费人群。如何把握用户特性，满足他们个性化的需求？

【交流探讨】

【探讨6-5】运用孙正义选择项目的标准选择创业项目

孙正义是日本软银公司的创始人，也是互联网产业的超级投资人，孙正义年轻时的创业道路居然是一条可以复制的创业道路。

孙正义在美国上大学的时候，为了获得创业的第一桶金，他想出了一套构思发明、研发专利、销售专利的赚钱方法。于是，他每天固定花一定的时间，构思发明的设想，用了大约一年的时间，积累了200多个发明的点子，最后选定一个“会发音的多国语言翻译机”的发明方案。然而一没钱、二没技术，孙正义又想出一个办法：对一系列的教授进行推销说服，说服他们接受先进行研制，然后等卖出专利拿到专利费后才支付报酬的方案。终于有一个教授同意了他的方案。接着，经过几个月的共同奋战，研制出专利样品。最后，孙正义回到日本，向许多企业推销，经过艰苦努力，终于将专利卖给了夏普公司，并且卖了1亿日元，挣到了人生的第一桶金。

大学毕业后，在如何选择自己事业方向的问题上，孙正义又想出了一套办法。

首先，设定若干项事业选择标准，如行业前景、是否创新、入行门槛、竞争情况、个人兴趣等。其次，再把自己认为有前途的几十个领域或相关项目找出来，并对这些项目做长达一年的认真的市场调查和经营计划。在调查研究的基础上，他写出了几尺厚的资料，根据选择标准，最终选择了最符合条件的“软件流通事业”（即软件批发业），而后全力以赴地投入此行业。

【各抒己见】

运用孙正义选择项目的标准，从以下列举的项目方向中选择5个项目，并进行调查研究，最终确定拟创业的项目。

（1）指甲美容店；（2）绿色干洗店；（3）男士饰品店；（4）清洁洗涤店；（5）个性车贴店；（6）礼品代理店；（7）花泥画廊；（8）鲜花食庄；（9）特色伞店；（10）新奇特玩具店；（11）宠物写真馆；（12）个性纪念品店；（13）社区小厨房；（14）鲜亮啤酒屋；（15）家庭小菜园。

【实战训练】

【训练 6-4】选择拟创业项目与 SWOT 分析

如今，越来越多大学生毕业后选择直接创业，或者在校期间就开始创业实践。不论你的具体情况如何，如果你要创业，首先要选择好创业项目。以下项目方向为大学生创业通常考虑的项目意向：

（1）选择个人有兴趣或擅长或从事的人员少的项目。

（2）选择市场消耗比较频繁或购买频率比较高的项目。

（3）选择投资成本较低的项目。

（4）选择风险较小的项目。

（5）选择客户认知度较高的项目。

（6）可先选择网络创业（免费开店），后进入实体创业项目。

（7）选择民生行业进行创业。

（8）选择教育行业进行创业。

（9）选择加盟项目。

（10）选择新兴行业。

（11）选择可以在家里创业的项目。

（12）选择没有在市场上出现的商机，或者是在你的生活范围内没有大面积覆盖的商业。

请结合以上项目意向，从以下列举的项目方向中选择 6 个拟创业的项目。

（1）教育培训；（2）餐饮服务；（3）DIY 创意；（4）推销服务；（5）设点摆摊；（6）图文设计；（7）网店微店；（8）加盟连锁；（9）中介服务；（10）咨询服务；（11）化妆护理；（12）瘦身减肥；（13）特色便利店；（14）婴幼儿用品专卖；（15）服饰专卖。

最后综合考虑各方面因素确定一个拟创业项目，并运用 SWOT 分析法，对拟创业项目进行分析，找出优势、劣势，其中 S 代表 Strengths（优势）、W 代表 Weaknesses（劣势）、O 代表 Opportunities（机会）、T 代表 Threats（威胁）。将表 6-3 填写完整。

表 6-3 拟创业项目的 SWOT 分析

<table>
<tr><td rowspan="2">内部条件（自身条件）</td><td>内部自身优势（S）</td><td>内部自身劣势（W）</td></tr>
<tr><td></td><td></td></tr>
<tr><td rowspan="2">外部环境（社会因素）</td><td>社会环境机会（O）</td><td>社会环境威胁（T）</td></tr>
<tr><td></td><td></td></tr>
</table>

模块 7　打造创业团队

无论多优秀的个体，都必须与合适的团队相融合，才能发挥最大价值。如果没有共同的方向，没有共识，不懂协同，无论多少个优秀的个体，都不会成就一支强有力的团队，也绝不会有成大事的机会。

今天的职场，无论你从事什么工作、处于什么环境，都无法脱离其他人对你的支持，靠个人单打独斗已经很难赢得胜利，只有通过团队的力量才能提升自我的竞争力。可以说，随着竞争的日趋激烈，团队精神已经越来越为企业和个人所重视，因为这是一个团队的时代。

【知识梳理】

7.1　认知创业团队

7.1.1　团队与创业团队的含义

不同的学者从不同的角度界定了团队（Team）的定义。

路易斯（Lewis，1993）认为，团队由一群相互认同并致力于达成共同目标的人所组成，这一群人相处愉快并乐于工作在一起，共同为达成高品质的结果而努力。在这个定义中，路易斯强调了三个重点：共同目标、工作相处愉快和高品质的结果。

盖兹贝克和史密斯（Katezenbach and Smith，1993）认为，一个团队由少数具有“技能互补”的人所组成，他们认同于一个共同目标和一个能使他们彼此担负责任的程序。盖兹贝克和史密斯也提到了共同目标，并提到了成员“技能互补”和分担责任的观点，同时还指出团队是个少数人的集合，保证相互交流的障碍较少，比较容易达成一致，也比较容易形成凝聚力、忠诚感和相互信赖感。但是，团队必定以达到一个既定结果为最终目标，共同的目标是团队区别于群体的重要特征。

因此，团队可以定义为由少数具有技能互补的人组成，他们认同于一个共同目标和一个能使他们彼此担负责任的程序，并相处愉快，乐于一起工作，共同为达成高品质的结果而努力。团队就是合理利用每一个成员的知识和技能协同工作、解决问题、达到共同目标的共同体。

创业团队是由一群具有技能互补、责任共担的创业者组成，他们为了实现共同的创业目标和一个能使他们彼此担负责任的程序，共同为达成高品质的结果而努力的共同体。

创业团队是两个或两个以上具有一定利益关系的、拥有所创建企业所有权或处于高层主管位置，并共同承担创建和领导新企业责任的人所组成的工作群体。

7.1.2　创业团队的组成要素

创业团队一般具备 5 个重要的团队组成要素，称为 5P。

1．目标（Purpose）

创业团队应该有一个既定的共同目标，为团队成员导航，知道要向何处去，没有目标这个团队就没有存在的价值。目标在创业企业的管理中以创业企业的愿景、战略的形式体现。

2．人（People）

人是构成创业团队最核心的力量。三个及三个以上的人就形成一个群体，当群体有共同奋斗的目标就形成了团队。在一个创业团队中，人力资源是所有创业资源中最活跃、最重要的资源。应充分调动创业者的各种资源和能力，将人力资源进一步转化为人力资本。

目标是通过人员来实现的，所以人员的选择是创业团队中非常重要的一个部分。在一个团队中可能需要有人出主意，有人订计划，有人实施，有人协调不同的人一起去工作，还有人去监督创业团队工作的进展、评价创业团队最终的贡献，不同的人通过分工来共同完成创业团队的目标。在人员选择方面要考虑人员的能力如何，技能是否互补，人员的经验如何等。

3．创业团队的定位（Place）

创业团队的定位包含两层意思：

（1）创业团队的定位。创业团队在企业中处于什么位置，由谁选择和决定团队的成员，创业团队最终应对谁负责，创业团队采取什么方式激励下属。

（2）个体（创业者）的定位。作为成员在创业团队中扮演什么角色，是制订计划还是具体实施或评估。是大家共同出资，委派某个人参与管理；还是大家共同出资，共同参与管理；或是共同出资，聘请第三方（职业经理人）管理。这体现在创业实体的组织形式上，是合伙企业或是公司制企业。

4．权限（Power）

创业团队当中领导人的权力大小与其团队的发展阶段和创业实体所在行业相关。一般来说，创业团队越成熟，领导者所拥有的权力相应越小。在创业团队发展的初期阶段，领导权相对比较集中。

5．计划（Plan）

计划有两层含义：目标最终的实现，需要一系列具体的行动方案，可以把计划理解为达到目标的具体工作程序；按计划进行可以保证创业团队的工作进度。只有在计划的操作下，创业团队才会一步一步地接近目标，从而最终实现目标。

7.1.3 创业团队的类型

从不同的角度、层次和结构，可以将创业团队划分为不同类型。而依据创业团队的组成者来划分，创业团队大体上可以分为三种：星状创业团队（Star Team）、网状创业团队（Mesh Team）和从网状创业团队中演化来的虚拟星状创业团队（Virtual Star Team）。这和网络拓扑结构极其相似。

1．星状创业团队

星状创业团队也称为核心主导创业团队，一般在团队中有一个核心主导人物（Core Leader），充当了领军的角色。这种团队在形成之前，一般是核心主导人物有了创业的想法，然后根据自己的设想进行创业团队的组织。因此，在团队形成之前，核心主导人物已经就团队组成进行过仔细思考，根据自己的想法选择相应人物加入团队，团队的其他成员在企业中更多时候是支持者角色（Supporter）。

这种创业团队有几个明显的特点：

（1）组织结构紧密，向心力强，主导人物在组织中的行为对其他个体影响巨大。

（2）决策程序相对简单，组织效率较高。

（3）容易形成权力过分集中的局面，从而使决策失误的风险加大。

（4）当其他团队成员和主导人物发生冲突时，因为核心主导人物的特殊权威，使其他团队成员在冲突发生时往往处于被动地位，在冲突较严重时，一般都会选择离开团队，因而对组织的影响较大。

2．网状创业团队

网状创业团队也称为群体性创业团队。这种创业团队的成员主要来自因为经验、友谊和共同兴趣的关系而结缘的伙伴。一般都是在交往过程中，共同认可某一创业想法，并就创业达成了共识以后，开始共同进行创业。在创业团队组成时，没有明确的核心人物，大家根据各自的特点进行自发的组织角色定位。因此，在企业初创时期，各位成员基本上扮演的协作者或者伙伴角色（Partner）。

这种创业团队有几个明显的特点：

（1）团队没有明显的核心，整体结构较为松散。

（2）组织决策时，一般采取集体决策的方式，通过大量的沟通和讨论达成一致意见，因此组织的决策效率相对较低。

（3）由于团队成员在团队中的地位相似，因此容易在组织中形成多头领导的局面。

（4）当团队成员之间发生冲突时，一般都采取平等协商、积极解决的态度消除冲突。团队成员不会轻易离开。但是一旦团队成员间的冲突升级，使某些团队成员撤出团队，就容易导致整个团队的涣散。

3．虚拟星状创业团队

虚拟星状创业团队是由网状创业团队演化而来，基本上是前两种的中间形态。在团队中，有一个核心成员，但是该核心成员地位的确立是团队成员协商的结果，因此核心人物某种意义上说是整个团队的代言人，而不是主导型人物，其在团队中的行为必须充分考虑其他团队成员的意见，不像星状创业团队中的核心主导人物那样有权威。

7.1.4 创业团队的互补

1．创业团队互补的含义

创业团队的互补是指由于创业者知识、能力、心理等特征以及教育、家庭环境方面的差异，对创业活动产生的不利影响，通过组建创业团队来发挥各个创业者的优势，弥补彼此的不足，从而形成一个知识、能力、性格、人际关系资源等方面全面具备的优秀创业团队。

2．建立优势互补的创业团队

从人力资源管理的角度来看，建立优势互补的创业团队是保持创业团队稳定的关键。研究表明，大多数创业团队组成时，并不是考虑到成员专业能力的多样性，大多是因为有相同的技术能力或兴趣，至于管理、营销、财务等能力则较为缺乏。因此，要使创业团队能够发挥其最大的能量，在创建一个团队的时候，不仅要考虑相互之间的关系，最重要的是考虑成员之间的能力或技术上的互补性，包括功能性专长、管理风格、决策风格、经验、性格、个性、能力、技术以及未来的价值分配模式等特点的互补，以此来达到团队的平衡。太阳微系统公司（SUN 公司，已被甲骨文收购）就是一个非常值得借鉴的例子，创业初期维诺德·科斯拉找来的三个人分别是软件专家、硬件专家和管理专家。太阳微系统公司的创业团队非常稳定，稳定的团队为其带来了稳定的发展。

创业团队是由很多成员组成的，那么这些成员在团队里究竟扮演什么角色？对团队完成既定的任务起什么作用？团队缺少什么样的角色？拟聘人员擅长什么、欠缺什么？什么样的人与团队现有成员的个人能力和经验是互补的？这些都是必须首先界定清楚的。这样，我们就可以利用角色理论挑选和配置成员，所挑选出的成员才能做到优势互补、用人之长。因为创业的成功不仅是自身资源的合理配置，更是各种资源调动、聚集、整合的过程。

3．创业团队中不同角色的贡献

不同角色在团队中发挥着不同作用，因此，团队中不能缺少任何角色。一个创业团队要想紧密团结在一起，共同奋斗，努力实现团队的愿景和目标，各种角色的人才都不能或缺。

创业团队中不同角色的贡献如下。

（1）创新者提出观点。没有创新者，思维就会受到局限，点子就会匮乏。创新是创业团队生产、发展的源泉。企业不仅开发需要创新，管理也需要创新。

（2）实干者运筹计划。没有实干者的团队会显得比较乱，因为实干者的计划性很强。“千里之行始于足下”，有了好的创意还需要靠实际行动去实践。而且实干者在企业人力资源中应该占较大的比例，他们是企业发展的基石。没有执行就没有竞争力。只有通过实干者的踏实努力的工作，美好的愿景才会变成现实，团队的目标才能实现。

（3）凝聚者润滑调节各种关系。缺少凝聚者的团队，人际关系会比较紧张，冲突的情形会更多一些，团队目标完成将受到很大的冲击，团队的寿命也将缩短。

（4）信息者提供支持的“武器”。没有信息者的团队会比较封闭，因为不知道外界发生了什么事。当今社会，信息是企业发展必备的重要资源之一。世界是开放的系统，创业团队要在社会中生存和发展，没有外界的信息交流，企业就成了一个自给自足的封闭小团体。而且，当代创业团队的成功更需要正确的、及时的信息。

（5）协调者协调各方利益和关系。没有协调者的团队领导力会削弱，因为协调者除了要有权力性的领导力以外，更要有一种个性的号召力来帮助领导树立个人影响力。从某个角度说，管理就是协调。各种背景的创业者凝聚在一起，经常会出现各种分歧和争执，这就需要协调者来调节。

（6）推进者促进决策的实施。没有推进者效率就不高，推进者是创业团队进一步发展的“助推器”。

（7）监督者监督决策实施的过程。没有监督者的团队会大起大落，做得好就“大起”，做得不好也没有人去挑刺，这样就会“大落”。监督者是创业团队健康成长的鞭策者。

（8）完美者注重细节，强调高标准。缺少完美者的团队，线条会显得比较粗，因为完美者更注重品质、标准。但在创业初期，不能过于追求完美；在企业的逐渐成长过程中，完美者要迅速地发挥作用，弥补企业中的缺陷，为做大做强企业打下坚实的基础。现代管理界提出的“细节决定成败”观点，进一步说明完美者在企业管理和发展中的重要作用。

（9）专家为团队提供一些指导。企业缺少专家，其业务就无法向纵深方向发展，企业的发展也将受到限制。

在了解不同的角色对于团队的贡献以及各种角色的配合关系后，就可以有针对性地选择合适的人才，通过不同角色的组合来达到团队的完整。并且，由于团队中的每个角色都是优点和缺点相伴相生，领导者要学会用人之长、容人之短，充分尊重角色差异，发挥成员的个性特征，找到与角色特征相契合的工作，使整个团队和谐相处，达到优势互补。

优势互补是团队搭建的根基，找到优势互补的合作伙伴是创业成功一半的保证。当代社会，社会分工越来越细，最专业的事就要交给最专业的人去做，胜算才会更大；也只有优势互补的团队才能充分发挥其组合潜能，也肯定优于个人创业的单打独斗。

在一个创业团队中，成员的知识结构越合理，创业的成功性越大。纯粹的技术人员组成的公司容易形成技术为主、产品为导向的情况，从而使产品的研发与市场脱节；全部由市场和销售人员组成的创业团队缺乏对技术的领悟力和敏感性，也容易迷失方向。因此，在创业团队的成员选择上，必须充分注意人员的知识结构——技术、管理、市场、销售等，充分发挥每个人的知识和经验优势。

7.1.5 高效团队的主要特征

高效团队是指发展目标清晰，团队成员在有效的领导下相互信任、沟通良好、积极协同工作的团队。

1．明确的目标

高效的团队对所要达到的目标有清晰的了解，并坚信这一目标包含着重大的意义和价值。而且，这种目标的重要性还激励着团队成员把个人目标升华到群体目标中去。在有效的团队中，成员愿意为团队目标做出承诺，清楚地知道希望他们做什么工作，以及他们怎样共同工作，最后完成任务。

2．互补的技能

把个人技能与团队职位要求适当匹配，使团队成员各司其职、各尽其能。虽然一个人可能具备一到两种技能，但是很少有人具备所有的能力。而团队就是将不同技能的成员组合在一起，取长补短，形成最大的合力，并且每种技能都是为完成团队的目标所必需的，能够互补余缺的技能。例如，一个只有市场营销人员的产品开发小组，或者只有产品研发人员的产品开发小组，其成功率要比同时具有这两种互补技能的开发小组低。

高效的团队是由一群有能力的成员组成的。他们具备实现理想目标所必需的技术和能力，而且相互之间有能够良好合作的个性品质，从而出色完成任务。后者尤其重要，但却常常被人们忽视。有精湛技术能力的人并不一定有处理群体内关系的高超技巧，高效团队的成员则往往兼而有之。

3．相互的信任

信任是合作的基础和前提，成员间相互信任是高效团队的显著特征，互信能够提高团队合作的能力和质量。也就是说，团队成员之间具有高度和相互信任感，团队成员彼此认同各自的特点、工作能力和品格。只有信任他人才能换来被他人的信任，不信任只能导致不信任。“新木桶原理”认为：如果木桶有缝隙，即使每块木板都一样长，水也会流出来，这时木桶能装多少水取决于缝隙而不是木板高度。如果把团队比作木桶，盛水量比作目标，成员之间相互的裂痕也会导致团队的失败。

组织文化和管理层的行为对形成相互信任的群体内氛围有较大影响。如果组织崇尚开放、诚实、协作的办事原则，同时鼓励员工的参与和自主性，它就比较容易形成信任的环境。

4．一致的承诺

高效的团队成员对团队表现出高度的忠诚和承诺，为了能使群体获得成功，他们愿意去做任何事情。我们把这种忠诚和奉献称为一致的承诺。

对成功团队的研究发现，团队成员对他们的群体具有认同感，他们把自己属于该群体的身份看作是自我的一个重要方面。因此，承诺一致的特征表现为对群体目标的奉献精神，愿意为实现这一目标而调动和发挥自己的最大潜能。

5．高度的责任感

对于一个团队而言，责任就是团队精神的核心，强烈的责任感能唤醒一个人的良知，也能激发一个人的潜能。一个团队，最需要的是成员之间的协作和彼此的担责，只有这样，团队的目标才能实现。团队好似一台精密机器，零件之间的配合就是信任程度，各个零件各司其职，这就是每个零件都需要承担整个机器动作的责任。同样，一个零件不起作用或者失效，必将导致机器停止运转。团队的成功靠的是成员对团队的责任感，成员的成功靠的是彼此的责任感。

6．良好的沟通

毋庸置疑，良好的沟通是高效团队一个必不可少的特点。群体成员通过畅通的渠道交流信息，包括各种言语和非言语信息。此外，管理层与团队成员之间健康的信息反馈也是良好沟通的重要特征，它有助于管理者指导团队成员的行动，消除误解。

7．合适的领导

有效的领导者能够让团队跟随自己共同度过最艰难的时期，因为领导者能为团队指明前途所在。领导者鼓舞团队成员的自信心，帮助他们更充分地了解自己的潜力。优秀的领导者不一定非得指示或控制，高效团队的领导者往往担任的是教练和后盾的角色，对团队提供指导和支持，但并不试图去控制它。

7.2 认知团队精神

团队中的每个成员，若想把工作做好，想获得成功，首先就要有团队精神。在现代组织中，“善于与他人合作，具有团队精神”已成为衡量员工的一项重要标准。在组织中，优秀员工的能力不一定是最强的，但一定是最具有团队精神、能够融入整个团队之中的人。

一滴水只有融入大海才能生存，才能掀起滔天巨浪。同样，一个人只有融入团队，才能更好地生存成长。

俗话说：“一根筷子轻轻被折断，十双筷子牢牢抱成团。”团队意识的重要性对于任何组织来说都是无与伦比的，小到公司，大到国家，都需要每个成员具有团队精神。

7.2.1 团队精神的含义

所谓团队精神，是一种集体意识，是团队所有成员都认可的一种集体意识。团队精神是高绩效团队的灵魂。简单来说，团队精神就是大局意识、服务意识和协调意识“三意识”的综合体，反映团队成员的士气，是团队所有成员价值观与理想信念的基石，是凝聚团队力量、促进团队进步的内在力量。

团队精神是大局意识、协作精神和服务精神的集中体现。团队精神的基础是尊重个人的兴趣和成就，核心是协同合作，目的是最大限度发挥团队的潜在能量，反映的是个体利益和整体利益的统一，并进而保证组织的高效率运转。团队精神强调的是组织内部成员间的合作态度，为了一个统一的目标，成员自觉地认同肩负的责任，并愿意为此目标共同奉献。

团队精神尊重每个成员的兴趣和成就，要求团队的每一个成员都以提高自身素质和实现团队目标为己任。团队精神的形成并不要求团队成员牺牲自我，相反，挥洒个性、表现特长保证了成员共同完成任务目标，而明确的协作意愿和协作方式则产生了真正的内心动力。团队精神是组织文化的一部分，良好的管理可以通过合适的组织形态将每个人安排至合适的岗位，充分发挥集体的潜能。如果没有正确的管理文化，没有良好的从业心态和奉献精神，就不会有团队精神。

所以说，团队精神是一种精神力量，是一种信念，是一个现代企业不可或缺的精神灵魂。而良好的企业团队，来自正确的管理文化。没有良好的从业心态和自我牺牲的精神，就不会有坚实的团队精神。

7.2.2 团队协作能力的含义

团队协作能力，是指建立在团队的基础之上，发挥团队精神、互补互助以达到团队最大工作效率的能力。对于团队的成员来说，不仅要有个人能力，更需要有在不同的位置上各尽所能、与其他成员协调合作的能力。

我们是一个整体，我们要共同面对困难，一起分享成功，时刻记住团队的利益与自己息息相关。在实现共同目标的过程中，对于失败我们应坦然面对，在困境中绝不放弃，面对失败从来不退缩、屈服，想尽一切办法达成目标。

7.2.3 团队精神的基本要素

团队精神有如下基本要素。

1．团队精神的基础——挥洒个性

团队业绩从根本上说，首先来自团队成员个人的成果，其次来自集体成果。团队所依赖的是个体成员的共同贡献而得到实实在在的集体成果。这里恰恰不要求团队成员都牺牲自我去完成同一件事情，而要求团队成员都发挥自我去做好这一件事情。就是说，团队效率的培养，团队精神的形成，其基础是尊重个人的兴趣和成就。设置不同的岗位，选拔不同的人才，给予不同的待遇、培养和肯定，让每一个成员都拥有特长，都表现特长，这样的氛围越浓厚越好。

2. 团队精神的外在形式——奉献精神

团队总是有着明确的目标，实现这些目标不可能总是一帆风顺的。因此，具有团队精神的人，总是以一种强烈的责任感、充满活力和热情，为了确保完成团队赋予的使命，和同事一起，努力奋斗、积极进取、创造性地工作。在团队成员对团队事务的态度上，团队精神表现为团队成员在自己的岗位上“尽心尽力”，“主动”为了整体的和谐而甘当配角，“自愿”为团队的利益放弃自己的私利。

3. 团队精神的核心——协同合作

社会学实验表明，两个人以团队的方式相互协作、优势互补，其工作绩效明显优于两个人单干时绩效的总和。团队精神强调的不仅仅是一般意义上的合作与齐心协力，它要求发挥团队的优势，其核心在于大家在工作中加强沟通，利用个性和能力差异，在团结协作中实现优势互补，发挥积极协同效应，带来“1+1>2”的绩效。因此，共同完成目标任务的保证，就在于团队成员才能上的互补，在于发挥每个人的特长，使之产生协同效应。

4. 团队精神的最高境界——团结一致

全体成员的向心力、凝聚力是从松散的个人集合走向团队最重要的标志。在这里，有一个共同的目标并鼓励所有成员为之奋斗固然是重要的，但是，向心力、凝聚力来自团队成员自觉的内心动力，来自共同的价值观。很难想象在没有展示自我机会的团队里能形成真正的向心力；同样也很难想象，在没有明确的协作意愿和协作方式下能形成真正的凝聚力。

7.2.4 培养团队协作能力的方法与途径

团队合作对个人的素质有较高的要求，除了应具备优秀的专业知识以外，还应该有优秀的团队协作能力，这种合作能力有时甚至比你的专业知识更加重要。

1. 有明确的团队目标

团队目标是团队建设的愿望，也是优秀团队的灵魂所在。没有明确目标的群体无法形成一个团队，即使勉强凑合在一起也是“貌合神离”。当团队制定明确且可度量的目标后，要让该目标成为每一个成员的目标，在以后的工作中要经常提及该目标，用以鼓励团队成员。

2. 团队成员之间有开放的交流

团队成员毫不隐瞒地提出自己的观点和看法，同时关注和倾听别人的建议，然后在团队内直面和公开处理这些不同的建议，并做出真诚的反馈。每一位成员要积极参与团队的活动，了解彼此之间工作的进展情况。

3. 团队成员之间无条件地团结和忠诚

团结合作、笃信忠诚是一个团队的灵魂。一个能够坚持不懈的团队，也不需要一直刻意去营造团结的气氛。因为真正具备优秀素质的人，不管条件怎么发生改变，忠诚、团结都应该不再是个问题。

4. 善于学习

优秀团队往往是一个强有力的学习型组织，团队内学习气氛很浓，团队成员能主动地从多个渠道中学习，并且相互提醒、相互促进。只有善于学习的团队，才能承担更重要的任务，团队成员才会有更好的发展。

5. 正确激励

优秀团队中的成员会经常相互激励，激励的方法有很多种，如目标激励、表扬等。通过表扬可以让被激励者感觉到自己的重要程度，进而刻意改变自身某些行为，按照团队的奋斗目标前进。同时，采取必要的惩罚和批评也是一种激励。

6. 强有力的领导

优秀团队是在团队领导的管理和培养之下逐步形成的。一个优秀的领导者，要善于沟通和引导，同时做好激励工作，克服众多困难，鼓励大家充分发挥创造力，这样才能逐步打造出一个好团队。

7. 高效的工作程序

要制定团队的工作规则和流程，依据流程制订团队计划并跟踪实施进度，有效地利用所有的资源，使大家的工作轻松而有效。在每个决策点，要基于明确的目标和决策标准，努力使决策的风险降至最低。

7.3 组建与管理创业团队

【学习领会】

7.3.1 创业团队组建的基本原则

1. 目标明确合理原则

目标必须明确，这样才能使团队成员清楚地认识到共同的奋斗方向是什么。与此同时，目标也必须是合理的、切实可行的，这样才能真正达到激励的目的。

2. 互补原则

创业者之所以寻求团队合作，其目的就在于弥补创业目标与自身能力之间的差距。只有当团队成员相互间在知识、技能、经验等方面实现互补时，才有可能通过相互协作发挥出“1+1>2”的协同效应。

3. 精简高效原则

为了减少创业初期的运作成本，最大比例地分享成果，创业团队人员构成应在保证企业能高效运作的前提下尽量精简。

4. 动态开放原则

创业是一个充满了不确定性的过程，团队中可能因为能力、观念等多种原因而不断有人离开，同时也有人要求加入。因此，在组建创业团队时，应注意保持团队的动态性和开放性，使真正完美匹配的人员能被吸纳到创业团队中来。

7.3.2 创业团队组建的主要影响因素

创业团队的组建受多种因素的影响，这些因素相互作用，共同影响着组建过程并进一步影响着团队建成后的运行效率。

创业团队组建的主要影响因素如下。

1. 创业者

创业者的能力和思想意识从根本上决定了是否要组建创业团队、团队组建的时间表以及由哪些人组成团队。创业者只有在意识到组建团队可以弥补自身能力与创业目标之间存在的差距时，才有可能考虑是否需要组建创业团队，以及对什么时候需要引进什么样的人员才能和自己形成互补做出准确判断。

2. 商机

不同类型的商机需要不同类型的创业团队。创业者应根据创业者与商机之间的匹配程度，决定是否组建团队以及何时、如何组建团队。

3．团队目标与价值观

共同的价值观、统一的目标是组建创业团队的前提，团队成员若不认可团队目标，就不可能全心全意为此目标的实现而与其他团队成员相互合作、共同奋斗。而不同的价值观将直接导致团队成员在创业过程中脱离团队，进而削弱创业团队作用的发挥。没有一致的目标和共同的价值观，创业团队即使组建起来，也无法形成和发挥有效协同作用，缺乏战斗力。

4．团队成员

团队成员的能力的总和决定了创业团队整体能力和发展潜力。创业团队成员的才能互补是组建创业团队的必要条件。而团队成员间的互信是形成团队的基础。互信的缺乏，将直接导致团队成员间协作障碍的出现。

5．外部环境

创业团队的生存和发展直接受到了制度性环境、基础设施服务、经济环境、社会环境、市场环境、资源环境等多种外部要素的影响。这些外部环境要素从宏观上间接地影响着创业团队的组建。

7.3.3　组建创业团队的基本程序及主要工作

创业团队的组建是一个相当复杂的过程，不同类型的创业项目所需的团队不一样，创建步骤也不完全相同。企业团队组建的主要工作如下。

1．明确创业目标

创业团队的总目标就是要通过完成创业阶段的技术、市场、规划、组织、管理等各项工作，实现企业从无到有、从起步到成熟。总目标确定之后，为了推动团队最终实现创业目标，再将总目标加以分解，设定若干可行的、阶段性的子目标。

2．制订创业计划

在确定了一个个阶段性子目标以及总目标之后，紧接着就要研究如何实现这些目标，这就需要制订周密的创业计划。创业计划是在对创业目标进行具体分解的基础上，以团队为整体来考虑的计划，创业计划确定了在不同的创业阶段需要完成的阶段性任务，通过逐步实现这些阶段性目标来最终实现创业目标。

3．招募合适人员

招募合适的人员也是创业团队组建最关键的一步。关于创业团队成员的招募，主要应考虑两个方面。一是考虑互补性，即考虑其能否与其他成员在能力或技术上形成互补。这种互补性形成既有助于强化团队成员间彼此的合作，又能保证整个团队的战斗力，更好地发挥团队的作用。一般而言，创业团队至少需要管理、技术和营销三个方面的人才。只有这三个方面的人才形成良好的沟通协作关系后，创业团队才可能实现稳定高效。二是考虑适度规模，适度的团队规模是保证团队高效运转的重要条件。团队成员太少则无法实现团队的功能和优势；而过多又可能会产生交流的障碍，团队很可能会分裂成许多较小的团体，进而大大削弱团队的凝聚力。一般认为，创业团队的规模控制在 2～12 人最佳。

4．划分职权

为了保证团队成员执行创业计划、顺利开展各项工作，必须预先在团队内部进行职权的划分。创业团队的职权划分就是根据执行创业计划的需要，具体确定每个团队成员所要担负的职责以及所享有的相应权限。团队成员间职权的划分必须明确，既要避免职权的重叠和交叉，也要避免无人承担任务而造成工作上的疏漏。此外，由于还处于创业过程中，面临的创业环境又是动态复杂的，会不断出现新的问题，团队成员可能不断出现更换，因此创业团队成员的职权也应根据需要不断地进行调整。

5. 构建创业团队制度体系

创业团队制度体系体现了创业团队对成员的控制和激励能力，主要包括团队的各种约束制度和各种激励制度。一方面，创业团队通过各种约束制度（主要包括纪律条例、组织条例、财务条例、保密条例等）指导其成员避免做出不利于团队发展的行为，实现对其行为进行有效的约束，保证团队的稳定秩序。另一方面，创业团队要实现高效运作，就要有有效的激励机制（主要包括利益分配方案、奖惩制度、考核标准、激励措施等），使团队成员能看到随着创业目标的实现，其自身利益将会得到怎样的改变，从而达到充分调动成员的积极性、最大限度发挥团队成员作用的目的。要实现有效的激励，首先就必须把成员的收益模式界定清楚，尤其是关于股权、奖惩等与团队成员利益密切相关的事宜必须明确。需要注意的是，创业团队的制度体系应以规范化的书面形式确定下来，以免带来不必要的混乱。

6. 团队的调整融合

完美组合的创业团队并非创业一开始就能建立起来的，很多时候是在企业创立一定时间以后随着企业的发展逐步形成的。随着团队的运作，团队组建时在人员匹配、制度设计、职权划分等方面的不合理之处会逐渐暴露出来，这时就需要对团队进行调整融合。由于问题的暴露需要一个过程，因此团队调整融合也应是一个动态持续的过程。在进行团队调整融合的过程中，最为重要的是保证团队成员间经常性有效的沟通与协调，培养强化团队精神，提升团队士气。

7.3.4 创业团队工作沟通的主要原则

每一位管理者，都是从管理“菜鸟”起步的。管理的每一项经验都来自痛苦的经历。

1. 沟通的唯一原则——工作目标

被誉为管理学大师的彼得·德鲁克在《卓有成效的管理者》一书中就指出过，工作沟通的根本就是目标沟通。

一个公司一定存在拥有不同利益的人、不同知识结构的人、不同方法的人、不同性格的人、不同喜好的人，甚至个人关系相互独立的人。然而我们正是要让这样一个群体，去协同并共同完成一件工作。因此，所谓目标沟通就是要让大家对于工作的结果达成一致，对共同的利益达成一致，至于各个分立的小团队，方法并不是最关键的东西。

在管理沟通中，矛盾往往是由于大家对于方法的认识不同而产生的。纠结于方法的对错对于工作的完成其实毫无意义，工作沟通最根本的是我们要达到什么结果，而不是我们要采取什么样的方法。

2. 沟通的三种方式——用态度沟通、用方法沟通、用工具沟通

沟通有一个前提就是双方互相认可，离开这种双方互相认可的态度，所有沟通都是无济于事的，因此，态度是沟通的前提。

所有沟通凭借的是语言，但是沟通的根本是需要传递一种体验，而体验是语言难以表达的，因此，在沟通中就需要一定的方法。这种方法就是我们常讲的，设身处地、换位思考，用对方可以理解的场景，去传递信息，如打比方、讲故事等。

管理沟通中的第三个方式也就是管理中非常重要的东西——沟通工具。为什么一个管理良好的公司会有各式各样的表单？为什么管理良好的公司会采用 ERP 系统？这些表单流程就是我们所说的管理工具，这些工具将我们的沟通行为抽象化、规范化，最终达到管理沟通的结果。管理工具也正是一些被管理者在身处低级职位的时候十分排斥的东西。当你由低级职位晋升为管理岗位以后，你将会理解，我们的表单、我们的系统、我们的会议都是我们可以凭借的管理工具，所以，一个优秀的管理者一定是一位善于发明并采用管理工具的管理者。

3. 上下级沟通原则——最小化可执行

作为管理者，你是否遇到勤快的下属拖延工作的情形？

必须指出，这些问题的根本未必就是下属的态度、能力问题，很可能是你的指令发生了问题。我们可以暂时抛开这些下属的能力问题，抛开管理者对团队的培训问题，仅从管理者应该如何发布指令来探讨上下级之间的沟通。

上级对下级传递命令是需要技巧的。向下传递指令有两个前提：第一个前提是下发指令者对于工作任务的分解能力；第二个前提来自传递命令者对于被命令者能力与背景的具体了解。下发指令的技巧只有一个，就是“最小化可执行”，其意思就是“你的下属究竟有什么样的能力，能做什么样的工作”，要确保你下发命令的每一个细节都是你的下属力所能及的。当你发现你的下属在你所发布的命令中，有部分细节其无法达到，你就必须学会将这个环节进行细节分解，一直分解到其力所能及。当你的下属能力提升的时候，你布置任务时不必再分解到如此细节。

此处用网站运营管理来描述：当你新招聘一名编辑，他上岗的第一天，你将教会他如何发布一条资讯，必须细化到资讯的题目是什么，图片应该如何处理，标点符号的规范是什么。当这位编辑工作一到两年以后，他的能力已经足以策划一些专业内容，这个时候你只需要告诉他最近工作的目标是什么就可以。

就像一个大型的公司，董事会只需要告诉总经理，“你下一季度的任务指标是什么，收入水准是什么”。

当你娴熟利用最小化可执行原则去发布指令的时候，你将能够切实保障指令的完整执行，同时也不会被下属笑话成“婆婆妈妈”。

4. 会议沟通的核心原则——一切围绕中心展开

会议就是用来协调工作、解决问题的，如果会议只是把已经写在纸上的工作汇报再念一遍，则失去会议的真正作用。还有许多会议的形式大于实质，仪式大于解决问题。

例如，在互联网网站领域，销售工作会议就是要切实解决客户服务的问题，编辑工作会议就是要解决如何做内容的问题，离开了这些会议的应有目标，会议将成为浪费团队时间的巨大黑洞。

因此，学会开会，就是首先要问自己：“我要通过会议解决什么问题？”“达到什么结果？”问自己如何通过会议解决团队的协调问题，解决团队的摩擦问题，解决团队的利益分配问题，最终，将团队的目标统一，细节到位，责任到人。

5. 不同岗位间的沟通原则——找准接口

在互联网公司中我们经常看到这样的沟通方式，一位程序员会问提出需求的产品经理：我的数据库将采用 A 方案或者 B 方案，你认为应该如何选择？

我们还会看到一位销售员见到客户的时候，反复强调他手上拥有一个什么样的产品，循循善诱地向客户倾注这些新的知识、新的理念。

处理这些问题其实并不困难，我们只需要学会换位思考，用对方能听得懂的语言去描述，用对方所关心的利益去诱导，对方就很容易理解我们所表达的意思。

例如，前面列举的例子中产品经理只需要告诉程序员需要的技术结果和技术指标是什么。另一个例子中，销售员只需要告诉客户为其提供的产品能给其带来什么好处就可以了。

6. 部门间的沟通原则——均衡利益

有人存在的地方就有摩擦。不同的团队拥有自己不同的团队利益。遗憾的是，在我们身处一个环境的时候，经常会为了自己的利益而忽略配合部门的感受。

一般而言，高层管理者更容易深受其害。当一个部门很激烈地抨击另一个部门的行为并进行私下投诉的时候，管理者一旦立即冲动地采取措施，将会毁灭这两个部门之间的关系。

因此，部门之间的沟通仍然是目标沟通，沟通的方式就是为了达到这个目标大家的付出与收益是什么，说白了就是利益的均衡！

正确的做法就是当面说、开会说，不要背后说。高管的方式应当是，对于冲突保持沉默，在公开的情况下对双方进行裁决。

7．合伙人间的沟通原则——相互理解、相互约束、相互帮助

你的合伙人会不会对你充满热情的一项提议不闻不问或者保持沉默？

这种隔阂来自什么？——知识层面、体验层面、责任层面、分工层面。

可是，一旦当你的合伙人拥有类似的知识背景，在每一项决策面前都保持高度一致的时候，你必须承担公司的另一个风险，也就是“有马达，无刹车”，在这种情况下公司会非常危险！

另一种情况更令合伙人痛苦，就是明明看着合伙人往火坑里跳，你却无能为力。

因此，我们必须了解合伙人，必须是性格互补、知识互补、能力互补。

同时，合伙人必须学会相互对于对方的工作予以关注与体验。当你不具备对对方工作的体验的时候，你就无法理解对方提议的重要性。

7.3.5 如何组建优秀的创业团队

企业管理大师杰克·韦尔奇告诉我们：“优秀的领导者应当像教练一样，培育自己的员工，带领自己的团队，给他们提供机会去实现他们的梦想。”企业的成长是人才成长的一个集中体现，创业者能否走得更远，取决于创业者和创业团队的基本素质。

企业的成功也是人才的成功。搭建一支优秀的创业团队对任何创业者而言都是一项至关重要的工作，它决定着创业的成败。优秀团队的标准是高度责任感、成功的行业经验、合作的心态。那么，我们怎样才能组建一支优秀的创业团队呢？

1．扬长避短，恰当使用

世上的人虽然是各种各样的，但是以创业者用人的眼光去看，大致可分为三类：一是可以信任而不可大用者，这是指那些忠厚老实但本事不大的人；二是可用而不可信者，这是指那些有些本事但私心过重，为了个人利益而钻营弄巧甚至不惜出卖良心的人；三是可信而又可用的人。作为创业者，都想找到第三种人。但是这种人不易识别，往往与用人者擦肩而过。为了企业的发展，创业者各种人物都要用。只要在充分识别的基础上恰当使用，扬长避短，合理配置，就能最大限度地发挥他们的作用。

人有所长，必有所短。创业伙伴之间的优势最好成互补关系。选择的时候要看清其长处，以后也要学会包容其短处。所谓取长补短，是取别人的“长”补自己的“短”，此为团队的真正价值。长城不是一人筑成的，想做出点成绩，就得有做事情的开放心态。当你是内向型性格，不善于交际，只适合从事技术工作时，那你就最好找富有公关能力、会沟通、能处理复杂问题的搭档；当你是急性子，脾气比较暴躁且又自认为很难改正时，那最好找慢性子、脾气温和的搭档——因为合作中的摩擦是在所难免的，一急一缓可以相得益彰。

创业需要的是一个系统，而非某一两个单点。作为单独的一个人，不可能具备创业所需要的所有技能和资源。大量创业事例告诉我们，单个创业者通常只能达到维持生计。要想单枪匹马地发展一家高潜力的企业是极其困难的。如果创业者不顾实际情况，一门心思单打独斗，就很有可能延误企业的发展。创业者如果成为孤独的“狼”，无法与他人相处共事，那只能算是地摊式的小业主，而无法成为统领千军万马的企业家。

2．既要讲独立，也要讲合作

创业者在创业过程中，既要讲独立，也要讲合作。适当的合作（包括合资）可以弥补双方的缺陷，使弱小企业在市场中迅速站稳脚跟。创业者更需要从创业整体规划出发，明确哪些方面的技能和资源是自己所欠缺的，再去找具备此类技能和资源的合伙人，大家的资源和技能实现整合，共同发展。

团队是公司的魂，是公司最终成功的重要的保证。一个好的合伙人，可以帮助企业腾飞；同样，一个不合格的合伙人，给企业带来的只能是灾难。所以对于创业者而言，选择合作伙伴，意味着将企业未来几年的命脉与人共享。那么，在共享权力之前，就必须认真地考察合作伙伴。

对创业者而言，可能在创业初期面临各种各样的困难，会造成捞到根稻草就以为能救命的情况。这时候就需要鉴别能力，冷静地分析可能的合作伙伴，判断谁更有利于企业的发展。

3．志同道合，目标明确

找创业搭档就跟找结婚对象一样重要，对方是你事业上的另一半，在共同的创业过程中是否会与你福难同当、同舟共济是至关重要的。

团队的成员应该是一群认可团队价值观的人，团队的目标应该是每个加入团队的成员所认可的，否则就没有必要加入。在明确了一个团队的目标时，作为团队的负责人，应该以这个共同的目标为出发点，召集团队的成员。团队是不能以人数来衡量的。如果你有一群人，但没有共同的理想和目标，那这就不是一个团队。所以，你和你的伙伴应是志同道合的，有共同的或相似的价值追求和人生观。

合伙人应该都是有梦想的人，是为了做出一番事业而走到一起的，而不是为了简单地现实利益。所有的团队成员都必须是对企业的创业项目有热情的人。因为任何人才，不管其专业水平多么高，如果对创业事业的信心不足，都将无法适应创业的需求。

俗话说：三个臭皮匠，顶个诸葛亮。团队精神在企业管理中也占有重要地位。微软公司用人的时候就非常注重团队精神，理由是即使你才华横溢，有超群的技术，可是如果你不懂得与人合作，那么就不能发挥出最好的成绩。只有把企业内部有着不同的文化背景和知识结构的各种人才有效地联合起来，才能更好地实现高效的配合，达到事半功倍的效果。

虽然现代企业很看重团队合作，但许多创业者依然还有以个人为主、个人为尊的思想意识：我的生意、我的事业我作主，容不得他人染指；要掺进来很多人，这个事业到底算谁的？其他人不要参与到我的思想中来，更不要参与到瓜分我的利益上来。

当你拥有六个苹果的时候，如果你把六个苹果全都吃掉，你也只吃到了六个苹果，只吃到了一种味道，那就是苹果的味道。如果你把六个苹果中的五个拿出来给别人吃，尽管表面上你丢了五个苹果，但实际上你却得到了其他五个人的友情和好感。以后你还能得到更多，当别人有了别的水果的时候，也一定会和你分享，你会从这个人手里得到一个橘子，从那个人手里得到一个梨，最后你可能就得到了六种不同的水果，六种不同的味道，六种不同的颜色，五个人的友谊。人一定要学会用你拥有的东西去换取对你来说更加重要和丰富的东西。

4．知己知彼，百战不殆

绝大多数创业团队的核心成员都很少，一般是三四人，多也不过十来人，如此少的团队成员从企业管理角度来看，实在是“小儿科”，因为人数太少，几乎每个从事管理工作的人都觉得能够轻易驾驭。但实际上，这个创业团队成员虽少，但是都有自己的想法，有自己的观点，更有一股藏于内心的不服管的信念。因此，我们对创业团队中的每个成员都不能抱以轻视的态度。

优秀创业团队的所有成员都应该相互非常熟悉，知根知底。在创业团队中，团队成员都非常清醒地认识到自身的优势和劣势，同时对其他成员的长处和短处也一清二楚，这样可以很好地避免团队成员之间因为相互不熟悉而造成的各种矛盾、纠纷，迅速提高团队的向心力和凝聚力。

现在，国内许多大学生选择创业，他们选择的合作伙伴也多是同学、朋友、校友，但是还是很快就失败了。为什么呢？因为他们选择的合作伙伴虽然都是他的“熟人”，但是他的那些“熟人”之间是缺乏交流、沟通的，说到底，团队成员还是相互陌生的。所以，优秀的创业团队首先要确保自己的团队内所有核心成员都是相互非常熟悉的人。

5. 完善股权，利益共享

创业团队中无论有几个合作者，所持有的股份上可以做到大家平均，但在统一规划方面必须确立一个主导者，不然就很容易出乱子。各人的资源不通过一个整体的框架进行调配整合，就是浪费；每个人的执行力若是没有集中在一个方向上，也是浪费。尤其是大家形成决议后，就必须确保集中所有的资源和力量，向一个确定的方向前进。若是在形成决议后，每人的思想和行动方向没有一个主导者进行统一规划约束，那么大家的新思想就会不断地否定原来的旧思想，新的行动方向又会不断地取代原来设定的方向，很快就会导致巨大的内耗和矛盾。

另外，创业企业的股权结构不能太复杂，或者说不能在开始阶段赋予别人太多权利，因为后续的投资人特别是风险投资人会关注公司的股权结构。如果股权结构太复杂，谈判就很难进行。

对于创业者来说，从企业创立开始就需要制定相对完善的股东协议，明确各个创业者之间和原始投资人之间的关系。

现在创业，已经不是原生态的“打白条”年代了，而是股份+期权的契约年代。在团队组合时，有一些事情是要坐下来板着面孔谈清楚，提前做好约定的。叫朋友到公司来做事，千万别说“请你来帮我”，而是要事先讲好规则。友情不能维持合伙关系，事实上生意上的合伙关系很容易破坏多年的友情。

俗话说“亲兄弟明算账”。凡涉及权利义务与利益分配问题，还是要一切先说清楚、讲明白，不能感情用事，也不能回避不谈。设计团队成员的股权分配是创业规划时的一项重要工作。创业契约是创业者在找到创业伙伴时必然要思考、讨论、制定、执行的公司的第一份契约。合伙要想成功、愉快，必须在合伙之前签好创业契约。有了创业契约，大家各司其职，那么最后可能是一辈子的朋友、伙伴。

典型的创业契约应该说明生意的具体目的，说明每个合伙人的有形资产、财产、设备、专利等以及无形的服务、特有技术等投入，把最基本的责权利说明白，尤其股权、利益分配更要说清楚，包括增资、扩股、融资等。这样的协议允许合伙人占有的公司股份各不相同，但一定要说明各个合伙人在公司管理中的地位和职务，是否允许合伙人从事公司以外的其他业务等。有一点最重要，那就是合伙双方以什么样的方式结束合伙关系，对此一定要在协议中写明。即订出“退出机制”来，一开始就“先小人后君子”，免得日后谁也说不明白。

任何事情都不可能在最初计划周全，事情是随时都有可能变化的。合作运营过程中，遇到新问题、新矛盾一定先说清楚，立下字据再行动，千万不要先干再说，因为事情发生后都是朝着自己有利的一方考虑。先干再说，看似快了，其实埋下了祸患的种子，将来就不是速度快慢的问题，而是风起云涌、企业组织颠覆的根源。

6. 相互补充，相得益彰

创业团队虽小，但是“五脏俱全”。创业团队成员不能是清一色的技术流成员，也不能全部是搞终端销售的。优秀的创业团队成员各有各的长处，大家结合在一起，正好是相互补充、相得益彰。

7. 心胸博大，宽厚待人

选择好合伙人以后，就需要与合作者或合伙人能够很好地相处，这样才能够合作得长久。俗话说“和气生财”，创业尤其讲究“和气”。

创业者应该有博大的心胸，能宽厚待人，懂得如何把握“合作”，懂得什么是“合作”分寸的度，这样我们才能更多地体会“合作”带给我们的快乐、喜悦和丰收的硕果。

携程网创始人之一的梁建章说过：“我觉得包容性是很重要的，越是高层的领导，他能包容的人越多。我们几个管理层，分歧也有，但都是健康的。一开始的时候，包括模式的确立，大家都提出自己的观点。现在我们的分工非常明确，都是互补性的，大家的决策越来越准确，争吵会少很多很多。”

一个人的心胸决定了其所能达到的事业高度。宽容是合作者首先必备的一种道德品质。内讧是摧毁合作的最大杀伤力。宽容是合作的黏合剂。唯有和谐，合作才能愉快，才能使合作者激发出最大的工作热情和才智，营造一个有竞争力的团体。

在合作过程中，不要太计较小事。“大海航行靠舵手”，组建创业团队最关键的人自然是企业的领军人物。企业对人的管理也要审时度势、宽严有度。该管的要管，不该管的事就不要管。要“一半清醒一半醉”。要知道，“水至清则无鱼，人至察则无徒”。难得糊涂对创业合作的各方都是保养自己心灵的鸡汤和企业组织运转的润滑剂。其实，许多时候，事情过后经常会发现双方的计较毫无实际意义。

8．坦诚相待，相互尊重

作为合伙人，在平时的交往与合作中要坦诚，互相尊重对方，摆正自己的位置。既然是合伙人，也就是出资人，请在心中时时提醒自己，双方都是为了共同的利益才走到一起的，无论出资多少，都不会拿着自己的钱出来玩。遇到问题和矛盾时应该向前看，向前看利益是一致的，因为成功会给大家带来更丰厚的回报；盯住眼前的事情不放，只能是越盯矛盾越多，越盯矛盾越复杂，最后裹步不前；只有向前看，成功的希望激励着合作的各方摈弃前嫌、勇往直前，抵达成功的彼岸。

俞敏洪说：“在新东方，没有任何人把我当领导看，没有任何人会因为我犯了错误而放过我。在无数场合下，我都难堪到了无地自容的地步。我无数次后悔把这些精英人物召集到新东方来，又无数次因为新东方有这么一大批出色的人才而骄傲。因为这些人的到来，我明显地进步了，新东方明显地进步了。没有他们，我到今天可能还是个目光短浅的个体户。没有他们，新东方到今天还可能是一个名不见经传的培训学校。”

世界上没有完美的个人，只有完美的团队。作为一个企业的老板，与其跟马赛跑，不如找一匹马，骑在马上。团队成员就是所谓的“人才马”。老板只有组建最合适的创业团队，才能“马上成功。”

7.3.6 组建创业团队时不可或缺的几类人

创业是企业发展中一个非常特殊的阶段，对团队工作效率要求尤其的高，因此，创业团队中应考虑拥有下面几类能力的人。

1．战略意识强的人

一个创业的团队必须有高瞻远瞩的人。创业是一件艰苦卓绝的事情，是需要时间也需要不断经营努力的，不是一朝一夕的事情。所以，首先我们的创业团队必须有长远的战略目光，也需要这样的领头人，一般都是创始人必须具备战略意识。

2．执行力强的人

执行力就是完成任务的能力，包括组织策划、实际操作、信息沟通等多种能力。实际中往往是具备其中一方面或几方面，当然，兼备的多就更好了。

（1）能够充分理解团队的核心目标，为了实现这一目标敢于“不畏艰险”的人。

（2）有能力驱动团队其他成员为了团队目标而热血沸腾的人。

（3）工作中缺什么角色都先冲上去顶住的人。

（4）工作交给他，让你放心的人。

没有执行就没有结果，高效的执行才会有可能得到好的结果。一个团队必须有执行力强的人，不然发展下去都困难，要有弄潮儿，要有行动的标兵。

3．号召力强的人

团队不可能是单层次结构的，核心团队的每个人都可能带领一个大团队，具备领袖的号召力是十分必要的。随着企业的发展，吸收更多有能力的人加盟，是团队保持创新激情、保持竞争能力的需要，建立合理的人才流动机制是必要的。

（1）给人信任感的业界长者。

（2）令人敬佩的技术“大牛”。

（3）业界认可的技术或管理精英。

（4）富有煽动能力，说服力与亲和力俱佳的人。

4．激情四射的人

创业团队需要对做事充满激情，并能让团队激情四溢的人；需要无论遇到什么样的困难与坎坷，都能引导大家放松心态，让大家信心满满、愉快工作的人。

（1）精力充沛的工作狂人。

（2）能开拓新领域的人。

（3）活跃气氛的“组织者”。

（4）谁都乐于与他一起工作的人。

5．思维缜密的人

公司的不断发展与壮大，离不开每一次的思维碰撞和执行能力，只有好的思维，缜密而严谨，才能有好的执行方案，所以必须有缜密思维的人才助阵才能使得创业团队更为健全。

6．沟通能力强的人

一个团队必须有一个好的氛围，这个氛围的营造，除了彼此的性格所致，还需要一个“和稀泥”的人，这个人具有良好的沟通能力，对内可以团结队友，对外可以维护客户，这种人才必须具备。

7．保守谨慎的人

这样的人对事情的看法往往较为保守，不容易热血上涌，经常为其他人“泼冷水”。团队需要这样的“冷静”，尤其是事业蒸蒸日上，业务爆炸式增长的时候。

（1）敢于提出不同的看法，让大家冷静思考的人。

（2）不随波逐流，勇于树立靶子，让大家“炮击”的人。

（3）讨论问题时多想难处，做事情时多给鼓励与支持的人。

（4）说得少、做得多的人。

8．踏实平凡的人

再好的想法也要有人去落实，再简单的程序也需要一行一行地写代码。企业中大部分是“踏实”“平凡”的人。其实他们的不平凡就在于他们意志坚定、兢兢业业。

（1）办事细致、耐心谦和的人。

（2）勇于担当、敢于负责的人。

（3）不争名利、默默奉献的人。

9．不同思维的人

创新来自不同的想法，敢于打破常规、提出新思路，善于总结现状弊端并提出改良建议，我们常常称他们为奇异思维的人。

（1）博学多才、善于关联思维的人。

（2）喜欢辩论、思路敏捷的人。

（3）做事专注，却常常不按常理出牌的人。

10．敢于向权威发起挑战的人

之所以说是敢于向权威发起挑战，是因为一个团队的发展和创新离不开不同的意见和想法，不能让团队和公司成为“一言堂”，要广泛吸收大家的意见和想法，这样才能让整个业务或管理贴近现实，也符合市场。

11. 综合能力很强的人

最后，创业团队更需要综合能力很强的人才，并且是正能量的人。可以说是那种既能看到公司未来，又有一套落地可行的执行计划和目标的人。他能指引大家走下去，也能让大家信心十足地走下去，这个人就是发起人、创始人，还有核心灵魂人物。

每个人的脸上都没有标签，人的性格也是复杂多变的，这需要创业管理者认真分析、细心挑选。《西游记》中的唐僧师徒四人就是一个最佳的组合：师傅唐僧富有号召力，取经的意志最为坚定；孙悟空执行力强，是降妖除怪的主要战斗力；猪八戒常偷懒耍滑，善泼冷水，却不失为团队润滑幽默的联络人；沙僧踏实平凡，理当是最合适的看家人。

【案例剖析】

【案例 7-1】雁行千里排成行，团结协作齐飞翔

秋去春归的大雁在飞行时总是结队为伴，队形一会儿呈“一”字形，一会儿呈“人”字形，一会儿又呈“V”字形。大雁为什么要编队飞行呢？

一群编成“人”字队形飞行的大雁，要比具有同样能量而单独飞行的大雁多飞行 70%的路程，也就是说，编队飞行的大雁能够借助团队的力量飞得更远。其原因是：大雁以“人”字形飞行，为首的雁在前头开路，它能帮助左右两边的大雁形成空气流动，减少飞行的阻力，使每只大雁都能够顺利到达目的地。

大雁的叫声热情十足，能给同伴鼓舞，大雁用叫声鼓励飞在前面的同伴，使团队保持前进的信心。当一只大雁脱队时，会立刻感到独自飞行的艰难迟缓，所以一般会很快回到队伍中，继续利用前一只大雁造成的浮力飞行。

一个队伍中最辛苦的是领头雁。当领头的大雁累了，会退到队伍的侧翼，另一只大雁会替代它的位置，继续领飞。当有的大雁生病或受伤时，就会有两只大雁来协助和照料它飞行，日夜不分地伴随它的左右，直到它康复或死亡，然后它们再继续去追赶前面的队伍。

如雁一般，无论在困境或顺境时都能彼此维护、互相依赖，再艰辛的路程也不惧怕遥远。在雁阵中的每一只雁都会发出“呱呱”的叫声，鼓励领头的雁勇往直前。在旅程中遭尽坎坷，可能还会失败，但只要团队相互鼓励、坚定信念，终究还是能够成功的。

【分析思考】

一个由相互联系、相互制约的若干部分组成的整体，经过优化设计后，整体功能能够大于部分之和，产生“1+1>2”的效果。

雁群飞行的阵势向我们揭示了一个深刻的道理：不能没有团队精神，因为成功在于合力、在于协作。一盘散沙难成大业，握紧拳头出击才有力量。任何一支团队，成员之间必须团结一致，大家心往一处想、劲往一处使，才能无往而不胜。团队行动的速度有多快，并不是取决于团队中走得最快的那个人，而是最慢的那个人。正如我们所熟悉的“木桶”原理一样，一个木桶的容量多少是由木桶中最短的那块木板的长度决定的。

【启示 1】 与拥有相同目标的人同行，能更快速、更容易地到达目的地，因为彼此之间能互相推动。

【启示 2】 如果我们与大雁一样聪明的话，就会留在与自己目标一致的队伍里，而且乐意接受他人的协助，也愿意协助他人。

【启示 3】 在从事困难的任务时，轮流担任与共享领导权是有必要的，也是明智的，因为我们都是互相依赖的。

【启示 4】 我们必须确定从我们背后传来的是鼓励的叫声，而不是批评的叫声。

【启示 5】 如果我们与大雁一样聪明的话，我们也会互相扶持，不论在困难的时刻或在坚强的时刻。

【交流探讨】

【探讨 7-1】唐僧师徒团队

《西游记》里的唐僧师徒 4 人（唐僧、孙悟空、猪八戒和沙僧）一起去西天取经，他们性格迥异，各有优点和缺点，但共同的理想将他们联系在一起，一路虽多有冲突、险象环生，但终能同心协力、各显神通，历经千山万水，不惜跋山涉水，终于完成取经大任，并获得个人事业的成功，修成正果。

在取经团队中 4 个人是相互依存、缺一不可的。唐僧虽然既非擒妖能手，又不会料理行程上的事务，但是他能把握大局，信念坚定，得到上司的直接授权，又有广泛的社会资源。唐僧得到唐太宗的直接任命，被授以袈裟和紫金钵盂，又得到以观音为首的各路神仙的广泛支持和帮助，起到了凝聚和完善的作用，是团队的核心人物。孙悟空本领超强，冲锋陷阵，不拘小节，起着创新和推进的作用，是实现组织目标的关键人物。猪八戒虽然本事稀松，组织纪律性不强，好吃懒做，但具有乐观主义精神，能屈能伸，能说会道，在项目组中承担了润滑油的作用，并起到信息沟通和监督的作用。沙和尚言语不多，任劳任怨，承担了挑担等粗笨的工作，起到了协调和实干的作用。

师徒 4 人的技能相互补充，相得益彰，这是团队成功的关键。

唐僧是那种“完美型”的人，崇向美德，喜欢探索人的心灵世界，追求至善至美的艺术品位，严肃认真，注重细节，执着追求真理，一直遵循着“既然值得去做，就应该做到最好”的信念。孙悟空是那种“力量型”的人，永远充满活力，勇于超越自己，崇向行动，无坚不摧，在意工作的结果，对过程和人的情感漠不关心，有时也会显得霸道和冷酷无情。猪八戒是那种“活泼型”的人，崇向乐趣，情感外露，热情奔放，对生活充满热爱，与他在一起永远也不会无趣，但有时会好逸恶劳，缺乏责任心。沙僧是那种“和平型”的人，崇尚低调，情绪过于内敛，喜欢随波逐流，习惯既定游戏规则，听天由命，但有时会没有主见，缺乏对生活的热情，比较马虎和懒惰。这 4 个人各有各的性格特点，而我们也应该感叹为什么 4 个人不同的性格特点，可以组成一个团队，能够成功地取到真经？每个团队成员都会有个性，这是无法也无须改变的，而团队的艺术就在于如何发掘成员的优点，根据其个性和特长合理安排工作岗位，使其达到互补的效果。

从他们不同的性格特点，也给了我们一个启示，就是一个成功的团队不是都需要每一个人都是很优秀、性格都一样的人，比如一支足球队，除了需要前锋来负责进攻外，也需要后卫和门将来负责防守，这样才能在防住对方的同时，还可以取得进球，拿到比赛的胜利。一个团队也是如此，需要形形色色的人，不同性格特点的人，这样才会让一个团队变得更加具有战斗力和合作力。

一个坚强的团队，应有四种人：德者、能者、智者、劳者。德者领导团队，能者攻克难关，智者出谋划策，劳者执行有力。唐僧是一个目标坚定、品德高尚的人；孙悟空有个性、有想法，执行力很强；猪八戒有乐观主义精神，能屈能伸，能说会道，尊敬唐僧；沙僧任劳任怨、忠心耿耿。总的来说，唐僧师徒团队各个成员能够优势互补、目标一致，每个人都能发挥自己的效用，所以形成了一个越来越坚强的团队。

【各抒己见】

（1）剖析唐僧师徒 4 人的性格特点，试解读个人性格与团队建设之间的关系。

（2）分析一个优秀创业团队的构成要素，如何让一个团队变得具有战斗力和合作力？

（3）一个创业团队应如何充分发挥团队力量？谈谈你的观点。

【探讨 7-2】腾讯五虎将：难得的黄金创业团队

腾讯的马化腾创业五兄弟，堪称难得，其理性堪称标本。1998 年的那个秋天，马化腾与他的同学张志东“合资”注册了深圳市腾讯计算机系统有限公司。之后又吸纳了三位股东：曾李青、许晨晔、陈一丹。

为避免彼此争夺权力，马化腾在创立腾讯之初就和四个伙伴约定清楚：各展所长、各管一摊。马化腾是CEO（首席执行官），张志东是CTO（首席技术官），曾李青是COO（首席运营官），许晨晔是 CIO（首席信息官），陈一丹是CAO（首席行政官）。

之所以将创业五兄弟称之为“难得”，是因为直到2005年的时候，这五人的创始团队还基本上保持这样的合作阵形，不离不弃。直到腾讯做到如今的“帝国”局面，其中4个还在公司一线，只有COO曾李青挂着终身顾问的虚职而退休。

都说“一山不容二虎”，尤其是在企业迅速壮大的过程中，要保持创始人团队的稳定合作尤其不容易。在这个背后，工程师出身的马化腾从一开始对于合作框架的理性设计功不可没。

从股份构成上来看。5个人一共凑了50万元，其中马化腾出了23.75万元，占了47.5%的股份；张志东出了10万元，占20%；曾李青出了6.25万元，占12.5%的股份；其他两人各出5万元，各占10%的股份。

虽然主要资金都由马化腾所出，他却自愿把所占的股份降到一半以下，47.5%。“要他们的总和比我多一点点，不要形成一种垄断、独裁的局面。”而同时，他自己又一定要出主要的资金，占大股。“如果没有一个主心骨，股份大家平分，到时候也肯定会出问题，同样会完蛋。”

保持稳定的另一个关键因素，就在于搭档之间的“合理组合”。

马化腾非常聪明，但非常固执，注重用户体验，愿意从普通用户的角度去看产品。张志东是脑袋非常活跃，对技术很沉迷的一个人。马化腾技术上也非常好，但是他的长处是能够把很多事情简单化，而张志东更多是把一个事情做得完美化。

许晨晔和马化腾、张志东同为深圳大学计算机系的同学，他是一个非常随和而有自己的观点但不轻易表达的人，是有名的“好好先生”。而陈一丹是马化腾在深圳中学时的同学，后来也就读于深圳大学，他十分严谨，同时又是一个非常张扬的人，能在不同的状态下激起大家的激情。

如果说，其他几位合作者都只是“搭档级人物”的话，只有曾李青是腾讯5个创始人中最好玩、最开放、最具激情和感召力的一个，与温和的马化腾、爱好技术的张志东相比，是另一个类型。其大开大合的性格，也比马化腾更具备攻击性，更像拿主意的人。不过或许正是这一点，也导致他最早脱离了团队，单独创业。

后来，马化腾在接受多家媒体的联合采访时承认，他最开始也考虑过和张志东、曾李青三个人均分股份的方法，但最后还是采取了五人创业团队，根据分工占据不同的股份结构的策略。即便是后来有人想加钱、占更大的股份，马化腾说不行，“根据我对你能力的判断，你不适合拿更多的股份”。因为在马化腾看来，未来的潜力要和应有的股份匹配，不匹配就要出问题。如果拿大股的不干事，干事的股份又少，矛盾就会发生。

当然，经过几次稀释，最后他们上市时所持有的股份比例只有当初的1/3，但即便是这样，他们每个人的身价都还是达到了数十亿元人民币，是一个皆大欢喜的结局。

可以说，在中国的民营企业中，能够像马化腾这样，既包容又拉拢，选择性格不同、各有特长的人组成一个创业团队，并在成功开拓局面后还能依旧保持着长期默契合作，是很少见的。而马化腾的成功之处，就在于其从一开始就很好地设计了创业团队的责、权、利。能力越大，责任越大；权力越大，收益也就越大。

【各抒己见】

（1）分析腾讯创业团队中的五虎将在性格、特长等方面的互补性，各代表了创业团队中哪种类型的人？

（2）你认为腾讯创业团队的最成功之处是什么？

（3）腾讯创业团队的创业经历给了我们哪些启示？

【实战训练】

【训练 7-1】扑克分组

【训练目的】 培养个人的团队精神及顾全大局的精神，实现组织内部的信息共享。

【训练时间】 30～40 分钟。

【训练教具】 对开白纸 1 张（事先就固定在白板或教室墙上），双面胶 1 卷（事先就裁成长 40cm 左右，每组一条，由上而下间隔地粘贴在白纸上），普通扑克牌 1 副（抽去大小王），一共为 52 张，红色白板笔 1 支。

【训练过程】

（1）分发扑克牌。每人从 52 张扑克牌中随机抽取 1 张牌，未得到开始指令时不许看牌。

（2）在 3 分钟之内，每人将自己抽到的 1 张扑克牌去与另外的 4 张（或 5 张或 6 张）牌组合成一副牌组，要力争最快地组成优胜牌组。优胜规则如下：

①按照同花顺子、同花、杂花顺子方式组合的，依次为第 2、3、4 优牌组。

②由若干对子组成的杂花牌组中，对子数少者（如一组 5 张的牌中 3+2 相比 2+2+1；6 张的牌中 3+3 相比 2+2+2）为第 5 优牌组。

③如果出现含炸弹（全部相同）的牌组，则化腐朽为神奇，一跃成为所有牌组中第 1 优牌组。

④某一组合类型中如出现两个以上同类牌组，则先组合成功（先上交）者为本类组合之优。

⑤各牌组中如果出现了一副没有一条符合上述标准的最差的牌组，则表明了整个牌局的失败。

（3）宣布开始。密切观察参与者表现，催促大家及时将组合好的牌组交上来，分别放好。

（4）公布成绩。收齐各副牌后，依照交上来的时间先后，依次将各牌组中的每张牌有规律地粘贴在一条双面胶上，按照规则评出各牌组的位次，将其标注在各牌组旁。可以向最优牌组颁发小奖品。如果出现最差牌组，则宣布本次组合失败。

【训练点评】

在整个游戏过程中，单张扑克牌无论是好牌还是差牌，只有在组合后才能实现其价值，才能发现是优胜牌组还是最差牌组。个人的价值是无法单个显现出来的，只有在群体中个人的价值才可能得到证实或者显现。例如，孤立的一张 K，或者一张 5，是无所谓谁大谁小的，只有在组合后其价值才能得到最大实现，组成优胜牌组，或者最差牌组。另外，在组合牌组的时候，也有可能出现这样的问题：有无可能适当调动若干张牌，以消灭最差的牌组，或提升优胜位次较低的牌组，从而使整个大牌局改观。

【思考讨论】

（1）单个的牌有没有最好和最差的？

（2）怎样才能实现组合的最优化？你所在的小组获胜了吗？你认为获胜的关键是什么？

（3）在游戏过程中，你是积极寻找还是等别人来找你？

（4）该游戏给你什么启示？

7.4 设计创业企业的组织结构

【学习领会】

7.4.1 组织结构设计的含义

所谓组织结构设计，是指建立或改造一个组织的过程，即对组织活动和组织结构的设计与再设计，是把任务、流程、权力和责任进行有效的组合和协调的活动。

7.4.2 组织结构设计的程序

企业内部的部门是承担某种职能模块的载体，按一定的原则把它们组合在一起，便表现为组织结构。

（1）分析组织结构的影响因素，选择最佳的组织结构模式。

①企业环境。企业面临的环境特点，对组织结构中职权的划分和组织结构的稳定有较大的影响。如果企业面临的环境复杂多变，有较大的不确定性，就要求在划分权力时给中下层管理人员较多的经营决策权和随机处理权，以增强企业对环境变动的适应能力。如果企业面临的环境是稳定的、可把握的，对生产经营的影响不太显著，则可以把管理权较多地集中在企业高层管理人员手里，设计比较稳定的组织结构，实行程序化、规模化管理。

②企业规模。一般而言，企业规模小，管理工作量小，为管理服务的组织结构也相应简单。企业规模大，管理工作量大，需要设置的管理机构多，各机构间的关系也相对复杂。可以说，组织结构的规模和复杂性是随着企业规模的扩大而相应增加的。

③企业战略目标。企业战略目标与组织结构之间是作用与反作用的关系，有什么样的企业战略目标就有什么样的组织结构，同时企业的组织结构又在很大程度上对企业的战略目标和政策产生很大的影响。企业在进行组织结构设计和调整时，只有对本企业的战略目标及其特点进行深入的了解和分析，才能正确选择企业组织结构的类型和特征。

④信息沟通。信息沟通贯穿于管理活动的全过程，组织结构功能的大小在很大程度上取决于它能否获得信息、能否获得足够的信息以及能否及时地利用信息。

总之，组织结构设计必须认真研究上述四个方面的影响因素，并与之保持相互衔接和相互协调，究竟主要应考虑哪个因素，应根据企业具体情况而定。一个较大的企业，其整体性的结构模式和局部性的结构模式可以是不同的。例如，在整体上是事业部制的结构，在某个事业部内则可以采用职能制的结构。因此，不应把不同的结构模式截然对立起来。

（2）根据所选的组织结构模式，将企业划分为不同的、相对独立的部门。

（3）为各个部门选择合适的部门结构，进行组织机构设置。

（4）将各个部门组合起来，形成特定的组织结构。

（5）根据环境的变化不断调整组织结构。

7.4.3 企业组织结构设计的基本原则

在长期的企业组织变革的实践活动中，西方管理学家曾提出过一些组织设计基本原则。例如，管理学家林德尔·厄威克曾比较系统地归纳了古典管理学派泰勒、法约尔、马克斯·韦伯等人的观点，提出了 8 条指导原则：目标原则、相符原则、职责原则、组织阶层原则、管理幅度原则、专业化原则、协调原则和明确性原则。

美国管理学家哈罗德·孔茨等人，在继承古典管理学派的基础上，提出了健全组织工作的 15 条基本原则：目标一致原则、效率原则、管理幅度原则、分级原则、授权原则、职责的绝对性原则、职权和职责对等原则、统一指挥原则、职权等级原则、分工原则、职能明确性原则、检查职务与业务部门分设原则、平衡原则、灵活性原则和便于领导原则。

我国企业在组织结构的变革实践中积累了丰富的经验，也相应地提出了一些设计原则，现归纳如下。

1. 任务与目标原则

企业组织设计的根本目的，是为实现企业的战略任务和经营目标服务。这是一条最基本的原则。组织结构的全部设计工作必须以此作为出发点和归宿点，即企业任务、目标同组织结构之间是目的同手段的关系；衡量组织结构设计的优劣，要以是否有利于实现企业任务、目标作为最终的标准。从这一原则出发，当企业的任务、目标发生重大变化，例如，从单纯生产型向生产经营型、从内向型向外向型转变时，组织结构必须做相应的调整和变革，以适应任务、目标变化的需要。又如，进行企业机构改革，必须明确要从任务和目标的要求出发，该增则增，该减则减，避免单纯地把精简机构作为改革的目的。

2．专业分工和协作的原则

现代企业的管理工作量大、专业性强，分别设置不同的专业部门，有利于提高管理工作的质量与效率。在合理分工的基础上，各专业部门只有加强协作与配合，才能保证各项专业管理的顺利开展，达到组织的整体目标。

3．有效管理幅度原则

由于受个人精力、知识、经验条件的限制，一名领导人能够有效领导的直属下级人数是有一定限度的。有效管理幅度不是一个固定值，它受职务的性质、人员的素质、职能机构健全与否等条件的影响。这一原则要求在进行组织设计时，领导人的管理幅度应控制在一定水平，以保证管理工作的有效性。由于管理幅度的大小同管理层次的多少呈反比例关系，这一原则要求在确定企业的管理层次时，必须考虑有效管理幅度的制约。因此，有效管理幅度也是决定企业管理层次的一个基本因素。

4．集权与分权相结合的原则

企业组织设计时，既要有必要的权力集中，又要有必要的权力分散，两者不可偏废。集权是大生产的客观要求，它有利于保证企业的统一领导和指挥，有利于人力、物力、财力的合理分配和使用。而分权是调动下级积极性、主动性的必要组织条件。合理分权有利于基层根据实际情况迅速而正确地做出决策，也有利于上层领导摆脱日常事务，集中精力抓重大问题。因此，集权与分权是相辅相成的，是矛盾的统一。没有绝对的集权，也没有绝对的分权。企业在确定内部上下级管理权力分工时，主要应考虑的因素有：企业规模的大小，企业生产技术特点，各项专业工作的性质，各单位的管理水平和人员素质的要求等。

5．稳定性和适应性相结合的原则

稳定性和适应性相结合原则要求组织设计时，既要保证组织在外部环境和企业任务发生变化时能够继续有序地正常运转；同时又要保证组织在运转过程中，能够根据变化了的情况做出相应的变更，组织应具有一定的弹性和适应性。为此，需要在组织中建立明确的指挥系统、责权关系及规章制度；同时又要求选用一些具有较好适应性的组织形式和措施，使组织在变动的环境中具有一种内在的自动调节机制。

7.4.4 创业企业组织结构的基本形式

企业的组织结构设计是创业企业由小变大的过程中必须经历的一个环节。企业的组织结构有很多种分类方式，但是常见的有三种形式：职能型组织结构、事业部型组织结构、矩阵型组织结构。

1．职能型组织结构

职能型组织结构是企业在实践过程中“最简单”的组织形式。总体而言，职能型组织更加侧重于集中现有具有统治地位的核心业务。但是随着企业业务活动差异性变大，特别是产品、市场和客户的差异性越大，职能型组织结构的管理优势越难实现，而且职能型组织容易阻碍企业业务的多元化，随着企业的多元化发展，企业组织容易变得官僚化和松散化。

职能型组织结构是一种高度集权的、以职能为中心的组织结构，其特点是管理层级的集中控制，因此总部的战略决策可以在下属公司中得到较好的贯彻执行，管理控制严格，组织效率高。这种结构适用于规模较小、产品品种较少、生产连续性强和专业性强的企业集团，如矿业、能源、物流类企业等。

2．事业部型组织结构

在单纯的事业部组织结构下，企业管理的第二个层次是事业部而没有职能性部门。事业部型的组织结构侧重于通过更大的自主权和清晰的目标界定来进行激励，能够减轻最高管理层的负担，能够清晰地划分各个领域的职责，并且能够根据各个事业部的特性来调整决策。但是，一旦事业部的自主权越大，则对集团公司总体协调的要求越高，以避免产生“离心”的倾向。而且这种组织形式的缺点在于职能型成本过高，往往会因强调各个事业部的利益而忽视整个企业集团的总体利益。

事业部型组织结构就是母子公司结构，这种结构分权程度较高，母公司一般专注于战略管理，而子公司负责具体产业的生产经营活动，具有较大的经营自主权，在财务上具有独立性。事业部型组织结构适用于规模较大、产业相关性不强的多元化控股公司。

3．矩阵型组织结构

建立矩阵型组织结构的目的在于解决过度的事业部化而产生的问题，矩阵型组织结构是职能型和事业部型组织结构发展和演变的产物，是集权与分权管理相结合的产物。这种结构强调集团企业整体的协调功能和效应，适合多元化控股公司。这种组织结构实现了集权和分权的适度结合，既调动了各事业部发展的积极性，又能通过统一协调与管理，有效制定和实施集团公司整体发展战略，能做到上下联动，互相有效配合，反应速度更加敏捷。矩阵型组织结构的核心优点是：能够通过多角度来考虑总体利益，从而提高决策的质量；能够避免以各部门自身利益为导向的思维模式；能够公开处理冲突，并且具有很强的适应能力。但是矩阵型组织结构也存在一定的问题，这种组织结构很容易产生很大的冲突，并难于管理，而且如果产生过多的内部摩擦，则会导致对外部变化的反应迟缓，从而导致组织内部倾向于保守。

这三种基本的组织结构已经在世界范围内得到广泛的应用。但是从目前世界上的一些大公司的管理模式发展变化来看，使用矩阵型组织结构的比例不断增加，而使用职能型组织结构的比例不断减少，使用事业部型组织结构的比例略有减少，这说明矩阵型组织结构更具有生命力。

组织结构设计的目的是规划组织的人员管理，最大限度地发挥组织效能，最有效地利用组织资源，实现组织经营目标。为实现经营目标，职能部门在进行组织设计时，要引进经营目标、设计参数、设计模式等概念，运用有机组织结构体系，参照程序化的模式，尽可能减少经验数据在管理中的负面影响，形成目标体系的管理模式。

企业进行组织结构设计，以达到企业总体业务分工的目的。组织结构设计的成功与否，关键是能否体现组织管理的协同性和集中性。企业成长的不同阶段，需要适时调整企业结构，以灵活应对企业现实存在情况。

【案例剖析】

【案例 7-2】分析广告公司的组织结构

某广告有限责任公司的组织结构图如图 7-1 所示。

该公司实行总经理领导下的五部门平行的直线职能制形式，各岗位或部门的职责如下：

（1）总经理：负责公司的全面管理，着重负责公司重大决策、人事、财务和人员任免等事项。

（2）总经理助理：负责建立并完善公司全套管理制度和流程，协助总经理对外公关和日常管理沟通，监督运营计划的执行，进行项目管理和资源配合，全方位改善公司整体绩效等。

（3）市场营销部：负责公司市场推广、客户信息收集与管理、广告业务洽谈、合同签订、客户意见回馈、公司对外宣传以及公司营销长远规划等方面。

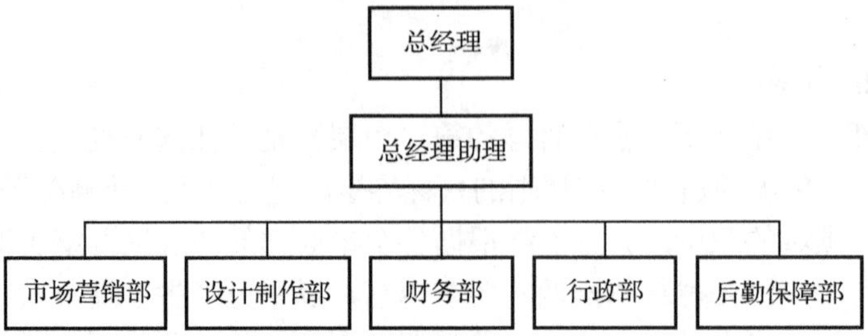

图 7-1　某广告有限责任公司的组织结构图之一

（4）设计制作部：根据客户需求和市场调研情况进行广告的创意设计，制作符合客户要求的广告产品。

（5）财务部：负责资金结算、物资采购、财务管理、成本核算控制以及员工薪金的发放等方面。

（6）行政部：负责公司的制度建设、工作协调、考核管理以及公司的发展规划等方面。

（7）后勤保障部：负责各种物资的保管发放、广告产品的运输安装、员工住宿安排等方面。

随着该公司业务量的扩大、人员的增加、竞争力的提升，拟对创业初期的公司组织结构进行优化，初步优化方案如图 7-2 所示。增加人力资源部；对原市场营销部和设计制作部进行重新整合，分别成立媒体代理部、平面创作部和广告制作部；各业务部门的市场营销、广告策划、设计制作和对外宣传自行负责。

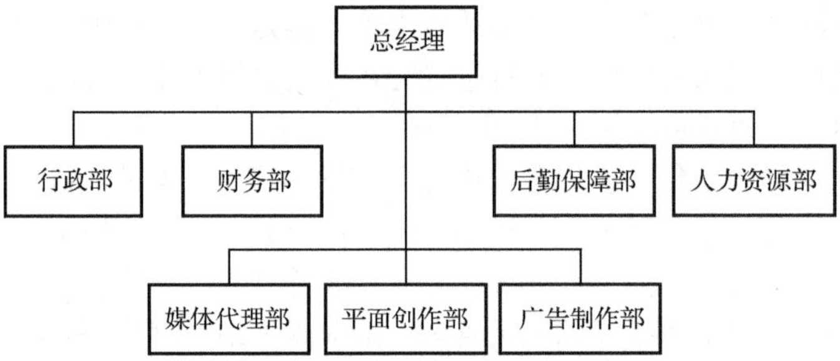

图 7-2　某广告有限责任公司的组织结构图之二

【分析思考】

公司组织结构是否合理，对于企业的发展与生存起着至关重要的作用。对于各层管理人员来说，在一个结构设计良好的公司工作，能保持较高的效率，并能充分显示其才能。而在一个结构紊乱、职责不明的公司工作，其工作绩效就很难保持在一个较高的状态。由于职责不清，管理人员往往无所适从，对公司产生失望乃至不满情绪，最终是公司效率低下、人员纷纷离开。

在大多数情况下，公司效益低并非由于没有一个正式的结构，而是由于采用了僵化的、不适合本公司特点和其他客观要求的组织结构形式。不论是紊乱的还是不合理的组织结构，都会导致公司的低效益。

适当的公司组织结构可以使公司的各项业务活动更顺利地进行，可以减少矛盾与摩擦，避免不必要的无休止的协调，也才能提高公司的效率。

组织结构的合理设置，能保证整个组织分工明确、职责清晰；保证每一个部门工作的正常运行，同时保证整个组织管理流程的畅通；避免职责不清造成吃大锅饭的局面，避免出现责任问题时相互推诿的现象。

对于大多数刚刚创立的企业，由于其规模较小且资产配置较为单一，所以管理一般呈现随意性。因为在公司创业初期，企业还没有必要在管理上花费太多的成本，应该把更多的精力主要集中在财务管理、生产管理、营销管理方面。在财务上重点为筹集业务资金；在生产上主要是生产设备、生产工艺的调试，生产过程的控制，各种标准的制定；在营销上主要是如何进行市场定位，做好市场开发。对于处在这一生命进程阶段的企业，由于各种生产要素及契约关系简单，高度集权、粗放型的管理制度是比较有效的。

然而，随着企业的进一步发展壮大，企业在有形资产稳步增长的同时，包括品牌、技术、商誉等无形资产开始逐步在总资产中占有较大比重时，企业便开始进入成长期。刚刚进入成长期的企业通常都已建立大部分的规章制度，但是缺乏系统性、科学性。工作职责和程序类制度比较缺乏，规章制度中的大部分为纪律性要求，员工对制度执行的自觉性不足。这个阶段的企业人才流动率很大，优秀人才更不愿长期服务，员工工作效率较低，客户满意度不高，企业总体竞争力较弱。而在成长期的后期，企业内各个领域都已建立系统化、规范化的现代企业制度，战略目标明确，组织结构合理，工作流程清晰，分工职责明了，同时，信息化运用广泛、效果显著。这类企业员工工作主动性、积极性处于较高层次，拥有较为齐全的优秀人才，客户和员工满意度较高，竞争力较强，年度销售额一般为正增长。处在成长期的企业，财务管理、生产管理和营销管理仍然是企业管理的重点，但是与创业初期相比又各有侧重，比如，财务管理上除了融资成本管理的重要性渐渐凸显，生产管理上主要是生产的规范化、批量化、规模化，而营销管理上则更多关注品牌和开拓新市场的问题。

当企业进入成熟期时，企业资产达到一定规模后保持相对稳定，各种无形资产在资产配置中占有相当的份额，其数值也趋于稳定，资产结构趋于科学合理。经过初生期、成长期的发展历程，企业也积累了比较丰富的管理经验，并且独特的企业文化这时也初露端倪。但同时，成熟期的企业往往表现出组织机构臃肿、组织结构庞大而复杂等特点，这时的企业管理往往集中在营销方面，其内容重点主要是保证比较稳定的市场份额。衰退期的到来使企业感到了未来发展的危机，企业在经营战略、市场营销、生产运作、财务成本、人力资源等方面都可能出现问题，使得企业在管理的各方面开始进行全面重新审视。

在企业的不同发展阶段，应适时地对公司组织结构做出调整和优化，使组织结构适于企业的发展，保证企业在激烈的市场竞争中立于不败之地。

【交流探讨】

【探讨 7-3】建立直线制的组织形式

某智能家居公司创业初期拟采取直线制的组织形式，公司组织结构图如图 7-3 所示。

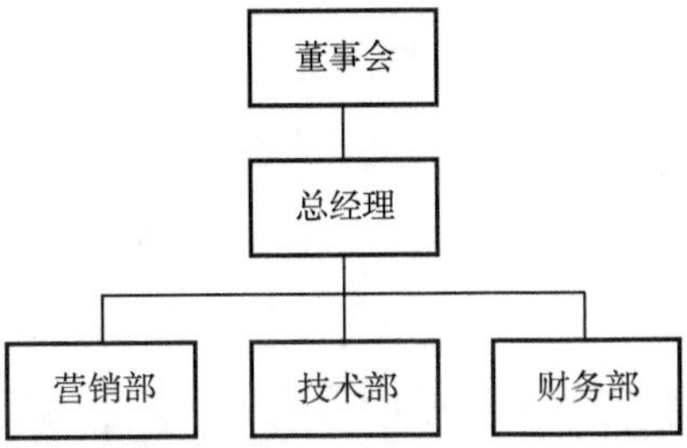

图 7-3　某智能家居公司的组织结构图

公司各岗位或部门的主要职责如下：

（1）董事会：由公司的股东代表组成，属于决策层，负责制定公司的总体发展战略，决定总经理的人选。

（2）总经理：负责公司各方面的经营管理，对董事会负责，决定副总经理和部门经理的人选，制定和监督企业战略实施。

（3）营销部：负责公司总体的营销活动，决定公司的营销策略和措施，并对营销工作进行评估和监控，包括市场分析、广告、公共关系、销售、客户服务等。

（4）技术部：负责产品的研发工作，拓展产品线的广度和深度，处理与产品有关的技术问题，并负责知识产权的具体管理。

（5）财务部：负责资金的筹集、使用和分配，例如财务计划和分析、投资决策、资本结构的确定、股利分配等，负责日常会计工作与税收管理。

【各抒己见】

某装修公司为一家创业公司，创业初期人员较少，也准备采用直线制的组织形式，参考如图 7-3 所示某智能家居公司的组织结构图和岗位职责，确定该公司的组织结构和岗位职责。

【实战训练】

【训练 7-2】因地制宜优化公司组织结构

唯美广告公司管理幅度是 1 对 5，就是 1 个总经理管理 5 个职能部门，其组织结构图如图 7-4 所示。

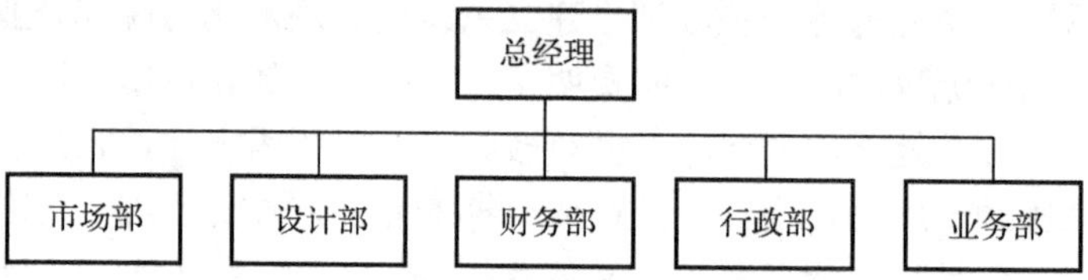

图 7-4　唯美广告公司组织结构图

（1）创业初期唯美广告公司的业务量不大、人员也不多的情况下，其管理幅度是否合理？从公司的业务量、利润率、核心业务、公司规模（人数）等因素进行分析后，给出各部门层级横向管理范围的建议。

（2）试为各部门拟定相关职责。

（3）如果公司规模小，从节约人力资源成本方面考虑，公司拟将业务部并入市场部，财务部和行政部予以合并，分析优化后的组织结构的合理性。

（4）随着公司的发展，业务量逐步增大，人员也逐步增加，应如何优化组织结构？提出改进方案，并阐明优化改进的理由。

模块 8 启动创业计划

创业计划是创业者叩响投资者大门的“敲门砖”，一份优秀的创业计划往往会使创业者达到事半功倍的效果。创业计划是创业者计划创立的业务的书面摘要，用以描述与拟创办企业相关的内外部环境条件和要素特点，为业务的发展提供指示图。通常，创业计划是市场营销、财务、生产、人力资源等职能计划的综合。

【知识梳理】

8.1 创业环境与优惠政策

良好的创业环境对创业企业的成长和发展具有推动和促进作用，反之则限制和阻碍其发展。因此，大学生创业时，应重视创业环境的研究，有效地应对各种外部环境的变化，充分把握由环境所提出的挑战和环境所提供的创业时机。

党的二十大报告明确提出：“坚持和完善社会主义基本经济制度，毫不动摇巩固和发展公有制经济，毫不动摇鼓励、支持、引导非公有制经济发展，充分发挥市场在资源配置中的决定性作用，更好发挥政府作用。”“优化民营企业发展环境，依法保护民营企业产权和企业家权益，促进民营经济发展壮大。”“支持中小微企业发展。”“完善产权保护、市场准入、公平竞争、社会信用等市场经济基础制度，优化营商环境。”“坚持把发展经济的着力点放在实体经济上，推进新型工业化，加快建设制造强国、质量强国、航天强国、交通强国、网络强国、数字中国。”“推动战略性新兴产业融合集群发展，构建新一代信息技术、人工智能、生物技术、新能源、新材料、高端装备、绿色环保等一批新的增长引擎。”“强化就业优先政策，健全就业促进机制，促进高质量充分就业。”“完善促进创业带动就业的保障制度，支持和规范发展新就业形态。”

8.1.1 创业环境的含义

创业环境是指创业者周围的境况，是在创业者创立企业的整个过程中，围绕着创业企业生存和发展变化，对其产生影响或制约创业企业发展的一系列外部因素及其所组成的有机整体，是创业者及其企业产生、生存和发展的基础，是创业活动的基本条件。

换言之，创业环境是指开展创业活动的范围和领域，是创业者所处的境遇和情况。它是对创业者创业思想的形成和创业活动的开展能够产生影响和发生作用的各种因素与条件的总和。

这里反映了创业环境内在的三个含义：

第一，创业环境是创业活动的领域。所有的创业活动都是具体的、现实的，都要有一个明确的方向和目标。在哪个行业里创业，如何创业，都要从实际出发，受环境的支配，不能随心所欲。创业环境在很大程度上规定了创业的性质和活动范围。

第二，创业环境是创业者面临的处境。环境在本质上是一个动态系统，具有较大的不确定性。创业环境始终处于不断的发展变化过程中，使创业者不断面临新的情况，解决新的问题，这就决定了创业是一项变革和创新的活动。

第三，创业环境是创业活动的基本条件。环境是一种客观存在，存在是决定意识的。创业环境对创业活动的决定性作用在于它能为人们的创业活动提供各种精神的或物质的条件，能从各个方面影响创业活动的进程，决定着创业活动的成败。

也就是说，创业环境是指那些与创业活动相关联的因素的集合，包括宏观环境、中观环境和微观环境。

（1）宏观环境。宏观环境又称为一般环境或总体环境，是指影响一切行业和企业的各种宏观力量，包括那些给企业造成市场机会或环境威胁的主要社会力量。不同行业和企业根据自身特点和经营需要，以宏观环境因素所做分析的具体内容会有差异，但一般都涉及政治、经济、社会、技术、自然和法律等因素。

（2）中观环境。中观环境又称为行业环境。行业是指提供同一类产品（或服务）或提供具有可替代性产品（或服务）的企业群，行业分析的内容包括行业的生命周期阶段、行业的进入与退出障碍、行业的需求及竞争状况、行业主导技术的发展趋势及行业的发展前景等。

（3）微观环境。微观环境是指企业的顾客、竞争者、营销渠道和有关公众等对企业营销活动有直接影响的各种因素。创业环境的微观因素是决定企业生存和发展的基本环境因素，除了企业能够直接控制的内容环节之外，还包括企业生产的产品或服务的性质、特点，以及企业在国民经济中所起作用的不同而形成的行业。这是企业生存与发展的具体环境，创业者应特别重视对创业环境的微观因素分析，要分析研究市场、行业等。

8.1.2 创业环境的表现形式

创业环境总是以多姿多彩的形式来表现自己的内涵。对创业环境的观察角度不同，其表现形式也就不同。具体来说，创业环境大致有以下几种表现形式。

1．社会环境与自然环境

社会环境也可称为国情，是指创业者所处的国家和社会的政治制度、经济制度、法律制度、思想文化、风俗时尚，以及党和政府在特定历史时期的路线、方针、政策等方面的条件。自然环境是指创业者面对的地理、资源、气候等自然状况。社会环境和自然环境作为开展创业活动的宏观背景，它们的变化能对创业活动产生巨大的不可抵抗的影响。创业者只能利用它们，但却无法改变它们。

2．内部环境与外部环境

内部环境是创业组织内部各种创业要素的总称，如人员、资金、设施、技术、产品、生产、管理、运营等方面的情况。内部环境是创业者的“家园”。俗话说“家和万事兴”，它对创业活动的开展至关紧要。处理好内部关系，优化内部环境，是创业活动生存的根基。外部环境是创业组织外部的各种创业条件的总称，包括社会的、自然的、政治的、经济的、合作的、竞争的、远处的、近处的形势和情况，对创业组织的发展具有广泛的影响力，是创业组织发展的保证。创业组织要适应的正是这种环境。

3．融资环境与投资环境

融资环境是指创业者为了扩大创业实力需要聚集资金的社会条件。投资环境特指创业者资金投向的项目特征及地区概况。融资与投资是创业活动不可分割的两个方面，同样都受特定地区人们的经济收入、消费观念、风险意识、国家政策等环境因素的影响。

4．合作环境与竞争环境

创业的合作环境是指创业者对外扩张、寻求发展、建立协作伙伴关系的环境氛围，通常指相关行业、供应商、经销商、广告商、技术所有者、风险投资公司及新闻媒体等单位的情况。竞争环境是指创业者所处的行业状况，包括行业的经营思想、产品质量、技术力量、管理水平、营销政策等。合作环境与竞争环境是创业组织生存和发展极为重要的外部条件，任何创业者都无法脱离这个环境而存在。

5．生产环境与消费环境

生产环境是指创业者的资金转化为产品的过程所需要的各种因素，包括劳动力、生产设施、原材料、技术服务、动力供应、交通运输等状况。消费环境是指创业者的商品转化为货币的过程所需要的各种条件，包括特定地区人们的富裕程度、消费观念、消费水平、市场和竞争对手等方面的状况。

上述各种形式的创业环境相互交织，构成了完整的创业环境。创业者只有全面认识和把握自身所处环境的基本构成，熟悉各种环境所内含的共同趋向和基本要求，才能够切中时代的脉搏，进行卓有成效的创业活动。

8.1.3 创业政策汇总

近年来，国务院办公厅、国家有关部委、各省（自治区、直辖市）都陆续出台了各类有关促进大学生就业与创业的政策文件，如表 8-1 所示，从简化注册程序、提供资金扶持，到鼓励学校开展创新创业教育、提供创业服务等方面进行了积极的推动。

表 8-1 创业政策汇总表

发布部门	政策文件
国务院	（1）国务院关于推动创新创业高质量发展打造“双创”升级版的意见（国发〔2018〕32 号） （2）国务院关于强化实施创新驱动发展战略进一步推进大众创业万众创新深入发展的意见（国发〔2017〕37 号） （3）国务院关于促进创业投资持续健康发展的若干意见（国发〔2016〕53 号） （4）国务院关于印发“十三五”国家战略性新兴产业发展规划的通知（国发〔2016〕67 号） （5）国务院关于加快构建大众创业万众创新支撑平台的指导意见（国发〔2015〕53 号） （6）国务院关于积极推进“互联网+”行动的指导意见（国发〔2015〕40 号） （7）国务院关于大力推进大众创业万众创新若干政策措施的意见（国发〔2015〕32 号）
国务院办公厅	（1）国务院办公厅关于优化调整稳就业政策措施全力促发展惠民生的通知（国办发〔2023〕11 号） （2）国务院办公厅关于进一步做好高校毕业生等青年就业创业工作的通知（国办发〔2022〕13 号） （3）国务院办公厅关于进一步支持大学生创新创业的指导意见（国办发〔2021〕35 号） （4）国务院办公厅关于建设第三批大众创业万众创新示范基地的通知（国办发〔2020〕51 号） （5）国务院办公厅关于提升大众创业万众创新示范基地带动作用进一步促改革稳就业强动能的实施意见（国办发〔2020〕26 号） （6）国务院办公厅关于推广支持创新相关改革举措的通知（国办发〔2017〕80 号） （7）国务院办公厅关于深化高等学校创新创业教育改革的实施意见（国办发〔2015〕36 号） （8）国务院办公厅关于发展众创空间推进大众创新创业的指导意见（国办发〔2015〕9 号）
教育部	（1）教育部关于做好 2023 届全国普通高校毕业生就业创业工作的通知（教学〔2022〕5 号） （2）教育部关于做好 2022 届全国普通高校毕业生就业创业工作的通知（教学〔2021〕5 号） （3）教育部办公厅关于做好深化创新创业教育改革示范高校阶段性总结工作的通知（教高厅函〔2020〕22 号） （4）教育部关于印发《国家级大学生创新创业训练计划管理办法》的通知（教高函〔2019〕13 号） （5）教育部办公厅关于印发《促进高等学校科技成果转移转化行动计划》的通知（教技厅函〔2016〕115 号）
人力资源和社会保障部	（1）人力资源社会保障部关于开展 2023 年高校毕业生等青年就业创业推进计划的通知（2023 年 3 月 30 日） （2）人力资源社会保障部关于做好 2021 年全国高校毕业生就业创业工作的通知（人社部函〔2021〕27 号） （3）人力资源社会保障部关于开展就业创业服务攻坚季行动的通知（人社部函〔2020〕99 号） （4）人力资源社会保障部办公厅关于进一步推进创业培训工作的指导意见（人社部发〔2015〕197 号）
财政部、国家税务总局	（1）关于实施支持和促进重点群体创业就业有关税收政策具体操作问题的公告（国家税务总局公告 2019 年第 10 号） （2）关于进一步扩大小型微利企业所得税优惠政策范围的通知（财税〔2018〕77 号）
科技部	（1）关于开展“科技创业带动高质量就业行动”的通知（国科火字〔2020〕109 号） （2）科技部关于进一步推动科技型中小企业创新发展的若干意见（国科发高〔2015〕3 号） （3）科技部关于印发《发展众创空间工作指引》的通知（国科发火〔2015〕297 号）
共青团中央办公厅	（1）共青团中央办公厅关于印发《关于高校共青团积极促进大学生创业工作的实施意见》的通知（中青办发〔2015〕2 号） （2）共青团中央关于印发《关于加强共青团促进青年创业就业服务体系建设的实施意见》的通知（中青发〔2014〕1 号）

续表

发布部门	政策文件
多个部委联合	（1）国家发展改革委等部门关于深入实施创业带动就业示范行动力促高校毕业生创业就业的通知（发改高技〔2022〕187号） （2）关于深入组织实施创业带动就业示范行动的通知（发改办高技〔2021〕244号） （3）人力资源社会保障部教育部发展改革委财政部关于印发“十四五”职业技能培训规划的通知（人社部发〔2021〕102号） （4）关于开展双创示范基地创业就业“校企行”专项行动的通知（发改办高技〔2020〕310号） （5）关于进一步加大创业担保贷款贴息力度全力支持重点群体创业就业的通知（财金〔2020〕21号） （6）关于进一步支持和促进重点群体创业就业有关税收政策的通知（财税〔2019〕22号）

8.1.4 SWOT分析法

SWOT分析法又称为态势分析法，由旧金山大学管理学教授于20世纪80年代初提出来，是一种能够较客观而准确地分析和研究一个企业现实情况的方法。SWOT四个英文字母分别代表优势（Strengths）、劣势（Weaknesses）、机会（Opportunities）、威胁（Threats）。所谓SWOT分析，即态势分析，就是将与研究对象密切相关的各种主要内部优势、劣势和外部机会、威胁等，通过调查列举出来，并依照矩阵形式排列，然后用系统分析的思想，把各种因素相互匹配起来加以分析，从中得出一系列相应的结论，而结论通常带有一定的决策性。

从整体上看，SWOT可以分为两部分：第一部分为SW，主要用来分析内部条件；第二部分为OT，主要用来分析外部条件。利用这种方法可以从中找出对自己有利的、值得发扬的因素，以及对自己不利的、要避开的东西，发现存在的问题，找出解决办法，并明确以后的发展方向。根据这个分析，可以将问题按轻重缓急分类，明确哪些是目前急需解决的问题，哪些是可以稍微拖后一点的事情，哪些属于战略目标上的障碍，哪些属于战术上的问题，并将这些研究对象列举出来，依照矩阵形式排列。然后用系统分析的思想，把各种因素相互匹配起来加以分析，从中得出一系列相应的结论，而结论通常带有一定的决策性，有利于领导者和管理者做出较为正确的决策和规划。

运用这种方法，可以对研究对象所处的情景进行全面、系统、准确的研究，从而根据研究结果制定相应的发展战略、计划以及对策等。SWOT分析法常常被用于制定企业发展战略和分析竞争对手情况，在战略分析中，它是常用的方法之一。进行SWOT分析时，主要有以下几个方面的内容。

1．分析环境因素

运用各种调查研究方法，分析出公司所处的各种环境因素，即外部环境因素和内部环境因素。外部环境因素包括机会因素和威胁因素，它们是外部环境对公司的发展直接有影响的有利和不利因素，属于客观因素；内部环境因素包括优势因素和弱点因素，它们是公司在其发展过程中自身存在的积极和消极因素，属主动因素。在调查分析这些因素时，不仅要考虑到历史与现状，而且更要考虑未来发展问题。

（1）优势：是组织机构的内部因素，具体包括有利的竞争态势、充足的财政来源、良好的企业形象、技术力量、规模经济、产品质量、市场份额、成本优势、广告攻势等。

（2）劣势：也是组织机构的内部因素，具体包括设备老化、管理混乱、缺少关键技术、研究开发落后、资金短缺、经营不善、产品积压、竞争力差等。

（3）机会：是组织机构的外部因素，具体包括新产品、新市场、新需求、外国市场壁垒解除、竞争对手失误等。

（4）威胁：也是组织机构的外部因素，具体包括新的竞争对手、替代产品增多、市场紧缩、行业政策变化、经济衰退、客户偏好改变、突发事件等。

SWOT 方法的优点在于考虑问题全面，是一种系统思维，条理清楚，便于检验。

2. 构造 SWOT 矩阵

将调查得出的各种因素根据轻重缓急或影响程度进行排序，构造 SWOT 矩阵。在此过程中，将那些对公司发展有直接的、重要的、大量的、迫切的、久远的影响因素优先排列出来，而将那些间接的、次要的、少许的、不急的、短暂的影响因素排列在后面。

3. 制订行动计划

在完成环境因素分析和 SWOT 矩阵的构造后，便可以制订出相应的行动计划。制订计划的基本思路是：发挥优势因素，克服弱点因素，利用机会因素，化解威胁因素；考虑过去，立足当前，着眼未来。运用系统分析的综合分析方法，将排列与考虑的各种环境因素相互匹配起来加以组合，得出一系列公司未来发展的可选择对策。

成功应用 SWOT 分析法的简单规则：

（1）进行 SWOT 分析的时候必须对公司的优势与劣势有客观的认识。

（2）进行 SWOT 分析的时候必须区分公司的现状与前景。

（3）进行 SWOT 分析的时候必须考虑全面。

（4）进行 SWOT 分析的时候必须与竞争对手进行比较。

（5）保持 SWOT 分析法的简洁化，避免复杂化与过度分析。

（6）SWOT 分析法因人而异。

8.2 选择商业模式

商业模式创新是当今企业获得核心竞争力的关键。马云凭淘宝横扫了零售界；乔布斯把通信功能装在手机上，顺便就把诺基亚打败了；佳能、尼康这些后生小辈，拿着数码相机几乎就把百年柯达送进了火葬场！

柯达公司是数码相机的发明者，诺基亚公司对智能手机的关注和研发远远早于苹果公司。数码相机发明人萨森曾经效力于柯达公司的应用研究实验室，他获得一项新任务：研究一种名为“电荷耦合器件”的新技术，一年之后，数码相机在他的手下诞生了。数码影像技术改变了整个行业，但萨森没想到的是，它同时让全球最大影像公司之一的柯达开始陨落。柯达最核心的商业模式是售卖胶卷，有了数码相机，谁还会买胶卷？于是，柯达冷藏了这项技术。萨森说，在过去许多年里，柯达向数码影像领域投入了几十亿美元的资金，但是最终遭遇了一个无法逾越的障碍，“柯达转换商业模式变得很困难，从某种意义上说，新技术吞噬掉了一家曾经利润丰厚、品牌家喻户晓的企业。”

同样的案例是，诺基亚最先关注和研究了智能手机，但最后却被苹果用“智能”击溃。转换商业模式甚至远比科技创新困难，这意味着传统的盈利渠道要被放弃或削弱，即使是它正在为你贡献利润；原有的组织结构要被打破，原有的资源配置要被重组，原有的利益机制要重新分配……这意味着，一个商业组织，既要耐心等待消费者消费习惯的转变，又要承受组织内部既得利益者的压力，甚至要同时承受资本的压力。熟悉的、利益丰厚的领域被抛弃，新的产品或服务暂时还没有占领市场，中间必然会造成利润下滑等一系列问题。

【学习领会】

8.2.1 商业模式的含义与组成

奥斯特瓦德（Osterwalder）和图奇（Tucci）提出的定义为：商业模式是一种包含了一系列要素及其关系的概念性工具，用以阐明某个特定实体的商业逻辑。商业模式描述了公司所能为客户提供的价值以及公司的内部结构、合作伙伴网络和关系资本等，用以实现（创造、营销和交付）这一价值并产生可持续、可营利性收入的要素。

按照 IBM 商业研究所和哈佛商学院克里斯坦森（Christensen）教授的观点，商业模式就是一个企业的基本经营方法（method of doing business）。它包含 4 部分：用户价值定义（customer value proposition）、利润公式（profit formula）、产业定位（value chain location）、核心资源和流程（key resources & processes）。

（1）用户价值定义。用户价值定义是为目标用户群提供的价值，其具体表现是给用户提供的产品、服务及销售渠道等价值要素的某种组合。

（2）利润公式。利润公式包括收入来源、成本结构、利润额度等。

（3）产业定位。产业定位是企业在产业链中的位置和充当的角色。

（4）核心资源和流程。核心流程包括企业的生产和管理流程，而核心资源则是企业所需的各类有形和无形的资源。

8.2.2 商业模式的构成要素

商业模式主要由 4 个密切相关的要素构成，这 4 个要素相互作用时能够创造与实现价值。

1．客户价值主张

凡是成功的公司都能够找到一种为客户创造价值的方法，即帮助客户完成某项重要工作。在此，“工作”的含义是指在特定情境下需要解决的一个关键问题。客户工作的重要性越高，客户对现有方案的满意度越低，而提供的解决方案比其他可选方案越好，客户价值主张就越优秀。提出客户价值主张的最佳时机是：其他可选产品和服务的设计并未考虑到客户真正的需求，而你此时却可以完全针对客户的工作设计出圆满的解决方案。

2．赢利模式

赢利模式是对公司如何既为客户提供价值又为自己创造价值的详细计划，包括以下构成要素：

（1）收入模式：产品单价×销售数量。

（2）成本结构：直接成本、间接成本和规模经济。成本结构主要取决于实施商业模式所需关键资源的成本。

（3）利润模式：在已知预期数量和成本结构的情况下，为实现预期利润要求每笔交易贡献的收入。

（4）利用资源的速度：为了实现预期营业收入和利润，我们需要实现多高的库存周转率、固定资产及其他资产的周转率，并且还要考虑从总体上该如何利用好资源。

人们往往把“赢利模式”和“商业模式”的概念混为一谈。事实上，赢利模式只是商业模式的一部分。

3．关键资源

关键资源是指人员、技术、产品与厂房设备以及品牌这类资产，用以向目标客户群体传递价值主张；这里我们关注的是可以为客户和公司创造价值的关键要素，以及这些要素间的相互作用方式。每个公司也都拥有一般资源，但这些资源无法创造出差异化的竞争优势。

4．关键流程

成功企业都有一系列的运营流程和管理流程，确保其价值交付方式能够被大规模复制和扩展，这包括员工的培训与发展、生产制造、预算与规划、销售和服务等重复发生的工作。此外，关键流程还包括公司的制度和条例、绩效指标等。

上述 4 个要素是每个企业的商业模式的构成要素。客户价值主张和赢利模式分别明确了客户的价值和公司的价值，关键资源和关键流程则描述了如何实现客户价值和公司价值。

这一框架看上去再简单不过了，其力量蕴藏于各部分之间复杂的、相互依靠的关系。4 个要素中的任何一个发生大的变化，都会对其他要素和整体产生影响。成功企业都会设计一个比较稳定的系统，将这些要素以连续一致、互为补充的方式联系在一起。

8.2.3 创新商业模式的方法

商业模式创新就是对企业的经营方法进行变革。一般而言，有 4 种方法：改变收入模式、改变企业模式、改变产业模式和改变技术模式。

1．改变收入模式

改变收入模式就是改变一个企业的用户价值定义和相应的利润方程或收入模型。这就需要企业从确定用户的新需求入手，并非市场营销范畴中的寻找用户新需求，而是从更宏观的层面重新定义用户需求，即去深刻理解用户购买你的产品需要完成的任务或要实现的目标是什么（consumer's job to be done）。其实，用户要完成一项任务需要的不仅是产品，而是一个解决方案（solution）。一旦确认了解决方案，也就确定了新的用户价值定义，并可依此进行商业模式创新。

国际知名电钻企业喜利得公司（Hilti）就从此角度找到用户新需求，并重新确认用户价值定义。喜利得一直以向建筑行业提供各类高端工业电钻著称，但由于全球激烈竞争使电钻成为低利标准产品（commodity）。于是，喜利得通过专注于用户所需要完成的工作，意识到用户真正需要的不是电钻，而是在正确的时间和地点获得处于最佳状态的电钻。然而，用户缺乏对大量复杂电钻的综合管理能力，经常造成工期延误。因此，喜利得随即改动它的用户价值定义，不再出售而是出租电钻，并向用户提供电钻的库存、维修和保养等综合管理服务。为提供新的用户价值定义，喜利得公司变革其商业模式，从硬件制造商变为服务提供商，并将制造向第三方转移，同时改变盈利模式。戴尔、沃尔玛、道康宁（Dow Corning）、Zara 和 Ryanair 等公司都是这样进行商业模式创新的。

2．改变企业模式

改变企业模式就是改变一个企业在产业链的位置和充当的角色，也就是说，改变其价值定义中“造”和“买”（make or buy）的搭配，一部分由自身创造（make），其他由合作者提供（buy）。一般而言，企业的这种变化是通过垂直整合策略（vertical integration）或出售及外包（outsourcing）来实现的。例如，谷歌公司在意识到大众对信息的获得已从桌面平台向移动平台转移，自身仅作为桌面平台搜索引擎会逐渐丧失竞争力，就实施垂直整合，大手笔收购摩托罗拉手机和安卓移动平台操作系统，进入移动平台领域，从而改变了自己在产业链中的位置及商业模式，由“软”变“硬”。IBM 公司也是如此，它在 1990 年代初期意识到个人计算机产业无利可寻，即出售此业务，并进入 IT 服务和咨询业，同时扩展其软件部门，一举改变了它在产业链中的位置和原有的商业模式，由“硬”变“软”。甲骨文（Oracle）、礼来（Eli Lilly）、香港利丰、Facebook 等公司都是采取这种思路进行商业模式创新的。

3．改变产业模式

改变产业模式是最激进的一种商业模式创新，它要求一个企业重新定义本产业，进入或创造一个新产业。例如，IBM 公司通过推动智能星球倡议（Smart Planet Initiative）和云计算，重新整合资源，进入新领域并创造新产业，如商业运营外包服务（business process outsourcing）和综合商业变革服务（business transformation services）等，力求成为企业总体商务运作的大管家。亚马逊公司也是如此，它正在进行的商业模式创新向产业链后方延伸，为各类商业用户提供如物流和信息技术管理的商务运作支持服务（Business Infrastructure Services），向它们开放自身的 20 个全球货物配送中心，并进入云计算领域，成为提供相关平台、软件和服务的领军者。其他如高盛（Goldman Sachs）、富士（Fuji）和印度大企业集团 Bharti Airtel 等都在进行这类商业模式创新。

4．改变技术模式

产品创新往往是商业模式创新的最主要驱动力，技术变革也是如此。企业可以通过引进激进型技术来主导自身的商业模式创新，例如，当年众多企业利用互联网进行商业模式创新。当今，最具潜力的技术是云计算，它能提供诸多崭新的用户价值，从而为企业提供进行商业模式创新的契机。另一项重大的技术革新是 3D 打印技术，如果一旦成熟并能商业化，它将帮助诸多企业进行深度商业模式创新，如汽车企业可用 3D 打印技术替代传统生产线来打印零件，甚至可采用戴尔的直销模式，让用户在网上订货，并在靠近用户的场所将所需汽车“打印”出来。

当然，无论采取何种方式，商业模式创新需要企业对自身的经营方式、用户需求、产业特征及宏观技术环境等具有深刻的理解和洞察力，这才是成功进行商业模式创新的前提条件，也是最困难之处。

8.2.4　对比五种常见的电子商务模式

电子商务模式是指企业运用互联网开展经营取得营业收入的基本方式，也就是指在网络环境中基于一定技术基础的商务运作方式和盈利模式。目前，常见的电子商务模式主要有 B2B、B2C、C2B、C2C、O2O 等几种，此处对这五种电子商务模式进行简单的对比。

1．B2B 模式

B2B（Business to Business）是指商家与商家建立的商业关系。例如，我们在麦当劳中只能够买到可口可乐，是因为麦当劳与可口可乐的商业伙伴关系。商家建立商业伙伴关系是希望通过大家所提供的东西来形成一个互补的发展机会，大家的生意都可以有利润，如阿里巴巴等。

B2B 模式是电子商务中历史最长、发展最完善的商业模式，能迅速地带来利润和回报。它的利润来源于相对低廉的信息成本带来的各种费用的下降，以及供应链和价值链整合的好处。企业间的电子商务成为电子商务的重头，它的应用有通过 EDI 网络连接会员的行业组织、基于业务链的跨行业交易集成组织、网上及时采购等。

B2B 电子商务模式主要有降低采购成本、降低库存成本、节省周转时间、扩大市场机会等优势，目前常见的 B2B 运营模式主要有垂直 B2B（上游和下游，可以形成销货关系）、水平 B2B（将行业中相近的交易过程集中）、自建 B2B（行业龙头运用自身优势串联整条产业链）、关联行业的 B2B（整合综合 B2B 模式和垂直 B2B 模式的跨行业 EC 平台）。B2B 的主要盈利模式是：会员收费、广告收费、竞价排名收费、增值服务费、线下服务费、商务合作推广收费、按询盘付费等。

2．B2C 模式

B2C（Business to Customer）就是我们经常看到的供应商直接把商品卖给用户，即“商对客”模式，也就是通常说的商业零售，直接面向消费者销售产品和服务，如京东、亚马逊。例如，你去麦当劳消费就是 B2C，因为你只是一个客户。

B2C 网站类型主要有综合商城（产品丰富的传统商城 EC 化）、百货商店（自有库存，销售商品）、垂直商店（满足某种特定的需求）、复合品牌店（传统品牌商的复合）、服务型网店（无形商品的交易）、导购引擎型（趣味购物、便利购物）、在线商品定制型（个性化服务、个性化需求）等。B2C 的盈利模式主要是服务费、会员费、销售费、推广费等。

3. C2B 模式

C2B（Customer to Business）比较本土化的说法是要约，由客户发布自己要些什么东西，要求的价格是什么，然后由商家来决定是否接受客户的要约。假如商家接受客户的要约，那么交易成功；假如商家不接受客户的要约，那么就是交易失败。C2B 模式的核心，是通过聚合分散分布但数量庞大的用户形成一个强大的采购集团，以此来改变 B2C 模式中用户一对一出价的弱势地位，使之享受到以大批发商的价格买单件商品的利益，如 HiShop、海尔商城等。

C2B 模式的一般运行机制是需求动议的发起、消费者群体自觉聚集、消费者群体内部审议、制订出明确的需求计划、选择合适的核心商家或者企业群体、展开集体议价谈判、进行联合购买、消费者群体对结果进行分配、消费者群体对于本次交易结果的评价、消费者群体解散或者对抗。

4. C2C 模式

C2C（Customer to Customer）就是客户自己把东西放到网上去卖，是个人与个人之间的电子商务，如淘宝网、拍拍网等。

C2C 的主要盈利模式是会员费、交易提成费、广告交费、排名竞价交费、支付环节费用等。C2C 的一般运作流程是：卖方将欲售卖的货品登记在社群服务器上，买方通过入口网页获取出售商品资料，买方通过检查卖方的信用度后选择欲购买的商品，通过管理交易平台完成资料记录，买方与卖方进行收付款交易，通过网站的物流运送机制将货品送到买方手里。

5. O2O 模式

O2O 即 Online To Offline，也就是将线下商务的机会与互联网结合在一起，让互联网成为线下交易的前台。这样线下服务就可以用线上揽客，消费者可以线上筛选服务，成交可以在线结算。该模式最重要的特点是：推广效果可查，每笔交易可跟踪。O2O 模式的优势有：充分挖掘线下资源，消费行为更加易于统计，服务方便，优势集中，促使电子商务朝多元化方向发展。

8.2.5 创业企业五大创新商业模式的案例分析

在互联网思维被赋予多重定义的时代，创新商业模式和传统商业模式最大的区别在于，不再是关于成本和规模的讨论，而是关于重新定义客户价值的讨论。商业模式就是如何创造和传递客户价值与公司价值的系统。可见，客户价值及客户价值主张的重要性非同一般。

2015 年，“大众创业，万众创新”大潮兴起，波澜壮阔，众多创业企业爆发，各种各样的创新型商业模式不断涌现。这里精选了 2015 年各行各业的创业企业中具有代表性的创新商业模式案例，可供中小型创业企业参考。

1. 滴滴巴士——定制公共交通

百花齐放的共享巴士，还是捉对厮杀的共享巴士？

（1）企业介绍：2015 年 7 月 15 日，继快车、顺风车之后，滴滴快的（即“滴滴出行”）旗下巴士业务“滴滴巴士”（即“滴滴公交”）也正式上线。

（2）创新性：滴滴巴士是第一个尝试将巴士进行多场景应用的定制巴士。滴滴巴士是关于定制化出行的城市通勤定制服务。它根据大数据测算并推出城市出行新线路。滴滴巴士还将巴士进行多场景应用，如旅游线路定制、商务线路定制等，扩展了巴士出行的场景。

（3）短评：城市通勤定制服务出现的时间并不长，却发展很快。它是关于定制化出行的一种初步尝试。事实上，做定制服务的门槛其实是极高的，而滴滴巴士母公司滴滴出行的互联网技术和用户基础为其创造了有利条件。

2. 百度度秘——表面上它陪你聊天，其实你陪它消费

李彦宏“索引真实世界”：度秘时代来了，你跟得上吗？

（1）企业介绍：度秘（英文名：duer）是 2015 百度世界大会上全新推出的，为用户提供秘书

化搜索服务的机器人助理。

（2）创新性：度秘将人工智能带到了可以广泛使用的场景中，是百度强大的搜索技术和人工智能的完美结合体，可以用机器不断学习和替代人的行为。

（3）短评：提起百度就是竞价排名，如今度秘终于可以升级这个原始的广告模式了。2015 百度世界大会上推出的度秘是聊天机器人+搜索引擎+垂直 O2O 的整合型产品。它把互联网最热最精尖的技术集合在一起，百度大动干戈在百度世界大会上发布这款产品，将生态完善化繁为简，满足了“懒人”生平夙愿。

3．干净么——餐饮界的 360，免费还杀毒

“干净么”亮剑：剑指大众点评、美团、饿了么三巨头。

（1）企业介绍：干净么是一个互联网餐饮安全卫生监管平台，基于移动互联网并连接各个环节、各个部门的第三方卫生监管平台，同政府、媒体、商家、用户等多方互动来进行监管。

（2）创新性：它是第一家利用互联网思维来打食品安全这场仗的第三方平台，不仅对餐饮商家进行测评、监管，还包含学校、幼儿园、单位食堂等在内，用户可以查阅自己感兴趣商家的卫生安全等级，从而判断是否就餐。

（3）短评：“干净么”就好比餐饮界的 360，免费还杀毒，目标就是通过扬善惩恶，使餐饮行业进入良性竞争循环。食品安全需要社会共治，干净么就是连接政府、媒体和消费者的一个纽带。

4．e 袋洗——力图用一袋衣服撬动一个生态

e 袋洗：怎么把洗衣服变成互联网产品？

（1）企业介绍：e 袋洗是由 20 余年洗衣历程的荣昌转型而来的 O2O 品牌，采取众包业务模式，以社区为单位进行线下物流团队建设，即在每个社区招聘本社区人员作为物流取送人员。

（2）创新性：e 袋洗是第一个以洗衣为切入点进入整个家政领域的平台。e 袋洗的顾客主要是 80 后，洗衣按袋计费：99 元按袋洗，装多少洗多少。e 袋洗致力于将幸福感作为商业模式的核心和主导，推了新品小 e 管家，通过邻里互助去解决用户需求，满足居民幸福感。小 e 管家在小 e 管洗、小 e 管饭的基础上，计划推出小 e 管接送小孩、小 e 管养老等服务，以单品带动平台，从垂直生活服务平台转向社区生活共享服务平台，以保证 C2C 两端供给充足。

（3）短评：e 袋洗在搭建成熟的共享经济平台后，不断延伸出更多的家庭服务生态链，打造一种邻里互动服务的共享经济生态圈。集合社会上已有的线下资源，通过移动互联网实现标准化、品质化转变，帮助人们在生活中获得更便利、个性化的服务。

5．大疆——消费级无人机市场的霸主

遥控无人机王国的“愚者”。

（1）企业介绍：深圳市大疆创新科技有限公司（DJI-Innovations，简称 DJI）成立于 2006 年，是全球领先的无人飞行器控制系统及无人机解决方案的研发和生产商，客户遍布全球一百多个国家和地区。

（2）创新性：无人机以前主要应用在军事方面，而大疆是第一个将无人机应用于商业领域并获得成功的企业。大疆无人机如今已被应用在航拍、遥感测绘、森林防火、电力巡线、搜索及救援等方面，是可以“飞行的照相机”。

（3）短评：这家公司将目标受众从业余爱好者变成主流用户，而且在这一过程中还能占据市场的主导地位，这种成功的案例在科技行业发展史上实属罕见。

对上述商业模式进行梳理不难发现：“成功商业模式”可进一步划分为“基于技术突破与创新”和“主要依托产业价值链融合与分解”两类，并在不同的领域与产业价值链条上做出了不同程度的创新。

这表明，成功的商业模式非常相似而又非常不一样。非常相似的是创新性地将内部资源、外部环境、盈利模式与经营机制等有机结合，不断提升自身的盈利能力、协调性、价值、风险控制能力、持续发展能力与行业地位等。非常不一样的是在一定条件、一定环境下的成功，具有更多个性，不能简单地拷贝或复制，而且必须通过不断修正才能保持企业持久的生命力。

想要创新商业模式，只研究商业模式是远远不够的，不懂经济法则，不懂社会潮流，不懂人文需求，还是不能创新模式。借鉴基础上的创新永远是商业模式中商业智慧的核心价值。

8.2.6 颠覆未来的 10 种最佳免费商业模式

企业之间的较量，具体的战场体现在营销上。追究营销问题的源头，是“供求关系”之间的失衡。简单说，就是我们的供应远远超出了市场的需求。产能过剩、产品过剩也成为我们这个时代的烙印与标志。

如何改变供求之间的关系？如何让“供”在短期内小于“求”？如何获得更多的客户？这是多数企业家每一天不得不面对的问题。在竞争与思索中，诞生了一种全新的营销模式——免费模式。

免费模式，是在供求关系矛盾下应运而生的新型模式。免费模式在未来的几年中，将会不断地渗透到各个行业中，这不单单加速了行业内部的洗牌速度，更是加速了行业之间的洗牌速度。

未来，免费模式会让行业之间的界限变得更加模糊，尤其是边缘行业之间。随着时间的推移，会彻底颠覆我们对原有行业的认知。有人说它是一个天使，也有人说它是一个魔鬼，但不论如何，它已悄然而至，而我们要做的就是快速适应它的变革。

免费模式的核心是“设计企业隐性的利润空间”，即延长企业的利润链条，通过设计免费的项目，最大限度地吸引客户，而后在下一个阶段实现企业的盈利。

免费模式根据性质与行业的不同，可以分为以下的 10 种模式。

1．体验型模式

客户对待一个新的产品往往抱着怀疑与渴望的双重态度，让客户感觉到安全与信任就成了企业营销的核心。体验型模式是通过客户先进行体验，获得客户的信任后再进行成交的方式。此模式具体可以分为两种：一种是企业设计可以用于体验的产品，客户可以免费体验该产品，感觉良好后再进行消费；另一种是与时间挂钩的免费体验，就是客户在规定的时间内可以免费体验该产品，而后进行付费长期使用。

2．第三方付费模式

我们需要客户，而有些企业更需要我们的客户，我们从而转化成了一个资源对接的平台。简单说，消费我们产品的客户将会获得免费体验，而向我们付费的是想拥有我们客户的第三方，如报纸、电视、广播、杂志等。消费者是免费获得的，而付费方是第三方企业。

3．产品型模式

对于消费者来说，免费获得产品具有极大的吸引力。产品型模式就是通过某一产品的免费来吸引客户，而后进行其他产品的再消费。

产品型模式是一种产品之间的交叉型补贴，即某一个产品对于客户是免费的，而该产品的费用由其他的产品进行补贴。

产品型模式分为三种：

（1）诱饵产品的设计：设计一款免费的产品，目的是培养大量的潜在目标客户。

（2）赠品的设计：将一款产品变成另一款产品的免费赠品，或者将同行业或边缘行业的主流产品变成我方的免费赠品。

（3）产品分级的设计：客户可以免费得到普通版的产品，高级版本或个性化的产品则需要客户付费。

4. 客户型模式

人类是群居性的动物，在人群中一部分人群对于另一部分人群来说具有强大的吸引力。通过对其中一部分人群进行免费，从而获得另一份人群的消费。

该模式是企业找到一部分特定的客户进行免费，对另一部分客户进行更高的收费，实现客户与客户之间的交叉性补贴。

这种模式设计的关键核心在于找到特定的客户群。比如，可以女士免费而男士收费，小孩免费而大人收费，过生日者免费而朋友收费，老人免费而家属收费，等等。

5. 时间型模式

有些行业具有明显的时间消费差异。比如电影院，上午看电影的人群非常少，那么可以在上午对客户进行免费，从而吸引大量的客户在上午进入电影院，而电影结束时往往是中午，客户会进行餐饮等其他的消费。

时间型模式是指在某个规定的时间内对消费者进行免费，如一个月中的某一天，或一周中的某一天，或一天中的某一个时间段。

采用这种模式要将具体的时间固定下来，让客户形成时间上的条件反射。该模式不但对客户的忠诚度、宣传上有极大的作用，而且客户还会消费其他的产品，可以进行产品之间的交叉补贴。

6. 功能型模式

有些产品的功能可以在另一些的产品上得到体现，于是可以将另一种产品的功能对客户进行免费。功能型免费模式是指将其他产品的功能在我们的产品上进行体现，让客户获得免费使用。例如，手机免费提供了相机、U 盘等功能。

7. 空间型模式

企业为了拉动某一特定空间的客户数量，对于指定的空间，客户可以获得相关的免费。

空间型模式是指该产品或服务对于客户来说是收费的，但是对于指定的空间或地点，客户可以享受到免费的待遇。

8. 跨行业型模式

将其他行业的产品当作我们的诱饵产品或赠送产品，从而来吸引客户消费我们行业的主流产品。

跨行业型模式是指企业将其他行业的产品纳入我们的产品体系，而纳入的产品对于客户来说是免费获得的，条件是消费我们的主流产品。

这种模式将使得行业之间的界限越发地模糊，会将一个行业部分或全部地并入另一个行业。

9. 增值型模式

为了提高客户的黏性与重复性消费，我们必须对客户进行免费的增值型服务。例如，服装可以做到免费烫洗，化妆品可以做到免费美容培训，咖啡厅可以做到免费的英语培训，等等。

10. 利润型模式

利润型模式是指客户将免费获得我们的产品甚至是服务、营销及产品的使用，条件是我们将参与产品所产生利润收益的分配。例如，一些医疗器械，医院可以免费获得，而器械提供者要参与该产品的利润分成。

【案例剖析】

【案例 8-1】剖析聚美优品的商业模式

聚美优品的前身是团美网，2010 年 3 月创立于北京，是中国第一家专业化妆品团购网站，也是中国最大的化妆品团购网站之一。2010 年 9 月，为了进一步强调团美在女性团购网站领域的领头地位，深度拓展品牌内涵与外延，团美网正式全面启用聚美优品新品牌，并且启用 Jumei 全新顶级域名。2011 年，聚美优品优雅转身，自建渠道、仓储和物流，自主销售化妆品，以团购形式来运营垂直类女性化妆品，打造另类的时尚购物平台。

聚美优品是一家专业的垂直类团购网站，垂直类团购网站被誉为未来团购网站的三大趋势之一。垂直类团购容易做到服务标准化，更容易吸引忠诚的客户。

聚美优品的商业模式是团购类的B2C模式。创始人说，聚美优品的目标就是打造一个化妆品行业的网上精品店。聚美优品作为国内第一家化妆品行业的团购类网站，成立以来发展迅速，一直在行业里是领头羊的地位。其目标是将商品扩大到所有与女性美丽相关的产品。聚美优品关爱女性，以女性需求为主导，来锁定具体的团购项目。目标用户为广大女性，专业为女性美丽提供服务。

1．产品与服务方面

聚美优品是专业的垂直化团购网站，所提供的产品是各类化妆品，还提供团购信息，为客户免费提供美容知识，提供在线付费模式。从控制进货渠道、与供应商和代理商的紧密合作、物流输送到售后服务，确保用户的体验。聚美优品超越自我，提出化妆品行业前所未有的最高售后标准——30天拆封无条件退货。

2．盈利模式

聚美优品是一个利用团购形式来进行B2C的大大的网店，是一个专业的女性化妆品网站，所以它的盈利模式与一般网站相似。它的盈利模式分为：直接销售商品带来的收入，聚美优品有自己的货源、仓库以及物流渠道；合作商家的广告收入，合作商家在网站上面做广告，以赢取广告收入；交易抽取的佣金。

3．核心能力

聚美优品成为国内领先的女性时尚限时折扣购物平台。聚美优品自建渠道、仓储和物流，自主销售化妆品。以团购形式来运营垂直类女性化妆品B2C，打造另类的时尚购物平台。与兰蔻、雅诗兰黛等国际品牌合作，通过官方认证确保进货渠道正规；通过申请试用体验装，切身了解新产品的功效；完备的客户服务，针对女性特点设计了一系列的客户服务模式，更显亲和力。

4．经营模式

（1）每日多团。聚美优品从刚开始的每日一团到现在的每日多团，增加了客户的选择，同时也吸引了更多的女性。

（2）以女性为主打。聚美优品网站专注于服务女性，根据女性的特点来设计整个网站，比如网站的界面采用粉色，代表着高雅、温柔、甜美可爱的形象，是众多女性喜欢的颜色，同时粉色也有舒缓精神压力的作用，让女性顾客一边浏览商品一边放松心情。而且网站还有一些男性的化妆用品，这也很好地展示了女性顾客顾家的形象，关爱自己的同时也不忘关心家人。

（3）推广渠道的多样性。

①利用明星代言推广，娱乐营销。突破传统IT行业的营销定位，以娱乐时尚的形象从众多电子商务网站中脱颖而出。

②博客、微博推广。聚美优品有自己的官方博客，顾客可以在上面自由评论，了解一些品牌的知识以及聚美优品创业以来的历程，拉近与客户的距离。通过微博发布一些团购信息，并为粉丝提供关于美容与健康的讯息，保持了与大家的良好互动。

③奖励会员推广。聚美优品的会员如果成功地邀请到一个人注册会员将获得一定的奖励。

④利用其他媒体进行推广。聚美优品一直与媒体保持着密切的关系，网站被众多媒体报道。聚美优品创始人曾是某知名栏目嘉宾，其出众的表现也为网站赢得了很好的声誉。

⑤增加分享。聚美优品上的商品信息可以分享到QQ空间、新浪微博、百度贴吧等网络平台。

⑥口碑传播。聚美优品有一个口碑报告栏目，顾客在这里分享自己购买以及使用商品的感受，通过这种方式来与其他人进行沟通，写得好的顾客还有一定的奖励。通过口碑中心把大家使用商品

的感觉全部写出来，效果好的与大家分享，效果不好的提醒他人，这种方法提高了顾客的忠诚度。

【分析思考】

聚美优品一直在走自己的路，一直在摸索更适合女性化妆品市场的模式。在团购的模式下进行传统的B2C业务，做最大的化妆品网店。率先推出“假一赔三、30天无条件退换货、全程保障”三大政策，树立行业标杆，从一开始就坚持信誉为先，100%正品团购，在支付上进行突破，简化了程序等。

聚美优品一直维持着与顾客的良好关系，除了信誉安全方面，聚美优品在其他方面的设置也比较符合女性心理，如界面设计、在商品里加入男性用品、客户信息的保密以及自由度，在与顾客的在线沟通及留言沟通时用更具有亲和力的语言。

团购市场是一个很有潜力的市场，但同时又有很多的不足之处。未来团购网站将向着专业化、地方化、垂直化发展，这又是市场新的争夺。聚美优品从一开始就抓住了专业化、垂直化的网站发展方向。

【案例8-2】剖析四川航空免费大巴的共赢商业模式

在成都机场的出口处，有150辆涂着特别颜色的免费接送乘客的大巴车整齐地排列着。只要你购买的是四川航空五折以上的机票，大巴就可以免费把你拉到成都市区任何一个地方。

一辆免费大巴连接着四方利益体——航空公司、汽车公司、乘客、大巴司机，构建了一套各方共赢、皆大欢喜的商业模式。

在成都机场，150辆大巴昼夜不停地免费接送天南海北的旅客。免费中，旅客省下150元从机场到市区的打车费；免费中，司机每载一个客人，获得四川航空公司给付的25元劳务费；免费中，大巴制造商风行汽车公司每年省下了超过200万人次受众群体的广告费；免费中，四川航空公司每年获利上亿元。

真的有这样“天上掉馅饼”的好事吗？且看航空公司构建的各方共赢的商业模式路线图。四川航空公司一次性从风行汽车订购150台风行菱智MPV休旅车，用于搭载来往于机场和市区的旅客，每辆车原价14.5万元，四川航空只花9万元即可购得，仅此一笔交易，四川航空就节省了825万元。四川航空转手以每辆车17.8万的价格将车卖给司机，每台车“赚”8.8万元，150辆就“赚”1320万。

但四川航空也不是吃独食的，司机每搭载一名旅客，航空公司付给司机25元工钱。对于司机而言，花17.8万元买辆风行菱智MPV休旅车，可获得机场到市区的专线特许经营资格，还不用再缴杂七杂八的管理费，一门心思为四川航空公司服务。

旅客乘坐四川航空提供的出租车可省下150元打车费，还可以享受免费上门接送的待遇，还有乘机5折的优惠。

而风行汽车得到的好处是，四川航空必须指令司机在载客途中向乘客详细介绍这台车子的性能、结构、油耗、性价比等资料，为风行汽车做活广告，做汽车义务营销员，为乘客提供体验式服务。而每辆车可搭载7名乘客，按每天跑3个来回计算，150辆车带来的广告受众人数是$7 \times 3 \times 2 \times 365 \times 150 \approx 230$万，每年有如此庞大的亲历体验的受众群体，其宣传效果可想而知。

【分析思考】

不难看出，四川航空的这一商业模式以免费大巴为“诱饵”，实现利益链上四方共赢。运用之妙，存乎一心。四川航空这一商业模式，构思缜密，真正用心到家，有三个特点：

（1）找更多的人结成利益共同体。四川航空找来风行汽车、出租车司机、旅客结成利益联盟，不吃独食，有舍才有得。四川航空让司机当起了风行汽车的业务员，让乘客在免费乘坐后成为风行汽车的潜在消费者，也成为四川航空的“回头客”。值得特别强调的是，四川航空也不是空手套白狼，它为利益各方提供了周到的服务，比如为风行汽车做广告，给司机提供稳定的收入，为旅客乘坐出租车提供免费服务。四川航空把各方的利益整合到免费大巴上，四方的利益都得到妥善照顾，各取所需，只不过是四川航空在利益链上得大头而已。

（2）找更多的人为自己支付成本。四川航空买了150辆风行菱智MPV休旅车免费接送乘客，很明显，成本是由风行汽车和司机分担的：风行汽车将车便宜卖给四川航空，司机高价购买四川航空转手“倒卖”的汽车。乘客表面上看是免费乘车，实际上也在分担四川航空的成本，即口碑成本。众多合作伙伴的加入，摊薄了四川航空的成本分担。

（3）找更多的人为自己创造利润。一个好的商业模式必须寻求众多利益关联方为自己创造利润，实现自身利益最大化。四川航空为旅客提供免费大巴，旅客自然会替四川航空说好话，势必给四川航空带来巨大的客源，利润当然会滚滚而来，公司已实现连续十多年赢利。

从四川航空的案例不难看出，商业模式就是打造一个极致的商业平台，想办法用特殊的方式盈利，并且实现利润的最大化，而免费大巴只是其中的一个环节，只不过是四川航空将其“卖点”放大而已。

需要特别指出的是，四川航空的“免费午餐”并非消费陷阱，这与眼下商界时有发生的免费骗局有着本质区别。时下，免费赠送、免费护理、免费试吃、免费试穿……越来越多的免费项目成为商品或服务的一种促销手段，充斥着这个市场，冲击着我们的眼球。比如某地区电信运营商曾经提供的免费套餐，存入5000元话费，白送一只3G手机，可是那高昂的流量消费，让消费者惊呼上当，“白送”的3G手机成了一个烫手的山芋。在这里，免费是在挖坑，诱使消费者往里跳。

而四川航空的免费只是营销中的一个环节，其“免费”成本是由其他利益关联方分担的，消费者毫发无损（当然了，必须是五折以上机票），反而得到实实在在的免费乘车实惠。

营销的本质是“利益交换”。四川航空的免费大巴商业模式是一个整合式的营销策略，形同一个互利的“交换体系”。这种整合以互利互惠为目的，其架构是一条互为利益支撑点的商业链条。而真正的共赢，是商业链条上每一个环节的利益都能得以实现。

在共赢中寻求自身利益最大化，这就是四川航空免费大巴的秘诀所在。

【案例8-3】剖析苹果公司的商业模式

2003年，苹果公司推出iPod与iTunes音乐商店。这场便携式娱乐设备的革命，创造了一个新市场，并使苹果公司成功转型。短短三年内，iPod-iTunes组合为苹果公司赢得了近100亿美元，几乎占到公司总收入的一半。苹果公司的股票市值一路飙升，从2003年的50亿美元左右，升至2007年的1500多亿美元（2020年更是突破2万亿美元）。

苹果公司的成功众所周知，但很多人却不知道，苹果并非第一家把数字音乐播放器推向市场的公司。1998年，一家名为“钻石多媒体”（Diamond Multimedia）的公司推出MP3随身听Rio。2000年，另一家叫Best Data的公司推出了Cabo 64。这两款产品均性能优良，既可随身携带，又时尚新颖。但最后获得成功的为什么是iPod，而不是Rio或Cabo 64？

这是因为苹果公司不仅仅为新技术提供了时尚的设计，而且把新技术与卓越的商业模式结合起来，同时，苹果公司真正的创新是让数字音乐下载变得简单便捷。为此，公司打造了一个全新的商业模式，集硬件、软件和服务于一体。这一模式的运行原理与吉列公司著名的“刀片+剃刀”（blades-and-razor）模式正好相反：吉列公司是利用低利润的剃须刀来带动高利润刀片的销售，苹果公司却是靠发放“刀片”（低利润的iTunes音乐）来带动“剃刀”（高利润iPod）的销售。这一模式以全新方式对产品价值进行了定义，并为客户提供了前所未有的便捷性。

【分析思考】

企业产品与服务的更新换代实际上是商业模式的推陈出新。面对自由市场的竞争，所有的企业，不管是传统的还是现代的，是在创业起点的还是在腾飞过程的，都将面临残酷的考验。而一旦创造了独具价值的模式，就有可能领一代风骚，成时代标杆。成功的企业都有其赖以成名的商业模式，每一个成功的模式都有其价值创新的核心链条。

【交流探讨】

【探讨 8-1】判断一个商业模式是否有价值

京东集团创始人曾说：判断商业模式能否成功也有一套规律，叫“一托三”，凭借这四点基本上能够判断一个商业模式是否有价值。

“一”是团队。人永远是最重要的。京东制定了一个“倒三角”的管理模型，底层的基础是团队。大部分企业“死掉”是因为团队跟不上发展的节奏。

“三”是用户体验、成本、效率。

（1）用户体验。不管做产品还是做服务，是在互联网还是传统行业，比拼最核心的是你的用户体验，微软如此，苹果公司更是如此。

（2）成本。在京东，成本比毛利更重要，只有成本降低，才有持续的能力为消费者提供低价服务。如果成本没有下降，只是为消费者提供一个低价，最后注定是死路一条。

（3）效率。看一家零售公司的效率，最核心的数据是库存周转天数。2016 年，京东在库管理 200 多万个品种，库存周转天数仅 30 多天。

所以，创业公司在团队优秀的基础之上，在用户体验、成本或者效率三者之中至少做到一点，同时另外两点又没有减损，基本上就能成功。

【各抒己见】

运用京东集团创始人判断商业模式能否成功的“一托三”规律，评判以下两家公司的商业模式是否有价值。根据你的分析，该商业模式能否成功？

1．倍智测聘网络科技股份有限公司（测聘网）

测聘网通过 4C 人岗匹配专利技术，结合大数据分析，解决双向精准匹配的问题，在成立一年内已进驻企业用户近 2 万家，为超过 30 万求职者提供最精准的应聘体验。

传统的第一代和第二代招聘产品已经无法满足应聘者和企业的双向需求，“测+聘”的招聘模式是智能招聘的开始。测聘网采用“测+聘”的智能招聘模式，以“人才测评技术”关注个人职业发展路径，给供需双方造就了招聘及求职信息的匹配，实现了测评技术与招聘渠道的结合。这种“测+聘”智能招聘模式，实际上是为企业岗位进行预筛选，同时根据求职者测评结果推荐合适的岗位信息，从而有效实现人岗匹配、人力资源优化配置。该模式不仅从根本上避免了求职者盲目应聘、招聘企业面对海量简历无从筛选的混乱状态，也克服了高端人才被动应聘、招聘企业缺乏人才评估标准和工具的窘境，在帮助企业精准快速地招到合适候选人的同时，在一定意义上促进了人力资源市场的良性循环和可持续发展。

2．广州市爱沐餐饮有限公司（爱沐影院）

移动互联网+私人影院，颠覆了传统影院，让电影可以定制，可以社交。私人影院的理念逐步走进人们的生活，能够追求高质量的观影效果又可以写影评，这对电影发烧友来说未尝不是个好选择。

爱沐影院是 O2O 电影社交平台，线下以小包厢、大片库的方式提供私人观影空间，线上以小圈子、大平台的方式提供兴趣交友社区。

爱沐影院有多家连锁私人影院实体店，具备私密空间、个性点播、随时观看、爽快吃喝、社交互动、文艺创作等特点，整体盈利状况良好。

【实战训练】

【训练 8-1】下个“风口”见社群新商业模式

社群经济作为一种未来核心商业的新模式，社群关注度不断提高。2015 年 8 月 6 日，由腾讯公司举办的以“有群，有趣”为主题的中国互联网移动社群大会在北京国际会议中心盛大召开，腾讯 QQ 对外正式宣布社群体系全面开放，依托“QQ 群、兴趣部落、QQ 微信公众平台”打造全新的移动社群生态。

目前国内的社群模式取得成功的案例有小米手机、逻辑思维、颠覆式创新研习社等。由于这些案例的成功，掀起了一股社群经济的“热潮”。 所以传统企业想借助社群转型，互联网企业想借助社群革新，社群模式越来越受到企业的重视。

社群按照传统的理解，就是以血缘与地理位置划分的一种传统人际关系结构。而互联网带来了超越地域的联系与连接，社群成为拥有强关系、相同兴趣爱好或者价值认同感的人共同组成的一个群体。

社群的火热让很多企业跃跃欲试，目前我国较成功的社群有以下几类模式。

1．产品型社群

典型企业为小米科技。小米科技初创时精心挑选了 100 位超级用户，参与 MIUI 的设计、研发、反馈等。借助这 100 人的口碑传播，MIUI 迅速得以推广。这 100 人就是社群的第一批种子用户，这些用户具有强大的参与度，与企业是一种平行的关系，而不是单纯的消费者与商家的关系。单纯的消费者更多想要的是利益（比如打折，优惠券等），而这 100 个用户更加具有包容性，包容企业的过错，参与企业产品的研发。他们之间有着朋友间“患难与共”的联系。例如，小米科技有最新的版本体验，配件研发的成功也会第一时间告诉这群人，形成一种朋友间的连接。即使小米手机软硬件出现了问题，这群用户也会尽力去提供帮助，而不是离开。因此，小米科技的成功和最早的这一批社群用户有着莫大的关系。

2．自媒体社群

典型代表就是罗振宇的逻辑思维。逻辑思维是社群经济最早的定义者与实践者之一，尤其是罗振宇在四个月内两次招募付费会员，入账会员费近千万的故事，让人对社群商业的力量惊叹不已，而他做的是每天一段语音、每周一期视频脱口秀，内容不重复，和当下生活联系紧密，接地气，能够引人深思、给人启发。持续而优质的自媒体内容，塑造了他的魅力人格。关键是这种魅力人格，产生了铁杆用户，他们支持罗振宇，甚至愿意付出金钱。而罗振宇也给予这些用户关于逻辑思维的定制图书，各种活动的优先权，一起游山玩水等。这之间的关系是相互的，没有粉丝，只有朋友。用户对罗振宇的支持好比朋友间的欣赏，而罗振宇对用户好比朋友间的帮助，提供有用观点，一起参加活动等。

3．女性自组织社群

典型代表为趁早（北京）科技有限公司。趁早提倡的是在乎人性里应该被训练出的理性和自律。趁早在全国众多城市拥有“趁早读书会”，该读书会会自发策划一些活动，如职场分享、电影沙龙、心理讲座等。对于趁早社群成员来说，这些活动主要能够拓宽知识面，解决问题，让大家一起成长，能够认识一些志同道合的朋友等。趁早总部会给予读书会一些巡回演讲、跑团基金的支持。而读书会的发展，会聚集一部分拥有自律性，有追求，志同道合的女性，形成一个社群，并由此打响趁早品牌的知名度，两者之间更多是平等的连接，共同进步。

4．学习型社群

典型代表为颠覆式创新研习社。颠覆式创新研习社是针对互联网思维的学习组织。该社群以年为单位收会费的形式聚集一波爱学习的人群。进该社群的人员有着相同的学习爱好，都是想改变自己或者是有创业梦想的人群。研习社主要为学员找名师提供大课供社员学习，而社员在学习知识的同时还可以认识志同道合的朋友。两者间的联系围绕着一个关键词——学习，以学习为纽带聚集一帮人，形成一个学习社群。

社群的类别远不止以上几种，还有品牌型社群、兴趣型社群等。

社群商业模式有哪些新特点？需要具备哪些关键因素才能做成一个社群？

8.3 设计企业名称

【学习领会】

8.3.1 名称对企业的重要性

创业者在企业正式成立之前，必须进行企业名称设计。人们对一个企业的记忆和印象直接来自名称，企业的名称对企业形象有重大影响。

在新成立的公司或企业，投资者往往对企业名称十分重视，不惜花重金只为求得一个好名字。一个好的企业名称可以给企业带来好的开始，朗朗上口、响亮、好记和好听，可以让自己的客户在最短的时间内记住自己，从而为企业的长远发展奠定良好的基础，帮助企业快速向上发展，将成为企业最好的广告，为企业发展提供更多的助力。

1．企业名称是企业形象的化身

企业名称是企业理念的最重要体现，企业名称的内涵是企业文化的核心，对企业的发展有着举足轻重的作用。

2．企业名称是企业资产

企业名称存储着大量市场竞争力的信息，作为商誉的载体而具有财产价值，反映着企业的文化品位，是企业十分重要的无形资产。

一般来说，企业名称不同于厂房、机器设备等物品，是要面向客户和广大消费群体的。企业名称虽然不能直接创造价值、赚取有形资产，但是，在间接创造价值方面的能力却不容小觑，它所创造的价值甚至比那些厂房、机器设备等有形资产所带来的收益要多得多。

2022 年 12 月，品牌咨询公司 Interbrand 发布了《2022 年全球最佳百强品牌报告》（2022 Best Global Brands Report）。凭借 18%的品牌价值增长，2022 年苹果公司（Apple）连续第十年蝉联榜首，紧随其后的是微软（Microsoft）、亚马逊（Amazon）。另外值得注意的是，中国有小米、华为两个品牌入选 2022 年最佳百强品牌。

3．一个好的企业名称是聚宝盆

消费者的消费心理趋于成熟，他们所购买的不仅是产品，更是企业名称的附加值。这种附加值就是消费文化，就是消费品位。一个好的企业名称不仅能给消费者以美的享受，为产品增光添色，提高产品档次，而且还能增加产品的文化附加值。因此，好的企业名称在满足消费者的品位要求的同时，也实现了自己的经济价值。

4．打响公司知名度，在于巨额广告费，更在于好的企业名称

企业要把产品卖出去，通常要在电视、报刊等媒体做广告，此类广告价格昂贵，许多企业花掉巨额费用而得不到应有的回报，付出昂贵的广告费但能否有人看到或看到能否达成销售量还是个未知数，甚至有可能连广告费都收不回来。

事实告诉我们，知名度在于广告宣传，更在于易被接受的企业名称。其实，一个好的企业名称，本身就是一则很好的广告，具备广告的功能。例如，“北大方正”“联想集团”等企业名称，读起来朗朗上口，容易引发联想，使人在茶余饭后、街谈巷议中乐于提及。

5．企业名称是市场竞争的有力武器

企业名称是企业竞争的重要武器，好的企业名称能迅速地吸引客户的注意力，并达到过目不忘的效果。好的企业名称是把竞争对手的客户转移到自己这边来的基础，即使两个企业在其他方面没有多大差别，一旦在企业名称上略占优势，在客户心理上产生的效果就迥然不同，很容易成功锁住客户。

6．企业名称是老板身价与实力的载体

众所周知，市场要求企业有名字，以便消费者加以区分和选择。消费者更向往那些名称响亮、好听的、能给人以享受和满足的企业去消费，因此，企业名称的好坏决定着企业能否更好地走向市场，开拓市场空间。

8.3.2　公司起名的基本原则

公司名称字虽不多，但意义众多，远远超越了几个字的框架。作为企业字号，它体现了企业的信任度、核心竞争力、商誉，以及名称寓意和它未来发展的健康性。

不少国际知名品牌进入中国市场时，既保留了原品牌名称的精华，又兼顾了中国消费者的文化、生活习惯和审美心理，深具文化内涵。例如，宝洁公司将中华文化的内涵融入品牌，创出了具有中国文化风格的“飘柔”“潘婷”“海飞丝”“舒肤佳”“汰渍”“玉兰油”等好听、好记、意蕴丰富的名称；爱立信刚进入大中华区时，品牌名称直译为“埃瑞克森”，后采用中国营销专家的建议改用“爱立信”，被赋予了深厚的中国文化背景，为爱立信这一洋品牌实现中国本土化、塑造美誉立下汗马功劳。还有像可口可乐、宝马、奔驰等都是洋品牌中文俗译的神来之笔，起到了诠释品牌个性与文化内涵的作用。

公司起名要遵循以下几个原则：

1．易读易记原则

这是品牌设计的最根本要求，只有易读易记才能充分发挥其识别功能和传播功能。具体要求是简洁明快、音节响亮、个性独特、新颖别致、高雅出众。例如，“美的”就是一个动听的好名字。

2．暗示产品属性原则

品牌名称还应该暗示产品的某种性能或用途，如长虹电器、两面针牙膏等。当然，品牌名称的暗示性越强，品牌延伸就越困难。例如，长虹电器有了“电器”的限制，长虹就不能延伸到食品上，也不能延伸到服装上。

3．支持标志物原则

标志物是品牌中可被识别但无法用语言表达的部分，当品牌名称能够维持或刺激标志物的识别功能时，品牌的整体效果就加强了。

4．启发消费者联想原则

品牌名称要富有寓意，能让消费者产生丰富、愉快、积极的联想。

5．适应地域文化原则

不同地区有不同的文化价值观念，有不同的风俗习惯、宗教信仰、文化特点等，品牌名称要适应地域文化价值观念，不能和它相冲突。

6．合法性原则

合法性原则是指品牌名称要符合国家或当地的法律法规，这样才能受到法律保护。品牌名称应该在允许注册的范围之内，不能有侵权行为。

8.3.3　公司起名的基本要求

公司起名的基本要求如下。

1．名副其实

名称是事物的标志，只有名副其实，才能准确地反映事物的特性，才能让叫者顺口、听者顺耳。这就是古人所说的“名正言顺”的含义。因而“名副其实”是命名的重要原则。

“名不正则言不顺”，一个好的、响亮的名字能够使公司及产品如虎添翼，对企业具有强有力的、不可替代的作用。公司起名注重“一眼望穿”，即一秒钟内让人家知道公司在卖什么东西，较讨人喜欢，这样也可省下不少广告费。

公司的名称和人的名字一样，都属于文化的范畴。而市场营销是一种商业行为，这二者本不该有如此紧密的联系。但实际上，如果作为一个管理者如此理解这一问题，你在市场营销方面就可能吃大亏。所以，应该充分重视公司名字的作用，否则吃亏的将是你自己。

2. 名称有亲和力

好的企业名称，不能给人太严肃的感觉，更不能给人一种拒人千里之外的感觉，而要有一定的亲和力，即对人有可亲近可信赖的感觉，至少是能够给人一种平易近人的感觉。

3. 寓意美好

例如，中国长虹股份公司，其长虹之名，是取雨过天晴之意，有瑰丽壮观的寓意，“太阳最红，长虹更新”；同样，以生产彩色电视机而著名的康佳公司，其名是取“康乐人生，佳品纷呈”之意；深圳三九药业集团公司，其“三九”之名，在中国古代汉语中有数多不可胜记之意，寓意不懈追求；剑南春酒厂，其名剑南春，寓意春意盎然、春机无限。

4. 与众不同

起名字的目的在于区别。名字雷同或过于相似，就会失去其意义，有时甚至会带来麻烦。在我国，不同的产品使用相同的名字，或企业名称中字号相同或相似的情况相当普遍，这是为了突显名称的标志性和识别功能。如果一条街上有几家公司叫“福林”“美林”“南林”的，相信能区分的没几个。而且对公司本身而言，这既没有突出个性，也没有让人对其产生独特的印象，这种名字实在是一大败笔。

在商标取名中，集中表现在选用名胜古迹、动植物名称上。例如，以“长城”为商标的产品至少有长城电脑、长城电扇、长城葡萄酒、长城风雨衣等，以“熊猫”为商标的产品有熊猫照相机、熊猫收音机、熊猫童装等。这种重名现象虽然是允许的，但在宣传上由于缺乏新鲜感，因而不容易引起人们的注意，当初次接触到这个商标名称时，搞不清它所代表的是什么，当然也就会影响到商标形象的确立。

5. 字意和谐、易读易记

公司名字要念起来符合社会的语言习惯，有一定的含义，表层的或深层的都可以。发音富有美感，让人说得顺口、记得牢固。

6. 便于设计

通常重视广告的公司都会请专业的设计公司来设计公司的标准字。以前的文案人员并不关心字好不好写、好不好造型，所以往往新命名出来的标准字不是很臃肿就是很怪异。印刷之后的公司名称标准字好不好看，是需要事前考虑的，避免影响后续发展。

7. 要注重天时、地利、人和

天时，即要符合时代潮流，充分考虑市场开拓的便利等；地利，即要拓展其历史潜能，考虑当地风俗文化、民族文化及吉祥文化；人和，即要致力于挖掘公司的文化底蕴。

8. 要突显个性

从外在的信息看，公司名称要突显独特的个性，超凡脱俗、与众不同，要简洁明快、高雅响亮、易读易记、有节奏感、传播力强，要含有寓意，要与其经营理念、服务宗旨、商品形象、活动识别相统一。

8.3.4 有关公司名称的主要法律规定

公司名称是指一个企业的全称，企业名称即企业的名字、字号，是企业区别于其他企业或其他社会组织，被社会识别的标志。

在我国，有关公司名称的法律规定主要包括在《中华人民共和国公司法》《中华人民共和国市场主体登记管理条例》《企业名称登记管理规定》三个法律文件中。可以根据这些法律规定审视自己的公司名称，然后再提交给工商管理部门。

1.《中华人民共和国公司法》对公司名称的要求

《中华人民共和国公司法》对公司名称的要求是：

依照本法设立的有限责任公司，必须在公司名称中标明有限责任公司或者有限公司字样。

依照本法设立的股份有限公司，必须在公司名称中标明股份有限公司或者股份公司字样。

有限责任公司的股东以其认缴的出资额为限对公司承担责任；股份有限公司的股东以其认购的股份为限对公司承担责任。

2.《中华人民共和国市场主体登记管理条例》对公司名称的规定

《中华人民共和国市场主体登记管理条例》第十条规定：

市场主体只能登记一个名称，经登记的市场主体名称受法律保护。

市场主体名称由申请人依法自主申报。

3.《企业名称登记管理规定》（2020 年修订版）对公司名称的要求

第四条　企业只能登记一个企业名称，企业名称受法律保护。

第五条　企业名称应当使用规范汉字。民族自治地方的企业名称可以同时使用本民族自治地方通用的民族文字。

第六条　企业名称由行政区划名称、字号、行业或者经营特点、组织形式组成。跨省、自治区、直辖市经营的企业，其名称可以不含行政区划名称；跨行业综合经营的企业，其名称可以不含行业或者经营特点。

第七条　企业名称中的行政区划名称应当是企业所在地的县级以上地方行政区划名称。市辖区名称在企业名称中使用时应当同时冠以其所属的设区的市的行政区划名称。开发区、垦区等区域名称在企业名称中使用时应当与行政区划名称连用，不得单独使用。

第八条　企业名称中的字号应当由两个以上汉字组成。

县级以上地方行政区划名称、行业或者经营特点不得作为字号，另有含义的除外。

第九条　企业名称中的行业或者经营特点应当根据企业的主营业务和国民经济行业分类标准标明。国民经济行业分类标准中没有规定的，可以参照行业习惯或者专业文献等表述。

第十条　企业应当根据其组织结构或者责任形式，依法在企业名称中标明组织形式。

第十一条　企业名称不得有下列情形：

（一）损害国家尊严或者利益；

（二）损害社会公共利益或者妨碍社会公共秩序；

（三）使用或者变相使用政党、党政军机关、群团组织名称及其简称、特定称谓和部队番号；

（四）使用外国国家（地区）、国际组织名称及其通用简称、特定称谓；

（五）含有淫秽、色情、赌博、迷信、恐怖、暴力的内容；

（六）含有民族、种族、宗教、性别歧视的内容；

（七）违背公序良俗或者可能有其他不良影响；

（八）可能使公众受骗或者产生误解；

（九）法律、行政法规以及国家规定禁止的其他情形。

第十二条　企业名称冠以“中国”、“中华”、“中央”、“全国”、“国家”等字词，应当按照有关规定从严审核，并报国务院批准。国务院市场监督管理部门负责制定具体管理办法。

企业名称中间含有“中国”、“中华”、“全国”、“国家”等字词的，该字词应当是行业限定语。

使用外国投资者字号的外商独资或者控股的外商投资企业，企业名称中可以含有“（中国）”

字样。

第十三条　企业分支机构名称应当冠以其所从属企业的名称，并缀以“分公司”、“分厂”、“分店”等字词。境外企业分支机构还应当在名称中标明该企业的国籍及责任形式。

第十四条　企业集团名称应当与控股企业名称的行政区划名称、字号、行业或者经营特点一致。控股企业可以在其名称的组织形式之前使用“集团”或者“(集团)”字样。

第十五条　有投资关系或者经过授权的企业，其名称中可以含有另一个企业的名称或者其他法人、非法人组织的名称。

第十六条　企业名称由申请人自主申报。

申请人可以通过企业名称申报系统或者在企业登记机关服务窗口提交有关信息和材料，对拟定的企业名称进行查询、比对和筛选，选取符合本规定要求的企业名称。

申请人提交的信息和材料应当真实、准确、完整，并承诺因其企业名称与他人企业名称近似侵犯他人合法权益的，依法承担法律责任。

第十七条　在同一企业登记机关，申请人拟定的企业名称中的字号不得与下列同行业或者不使用行业、经营特点表述的企业名称中的字号相同：

（一）已经登记或者在保留期内的企业名称，有投资关系的除外；

（二）已经注销或者变更登记未满 1 年的原企业名称，有投资关系或者受让企业名称的除外；

（三）被撤销设立登记或者被撤销变更登记未满 1 年的原企业名称，有投资关系的除外。

其他规定，请参阅《企业名称登记管理规定》(2020 年修订版)。

8.3.5　公司起名的常见类型

公司起名的常见类型如下。

1．以地名作为企业名

根据地名简称、地理位置或地方特色命名，名称响亮大方，这类公司名称有很多，如长江实业（集团）有限公司、青岛啤酒股份有限公司、黄河集团公司、泰山集团公司、嘉陵摩托公司、珠江集团公司、张家界旅游公司、峨嵋矿泉饮业公司等。此种取名方式在我国企业中较为常见。

2．以吉祥和社会喜爱之物作为企业名

从让客户喜欢的角度，选用反映客户喜爱的人或事、价值观念、吉祥宝贵的字词作为企业名称，如南京熊猫电子集团公司、猴王电焊公司、春兰集团公司、飞马味精公司、红梅照相机厂、金鹿集团公司、海马家具商场、福建七匹狼实业股份有限公司、杭州娃哈哈集团有限公司等。

3．选用富贵气派类文字作为企业名

此类企业用名又可分为含蓄与直白两类。比较直白的企业名竭力显示自己不同凡响的气派，如金利来公司、银利来公司、富绅公司、富贵鸟皮鞋公司、皇家度假村、帝王大酒店等。含蓄的有红都影业公司、新时代大厦、天龙沙发厂、巨人树制衣公司、高雅丝织品有限公司等。

4．选用传统商业味极浓的名称作为企业名

此类名称在老牌企业中最为盛行，如源丰票号、大庆元票号、福康钱庄、顺康钱庄、汇丰银行、瑞康颜料行等。这类企业名称大多是用带有吉利、吉祥寓意的汉字组合而成的，取其经营生产吉利之意。

5．选用现代意味的名字作为企业名

一些企业公司为顺应时代趋势，迎合现代消费者的审美情趣，注意选用现代意味的名字，这类名字一般给人一种“洋气”的感觉，给人一种商品味、有情趣的感觉，如北京燕莎商厦、赛格商城、百盛集团、协和集团、美琪美发、海韵健美中心、奥丽斯化妆品公司、美加净化妆品有限公司等。应该看到，追求“洋味”的企业用名越来越多，许多名字只注重字的表面华丽意味，由几个颇有现代意味的字组合而成，至于名称的含义则不再予以重视。这种企业用名最终会逐渐失去文化内涵，而仅成为一种符号。

6. 使用奇异、幽默或逆反等别名俗语命名

这些别名俗语贴近生活，十分亲切自然，传播速度快、范围广，社会影响力大，如天津狗不理食品有限公司、大娘水饺餐饮有限公司、老孙家餐饮有限公司、广州孙悟空网络科技有限公司、北京平娃餐饮有限公司等。

8.3.6 公司起名的常见“门派”

公司起名的常见“门派”如下。

（1）植物学派：蘑菇街、荔枝 FM、土豆、IT 橘子。

（2）动物学派：功夫熊、小猪短租、小马购车、土巴兔、考拉 FM、蜻蜓 FM、企鹅吃喝指南、搜狗、搜狐。

（3）数字学派：51 信用卡、58 同城、59store。

（4）叠字学派：陌陌、探探、抱抱、人人、脉脉。

（5）字母学派：YY，QQ，JJ 棋牌、KK 唱响。

（6）拟声学派：滴滴、么么搜、嘟嘟美甲。

（7）实物学派：豆瓣、穿衣助手、饭本、觅食、团车、爱屋吉屋、药给力。

（8）创意学派：拉勾网、3W 咖啡、喜马拉雅、黄油相机、面包旅行、雪球。

（9）国学学派：凤凰网、知乎、金箍棒、榫卯。

（10）洋气学派：TCL、LG、UCloud、OneAPM、MONO、EMIE。

（11）衍生学派：找钢网、找塑料、找叉叉。

（12）同业学派：易果生鲜、一米鲜、每日优鲜、爱鲜蜂。

（13）游戏学派：三国叉叉、萌叉叉、全民叉叉。

【案例剖析】

【案例 8-4】品议国际品牌名称

国际品牌要在全球范围内营销，必须跨越种种文化障碍，如语言差异、消费习惯差异、宗教差异、制度差异等。因此，国外品牌进入我国市场，必须慎重考虑命名问题。那么国际著名品牌的中文名是如何取的呢？

1. 餐饮品牌的起名

麦当劳：蕴含多层意义。

麦当劳，英文名称是“McDonald's”，是店主人名字的所有格形式。西方人习惯以姓氏给公司命名，如爱迪生公司、迪士尼公司、福特公司。但是中国人则比较喜欢以喜庆、兴隆、吉祥、新颖的词汇给商店命名，如“百盛”“大润发”“好来顺”“全聚德”“喜来登”等。McDonald 是个小人物，他比不上爱迪生，因为爱迪生是世界闻名的大科学家，也不如迪士尼，因为迪士尼成了“卡通世界”的代名词，所以如果老老实实地把“McDonald's”译成“麦克唐纳的店”就过于平淡，而“麦当劳”就非常成功，具体表现在以下几个方面：

（1）大致保留了原发音。

（2）体现了食品店的性质。

（3）蕴含着“要吃麦就应当劳动”的教育意义。

（4）风格既“中”又“洋”，符合中国人的口味。

2．饮料品牌的起名

可口可乐：绝妙之译。

众所周知，“可口可乐”就是“Coca Cola”，但是却很少有人追问一句：那是什么意思？原来Coca和Cola是两种植物的名字，音译为“古柯树”和“可乐树”。古柯树的叶子和可乐树的籽是该饮品的原材料，古柯叶里面含有古柯碱，也叫可卡因（一种毒品，有时用作麻醉药）。这样枯燥乏味甚至有点可怕的名字居然被翻译成“可口可乐”，真是让Coca Cola公司“化腐朽为神奇”。“可口可乐”译名的成功之处在于：

（1）保留了原文押头韵的响亮发音。

（2）完全抛弃了原文的意思，而是从喝饮料的感受和好处上打攻心战，手段高明。

（3）这种饮品的味道并非人人喜欢，很多人甚至觉得它像中药，但它却自称“可口”，而且喝了以后还让人开心。善于进行自我表扬，讨好大众。

上述两例是保留原品牌名称发音而改变原意的成功范例。再例如，译为“奔驰”的名牌汽车，原文“Mercedes Benz”是该汽车公司老板爱女的名字，译为“奔驰”时删除了复杂的Mercedes，简洁而响亮。

3．家居品牌的起名

“IKEA”译为“宜家”是高招。

“IKEA”家具品牌，即便在瑞典也很少有人知道它的意思，是聪明的中文译者赋予它“宜家”这个美好的含义。实际上，IKEA是该品牌的创始人Ingvar Kamprad和他的农场名Elmtaryd及村庄名Agunnaryd的词首字母组合。

有的品牌名称只进行音译，如“麦斯威尔”咖啡，仅仅是“Maxwell”的发音而已。由于它的诉求对象是白领阶层，尤其是“外向型”白领，因此这个名字是成功的。但如果想让广大华人买账，就不如“雀巢”。在雀巢咖啡刚进入中国时，传言有农民议论：“雀巢”咖啡就是“鸟窝”咖啡。可见名称的戏剧性效果非常有利于提高品牌的知名度。

曾经的名牌手机“诺基亚”，芬兰文原名“Nokia”，是生产厂家所在小镇的名字，很显然，译文比原文更富有高科技感，好像还有点“承诺亚洲”的味道。

【分析思考】

一个好的名字，是一个企业、一种产品拥有的一笔永久性的精神财富。

名称对于一个企业的发展兴衰起着至关重要的作用。企业拥有一个好名字，产品获得一个好品牌，是世界公认的“无形”资产。俗话说得好：名利——就是有名才有利。

企业名称不单纯是一个符号，在其背后有着思想的寓意、文化的背景、理想的存在以及个人与企业实力的展示。事业的成功虽不完全取决于企业名称的好坏，但企业名称无疑是影响事业发展的重要因素之一。

一个成功的企业，要创出自己的名牌，首先必须打出自己响亮的名称。公司的名称好比一面旗子，它所代表的是公司在大众中的形象问题，这是一个公司走向成功的第一步。名字响亮能让更多的人识别企业、了解产品；公司和产品有广泛的知名度和良好的信誉，才能吸引更多的客户，产生更大的效益。

一个企业，只要其名称、商标一经登记注册，就拥有了对该名称的独家使用权。一个好名字能时时唤起人们美好的联想，使其拥有者得到鞭策和鼓励。

以中国体操王子李宁的名字命名的“李宁牌”体育用品系列，寄寓了企业要以李宁的拼搏精神改变中国体育系列用品落后的局面，追求世界一流产品的企业精神。“李宁牌”对于该公司来说，与其说是一个商标，不如说是一个企业精神的缩略语。

【交流探讨】

【探讨 8-2】赏析公司名称

（1）华为。公司名字取“中华之作为”之意，由一家成立于中国的民营企业成长为现在为世界各地通信运营商及专业网络拥有者提供硬件设备、软件、服务和解决方案的企业。

（2）百度。百度在取名之时，与谷歌“所见略同”，都围绕核心业务——搜索——做文章。“众里寻他千百度”是对公司核心业务的最好诠释。

（3）Google（谷歌）。谷歌作为搜索巨头，其名称和搜索也颇有关系。Google 来源于数学词汇“googol”，表示 10 的 100 次方，创始人 Page（佩奇）和 Brin（布林）认为比较符合 Google 业务，寓意着通过谷歌的搜索引擎可以获取很多信息。

（4）外婆家。“外婆家”是一家知名的餐饮连锁机构，成立于 1998 年。从外婆家第一家店开张的时候就已经明确了自己的定位，而这个定位一直坚持到现在。取名“外婆家”，顾名思义，小时候在外婆家吃饭既热闹又好吃，一家人格外亲切。

（5）上好佳。风靡全国的 Oishi 上好佳系列膨化食品由 LIWAYWAY 公司与上海食品杂货总公司合作，于 1994 年投入生产，短短几年时间内已开发了 100 多种口味。凭借优良的品质、中等价位和优秀的服务，“上好佳”系列休闲食品畅销全国各大中心城市，深受消费者的青睐。

Oishi 在日语中是“美味”的意思，“上好佳”在中文里则是“最好”的意思。用这个词为企业和产品命名，蕴含着“上好佳”希望所有产品都能表现出非凡的品质、上好的口味，被广大消费者所钟爱、接受的美好愿望。

【各抒己见】

（1）试分析“华为”“百度”“Google”“外婆家”“上好佳”这些著名公司的名称是否符合公司起名的基本原则。

（2）找几个大家都熟悉的公司名称，分析其寓意。

【实战训练】

【训练 8-2】给创业公司起个美名

（1）拟创立一家定制化家政服务公司，如打扫卫生、维修家电等，帮助客户解决家务服务的难题，而且提供远程服务，这些服务可以通过移动 App 轻松搞定。请代为该创业公司起个美名。

（2）拟创立一家出租高端服装的公司，为他人创造一个“灰姑娘时刻”，为女性提供一些尝试体验自己不常穿的服装品牌机会，让客户穿上梦寐以求的服装。让客户以名牌服装售价 10%～15% 的价格，租赁衣服出席重要场合，从而解决大多数女性一直以来所面临的“满柜子衣服却发现无衣可穿”的难题。请代为该创业公司起个美名。

（3）拟创立一个专卖零食的购物网站，把健康的零食直接送到了人们家门口，让那些爱吃零食的人感到无比幸福。请代为该创业公司起个美名。

8.4　拟订创业计划

【学习领会】

8.4.1　创业计划书的含义

创业计划书也可以称为商业计划书，是创业者在初创企业成立之前就某一项具有市场前景的新产品或服务，向潜在投资者、风险投资公司、合作伙伴等游说以取得合作支持或风险投资的可行性商业报告，用来描述创办一个新企业时所有的内部和外部要素：从企业成长经历、产品服务、市场、营销、管理团队、股权结构、组织人事、财务、运营到融资方案。只有内容翔实、数据丰富、体系完整、装订精致的创业计划书才能吸引投资商，让他们看懂你的项目商业运作计划，才能使你的融资需求得以实现。创业计划书的质量对创业者的项目融资至关重要。

创业计划书的起草与创业本身一样是一个复杂的系统工程，不但要对行业、市场进行充分的研究，而且还要有很好的文字功底。对于一个发展中的企业，专业的创业计划书既是寻找投资的必备材料，也是企业对自身的现状及未来发展战略进行全面思索和重新定位的过程。一份高质量的创业计划书要基于产品分析，把握行业市场现状和发展趋势，综合研究国家法律法规、宏观政策、产业中长期规划、产业政策及地方政策、项目团队优势等基本内容，着力呈现项目主体现状、发展定位、发展愿景和使命、发展战略、商业运作模式、发展前景等，深度透析项目的竞争优势、盈利能力、生存能力、发展潜力等，最大限度地体现项目的价值。

创业计划书的编写一般按照相对标准的文本格式进行，是全面介绍公司或项目发展前景，阐述产品、市场、竞争、风险及投资收益和融资要求的书面材料。

8.4.2 创业计划书的作用

一般而言，创业计划书具有如下三个方面的作用。

1．使创业者整体把握创业思路，明确经营理念

每一位创业者或者准备创业者在创业之初都会对创建企业的发展方向以及经营思路有一个粗略的设想，但如果把这一设想编写成规范的创业计划，则会发现自己要从事的事业并非如所设想的那样容易，如资金不足或市场增长率不够等，有些时候还不得不放弃创业的念头。创业计划可以使创业者严格、客观、全面地从整体角度观察自己的创业思路，明确经营理念，以避免因企业破产或失败而可能导致的巨大损失。另外，在研究和编写创业计划的过程中，经常会发现经营机会并不完全与所期望的一样，此时，创业者会根据实际情况采用不同的策略使创业活动更加可行。因此，可以说，创业计划的编写过程就是创业者进一步明确自己的创业思路和经营理念的过程，也就是创业者从直观感受向理性运作过渡的过程。

创业者应该以认真的态度对自己所有的资源、已知的市场情况和初步的竞争策略做尽可能详尽的分析，并提出一个初步的行动计划，通过创业计划书做到使自己心中有数。另外，创业计划书还是创业资金准备和风险分析的必要手段。对初创的创业企业来说，创业计划书的作用尤为重要。一个酝酿中的项目，往往很模糊，通过撰写创业计划书，把正反两方面的理由都书写下来，然后再逐条推敲，创业者就能对这一项目有更加清晰的认识。

2．帮助创业者凝聚人心，有效管理企业

一份完美的创业计划书可以增强创业者的自信，使创业者明显感到对企业更容易控制、对经营更有把握，在创业实践中做到有章可循。因为创业计划提供了企业全部的现状和未来发展的方向，也为企业提供了良好的效益评价体系和管理监控指标，使创业者在管理企业的过程中对企业发展中的每一步都能做出客观的评价，并及时根据具体的经营情况调整经营目标、完善管理方法。

创业计划书通过描绘新创企业的发展前景和成长潜力，使管理层和员工对企业及个人的未来充满信心，并明确要从事什么项目和活动，从而使大家了解将要充当什么角色、完成什么工作，以及自己是否胜任这些工作。因此，创业计划书对于创业者吸引所需要的人力资源，凝聚人心，都具有重要作用。

3．宣传本企业，并为融资提供良好的基础

创业计划书作为一份全方位的项目计划，它对即将展开的创业项目进行可行性分析的过程，也是在向风险投资商、银行、客户和供应商宣传拟创建企业及其经营方式，包括企业的产品、营销、市场及人员、制度、管理等各个方面，在一定程度上也是拟创建企业对外进行宣传和包装的文件。

一份完美的创业计划不但会增强创业者自己的信心，也会增强风险投资商、合作伙伴、员工、供应商、分销商对创业者的信心。而这些信心，正是企业走向创业成功的基础。

书面的创业计划书是创业企业的象征和代表，它使创业者与企业外部的组织及人员得以进行良好的沟通，是企业进行对外宣传的重要工具。

8.4.3 创业计划书的组成结构与主要内容

创业是件有风险的事情，因此要在创业之前撰写一份详细可行的创业计划书。常言道，“如果你疏于计划，你就计划失败”，讲的就是计划的重要性。创业计划书可以表明个人对于公司或企业未来发展的一个清晰思路，同时也可展示出撰写者的明确态度。

一份创业计划书至少要包括几个主要部分：市场分析、产品介绍、商业模式、团队介绍、发展规划、财务计划。其中，每个部分还可以再细分介绍。比如，市场分析部分就可以包括市场现状分析、市场需求分析、市场规模分析、市场趋势分析、竞争分析等。

一般来说，市场分析的相关页面会在创业计划书比较靠前的部分，毕竟这是一个创业项目之所以成立的前提条件。

1. 封面

封面是一份创业计划书的脸面，封面的设计要有审美观和艺术性，一个好的封面会使阅读者产生最初的好感，形成良好的第一印象。封面的主要内容应该包括项目名称、公司名称、指定联系人、联系方式、保密约定等。注意：参加比赛时可能会要求封面隐去学校名称、参赛人姓名、地名等信息，但是形式上该有的要有，可以用××代替。

封面未必就是一页，可以有首页和扉页，首页可以只有标题和Logo，主要信息和保密约定也可以放在扉页。

项目名称或者公司名称可以加一个副标题，以进行项目的解释或者表达一种文化、目标等，如××行业开拓者、领导者、第一品牌等。

此外，封面上还可以加上撰写时间或版本号之类的。

2. 目录

目录尽量紧凑一点，最好不要超过2页。

3. 项目摘要/执行概要

创业计划摘要列在创业计划书的最前面，它是浓缩了的创业计划书的精华。创业计划书摘要是创业计划的概括总结，是全部计划书的核心所在，要提炼要点，以求一目了然、引人入胜，以便评审专家或投资人能在最短的时间内评审计划并做出判断。摘要是对后面正文部分内容的高度概括，方便投资人或评审人快速浏览整个项目。

项目摘要一般包括以下内容：

- 创业项目概念与概貌；
- 市场机遇与营销策略；
- 目标市场及发展前景；
- 创业项目的竞争优势；
- 主要产品和业务范围；
- 创业项目营业收入与盈利预测；
- 创业项目的核心团队描述；
- 创业项目股权与融资；

- 其他需要着重说明的情况或数据。

项目摘要的部分内容可以与下文重复。

项目摘要还可以包括企业介绍。在介绍企业时，首先要说明创办新企业的思路，新思想的形成过程以及企业的目标和发展战略。其次要交代企业现状、过去的背景和企业的经营范围。在这一部分中，要对企业以往的情况做客观的评述，不回避失误。中肯的分析往往更能赢得信任，从而使人容易认同企业的创业计划书。最后还要介绍一下创业者自己的背景、经历、经验和特长等。创业者的素质对企业的成功往往起关键性的作用。在这里，创业者应尽量凸现自己的优点并表示自己有强烈的进取精神，以给投资者留下一个好印象。

在项目摘要中，还可以涉及下列问题：

- 企业所处的行业，企业经营的性质；
- 企业主要产品和业务范围；
- 企业的市场在哪里，谁是企业的顾客，他们有哪些需求；
- 企业的合伙人、投资人是谁；
- 企业的竞争对手是谁，竞争对手对企业的发展有何影响；
- 产品生产计划、销售计划；
- 资金需求状况与财力计划；
- 管理者及其组织。

投资人或评审人看创业计划书，第一眼看的是标题。标题直接决定了是否接着看摘要。摘要又决定了是否会看后面的细节性内容。

所以，项目摘要一定要写好，撰写要求精练，每个点尽量用 1～2 句话描述，以呈现结果为主，不要附带过程性的描述，一般 2～3 页为宜。项目摘要也要尽量写得简明、生动，特别要说明自身企业的不同之处以及企业获取成功的市场因素。

4．市场调查与市场预测

当创业者新开办创业企业时，或企业要开发一种新产品或向新的市场扩展时，需要对整个市场进行全面的了解，在掌握市场现状、明确市场区域和特征的前提下，再对市场需求进行预测。如果预测的结果并不乐观，或者预测的可信度让人置疑，那么投资者就要承担更大的风险，这对多数风险投资者来说都是不可接受的。

首先，市场预测要对产品需求进行预测，应该回答以下问题：

- 市场是否存在对这种产品的需求？在产品方面所提出的需求程度是否可以给企业带来利益？能带来多少利益？能否到达自己期望的水平？
- 新的市场规模有多大？产品需求发展的未来趋向如何？发展状态是否向好？影响需求都有哪些因素？

其次，市场预测还要包括对市场竞争的情况、对企业所面对的竞争格局进行分析：市场中主要的竞争者有哪些？是否存在有利于本企业产品的市场空白？本企业预计的市场占有率是多少？本企业进入市场会引起竞争者怎样的反应？这些反应对企业会有什么影响？等等。

这一系列问题最好都在计划书中详细地表述出来。

在创业计划书中，市场预测应包括以下内容：需求预测、市场现状综述、竞争厂商概览、目标顾客和目标市场、市场容量和趋势、本企业产品的市场地位、市场区域和特征、竞争对手的竞争优势、估计的市场份额和销售额、市场发展的趋势等。

创业企业对市场的预测应建立在严密、科学的市场调查基础上。创业企业所面对的市场，本来就有更加变幻不定的、难以捉摸的特点。因此，创业企业应尽量扩大收集信息的范围，重视对环境的预测和采用科学的预测手段及方法。创业者应牢记的是，市场预测不是凭空想象出来的，对市场错误的认识是企业经营失败的最主要原因之一。

5．用户痛点/项目背景

用户痛点主要分别列出用户最重要的痛点关键词，表明该用户群有此类需求（需求要合理且强烈）。痛点需求与产品功能相对应，此处正是体现产品价值所在的关键。

项目背景主要简述该项目的必要性或应用价值，体现用户的痛点需求，以及简述现有产品的问题所在，而创业者刚好又具有能解决问题的技术或模式，正好解决用户痛点问题。

6．市场分析/行业分析

简述你的公司处于什么样的行业、市场以及什么区域，市场的特征是什么，分析是否有新生市场，以及将如何发展这个新生市场。

在行业分析中，应该正确评价所选行业的基本特点、竞争状况以及未来的发展趋势等内容。关于行业分析的典型问题如下：

- 该行业发展程度如何？
- 发展现状与动态如何？
- 创新和技术进步在该行业扮演着一个怎样的角色？
- 该行业的市场容量有多大？扩张趋势如何？价格趋向如何？
- 该行业有哪些主要企业？竞争态势如何？
- 该行业的总销售额有多少？总收入是多少？发展趋势怎样？
- 该行业竞争的本质是什么？你将采取什么样的战略应对竞争？
- 进入该行业的障碍是什么？你将如何克服？该行业典型的回报率有多少？
- 政策因素对该行业的影响程度如何？
- 经济发展对该行业的影响程度如何？
- 有哪些其他影响该行业发展的核心因素？
- 主要业务与阶段战略。

市场分析主要从市场现状、竞品分析、用户调研等方面撰写。

（1）市场现状。市场现状主要评估过去几年的市场容量，以及未来几年的发展趋势。例如：

我们计划或正在××行业竞争。这个市场的价值大约有×××。我们相信，整个行业的主要发展趋势将向着（环境导向型，小型化、高质量，价值导向型）发展。

市场研究表明（引用源），到20××年该市场将（发展/萎缩）到×××。在这段时间里，预计公司力争的细分市场将（成长、萎缩、不发展）。改变这种情况的主要力量是（例如计算机降价，家电行业的蓬勃发展等原因），这个行业最大的发展将达到×××。公司可能独一无二地将产品/服务和×××公司/同级别公司的现行业务合并。而当今的类似××公司正面临着逐步提高的劳动力或成本等困难。

（2）竞品分析。竞品分析选取市场上3～5个具有代表性的品牌的产品（服务），分别从价格、外观、功效、安全等方面进行比较。要注意的是，评价的时候要客观，不要太牵强。

（3）用户调研。用户调研主要是设计一份用户调研问卷，证明大家对公司的产品很感兴趣，上市后会购买。有效问卷至少要在1000份以上才会看起来比较像样，当然越多越有说服力。

7．商业模式

商业模式主要回答怎么赚钱的问题，主要包括价值载体、目标客户、盈利模式和推广模式。

（1）价值载体。你卖的是什么，是产品还是服务。

（2）目标市场。例如：我们将目标市场定义为A、B、C。现在，这个市场由X个竞争者分享。我们的产品拥有以下优势：高附加值，出色的表现，高品位，为企业量体裁衣、突出个性。

（3）目标消费群。是什么因素促使人们购买公司的产品？公司的技术、产品对于用户的吸引在何处？人们为什么选择公司的产品/服务？

（4）目标客户。要搞清楚公司的产品或服务是谁在用，是谁掏钱买，定位要准确。换句话说，就是要清楚用户和客户的区别，最好还能对用户进行细分。

（5）盈利模式。你是怎么赚钱的？比如都是卖手机，手机卖场直接通过卖手机赚钱，网络运营商卖手机往往是通过充话费送手机的方式赚钱。

（6）推广模式。怎么让别人知道公司的产品或服务？别人可以通过什么样的渠道进行购买？你有没有比较新颖的推广方式？

商业模式主要强调三个方面：项目的市场前景和规模，细分垂直领域的客户画像，公司财务预测。

在商业模式上，还要重点阐述生产和销售，两者不能厚此薄彼。而且，还要详细写明企业的产业链，从上游到下游都要讲清楚。

如果项目产品包括线上和线下两种营销模式，那么一定要讲得明白，尤其是线上自营门户网站，要说明前期需要投入的各种费用以及每年的维护成本等，不能只是单纯地写“具有自营网站”。

8. 公司概述

公司概述主要撰写公司简介、经营理念、经营策略、产品战略、新增价值、设施设备、发展历程与发展规划等，主要以展示公司的实力为目的。

对于初创企业，发展历程和发展规划需要说明创办新企业的思路、新产品的形成过程以及企业的目标和发展战略。对于还没有成立公司的创业项目，以模拟形式介绍一下即将成立的公司，包括公司理念、战略目标、发展规划等。

（1）公司简介。公司简介包括公司的名称、宗旨、类别、结构、联系方式、概况等。

（2）经营理念。指出公司的远景目标，在追求和实现目标的同时，我们要报答那些关注我们发展的人士、客户和公众。描述公司所追求的荣誉和目标，描述各有关团体和人员如何受益。

（3）经营策略。在这里用最简洁的方式描述公司的产品/服务、需要解决什么样的困难、准备如何解决、公司是否有最合适的人选等。

（4）产品战略。阐释公司产品如何进行竞争，包括以下 3 个问题：

①产品营销计划：产品定价和分销，广告和推广。

②产品开发计划：产品开发状态和目标，困难和风险。

③产品制造计划：产品制造周期，性能优化与质量提升。

（5）新增价值。说明公司的产品为消费者提供了什么新的价值。

（6）设施设备。需要对计划中的设施设备详细加以描述。

- 公司的生产设备及厂房主要集中于哪些方面。

公司认为到×年×月止，为了达到×××的产量和销售额，我们需要×××。即回答为什么需要这笔钱。

- 增加生产设备，并努力提高生产和研究能力以便满足日益提高的客户需求。通过大规模的促销攻势提高公司产品/服务的销售量。

增加分销渠道/零售网点/区域销售/销售公司/提高智能化水平/采用直邮式的分类等。

录用新的员工，以便支持在新的市场计划下可持续地发展。

提高研发能力，创造领导潮流的新型产品，提高竞争能力。

（7）发展规划。一是为创业者自己梳理思路，二是向投资人或评审人表明公司接下来的发展路线清晰、明确。发展规划包括产品线的拓展、新市场的进入、对外合作的战略、营销推广手段等，这可使得投资人或评审人清楚公司的想法及未来的走向和目标，也可增强投资人或评审人对项目的信心。

发展规划可分三个阶段来写：短期、中期、长期（长期规划不重要，中期规划次之，短期规划最重要）。

- 短期规划：如产品迭代、团队招募、营销推广等。
- 中期规划：如拓展功能、拓展品类等。
- 长期规划：如拓展领域、营造生态链等。

（8）其他情况。

- 说明公司的知识产权、专有权、特许经营权等情况。
- 说明公司的商业机密、技术机密等保护措施。
- 公司是否存在关联经营和家族管理等问题说明。

9. 管理团队/创业团队

企业管理或创办新企业都需求一个战斗力强的团队。企业管理的好坏，直接决定了企业经营风险的大小。高素质的管理人员和良好的组织结构则是管理好企业的重要保证。因此，风险投资者会特别注重对管理团队的评估。

社会发展到今天，人已经成为最宝贵的资源，这是由人的主动性和创造性决定的。企业要管理好这种资源，更要遵循科学的原则和方法。企业的管理人员应该是互补型的，而且要具有团队精神。一个企业必须具备负责产品设计与开发、市场营销、生产作业管理、企业理财等方面的专门人才。

在创业计划书中，必须对主要管理人员加以阐明，介绍他们所具有的能力，他们在本企业中的职务和责任，他们过去的详细经历及背景。此外，在这部分创业计划书中，还应对公司结构做一简要介绍，包括公司的组织结构图，各部门的功能与责任，各部门的负责人及主要成员，公司的报酬体系，公司的股东名单（包括认股权、比例和特权），公司的董事会成员，各位董事的背景资料等。

全面介绍公司的组织结构以及管理团队情况或创业团队情况，主要包括：

- 公司的管理机构，主要股东、董事、关键的职员、薪金、股票期权、劳工协议、奖惩制度及各部门的构成等情况都要以明晰的形式展示出来。
- 公司的组织结构（画出结构图）。
- 企业共有多少全职员工（填数字）。
- 企业共有多少兼职员工（填数字）。
- 展示公司管理团队的战斗力和独特性及与众不同的凝聚力和团结战斗精神。
- 列出公司管理团队（含创建者、董事、经理和关键职员等）或创业团队的核心人物（含创始人、合伙人以及核心人员）。列出公司主要管理者的性别、年龄、所受教育（学历、学位、毕业院校、专业）、工作年限，在目前行业工作年限、主要业绩，目前的专业职称、职务或角色、专长等。
- 介绍公司的管理团队，要注意介绍成员与管理公司有关的教育和工作背景（注意管理分工和互补）。
- 管理团队优势与不足之处。
- 人才战略与激励制度。
- 公司对主要管理和技术人员采取的激励机制。
- 外部支持，如公司聘请的法律顾问、投资顾问、投发顾问、会计师事务所等中介机构名称。
- 尚未有合适人选的关键职位。

10. 产品与服务

如果要问投资人或评审人最关心什么问题，最希望在创业计划书上看到哪些内容，那么相信答案一定是产品应用的技术或者产品本身的特点是否真的可以满足人们的需求，在多大程度上解决现实生活中的问题，创造较大的市场，以及企业的产品（服务）能否帮助顾客节约开支、增加收入。所以，在介绍产品的时候要尽可能表示出自己的产品与竞争对手相比有哪些优势，当然，也要写出不足，列出后续改进措施。主要包括以下几个方面：

- 顾客希望企业的产品能解决什么问题？顾客能从企业的产品中获得什么好处？
- 企业的产品与竞争对手的产品相比有哪些优缺点？顾客为什么会选择本企业的产品？
- 为什么企业的产品定价可以使企业产生足够的利润？为什么用户会大批量地购买企业的产品？
- 企业采用何种方式去改进产品的质量、性能？企业对发展新产品有哪些计划？

用简洁的方式描述公司的产品/服务，描述技术、产品或服务如何满足关键的顾客需求，描述进入市场策略和市场开发策略。

注意：不需要透露你的核心技术，主要介绍你的技术、产品的功能、应用领域、市场前景等，说明公司的产品是如何向消费者提供价值的，以及你所提供的服务的方式有哪些，公司的产品填补了哪些急需补充的市场空白。

产品与服务主要涉及以下几个方面。

（1）产品与服务概况。主要撰写产品的核心顾客价值、产品的核心竞争力、产品的研发历程、产品的影响力以及产品的未来规划等内容。

主要包括以下内容：

- 产品的名称、特征及性能用途。
- 产品技术描述。
- 产品技术优势，包括国外研究情况、国内研究情况等。
- 产品技术研发方向。
- 技术发展环境。
- 同样的产品是否还没有在市场上出现？为什么？
- 产品处于生命周期的哪一阶段？
- 产品的市场前景如何？
- 产品的技术改进和更新换代计划及成本。
- 利润的来源及赢利模式等。

（2）产品与服务的核心价值。产品与服务的核心顾客价值需要解释和说明产品能为顾客提供哪些基本效应或利益，换句话说就是，公司的产品与服务能为顾客解决什么痛点和/或能满足顾客什么需求。

（3）产品与服务的核心竞争力。产品与服务的核心竞争力主要从技术实现原理、技术特点、功能、独有技术、产品本身、附加服务等方面进行叙述。原理部分主要以原理框图为主，该部分内容由于过于专业，可以用几句话简述，详细内容也可以放在附件部分进行叙述。

（4）产品与服务的研发历程。产品与服务的研发历程主要介绍产品是怎么来的，是依托或者由哪个大学的实验室进行研发，目前已经发表论文、申请专利，并有权威部门的认证或鉴定。

要强调该项技术目前只有你掌握，别人短时间内无法模仿，也无法超越。

（5）产品与服务的影响力。产品与服务的影响力主要撰写获奖情况，也包括一些新闻媒体的报道、已产生的订单、已有的用户试用报告等。

（6）产品与服务的未来规划。产品与服务的未来规划主要阐述产品的更新迭代、横向延伸与纵向深入，可以分初期、中期、长期来写。说明公司的下一代产品，并同时说明为将来的消费者提供的更多的服务是什么。

（7）服务与产品支持。产品是否经过政府或行业有关部门鉴定（提供资料），产品获得过何种奖励或荣誉；企业为自己的产品采取了何种保护措施，产品是否申请知识产权保护（专利、商标、版权、许可证），或与已申请专利的厂家达成了哪些协议等。

（8）生产经营计划。主要包括以下内容：

- 新产品的生产经营计划：生产产品的原料如何采购，供应商的有关情况，劳动力和职员的情况，生产资金的安排，以及厂房、土地等。
- 公司的生产技术能力。
- 品质控制和质量改进能力。
- 将要购置的生产设备。
- 生产工艺流程。
- 生产产品的经济分析及生产过程。

11．产品研发与生产制造

创业计划书中的生产制造计划应包括以下内容：产品制造和技术设备现状；新产品投产计划；技术提升和设备更新的要求；质量控制和质量改进计划。

在寻求资金的过程中，为了增大企业在投资前的评估价值，应尽量使生产制造计划更加详细、可靠。一般来说，生产制造计划应回答以下问题：

- 公司现有产品的技术水平（国内、国际先进、领先）。
- 生产地点在哪里？是委托生产或自己生产？
- 企业生产制造所需的厂房、设备情况如何？
- 生产设备性能质量如何？
- 生产设备的最大生产能力能否满足市场增长的需要？
- 公司有哪些开发设备、检测设备？
- 怎样保证新产品在进入规模生产时的稳定性和可靠性？
- 设备的引进和安装情况，谁是供应商？
- 生产线的设计与产品组装是怎样的？
- 供货者的前置期和资源的需求量如何？
- 生产周期标准的制定以及生产作业计划的编制。
- 物料需求计划及其保证措施。
- 是否能够保证原材料的供应？选择了几家供应商？
- 周边生产配套情况。
- 交通运输条件是否方便？
- 公司现有技术开发人员数量。
- 技术负责人的技术水平和管理能力。
- 与同行业其他企业相比，公司技术人员的收入水平。
- 公司采取哪些措施保护关键技术？
- 质量控制的方法是怎样的？
- 采取了哪些生产管理制度？是否完善？执行情况如何？
- 成品率、返修率、废品率数据。
- 公司每年的技术开发投入计划占销售收入的百分比。
- 其他的相关问题。

12．营销策略/营销计划

营销是企业经营中最富挑战性的环节，影响营销策略的主要因素有：消费者的特点；产品的特性；企业自身的状况；市场环境方面的因素。

最终影响营销策略的则是营销成本和营销效益因素。

在创业计划书中，营销策略应包括以下主要内容。

（1）目标市场。应回答以下问题：

- 你的细分市场是什么？
- 你的目标顾客群是什么？
- 你拥有多大的市场？
- 你的目标市场份额为多大？

（2）竞争分析。告知分别根据产品、价格、市场份额、地区、营销方式、管理手段以及财务力量划分的重要竞争者。

应描述以下内容：

- 竞争描述；
- 销售过程和步骤；
- 营销成本；
- 现在有几家大客户；
- 公司产品所在的市场范围里有哪些竞争对手，竞争对手占市场份额是多少，市场策略是什么，你公司的市场份额是多少，市场策略是什么；
- 与竞争对手产品相比，公司产品有哪些独特之处，这些独特之处对客户是否有用；
- 在竞争中公司的发展、市场和地理位置的优势所在；
- 产品的价格、性能、质量在市场竞争中所具备的优势；
- 公司产品的独特之处能否被竞争对手效仿，公司是否采取实际措施保护自己的产品特点；
- 如果公司产品与竞争对手产品相比没有技术上、设计上或其他方面的独特之处，公司采取哪些有效手段与对手竞争，竞争的结果能否提高公司产品的市场份额，预计经过竞争后公司的份额能提高到多少；
- 公司产品的客户是哪些人，他们的分布情况，他们怎样知道你公司的产品；
- 公司采取哪些市场营销手段（广告、展销会、培训班、直销、电话销售、上门直销、分销网、零售网、邮购）；
- 准备拓展哪些新市场；
- 推出新产品的市场准备；
- 可能出现什么样的新发展；
- 你能否承受竞争所带来的压力；
- 竞争战略/市场进入障碍，描述进入产品细分市场的主要障碍及竞争对手模仿你的障碍。

（3）营销策略。介绍企业所针对的市场、营销战略、竞争环境、竞争优势与不足、主要对手产品的销售金额、增长率和产品或服务所拥有的核心技术、拟投资的核心产品的总需求等。

①营销机构和营销队伍。

②营销渠道的选择和营销网络的建设。例如：

我们的市场营销部门计划动用不同的渠道销售我们的产品，我们之所以选择这些渠道是因为：

- 消费群特点。
- 地理优势。
- 季节变化引起的消费特点。
- 资金的有效运用。
- 可以利用市场上现有产品的销售渠道。

③分销渠道及合作为件。针对每一个分销渠道，确定一个五年期的目标销售量以及其他假设条件。

④促销策略和广告策略。描述你进行促销所采取的策略，包括如何促销产品，如通过广告、邮件推销、微信推销、电台广播或是电视广告等方式。

⑤价格策略。

⑥市场渗透与开拓计划。

⑦市场沟通。目的是加强、促进并支持公司的产品能更好地满足消费者需求的热点。唯一的原则就是寻找一切可能的有利的途径进行沟通，如促销展出、广告、新闻发布、大型会议或研讨会、网络促销、捆绑促销、媒体刊登、邮件广告。

⑧市场营销中意外情况的应急对策。

对创业企业来说，由于产品和企业的知名度低，很难进入其他企业已经稳定的销售渠道。因此，企业不得不暂时采取高成本、低效益的营销战略，例如上门推销，大打商品广告，向批发商和零售商让利，或交给任何愿意经销的企业销售。对发展企业来说，它一方面可以利用原来的销售渠道，另一方面也可以开发新的销售渠道以适应企业的发展。

（4）营销计划。描述你所希望进行的业务是怎样的，以及你所希望进入的细分市场，曾经使用的分销渠道，还要描述你所希望达到的市场份额。

13．财务规划与财务分析

（1）财务规划。财务规划需要花费较多的精力来做具体分析，其中就包括现金流量表、资产负债表以及损益表的制备。流动资金是企业的生命线，因此，企业在初创或扩张时对流动资金需要有预先、周详的计划和进行过程中的严格控制；损益表反映的是企业的赢利状况，它是企业在运作一段时间后的经营结果；资产负债表则反映某一时刻的企业状况，投资者可以用资产负债表中的数据得到的比率指标来衡量企业的经营状况以及可能的投资回报率。

财务规划一般包括以下内容：

- 创业计划书的条件假设；
- 预计的资产负债表、预计的损益表、现金收支分析、资金的来源和使用。

企业的财务规划应保证和创业计划书的假设相一致。事实上，财务规划和企业的生产计划、人力资源计划、营销计划等都是密不可分的。

要完成财务规划，必须明确下列问题：

- 产品在每一个期间的发出量有多大？
- 什么时候开始产品线扩张？
- 每件产品的生产费用是多少？
- 每件产品的定价是多少？
- 使用什么分销渠道？所预期的成本和利润是多少？
- 需要招聘哪几种类型的人？
- 招聘何时开始？工资预算是多少？等等。

可以这样说，一份创业计划书概括地提出了在筹资过程中创业者需要做的事情，而财务规划则是对创业计划书的支持和说明。因此，一份好的财务规划对评估创业企业所需的资金数量、提高创业企业取得资金的可能性是十分关键的。如果财务规划准备得不好，会给投资者以企业管理人员缺乏经验的印象，降低创业企业的评估价值，同时也会增加企业的经营风险。那么如何制定好财务规划呢？这首先要取决于创业企业的远景规划：创业企业是为一个新市场创造一个新产品，还是进入一个财务信息较多的已有市场。

（2）财务分析。财务分析是对投资机会进行评估的基础，它需要体现你对财务需求的最好预估。

财务分析一般包括基础数据、财务报表、投资方案风险分析、财务效益评价结论等。

基础数据包括项目总投资、资金筹措方案、销售收入、产品成本、运营费用、税费及其他。财务报表包括资产负债表、利润表和现金流量表。

①销售收入预估表。利用销售量的预估及已产生的生产和运营的成本，准备至少三年的收入预估表。重点说明主要的几项风险，比如，导致销售锐减 20%的风险，以及在当前的生产力情况下为了达到曲线的增长而采取缩减的方式所带来的不利影响。这些风险都将影响销售目标和赢利的最终实现。还要说明收益随之而变化的情况。收入状况是财务管理中可赢利计划的一部分，它可以显示出新资金的潜在投资可行性。建议前两年以月为单位统计，再往后以季度统计。

②资产负债表。要对任何重大的事项或不寻常的事项做出标注，比如流动资产/其他应付账款/到期的债务等。

③现金流和盈亏平衡分析。这比资产负债表和收入报表更为重要，在阶段性时间节点你将会有多少现钱是投资者很关心的问题。

第一年按月做一次统计，以后两年至少每季度要做一次统计。现金流入、流出的时间和数目的详细描述，决定追加投资的时间，对运营资本的微弱需求，说明现金是如何得到的。比如获得净资产、银行贷款、银行短期信用或者其他，说明哪些项目需要偿还，如何偿还这笔钱。重要的是建立在现金的基础上而不是加上利息的计算。

④盈亏平衡图。计算盈亏平衡点，准备盈亏平衡图，显示何时将达到平衡点，以及出现平衡后将如何逐步地改变。讨论平衡点是很容易还是很困难达到，包括讨论与整个销售计划相关的平衡点处的销售量、毛利润的范围以及随之变化的价格。

财务分析包括以下三方面的内容：

①基础数据。过去三年的历史数据，今后三年的发展预测，主要提供过去三年现金流量表、资产负债表、损益表以及年度的财务总结报告书。

②投资计划。包括：

- 预计的风险投资数额；
- 企业未来的筹资资本结构如何安排；
- 获取风险投资的抵押、担保条件；
- 投资收益和再投资的安排；
- 投资资金的收支安排及财务报告编制；
- 投资者介入公司经营管理的程度；
- 风险投资者投资后双方股权的比例安排；
- 本期风险投资的数额、退出策略、预计回报数额和时间表；
- 完成研发所需投入；
- 达到盈亏平衡所需投入以及达到盈亏平衡的时间等。

③投资与收益预算。投资与收益（单位：万元）预算表如表 8-2 所示。

表 8-2　投资与收益预算表

（单位：万元）

	第一年	第二年	第三年	第四年	第五年
年收入					
销售成本					
运营成本					
净收入					
实际投资					

续表

	第一年	第二年	第三年	第四年	第五年
资本支出					
年终现金余额					

14．融资需求

融资需求主要介绍股权结构、融资需求、风险分析、资本退出机制等。

先说清楚目前公司的股权结构，然后合理地对自己的项目进行估值，再根据需要提出融资需求。

（1）融资需求。必须说清楚，你的项目估值多少，你要融资多少钱，用来做什么，你融资这些钱时准备出让多少股份。

主要描述创业所需要的资金额，团队出资情况，资金需求计划，为实现公司发展计划所需要的资金额，资金需求的时间性，资金用途（详细说明资金用途并列表说明）。

（2）融资方案。公司所希望的投资人及所占股份的说明，资金其他来源，如银行贷款等。

- 资金需求计划：为实现公司发展计划所需要的资金额，资金需求的时间性。
- 资金用途：详细说明资金用途，并列表说明。
- 资金来源：包括创始人自有资金、银行贷款、风险投资等。

（3）资本结构。迄今为止有多少资金投入贵企业？目前正准备筹集多少资金？假如筹集成功，企业可持续经营多久？下一轮投资打算筹集多少？企业可以向投资人提供的权益有：□股权；□可转换债；□普通债权；□不确定。

- 目前资本结构表，如表 8-3 所示。

表 8-3　目前资本结构表

股东成分	已投入资金	股权比例

- 本期资金到位后的资本结构表，如表 8-4 所示。

表 8-4　本期资金到位后的资本结构表

股东成分	已投入资金	股权比例

- 希望寻求什么样的投资者？包括投资者对行业的了解，资金上、管理上的支持程度等。

（4）风险分析。风险分析部分要向投资人或评审人阐明项目实施过程中潜在的风险，并提出有效的风险控制和防范手段、风险规避措施。风险主要来自创业团队、产品以及环境的不确定性，进一步可分为管理风险、技术风险、财务风险、市场风险、环境风险及其他不可预见的风险。

主要明确以下问题：

- 你的公司在市场、竞争和技术方面都有哪些基本的风险？
- 你准备怎样应对这些风险？
- 就你看来，你的公司还有一些什么样的附加机会？
- 在你的现有资本基础上如何进行扩展？
- 在最好和最坏情形下，你的五年计划如何？

对于创业计划书的各项数据估计，如果你的估计不那么准确，那么应该估计出你的误差范围到底有多大。如果可能的话，对你的关键性参数做最好和最坏的设定。

（5）投资者退出方式。风险投资人来公司投资的主要目的是赚钱，一般会见好就收。所以，要设计一种最优的资本退出方式，使得投资人能得到最大的回报。资本退出主要有以下 4 种方式：IPO 退出、并购退出、回购退出、清算退出。一般写并购退出，如果项目很好，可能 3～5 年上市，也可以写 IPO 退出。

- 股权回购：依照本创业计划的分析，公司对实施股权回购计划应向投资者进行说明。
- 利润分红：投资人可以通过公司利润分红达到收回投资的目的，按照本创业计划的分析，公司对实施股权利润分红计划应向投资者进行说明。
- 股票上市：依照本创业计划的分析，对公司上市的可能性做出分析，对上市的前提条件做出说明。
- 股权转让：投资人可以通过股权转让的方式收回投资，公司对投资商的股权转让进行说明。

15．项目实施进度安排

描述内容：项目实施的计划进度及相应的资金配置、进度表。

实施进度包括以下领域的重要事件：

（1）收入；

（2）收支平衡和现金流；

（3）市场份额；

（4）产品开发介绍；

（5）主要合作伙伴；

（6）融资。

16．附录

附录是对正文关键部分的描述提供证据性的补充，主要有合同、财务报表、荣誉证书、专利证书、软件著作权、核心团队成员的履历、调查问卷、产品说明书、技术原理、主要创业者简历、授权等。

8.4.4 创业计划书检查

创业计划书写完之后，创业者最好再对计划书进行仔细检查，看一下该计划书能否准确回答投资者的疑问，争取投资者对本企业的信心。通常，可以从以下几个方面对计划书加以检查：

（1）创业计划书是否显示出你具有管理公司的经验。如果你自己缺乏能力去管理公司，那么一定要明确地说明，你已经聘请了一位经营大师来管理公司。

（2）创业计划书是否显示了你有能力偿还借款。

（3）创业计划书是否显示出你已进行过完整的市场分析。要让投资者坚信你在计划书中阐明的产品需求量是可信的。

（4）创业计划书是否容易被投资者所领会。创业计划书应该备有索引和目录，以便投资者可以较容易地查阅各个章节。

（5）为了保持投资者的兴趣，计划摘要应写得引人入胜。

（6）创业计划书是否在文法上全部正确。如果你不能保证这一点，那么最好请人帮你检查一下。计划书的拼写错误和排印错误往往使投资机会丧失。

（7）创业计划书能否打消投资者对产品/服务的疑虑。如果需要，你可以准备一件产品模型。

创业计划书中的各个方面都会对筹资的成功与否造成影响。因此，如果你对创业计划书缺乏成功的信心，那么最好查阅一下计划书编写指南或向专门的顾问请教。

8.4.5　创业计划书的评价

由于所选择的产品不同，以及存在创业环境的优劣、创业人员能力的差异等区别，所以要对一个创业计划书的优劣进行评价是一件非常困难的事情。目前，投资人员和创业大赛的评审者多采用量化打分制来评定创业计划书之间的差异。

可参考如表 8-5 所示的创业计划书评价指标体系对创业计划书进行自评。

表 8-5　创业计划书的评价标准

评价指标	评价标准	创意可行性	商业计划	总　计
执行概要	简明扼要，具有鲜明的特色。重点包括对公司及产品的介绍、市场概况、营销策略、生产销售管理计划、财务预测；指出创业思路的形成过程和企业发展目标的展望；介绍创业团队的特殊性和优势等	2.0%	2.0%	4.0%
产品	如何满足关键用户需要；进入策略和市场开发策略；说明其专利权、著作权、政府批文、鉴定材料等；指出产品目前的水平是否处于领先地位，是否适应市场的需求，能否实现产业化	7.5%	5.0%	12.5%
市场	市场容量与趋势、市场竞争状况、市场变化趋势及潜力，细分目标市场及客户描述，估计市场份额和销售额。市场调查和分析应当严密科学	5.0%	2.5%	7.5%
竞争	包括公司的商业目的、市场定位、全盘策略及各阶段的目标等，同时要对现有和潜在的竞争者进行分析，对替代品竞争、行业内原有竞争进行分析。总结本公司的竞争优势并研究战胜对手的方案，对主要的竞争对手和市场驱动力进行适当分析	10.0%	5.0%	15.0%
营销	阐述如何保持并提高市场占有率，把握企业的总体进度，对收入、盈亏平衡点、现金流量、市场份额、产品开发、主要合作伙伴和融资等重要事件有所安排，构建一条畅通合理的营销渠道和与之相适应的新颖而富有吸引力的促销方式	8.0%	2.0%	10.0%
经营	原材料的供应情况，工业设备的运行安排，人力资源的安排等。这部分要求以产品或服务为依据，以生产工艺为主线，力求描述准确、合理、可操作性强	2.5%	2.5%	5.0%
组织	介绍管理团队中各成员有关的教育和工作背景、经验、能力、专长等。组建营销、财务、行政、生产、技术团队。明确各成员的管理分工和互补情况、公司组织结构情况、领导层成员、创业顾问及主要投资人的持股情况。指出企业股份比例的划分	10.0%	5.0%	15.0%
财务	包含营业收入和费用、现金流量、盈亏能力和持久性、固定和变动成本；前两年财务月报，后三年财务年报。数据应基于经营状况和未来发展的正确估计，并能有效反映出公司的财务绩效	8.0%	5.0%	13.0%
总体评估	条理清晰；表述应避免冗余，力求简洁、清晰、重点突出、条理分明；专业语言的运用要准确和适度；相关数据科学、诚信、翔实；计划书总体效果好	12.0%	6.0%	18.0%
合计		65.0%	35.0%	100%

【案例剖析】

【案例 8-5】初识快递服务创业计划书

“明德快递服务公司创业计划书”的框架结构由以下六个部分组成：

一、项目介绍及分析

二、经营战略

三、初期运作

四、组织结构

五、风险管理

【电子活页】

扫描二维码，浏览“电子文档 8-1”的内容，了解“明德快递服务公司创业计划书”的基本框架结构和各部分的主要内容。

电子文档 8-1

【分析思考】

常言道，“兵马未动，粮草先行”。创业计划书除了可以对项目进行深刻分析外，还能够解决的关键问题就是让合作伙伴知道一起合作的生意是什么，准备怎么做，发展前景如何等。而且，拥有一份优秀的创业计划书，融资之路也会变得宽广很多。

如果有了一份详尽的创业计划书，就好像有了一份业务发展的指示图一样，它会时刻提醒创业者应该注意什么问题、规避什么风险，并最大限度地帮助创业者获得来自外界的帮助。因此，创业计划书有着非常重要的作用。

【交流探讨】

【探讨 8-3】评析悠闲居创业计划书

“悠闲居创业计划书”大纲由以下六个部分组成。

一、执行总结

二、市场分析

三、风险分析及对策

四、市场与销售

五、财务分析

六、公司发展战略

电子文档 8-2

【电子活页】

扫描二维码，浏览“电子文档 8-2”的内容，了解“悠闲居创业计划书”的基本框架结构和各部分的主要内容。

【各抒己见】

运用如表 8-5 所示的创业计划书评价指标及权重值，对本案例展示的“悠闲居创业计划书”进行评价并计分。

【实战训练】

【训练 8-3】优化完善快递服务创业计划书

对“案例 8-5”介绍的“明德快递服务公司创业计划书”进行进一步优化和完善，力争使之成为一份优秀的创业计划书，并形成一份独立的文档。具体要求如下：

1．创业计划书的格式要求

（1）字形：大标题用 2 号黑体，中标题用 3 号黑体，小标题用 3 号楷体，正文用 4 号宋体。

（2）纸型：统一用 A4 纸，左侧装订。

（3）页边距：上 2.6cm、下 2.6cm、左 3.0cm、右 2.0cm。

（4）行距：1.5 倍行距。

（5）结构层次序数：“一”“（一）”“1.”“（1）”。

2. 创业计划书的摘要

创业计划书摘要的篇幅控制在两页纸以内。摘要内容参考如下：

（1）公司基本情况：主要包括公司名称、成立时间、注册地区、注册资本，主要股东、股份比例，主营业务，公司地点、电话、传真、联系人等。

（2）主要管理者情况：主要包括姓名、性别、年龄、籍贯、学历/学位，毕业院校、政治面貌、行业从业年限、主要经历和经营业绩等。

（3）产品/服务描述：主要包括产品/服务介绍、产品技术水平，产品的新颖性、先进性和独特性，产品的竞争优势等。

（4）研究与开发：主要包括已有的技术成果及技术水平，研发队伍技术水平，竞争力及对外合作情况，已经投入的研发经费及未来投入计划，对研发人员的激励机制等。

（5）行业及市场：主要包括行业历史与前景，市场规模及增长趋势，行业竞争对手及本公司竞争优势，未来 3 年市场销售预测等。

（6）营销策略：主要包括在价格、促销、建立销售网络等各方面拟采取的策略及其可操作性和有效性，对销售人员的激励机制等。

（7）产品制造：主要包括生产方式、生产设备、质量保证、成本控制等。

（8）公司管理：主要包括机构设置、员工持股、劳动合同、知识产权管理、人事计划等。

（9）融资说明：主要包括资金需求量、用途、使用计划、拟出让股份、投资者权利、退出方式等。

（10）财务预测：主要包括未来 3 年或 5 年的销售收入、利润、资产回报率等。

（11）风险控制：项目实施可能出现的风险及拟采取的控制措施等。

创业计划书摘要根据不同项目的实际情况，可以适当进行删减或补充。

3. 创业计划书的组成结构及主要内容

扫描二维码，浏览相关电子文档，了解创业计划书的基本结构、主要内容以及写作要求。

电子文档 8-3

电子文档 8-4

电子文档 8-5

电子文档 8-6

电子文档 8-7

电子文档 8-8

电子文档 8-9

电子文档 8-10

电子文档 8-11

电子文档 8-12

模块 9　筹办创业企业

近年来，人工智能、大数据、云计算和移动互联网的快速发展，使创业、创新活动变成了社会大众人人可及的事情，众创、众包、众扶、众筹等一批集众人之智、汇众人之财、齐众人之力的创意、创业、创造与投资如雨后春笋般应运而生，使得那些有梦想、有意愿、有能力的人，无论是受过高等教育的科技工作者、大学毕业生，还是普通农民、家庭妇女、退役军人、失业人员等，都可以参与进来，都可找到“用其智、得其利、创其富”的机会和空间。随着电子商务快速发展，“淘宝网”等平台凭借技术难度小、进入门槛低、初始资金需求量少等优势，帮助千百万普通民众实现创业梦想，在中国城乡地区形成了极强的示范和带动效应。

“三证合一、一照一码”商事制度改革简化了企业注册程序，极大激发了创业者的创业热情和市场活力，特别是为大学生创新创业“添柴加火”，有效推动了大众创业、万众创新。

【知识梳理】

9.1　认知创业企业

9.1.1　创业型企业及其特征

创业型企业是指处于创业阶段，高成长性与高风险性并存的创新开拓型企业。创业活动作为经济发展的一支重要力量，在科学技术转化为现实生产力方面起着重要的作用。社会各界对创业企业的重视和研究不断深入。相比处于成熟阶段的企业而言，创业型企业体现出以下显著特点：

（1）创新性。公司通过创新发掘其他人或其他公司没有发现或开发的机会，进入新市场，获得新客户，或用新的方式配置资源。创新性体现了公司参与新的想法、实验、创造性过程的倾向，并由此产生了新的产品、服务或技术过程。

（2）机会导向性。创业活动表现出识别机会、利用机会、开发机会并产生经济成果的行为特点，或者将好的创意迅速变成现实。

（3）创业活动的动态性。一方面，企业的创业精神会促使创业行为随着企业的成长而延续并强化；另一方面，机会发现和利用是一个动态的过程。

9.1.2　创业企业发展阶段

创业企业通常会经历以下三个发展阶段：

1．种子期

这个时期企业只有很少的人，这些人几乎全都是企业的股东，大家拿着很少的资金，仅凭一个想法在努力。这个时期如果你加入他们，你就可能得到期权，但薪资待遇低于其他企业。这个时期的企业看重的是你这个人而不是你的技术。

2．成长期

这个时期的企业是最不稳定的，公司高速发展有可能带来公司文化的流失，团队不再和谐，开始体会到上下级的差别。工资待遇一般比其他企业要高，招聘人员一定要那种来了就能做事的人。

3．成熟期

企业这个时候形成了一套切实可行的管理办法和盈利模式。公司管理趋于正规化，但是我国很多成熟期的企业在企业文化方面仍显得不够成熟。公司的工资待遇处于市场的正常水平，因为公司有了知名度，招聘人员相对容易一些。

9.2 企业注册登记

2014年可以说是中国的创业元年，因为在这一年，国家出台了很多刺激全民创业的政策，包括新公司注册不再需要注册资金、不必再找第三方机构验资、一个地址可以注册多个公司、工商税费优惠减免、大学生创业最高可获得10万元创业基金、失业人员可获得最高8000多元的税费减免，等等。

9.2.1 "三证合一"后公司注册流程

1．"三证合一"登记制度

"三证合一"登记制度是指将企业登记时依次申请，分别由工商管理部门核发营业执照、质量技术监督部门核发组织机构代码证、税务部门核发税务登记证，改为一次申请、由工商行政管理部门核发一个营业执照的登记制度。"一照一码"营业执照就好比企业的"身份证"，企业凭营业执照可以在政府机关、金融保险机构等部门证明其主体身份，办理刻章、纳税、开户、社保等事务，相关部门都予以认可，且全国通用。

2．公司"三证合一"注册登记制度的重要意义

全面推行"三证合一"登记制度改革，是贯彻党中央精神，落实国务院决策部署，深化商事登记制度改革的重要举措。加快推进这一改革，可以进一步便利企业注册，持续推动形成大众创业、万众创新热潮。这是维护交易安全、消除监管盲区的有效途径，是推进简政放权、建设服务型政府的必然选择，对于提高国家治理体系和治理能力现代化水平，使市场在资源配置中起决定性作用和更好发挥政府作用，具有十分重要的意义。

3．"三证合一"后公司注册的基本流程

"三证合一"后公司注册的基本流程如表9-1所示。

表9-1 "三证合一"后公司注册的基本流程

序　号	步骤名称	需提交材料	说　明
1	办理企业名称核准	（1）《企业名称预先核准申请书》 （2）指定代表或者共同委托代理人授权委托书 （3）法人身份证复印件 （4）代理人身份证复印件	第一步：按照公司名称结构规定给公司取名，最少取5个以上的名称，名称结构包含行政区划、字号、行业、组织形式等。 第二步：咨询后领取并填写《企业名称（变更）预先核准申请书》《投资人授权委托意见》，同时准备相关材料。 第三步：递交《企业名称（变更）预先核准申请书》、投资人身份证、备用名称若干及相关材料，等待名称核准结果。 第四步：由工商行政管理部门上网（内部网）检索是否有重名，如果没有重名就可以使用这个名称，核发一张《企业（字号）名称预先核准通知书》。核名通过后，领取《企业名称预先核准通知书》
2	网上预审	《企业设立登记申请书》、房屋租赁合同复印件、房产证复印件、公司章程、《企业名称预先核准通知书》、股东资格证明、指定代表或者共同委托代理人授权委托书，经营范围涉及前置许可项目的，应提交有关审批部门的批准文件	登录工商局网站，注册登录账号，把准备好的PDF电子版的资料按提示提交并填写相关内容，完成材料提交。材料提交后会有大概5个工作日的审核，如果材料有问题，那么会通知你修正后再次提交。审核通过后，就可以在工商局网站约定提交书面材料的时间

续表

序　　号	步骤名称	需提交材料	说　　明
3	向工商部门提交预审后的书面资料	《企业设立登记申请书》、房屋租赁合同复印件、房产证复印件、公司章程（提供全体股东亲笔签名的打印件一份，有法人股东的要加盖该法人单位公章）、《企业名称预先核准通知书》、股东资格证明、指定代表或者共同委托代理人授权委托书、法人身份证、代理人身份证	按照预约的时间带着书面材料去工商行政管理部门现场提交，一般情况是当时提交当时受理登记
4	领取营业执照	等工商部门通知去工商局领取营业执照	“三证合一”登记制度改革后新办理的营业执照，承载了原来的工商营业执照、组织机构代码证和税务登记证的功能。工商部门通过实时、自动、即时赋码的方法，按照核准的先后顺序，对新设立企业、变更企业发放加载全国唯一、终身不变的统一代码的营业执照。自 2015 年 10 月 1 日起，“三证合一、一照一码”登记制度改革在全国范围全面实施后，不再发放企业的组织机构代码证和税务登记证
5	篆刻公章备案	凭营业执照、法人身份证到公安局指定的专业刻章公司篆刻本公司公章、合同章、财务章	正规的公章需到公安部门备案才有法律效力
6	税务备案，打印三方协议	带所在公司房屋租赁合同并加盖公章、营业执照及全部公章去税务部门备案，打印三方协议	质监、税务部门并联审批
7	开立银行基本账户	带上营业执照及公司公章、合同章、财务章和法人的身份证原件，房屋租赁合同一份并加盖公章，去银行开立银行基本账户	可以选择公司注册所在地的商业银行开立银行基本账户，费用在 500～3000 元不等，各大银行的扣费标准、扣费时间不一样，有的是在账户中扣除，有的是开户的时候就预交。相关费用包括小额存款费、回单箱费、网银使用费、年费等

4．开办公司注册工本费

以下费用标准仅供参考，各地收费标准有所不同。

（1）企业名称核准：免费。

（2）验资费用：0 元。

2014 年 3 月 1 日起实行的注册资本认缴登记制，放宽了注册资本登记条件。由公司股东（发起人）自主约定认缴出资额、出资方式、出资期限等，记载于公司章程，并承担缴纳出资不全的法律责任，注册公司不占用资金，不需要验资费用。

（3）营业执照：以当地收费标准为准。

（4）银行询证费：0 元（认缴制不需要）。

（5）验资报告：0 元（认缴制不需要）。

（6）刻章：600～900 元。

（7）开立银行基本账户：800～1500 元（各银行收费不一样）。

（8）注册地址（商务挂靠地址）：1000～1500 元/年。

9.2.2　大学生自主创业的市场主体类型以及注册流程的简化

大学生自主创业可采用的市场主体类型主要有个体工商户、个人独资企业、合伙企业、农民专业合作社和有限责任公司等，创办不同类型的市场主体，需要准备的材料和办理流程有所不同。

凡高校毕业生（毕业后两年内，下同）申请从事个体经营或申办私营企业的，可通过各级工商行政管理部门注册大厅“绿色通道”优先登记注册。其经营范围除国家明令禁止的行业和商品外，一律放开核准经营。

对限制性、专项性经营项目，允许其边申请边补办专项审批手续。对在科技园区、高新技术园区、经济技术开发区等经济特区申请设立个体私营企业的，特事特办，除了涉及必须前置审批的项目外，试行“承诺登记制”。

申请人提交登记申请书、验资报告等主要登记材料，可先予颁发营业执照，让其在 3 个月内按规定补齐相关材料。凡申请设立有限责任公司，以高校毕业生的人力资本、智力成果、工业产权、非专利技术等无形资产作为投资的，允许抵充 40%的注册资本。

9.2.3 个体工商户注册时需要准备的材料和办理流程

1. 需准备的材料

（1）经营者签署的个体工商户注册登记申请书。

（2）委托代理人办理的，还应当提交经营者签署的《委托代理人证明》及委托代理人身份证明。

（3）经营者身份证明。

（4）经营场所证明。

（5）申请前已经办理名称预先核准的须提交《个体工商户名称预先核准通知书》。

（6）申请登记的经营范围中有法律、行政法规和国务院决定规定必须在登记前报经批准的项目的，应当提交有关许可证书或者批准文件。

（7）申请登记为家庭经营的，以主持经营者作为经营者登记，由全体参加经营家庭成员在《个体工商户开业登记申请书》经营者签名栏中签字予以确认。提交居民户口簿或者结婚证复印件作为家庭成员亲属关系证明，同时提交其他参加经营家庭成员的身份证复印件。

（8）国家工商行政管理部门规定提交的其他文件。

2. 办理流程

第 1 步：申请。

（1）申请人或者委托的代理人可以直接到经营场所所在地登记机关登记。

（2）登记机关委托其下属工商所办理个体工商户登记的，到经营场所所在地工商所登记。

（3）申请人或者其委托的代理人可以通过邮寄、传真、电子数据交换、电子邮件等方式向经营场所所在地登记机关提交申请。通过传真、电子数据交换、电子邮件等方式提交申请的，应当提供申请人或者其代理人的联络方式及通信地址。对登记机关予以受理的申请，申请人应当自收到受理通知书之日起 5 日内，提交与传真、电子数据交换、电子邮件内容一致的申请材料原件。

第 2 步：受理。

（1）对于申请材料齐全、符合法定形式的，登记机关应当受理。

申请材料不齐全或者不符合法定形式的，登记机关应当当场告知申请人需要补正的全部内容，申请人按照要求提交全部补充申请材料的，登记机关应当受理。

申请材料存在可以当场更正的错误的，登记机关应当允许申请人当场更正。

（2）登记机关受理登记申请，除当场予以登记的外，应当发给申请人受理通知书。

对于不符合受理条件的登记申请，登记机关不予受理，并发给申请人不予受理通知书。

申请事项依法不属于个体工商户登记范畴的，登记机关应当即时决定不予受理，并向申请人说明理由。

第 3 步：审查和决定。

登记机关对决定予以受理的登记申请，根据下列情况分别做出是否准予登记的决定：

（1）申请人提交的申请材料齐全、符合法定形式的，登记机关应当当场予以登记，并发给申请人准予登记通知书。

根据法定条件和程序，需要对申请材料的实质性内容进行核实的，登记机关应当指派两名以上工作人员进行核查，并填写申请材料核查情况报告书。登记机关应当自受理登记申请之日起 15 日内做出是否准予登记的决定。

（2）对于以邮寄、传真、电子数据交换、电子邮件等方式提出申请并经登记机关受理的，登记机关应当自受理登记申请之日起 15 日内做出是否准予登记的决定。

（3）登记机关做出准予登记决定的，应当发给申请人准予个体工商户登记通知书，并在 10 日内发给申请人营业执照。不予登记的，应当发给申请人个体工商户登记驳回通知书。

9.2.4　个人独资企业注册时需要准备的材料和办理流程

1．需准备的材料

（1）投资人签署的《个人独资企业登记（备案）申请书》。

（2）投资人身份证明。

（3）投资人委托代理人的，应当提交投资人的委托书原件和代理人的身份证明或资格证明复印件（核对原件）。

（4）企业住所证明。

（5）申请前已经办理名称预先核准的须提交《名称预先核准通知书》。

（6）从事法律、行政法规规定须报经有关部门审批的业务的，应当提交有关部门的批准文件。

（7）国家工商行政管理部门规定提交的其他文件。

2．办理流程

第 1 步：申请。

由投资人或者其委托的代理人向个人独资企业所在地登记机关申请设立登记。

第 2 步：受理、审查和决定。

登记机关应当在收到全部文件之日起 15 日内，做出核准登记或者不予登记的决定。予以核准的，发给营业执照；不予核准的，发给企业登记驳回通知书。

9.2.5　合伙企业注册时需要准备的材料和办理流程

1．需准备的材料

（1）全体合伙人签署的《合伙企业登记（备案）申请书》。

（2）全体合伙人的主体资格证明或者自然人的身份证明。

（3）全体合伙人指定代表或者共同委托代理人的委托书。

（4）全体合伙人签署的合伙协议。

（5）全体合伙人签署的对各合伙人缴付出资的确认书。

（6）主要经营场所证明。

（7）申请前已经办理名称预先核准的须提交《名称预先核准通知书》。

（8）全体合伙人签署的委托执行事务合伙人的委托书；执行事务合伙人是法人或其他组织的，还应当提交其委派代表的委托书和身份证明复印件（核对原件）。

（9）以非货币形式出资的，提交全体合伙人签署的协商作价确认书或者经全体合伙人委托的法定评估机构出具的评估作价证明。

（10）法律、行政法规或者国务院规定设立合伙企业须经批准的，或者从事法律、行政法规或者国务院决定规定在登记前须经批准的经营项目，须提交有关批准文件。

（11）法律、行政法规规定设立特殊的普通合伙企业需要提交合伙人的职业资格证明的，提交相应证明。

（12）国家工商行政管理部门规定提交的其他文件。

2．办理流程

第 1 步：申请。

由全体合伙人指定的代表或者共同委托的代理人向企业登记机关申请设立登记。

第 2 步：受理、审查和决定。

申请人提交的登记申请材料齐全、符合法定形式，企业登记机关能够当场登记的，应予当场登记，发给合伙企业营业执照。

除前款规定情形外，企业登记机关应当自受理申请之日起 20 日内，做出是否登记的决定。予以登记的，发给合伙企业营业执照；不予登记的，应当给予书面答复，并说明理由。

9.3 经营场所选择

【学习领会】

9.3.1 麦当劳选址的主要策略

麦当劳选址的主要策略如下。

1．针对目标消费群

麦当劳的目标消费群是年轻人、儿童和家庭成员。所以，在布点上，一是选择人潮涌动的地方，二是在年轻人和儿童经常光顾的地方布点。

2．着眼于今天和明天

麦当劳布点的一大原则，是一定二十年不变。所以，对每个点的开与否，都通过三个月到六个月的考察，再做决策评估。重点考察是否与城市规划发展相符合，是否会出现市政动迁和周围人口动迁，是否会进入城市规划中的红线范围。进入红线的，坚决不碰；老化的商圈，坚决不设点。有发展前途的商街和商圈、新辟的学院区、住宅区，是布点考虑的地区。纯住宅区则往往不设点，因为纯住宅区居民消费的时间有限。

3．讲究醒目

麦当劳布点都选择在一楼的店堂，透过落地玻璃橱窗，让路人感知麦当劳的餐饮文化氛围，体现其经营宗旨——方便、安全、物有所值。由于布点醒目，便于顾客寻找，也吸引人。

4．不急于求成

黄金地段，业主往往要价很高。当要价超过投资的心理价位时，麦当劳不急于求成，而是先发展其他地方的布点。通过别的网点的成功，让“高价”路段的房产业主感到麦当劳的引进有助于提高自己的身价，于是再谈价格，重新布点。

5．优势互动

麦当劳开“店中店”选择的“东家”，不少是当地的知名老店，知名百货店为麦当劳带来客源，麦当劳又吸引年轻人逛商店，起到优势互补的作用。

9.3.2 经营场所选择的步骤

这里主要以开办餐饮、百货、美发等门店为例讨论创业企业选址的方法和原则。经营场所选择一般需要经过以下步骤：商圈调查、确定选址范围和目标、取得合适的经营场所。

1．商圈调查

商圈一般是指零售企业的顾客所在或所来自的区域。广义上的商圈可以是任何企业的顾客或客户所在的区域。

进行商圈调查，就是要了解顾客来自何方；顾客找你或者你找他们是否方便；商圈内尤其是周边是否有竞争对手，它们的经营状况如何，等等。

（1）商圈调查的内容。商圈调查的主要项目及内容如表9-2所示。

表9-2　商圈调查的主要项目及内容

调 查 项 目	调 查 内 容
客户群和人流量	了解所调查区域内的潜在客户数量及其分布情况，潜在客户的消费能力，对所经营产品的认知和消费倾向等。对于零售店还需要观察和测算拟经营场所的过往人流量，同类经营店铺内的日常客流量等
交通便利程度	了解拟经营场所所在位置是否位于交通要道，公共交通是否方便，有无停车位等，以便了解顾客是否方便上门，外出送货或销售是否方便等
同类竞争者的分布	了解商圈内有多少竞争对手，商圈内同类企业的经营与拟开办企业有何差异；了解经营场地的租金或维持成本；了解选址区域内的经营场地除了租金、水电费外，是否还需要其他维持费用，如物业管理费等

（2）商圈调查的方法。常用的商圈调查方式包括蹲点观察和测算、电话查询、走访考察、活动调查、问卷调查、网上调查等。

2．确定选址范围和目标

（1）搜寻目标场地。根据商圈调查结果，可以初步物色好适合开办企业的地段、街道、小区、楼宇等。下一步就需要实际找到经营场地。搜索途径很多，例如，房屋中介公司、物业公司的租赁信息，各种商用房、写字楼等的招租广告，出租房屋门窗上或附近醒目处张贴的招租告示等。搜寻的方法主要有通过网站查找、通过报刊查找、实地查找等。

（2）创业企业选址时应考虑的因素。创业企业选址时应考虑的因素如表9-3所示。

表9-3　创业企业选址时应考虑的因素

因 素 名 称	说　　明
市场因素	从顾客和竞争对手两个角度来考虑市场因素
商圈因素	要对特定商圈进行特定分析
政策因素	符合当地政策倡导的产业方向，与经营理念一致，能得到当地政府的政策支持
价格因素	考虑资金、业务性质、创业成功或失败后的安排、物业市场的供求情况、利率趋势等
个人因素	通常会选择在住所附近经营，但这样做有时可能会令创业者丧失更好的机会或经营受到局限
其他因素	物业因素也不能忽略

3．取得合适的经营场所

选址范围确定后，需要最终取得合适的经营场所，经营场所的类型主要有商铺、摊位、专柜、写字楼、住房等，经营场所取得的方式主要有租赁、购买、联营、利用现有住房等。经营场所的类型和经营场所取得的方式说明如表9-4所示。

表9-4　经营场所的类型和经营场所取得的方式说明

类型或方式	说　　明
商铺	临街的商铺、门店便于顾客上门，企业的独立形象好，但租金较高。有的零售或服务不必在一楼，选择二楼或三楼商铺可以节省一定的租金。一些批发市场或商城里的精品店铺以及购物中心里的店铺，虽然不临街，但如果客流量大，也是很好的选择

类型或方式	说　明
摊位	批发市场内或一些大型商场或超市的零售摊位，单位平方米的租金往往比多数街道上的独立商铺要高一些，但由于人流量很大，摊位的销售流水按单位面积计算也会高一些
专柜	很多商场或超市会把场地空间进行分割，把部分或全部的商品经销分别以专柜形式包给不同的商户经营
写字楼	一般事务所、设计公司、咨询公司、培训学校的经营场所都选在写字楼，有些服务性零售企业也可在写字楼经营。写字楼的租金比商铺要低，也不会出现商铺里人流嘈杂的情况
与业主联营	与有经营场地或房屋的业主联营，用经营收入支付房租，可以大大降低场地的固定成本
自购经营场地	自行购买商铺、写字间，或者利用自己的商品住宅从事经营活动

【案例剖析】

【案例 9-1】星巴克的完美选址技巧

你想开一家自己的店吗？大家都知道，开店最重要的是地点，但要选在哪里好呢？星巴克前任副总裁亚瑟·鲁宾菲尔（Arthur Rubinfeld）以自己任内将星巴克由 100 多家分店扩展到全球 4000 多家分店的经验，为每个想成功开店的人指引完美选址四步骤。

第一步挑地方：确定人潮及流量。

首先，你必须清楚人们要往哪里去，而不只是在那里，像早餐店要在上班族会走过的地方。你可以花点时间，在感兴趣的目标地区计算上午、下午、晚上各时段的人潮，统计进入附近店面的人数，看看经过的人当中上班族、学生、家庭主妇的比例，而且至少要在平日和周末各算一次，才能知道人潮确实的分布状况。

除了人们往哪里去，你还要考虑人们得花多久才会到达你的店面。越便宜的产品，顾客越不愿花时间，例如，便利商店是以 3 分钟来定义主要商圈、咖啡店大约是 5 分钟，除非你打算卖汽车这种高单价商品，否则一般而言顾客最远只能忍受 7 分钟的交通时间。

第二步找地点：访查周边环境。

有了预选地点，第二步是观察其周边环境，这时要用两种角度来观察。首先是从商人的角度：什么迹象显示该地点可以创造业绩？其次是从顾客的角度：你会不会到这个地点逛街？黄金地段有冷门的角落，次级商圈也有热门门店，找地点最忌讳只看到别人成功，就想在隔壁复制一家店，除非你有把握做出自己的差异化。

此外，要留意坐落在对角或不远处的竞争对手是否会抢走你的生意。你是否能在顾客行动路线上抢先别人一步拦截顾客？随时注意对手的位置，寻找足以抗衡的地点。你一定要保持领先地位，不然，位于同性质商店的下风处，小心生意也会一直处于下风。

第三步看店面：建筑等于活广告。

请抱着初次约会的心情看店面。先远看，再近看，想象你的店面在这个空间里的感觉，一旦店名放在招牌上，会很显眼吗？开车经过的人看得到吗？行人能从人行道上就注意到吗？好的店面就像活广告，不只是让人方便找到你，也能向路上经过的潜在客户展示自己。

此外，建筑设计也是一个重点。这个地点适合零售业吗？吸引人吗？即使在外观设计上相似的购物街，质量方面也可能相差悬殊。该大楼的质量是否跟你的产品一样好？记住，一定要从品牌打造的角度来思考建筑物。

第四步选邻居：好邻居让你少奋斗。

顾客会认为，彼此相邻的店面，其商品质量也相当类似，所以，跟类似的品牌坐落在同一地点十分重要，因为有些选址策略就是要“寄生”。在大百货公司旁开服饰店，在高级超市旁开饮食店，被大品牌所吸引的顾客也会被你所吸引。

另外，如果能碰到一些像干洗店之类的优质邻居就更好，因为这些店面都有着“两次到访”的机会，人们把衣服送去洗，隔几天必定会再回来拿；邮局、超市也是这种好用的人潮回力镖，若能沾到它们的光，那对你的生意绝对是大大加分的。

【分析思考】

要开办企业，首先得选好经营场所，好的经营场所可以提高经营效益、降低经营成本。创业企业选址是指选定企业的经营场所或住所，这既是工商登记的要求，也是企业经营的需要。经营场所的费用是企业固定成本中的一大项开支，而且企业的经营位置关系到与客户的往来和销售，因此，选址的好坏直接影响到企业的经营效益。

【交流探讨】

【探讨 9-1】肯德基快餐店在中国开设第一家店的选址分析

1986 年 9 月下旬，肯德基快餐店开始考虑打入人口众多的中国市场。他们面临的首要问题是：第一家肯德基店址应当选在何处？这一决策对将来肯德基在中国市场的进一步开拓至关重要。当时有三个地点可供选择：上海、广州、北京。以下分析以 1986 年为背景。

上海是中国最大的市场，有 1100 多万居民、19000 多家工厂和中国最繁忙的港口，上海是中国最繁荣的商业中心，其优越的经济地位在国内显而易见。上海的明显优势是在这里容易获得合乎质量的充足的肉鸡供应，通过兴办合资企业，泰国的正大集团已经在东南亚地区建立了 10 个饲料厂和家禽饲养基地，可以为上海供应肉鸡。肯德基的东南亚办公室与正大集团有着良好的关系。虽然上海一向是主要的商业中心，但改革开放初期人民收入水平增长不快，能否迅速接受西方快餐文化还是个疑问。而且它的噪声和污染令旅游者感到沮丧，西方游客不多。

广州是可供选择的另一个方案。它位于中国东南部，离香港很近，作为中国 14 个沿海开放城市之一，广州在批准外资项目、减免税收和鼓励技术开发方面被授予更多的自主权，而且广州居民的收入水平近几年增长很快。广州是西方商人经常光顾的地方，同时也是旅游者从香港出发作一日游的好地方。广州与香港相距不到 120 千米路程，公路、铁路交通都很便利。在广州做买卖很容易得到肯德基香港办公室提供的服务。另外，广东地区的中国人也更熟悉西方管理惯例和西方文化。广东和香港同样讲粤语，差别不大，初步调查表明找到一个充分供应肉鸡的来源也没有什么困难。

北京是中国的政治文化中心，这里有 900 万居民，人口数量仅次于上海。北京的外来人口数量众多，有潜在的消费群体。北京是中国的教育中心，是高等学府的聚集地，所有这些因素都造成人口大量涌入，这对肯德基销售的人民币结算部分是极为重要的。北京是那些向往故宫、长城、十三陵的国外游客的必到之地，这意味着肯德基将会有一个稳定的外汇收入。因此，如果在北京开设中国的第一家店，无疑将更大地吸引人们的注意力，并且不言而喻地表明政府的赞同态度，这将有助于今后往其他城市进一步发展。调查也表明，北京城郊有好几个家禽饲养基地。然而，从政治方面说，外商在北京经营，政府可能会干预。

当时的肯德基东南亚地区高级管理团队权衡各个方案的利弊得失后，决定把北京作为其进入中国的首选城市。

【各抒己见】

（1）肯德基在中国选择第一家店址时主要考虑了哪些因素？

（2）如果你是肯德基的决策者，你会选择哪座城市作为首次进入的目标？为什么？

【实战训练】

【训练 9-1】餐饮店店址选择

麦当劳的成功，除了品牌优势外，在选址方面的敏锐眼光也功不可没，一般都是进驻具有发展潜力的地区。难怪有不少零售企业都愿意在麦当劳旁开店。

1．麦当劳的商圈调查

麦当劳市场目标的确定需要通过商圈调查，在考虑餐厅的设址前必须事先估计当地的市场潜能。

（1）确定商圈范围。麦当劳把在制定经营策略时确定商圈的方法称作绘制商圈地图，商圈地图的画法首先是确定商圈范围。

一般说来，商圈范围是以这个餐厅为中心，以1～2千米为半径画一个圆作为它的商圈。如果这个餐厅设有汽车走廊，则可以把半径延伸到4千米，然后把整个商圈分割为主商圈和副商圈。

商圈的范围一般不要越过公路、铁路、立交桥、地下通道、大水沟，因为顾客不会绕过这些阻隔到不方便的地方购物。

商圈确定以后，麦当劳的市场分析专家便开始分析商圈的特征，以制定公司的地区分布战略，即规划在哪些地方开设多少餐厅最为适宜，从而达到通过消费导向去创造和满足消费者需求的目标。

因此，商圈特征的调查必须详细。要统计和分析商圈内的人口特征、住宅特点、集会场所、交通和人流状况、消费倾向、同类商店的分布，对商圈的优缺点进行评估，并预计设店后的收入和支出，对可能的净利进行分析。

在商圈地图上，他们最少要标注上下列数据：

①餐厅所在社区的总人口、家庭数。

②餐厅所在社区的学校数、事业单位数。

③构成交通流量的场所（包括百货商店、大型集会场所、娱乐场所、公共汽车站和其他交通工具的集中点等）。

④餐厅前的人流量（应区分平日和假日），人潮走向。

⑤有无大型公寓或新村。

⑥商圈内的竞争店和互补店的店面数、座位数及营业时间等。

⑦街道的名称。

（2）进行抽样统计。在分析商圈的特征时，还必须在商圈内设置几个抽样点进行抽样统计。抽样统计的目的是取得基准数据，以确定顾客的准确数字。

抽样统计可将一周分为三段：周一至周五为一段；周六为一段；周日和节假日为一段。从每天的早晨7点开始至午夜12点，以每两个小时为单位，计算通过的人流数、汽车和自行车数。人流数还要进一步分类为男、女、青少年、上班和下班的人群等，然后换算为每15分钟的数据。

（3）实地调查。除了进行抽样统计，还要对顾客进行实地调查，或称作商情调查。实地调查可以分为两种：一种以车站为中心，另一种以商业区为中心。同时还要提出一个问题：是否还有其他的人流中心？答案当然应当从获得的商情资料中去挖掘。以车站为中心的调查方法可以是到车站记录车牌号码，或者乘公共汽车去了解交通路线，或从车站购票处取得购买月票者的地址。

以商业区为中心的调查需要调查当地商会的活动计划和活动状况，调查抛弃在路边的购物纸袋和商业印刷品，看看人们常去哪些商店或超级市场，从而准确地掌握当地的购物行动圈。

通过访问购物者，调查他们的地址，向他们发放问卷，了解他们的生日，然后把调查得来的所有资料一一载入最初画了圈的地图。这些调查得来的数据以不同颜色标明，最后就可以在地图上确定选址的商圈。

“应该说，正因为麦当劳的选址坚持通过对市场的全面资讯和对位置的评估标准的执行，才能够使开设的餐厅，无论是现在还是在将来，都能健康稳定地成长和发展。”麦当劳香港总部这样说。

有了店址的评估标准和一些成功案例，我们可以开发出一套店址的评估工具，它主要由下面几个表格组成：租赁条件表、商圈及竞争条件表、现场情况表、综合评估表。它们是我们进行连锁经营店址评估的标准化管理工具。

2．开店选址时应注意的细节

一项事业的成功往往离不开天时、地利、人和。一旦决定开店，一定要对所选地点进行全面的考察，了解该区域人口密度、人缘等。开店选址是很讲究的，通常应控制下列 10 个细节。

（1）交通便利。在主要车站的附近，或在顾客步行不超过 20 分钟的路程内的街道设店。选择哪一边较有利于经营，需要观察马路两边的行人流量，以行人较多的一边为好。

（2）接近人们聚集的场所。如剧院、电影院、公园等娱乐场所附近，或大工厂、机关附近，这些地方可吸引出入行人，也易于使顾客记住该店面的地点，来过的顾客向别人宣传介绍，会比较容易指引人光顾。

（3）选择人口增加较快的区域。企业、居民区和市政的发展，会给店面带来更多的顾客，并使其在经营上更具发展潜力。

（4）选择横街或障碍物较少的一边。许多时候，行人为了过马路，因而集中精力去躲避车辆或其他来往行人，而忽略了一旁的店面。

（5）选取自发形成某类市场的地段。在长期的经营中，某街某市场会自发形成销售某类商品的“集中市场”。事实证明，对那些经营耐用品的店面来说，若能集中在某一个地段或街区，则更能招揽顾客。因为人们一想到购买某商品就会自然而然地想起这个区域。

（6）根据经营内容来选择地址。店面销售的商品种类不同，对店址的要求也不同。有的店面要求开在人流量大的区域，如小超市。但并不是所有的店面都适合开在人山人海的地方，如保健用品商店和老人服务中心就适宜开在偏僻、安静的地方。

（7）要有“傍大款”意识。即把店面开在著名连锁店或品牌店附近，甚至能够开在它的旁边，与超市、商厦、24 小时药店、咖啡店、茶艺馆、酒吧、学校、银行、邮局、洗衣店、社区服务中心、社区文化体育活动中心等集客力较强的品牌门店和公共场所相邻。例如，你想经营吃的，那就将店面开在“麦当劳”“肯德基”的周围。因为这些著名的洋快餐在选择店址前已做过大量细致的市场调查，挨着它们开店，不仅可省去考察场地的时间和精力，还能够借助它们的品牌效应“捡”些顾客。

（8）位于商业中心街道。东西走向的街道最好坐北朝南，南北走向的街道最好坐西朝东，尽量位于十字路口的西北拐角。另外，三岔路口是好地点；在坡路上开店不可取；路面与店面地面高低不能太悬殊。

（9）选择有广告空间的店面。有的店面没有独立门面，店门前自然就失去了独立的广告空间，也就使你失去了在店前“发挥”营销智慧的空间。

（10）选择由冷变热的区位。与其选择现在被商家看好的店面经营位置，不如选择目前未被看好，不远的将来会由冷变热的街道或区域。

现拟创业开设一家餐饮店，请参考麦当劳选址的主要策略，同时综合考虑以上 10 个要素，确定 2～3 个初选地址，最终综合考虑多方面因素，确定一个开设餐饮店的最佳地址。

【训练 9-2】便利店店址选择

现拟创业开设一家便利店，试参考以下原则和方法，确定一个开设餐饮店的最佳地址。

1．选址原则

便利店店址选择要坚持方便顾客购买商品的原则，以节省顾客的购物时间，并最大限度满足顾客的需要，否则将失去顾客的信赖、支持，便利店也就失去生存的基础。便利店店址选择，是以适应人流流向情况、人口分布，便利广大顾客购物为原则。在扩大销售的原则指导下，绝大多数便利店都将店址选择在城市繁华中心、人流必经的城市要道和交通枢纽、城市居民住宅区附近以及郊区交通要道、村镇和居民住宅区等地区。

商圈一般有以下四种类型。

（1）城市中的商圈。全市性的主要大街贯穿其间，云集着许多著名的百货便利店和各种专卖便利店，以及豪华大饭店、影剧院和办公大楼。这是全市最主要的、最繁华的商业区，在一些较小的城镇，商圈是这些城镇唯一的购物区。

①存在的机会分析：商圈客户成熟，购买力强。

②存在的威胁因素：商圈周围的房租无疑是很高的，在商圈附件开便利店要承受更高的成本因素。

（2）城市交通要道和交通枢纽附近的商业街。它是大城市的次要商业街。这里所说的交通要道和交通枢纽，包括城市的主干街道、地铁的大型中转换乘站等。这些地点是人流必经之处，在节假日、上下班时间人流如潮，店址选择在这些地点就是为了方便来往人流购物。

①存在的优势分析：客流多，性价比高。

②存在的威胁因素：交通要道改道，或者是道路上架设立交桥或者加装护栏等，都会对便利店销售产生影响。

（3）城市居民区商业街和边沿区商业中心。城市居民区商业街的顾客主要是附近居民，在这些地点设置便利店是为方便附近居民就近购买日用杂货、百货等。边沿区商业中心往往坐落在铁路线的重要车站附近，规模较小。

①存在的优势分析：开店成本略低。

②存在的威胁因素：城市居民区拆迁或者人员变动，容易造成便利店顾客的减少。

（4）郊区购物中心。在城区停车困难、交通日益拥挤、环境污染严重的情况下，随着私家车大量增加、高速公路的快速发展，部分城市中的居民迁往郊区，形成郊区住宅区。为适应郊区居民的购物需要，不少便利店设在郊区大型住宅区附近，形成了郊区购物中心。

①存在的优势分析：开店成本略低。

②存在的威胁因素：在郊区，由于路途较远，对物流配送会有一定的影响。商品运至郊区便利店是否方便？如果运货费用明显上升，经济效益就会受到影响，因此有的供货商不愿意为郊区便利店进行配送，这一点在开店选址的时候要加以考虑。

2．公司选址考虑的主要因素

仅仅做出了店址的区域位置选择往往还不够，因为在同一区域内，一个便利店可能会有好几个开设地点可供选择，但有些地点对某个便利店来说是最满意的开设地点，而对另一类便利店来说就不一定是合适的开设地点。如果把便利店设在这里，就会直接影响便利店开业后的商品销售。因此，便利店的选址要在做好区域或位置选择后，还要细致地分析区域内的具体情况，做出具体营业地点的选择。

公司选址考虑的主要因素如下。

（1）分析交通条件。交通条件是影响便利店选择开设地点的一个重要因素，决定了便利店经营的顺利开展和顾客购买行为的顺利实现。从便利店经营的角度来看，对交通条件的评估主要有以下几个方面：在开设便利店地点或附近是否有足够的停车场，是否有车流经常经过便利店附近，这些车主是否在便利店周围久留。

为方便顾客购物，促进顾客购买行为的实现，要对交通条件进行如下具体分析。

设在一般商业中心附近的便利店，要分析与附近车站、码头的距离和方向。一般距离越近，客流较多，购买越方便。开设地点还要考虑客流来去方向，如选在面向车站、码头的位置，以下车、下船客流为主；选在邻近市内公共汽车站的位置，则以上车的客流为主。

设在市内公共汽车站附近的便利店，要分析公共车站的性质，是中途站还是终始站，是主要停车站还是一般停车站。一般来说，终始站、主要停车站客流量大，便利店可以吸引的潜在顾客较多。

要分析市政交通管理状况所引起的有利与不利条件，如单行线街道，禁止车辆通行街道，街道的护栏与人行横道距离较远，都会造成客流量在一定程度上的减少。

（2）分析客流规律。便利店成功的另一个关键因素是客流量大小。客流包括现有客流和潜在客流，便利店选择开设地点总是力图处在潜在客流最多、最集中的地点，以使多数人就近购买商品。但客流规模大，并不总是带来相应的优势，具体问题还需具体分析。

一是分析客流类型。一般便利店客流分为三种类型。

①自身客流：指那些专门为购买某商品而来便利店的顾客所形成的客流，这是便利店客流的基础，是便利店销售收入的主要来源。因此，新设便利店在选址时，应首先着眼评估自身客流的大小及发展规模。

②分享客流：指一家便利店从邻近便利店形成的客流中获得的客流。这种分享客流往往产生于经营相互补充商品种类的便利店之间，或大便利店与小便利店之间。如经营某类商品的补充商品的便利店，在顾客购买了这类主商品后，就会顺路到邻近补充商品便利店去购买供日后进一步消费的补充商品；又如邻近大型便利店的小便利店，会吸引一部分专程到大便利店购物的顾客顺便到毗邻的小店来。不少小便利店傍大店而设，就是利用了这种分享刻流。

③派生客流：指那些顺路进店的顾客所形成的客流。这些顾客并非专门来便利店购物。在一些旅游点、交通枢纽、公共场所附近设立的便利店要利用的就是派生客流。

二是分析客流目的、速度和滞留时间。不同地区客流规模虽可能相同，但其目的、速度、滞留时间各不相同，要做具体分析，再做最佳地址选择。如在一些公共场所附近，车辆通行干道，客流规模很大，虽然也顺便或临时购买一些商品，但客流目的不是为了购物，同时客流速度快，滞留时间较短。

（3）分析街道两侧的客流规模。同样一条街道，两侧的客流规模在很多情况下，由于光照条件、公共场所、交通条件设施等影响而有所差异。另外，人们骑车、步行或驾驶汽车都是靠右行，往往习惯光顾行驶方向右侧的便利店。鉴于此，开设地点应尽可能选择在客流较多的街道一侧。

在对客流进行分析的同时，也要分析街道特点，选择便利店开设地点还要分析街道特点与客流规模的关系。交叉路口客流集中，能见度高，是最佳开设地点；有些街道由于两端的交通条件不同或通向地区不同，客流主要来自街道一端，表现为一端客流集中、纵深处逐渐减少的特征，这时候店址宜设在客流集中的一端；还有些街道，中间地段客流规模大于两端，相应地，店址放置在中间地段就更能招揽潜在顾客。因此，总的原则是选择客流集中的地方开店，距离客流越近，顾客的上门率就越高。

（4）分析竞争对手。便利店周围的竞争情况对便利店经营的成败产生巨大影响，因此在对便利店开设地点进行选择时必须分析竞争对手。一般来说，在开设地点附近，如果竞争对手众多，便利店经营独具特色，将会吸引客流，促进销售增长，增强店铺信誉，否则与竞争对手相邻而设将难以获得发展。便利店应该尽量不要选择太靠近大型超市的地方，大型超市强大的人流吸引力会造成便利店客流的贫瘠，影响便利店的经营。作为便利店的地点还是尽量选择在便利店相对集中且有发展前景的地方，成行成市对新开业的便利店有一定的帮助。

另外，当店址周围的便利店类型协调并存，形成相关便利店群，往往对经营产生积极影响，如经营相互补充类商品的便利店相邻而设，在方便顾客的基础上，扩大了各自的销售。因此，在对竞争对手进行考察的时候，不仅要注意其地理位置和顾客上门情况，还应该注意其销售产品的种类与价格。

（5）分析地形特点。选择便利店开设地点时，分析地理特点，就是要选择在能见度高的地点设店，所以便利店尽量临街而设，并尽可能选在两面或三面临街的路口，增强能见度，且可多设出入口，多设临街宣传橱窗。同时，一些大型公共场所迎面处都是能见度较高的地点。

（6）分析城市规划。便利店开设地点的选择要分析城市建设的规划，既包括短期规划，又包括长期规划。有的地点从当前分析是最佳位置，但随着市场的改造和发展将会出现新的变化而不适合开店。反之，有些地点从当前来看不是理想的开设地点，但从规划前景看会成为有发展前途的新的商业中心区。因此，便利店经营者必须从长考虑，在了解地区内的交通、街道、市政、绿化、公共设施、住宅及其他建设或改造项目的规划的前提下，做出最佳地点的选择。

（7）分析便利店的户型。便利店的户型对于便利店的布局乃至以后的经营都会产生巨大的影响，所以户型的选择一定要慎重。在户型选择中一定要注意以下几点：

①开间，即便利店的入口宽度，适合便利店的面宽应在 3 米以上，否则招牌不会醒目，可能降低对顾客的吸引力，而且也会严重影响顾客的通行。

②进深，便利店的进深和开间的最佳比例为 4 倍左右，这样的房型对于便利店以后的货架摆放很有好处，如果户型进深过长，会对便利店以后的销售造成影响。

③便利店门外及门前没有阻碍，如空调室外机等。门口无障碍物，如树木等会遮挡便利店，还有街道上的隔离带、台阶等，这些障碍物都会影响便利店的销售。另外，便利店外有无影响便利店购物环境的场所，如公厕、废品收购站等。

④网点内的承重梁与隔墙。尽量不要租赁网点内带有承重梁与隔墙的房间作为便利店来营业，因为这样容易造成后期便利店内部布局的麻烦。当然，如果网点所处位置很好，如毗邻商业街与公园，也可以进行综合考虑。

⑤公摊面积。商业场所的公摊面积一般会占 20%左右，当然可能还有更高的公摊面积。因此，在便利店选址的时候，不仅要看便利店所处的位置，还有看其内部空间是否适合作为便利店来经营。

9.4 经营资金筹措

创业面临的难题之一就是“启动资金”，正所谓“万事俱备、只欠东风”。有时我们会看到“一分钱难倒英雄汉”和“出师未捷身先死，长使英雄泪满襟”的唏嘘场面。

【学习领会】

9.4.1 创业融资的含义

融资就是一个企业的资金筹集的行为与过程。

创业融资是指创业企业根据自身发展的要求，结合生产经营、资金需求等现状，通过科学的分析和决策，借助企业内部或外部的资金来源渠道和方式，筹集生产经营和发展所需资金的行为和过程。

创业融资的意义如下：

（1）创业融资是实施创业计划的关键环节。

（2）创业融资能够体现企业或创业者良好的信用水平。

（3）创业融资是创业者及时抓住创业机会的重要手段。

9.4.2 创业融资的基本原则

1. 规模适当原则

合理确定融资规模，避免因融资不足而影响生产经营的正常进行，又要防止融资过多而造成资金闲置。

2. 融通及时原则

合理安排资金的融通时间，适时获取所需资金。避免过早融通资金形成的资金投放前的闲置，防止取得资金的时间滞后而错过资金投放的最佳时间。

3. 来源合理原则

不同来源的资金，对企业的收益和成本有不同影响，因此，企业应认真研究资金来源渠道和资金市场，合理选择资金来源。

4. 方式经济原则

不同融资方式条件下的资金成本有高有低。要对各种融资方式进行分析、对比，选择经济、可行的融资方式。与融资方式相联系的问题是资金结构问题，企业应确定合理的资金结构，以便降低成本、减少风险。

9.4.3 创业资金的融资渠道

融资渠道是指取得资金的途径，即资金的供给者是谁。融资方式则是指如何取得资金，即采用什么融资工具来取得资金。

创业而不想付出就有收获是不可能的。没有天上掉馅儿饼这种"好"事。就算是买彩票，也必须投钱去买，才有中奖的机会。想创业，就必须有一定的资金，哪怕是小投入的创业也需要一定的启动资金，资金不足只会阻碍发展。在创业的初期，很多的创业者都存在着资金短缺的情况。那么究竟怎样才能解决创业资金这一难题呢？

1. 自筹资金

这里的自筹资金可以是自己的存款，也可以是找亲戚朋友借款。但是，在向亲戚朋友借款的同时要注意一些问题，无论你向亲戚朋友借了多少钱，企业的最大股东还是你自己，这样才能掌握主动权，避免在经营过程中受制于人而失去了创业的动力。

2. 合作融资

当前经济形势下，凭借一个人的力量是很难在市场上奋斗出一片天地的。所以，很多人选择合伙入股的方式，这样不仅解决了自己资金短缺的问题，而且还能降低个人创业的风险，达到了资源整合的目的。但合伙创业需要注意许多问题，在选择合伙人的时候也要特别地小心。

3. 银行借贷

银行贷款被誉为创业融资的"蓄水池"。由于银行财力雄厚，而且大多具有政府背景，在创业者中很有"群众基础"。但是有很多人并不清楚银行借贷的程序，有些是不敢向银行贷款而失去了大好的商机。现在各大银行已经针对创业者出台了相应的贷款品种，所以创业者在办理创业贷款的时候一定要选择正确的贷款品种。

从目前的情况看，银行贷款有以下几种：

（1）抵押贷款：指借款人向银行提供一定的财产作为信贷抵押的贷款方式。

（2）信用贷款：指银行仅凭对借款人资信的信任而发放的贷款，借款人无须向银行提供抵押物。

（3）担保贷款：指以担保人的信用为担保而发放的贷款。

（4）贴现贷款：指借款人在急需资金时，以未到期的票据向银行申请贴现而融通资金的贷款方式。

（5）政策性贷款：指政府部门为了支持某一群体创业出台的小额贷款政策，如针对下岗失业人员的小额贷款政策；也包括为支持中小企业的发展而建立的基金，如中小企业发展基金、创新基金等。这些政策性贷款的特点是利息低，微利行业政策贴息甚至免利息，偿还的期限长甚至不用偿还。但是要获得这些基金必须符合一定的政策条件。

4. 风险投资

取名“风险投资”，肯定是会有一定的风险的。所谓风险投资，是指对处于创建期和成长期的中小企业进行股权或债权投资，并参与企业管理，以获得较高的报酬。创业者在选择风险投资时一定要选择专业的机构，目前从事这种风险投资的金融机构比较多，一定要选一家信誉比较好的。因为这种投资有一定的风险性，所以创业者在选择的时候一定要谨慎。

风险投资是一种高风险、高回报的投资，风险投资者以参股的形式进入创业企业，为降低风险，在实现增值目的后会退出投资，而不会永远与创业企业捆绑在一起。而且，风险投资比较青睐高科技创业企业。风险投资者虽然关心创业者手中的技术，但他们更关注创业企业的盈利模式和创业者本人。

5. 政府的创业扶持资金

作为国民经济中重要组成部分的中小企业，由于受到资金和规模的限制，在企业发展过程中经常会遇到各种困难。所以，我国各级政府每年都会拨出一些扶持资金，支持这些企业的正常发展。

6. 股权融资

股权融资是指创业者或中小企业出让一部分股权以获取投资者的资金，让投资者占一定股份，成为股东，而不是借贷。这是带有一定风险投资性质的融资，是投融资双方利益共享、风险共担的融资方式。对于不具备银行融资和资本市场融资条件的中小企业而言，这种融资方式不仅便捷，而且可操作性强，是创业者与中小企业现实可行的融资渠道。

7. 债权融资

债权融资是指创业者或中小企业采用向银行等金融机构贷款或者向非金融机构（民间借贷）借款的形式进行融资，在一定时限期满后当事人必须偿还本金并支付利息。向金融机构贷款需要具备抵押、信用、质押担保等某一条件，民间借贷则更多依靠信用和第三方担保的形式。

8. 融资租赁

融资租赁是一种以融资为直接目的的信用方式，表面上看是借物，而实质上是借资，以租金的方式分期偿还。该融资方式具有以下优势：不占用创业企业的银行信用额度，创业者支付第一笔租金后即可使用设备，而不必在购买设备上大量投资，这样资金就可调往最急需用钱的地方。

融资租赁这种筹资方式比较适合需要购买大件设备的初创企业，但在选择时要挑那些实力强、资信度高的租赁公司，且租赁形式越灵活越好。

9. 天使投资

天使投资主要指具有一定资本金的个人或家庭，对具有发展潜力的初创企业进行早期投资的一种民间投资方式。天使投资是风险投资的一种，但与大多数风险投资投向成长期、上市阶段的项目不同，天使投资主要投向构思独特的发明创造计划、创新个人及种子期企业，为尚未孵化的种子期项目“雪中送炭”。它只将发明计划或种子期项目“扶上马”，而“送一程”的任务则由机构风险投资来完成。

10. 其他方式

当然，这里的其他融资方式必须是合法的方式，如民间资本、创业融资宝、典当融资、供应商融资、经销商垫资等多种形式。各类创业竞赛越来越热，如“挑战杯”中国大学生创业计划竞赛、CCTV“赢在中国”大赛等，这些赛事对于获奖者均有较大的资助奖励。虽然参加创业竞赛获得资助的机会有限，但不妨一试。只要资金这一基本问题解决了，就能解决创业过程中的很多难关。当然，也有钱解决不了的事情，所以就需要创业者具有全面的综合素质，这样才可能获得成功。

9.4.4 关于众筹

众筹也是一种创业融资的方式，是一个近几年才兴起的新生事物，相关法律与监管尚不够完善，但是其蕴藏的巨大优势和强大的潜力会渐渐显现出来，成为“创业梦工厂”。

1. 众筹的含义

众筹最初是艰难奋斗的艺术家为创作而筹措资金的一个手段，现已演变成初创企业和个人为自己的项目争取资金的一个渠道。

在互联网快速发展的带动下，众筹作为一种以互联网技术为依托的新型集资模式，得到了越来越多人的认可。如果能够规范发展，众筹将拥有强大的爆发力和良好的发展前景。

现代众筹是指通过互联网方式发布筹款项目并募集资金。相对于传统的融资方式，众筹更为开放，能否获得资金也不再以项目的商业价值作为唯一标准。只要是网友喜欢的合规项目，都可以通过众筹方式获得项目启动的第一笔资金，为更多小本经营或创作的人提供了无限的可能。

“众筹”翻译自crowdfunding一词，即大众筹资或群众筹资，是一种向群众募资，以支持发起人或组织的行为。众筹使社交网络与“多数人资助少数人”的募资方式交叉相遇，通过合规平台的协议机制来使不同个体之间融资筹款成为可能。

2. 众筹的特征

（1）低门槛。无论身份、地位、职业、年龄、性别，只要有想法、有创造能力都可以发起众筹项目。

（2）多样性。众筹的方向具有多样性，国内众筹网站上的项目类别包括设计、科技、音乐、影视、食品、漫画、出版、游戏、摄影等。

（3）依靠大众力量。支持者通常是普通民众，而非公司、企业或风险投资人。

（4）注重创意。发起人必须先使自己的创意（如设计图、成品、策划等）达到可展示的程度，才能通过平台的审核，而不能单单是一个概念或者一个点子，要有可操作性。

3. 众筹的构成

（1）发起人（筹资人）：有创造能力但缺乏资金的人。

（2）支持者（出资人）：对筹资者的“故事”和回报感兴趣的、有能力支持的人。

（3）众筹平台（中介机构）：连接发起人和支持者的互联网平台（合法、合规）。

4. 众筹的规则

（1）筹资项目必须在发起人预设的时间内达到或超过目标金额才算成功。

（2）在设定时间内，达到或者超过目标金额，项目即成功，发起人可获得资金；筹资项目完成后，支持者将得到发起人预先承诺的回报，回报方式可以是实物，也可以是服务；如果项目筹资失败，那么已获资金全部退还支持者。

（3）众筹不是捐款，支持者的所有支持一定要设有相应的回报。

5. 众筹模式运作的流程

第一步：项目发起人将项目策划交给合规的众筹平台，经过审核后，通过视频短片、图片、文字介绍等形式在平台上发布创意项目，而出资人在平台中选择自己中意的项目。

第二步：项目发起人在平台筹集资金时，设定筹资项目的目标金额以及筹款的截止时间，对项目感兴趣的出资人在目标期限内给予一定数量的资金支持。

第三步：在项目到达截止时间时，如果成功达到目标金融，该项目融资就算成功，创意者（项目发起人）将获得融资资金，支持者确认资助。如果未达到目标金融，该项目融资就算失败，撤回项目，融资资金返还给支持者。

第四步：项目发起人开始运行项目，出资人对项目进行监管并获得项目产品作为回报。对实物产品项目的融资，其回报即为产品；对购买股权进行的融资，其回报即为企业的股权。

6. 众筹的类型

在发起众筹之前，需要先了解众筹都有哪些类型，为自己需要筹集资金的项目选择一个合适的众筹方案，从而增加获得支持的可能性。根据相关研究报告，众筹平台可以分为四类。

（1）债权众筹：我给你钱，你之后还我本金和利息。

债权众筹就是由投资者对项目或公司进行投资，获得其一定比例的债权，未来获取利息收益并收回本金。

（2）股权众筹：我给你钱，你给我公司股份。

股权众筹并不是新奇的事物，投资者在新股 IPO（Initial Public Offerings，即首次公开募股）时申购股票其实就是股权众筹的一种表现方式。但在互联网金融领域，股权众筹主要特指通过网络进行的较早期的私募股权投资，是风险投资的一个补充。此外，股权众筹涉及的法律问题非常多，其运作模式中有些方式可能处于现行法律的模糊地带。

（3）回报众筹：我给你钱，你给我产品或服务。

回报众筹一般指的是仍处于研发设计或生产阶段的产品或服务的预售，与团购是已经进入销售阶段的产品或服务的销售有所不同，回报众筹面临不能如期交货的风险。此外，回报众筹与团购的目的也不尽相同：回报众筹主要是为了募集运营资金、测试需求，而团购主要是为了提高销售业绩。

（4）捐赠众筹：我给你钱，你什么都不用给我。

捐赠众筹实际就是做公益，通过众筹平台筹集善款，包括红十字会等非政府组织的在线捐款平台可以看作捐赠众筹的雏形。

7．众筹的潜在风险

众筹的潜在风险主要为法律风险、信用风险、经济风险三类，体系内包括项目发布者的实际执行能力、营销能力、诚信水平，众筹平台对众筹项目的审核控制、信用状况、技术水平（抗入侵能力）；体系外包括非法集资、公募资金、监管法律的缺失、知识产权（原始专利等）流失以及市场需求的变化等。在实际运作中，众筹与非法集资之间的距离并不远。

（1）众筹的法律风险主要来源于四个方面：非法集资的风险、代持股的风险、知识产权权益受到侵犯的风险、“公开发行证券”的风险。要想回避这些潜在的风险，一方面需要对众筹项目的预算进行精准核算，合理设定投资额度和人数；另一方面对可拆解的项目进行分期众筹，对于某些不能分解的较大项目要及时向相关主管部门备案并获得明确的批复。实在不符合众筹条件的，则必须放弃众筹，改用其他方式进行融资。

（2）众筹的信用风险主要来源于三个方面：监管制度缺失引发的风险、项目发起者的信用风险、众筹平台的信用风险。

（3）众筹的经济风险主要是对投资者而言的。因法律风险和信用风险而产生的损失最后往往主要直接体现为投资者投资的“失败”。同时，项目发起者因项目实施的失败也会面临一定的经济风险。

需要注意的是，不同的众筹平台在运营模式、众筹规则、收费标准等方面可能存在差异，使用前一定要仔细查阅平台资质和相关法律法规，使用时则应仔细阅读平台规定，了解相关费用、风险和收益。同时，在进行众筹时，也应谨慎对待项目信息和风险，避免盲目投资和跟风行为。

一切众筹行为都必须以符合相关法律法规要求为前提。

8．众筹与非法集资的主要区别

众筹是项目发起人利用互联网和社交网络传播的特性，以合法合规为前提，发动公众的力量，集中公众的资金、能力和渠道，为中小微企业、创业者或个人进行某项活动或某个项目或创办企业提供必要的资金援助的一种融资方式。相比于传统的融资方式，众筹的精髓就在于“小额”（单笔金额）和“大量”（参与人数）。众筹融资的门槛较低，而且不再以是否拥有商业价值作为唯一的评判标准，这为新型创业公司的融资开辟了一条新的路径。

非法集资是指单位或者个人未依照法定程序经有关部门批准，以发行股票、债券、彩票、投资基金证券或者其他债权凭证的方式向社会公众筹集资金，并承诺在一定期限内以货币、实物以及其他方式向出资人还本付息或者给予回报的行为。

非法集资是国家明令禁止和严厉打击的非法金融活动。

《中华人民共和国刑法》第一百九十二条规定：以非法占有为目的，使用诈骗方法非法集资，数额较大的，处五年以下有期徒刑或者拘役，并处二万元以上二十万元以下罚金；数额巨大或者有其他严重情节的，处五年以上十年以下有期徒刑，并处五万元以上五十万元以下罚金；数额特别巨大或者有其他特别严重情节的，处十年以上有期徒刑或者无期徒刑，并处五万元以上五十万元以下罚金或者没收财产。

非法集资有以下危害：

（1）非法集资使参与者遭受经济损失。非法集资犯罪分子通过欺骗手段聚集资金后，任意挥霍、浪费、转移或者非法占有，参与者很难收回资金，严重者甚至倾家荡产、血本无归。

（2）非法集资严重干扰正常的经济、金融秩序，极易引发社会风险。

（3）非法集资容易引发社会不稳定，严重影响社会和谐。非法集资往往集资规模大、人员多，资金兑付比例低，处置难度大，容易引发大量社会治安问题，严重影响社会稳定。

大学生必须增强法律意识，树立正确理财观念，警惕非法集资陷阱，坚决抵制非法集资行为。

9.4.5 创业融资路上的常见误区

资金是创业的血脉，是创业者亟待获得的启动资源。但创业企业筹集风险资金的过程却是艰难的。一般来说，风险投资公司一年要听数百位企业家阐述他们的创业计划，可最后能够获得投资的企业是极少的。因此，做好准备，把握机会，主动争取创业资金相当重要。

筹资的过程对于创业者来讲，实质上是推销你的公司，推销你的产品和你的梦想的过程。成功的企业家之所以会成功，一个重要的原因就是企业家懂得怎样向经验最丰富的投资商推销自己的第一商品——初创的企业，从而获得资金的支持。

正因为如此，在这种推销和争取风险投资的过程中出现了很多误区，这是每一个初次创业者必须认识和注意的。

创业融资路上的常见误区如下。

1．廉价出卖你的技术或创意

许多创业者急于得到启动资金或周转资金，往往在融资时急于求成。例如，给小钱而出让大股份，轻易贱卖技术或创意。“只要能获得启动资金就行。”在这种思想的指导下，有不少核心技术的拥有者非常廉价地把自己的技术或创意随随便便地出卖了。

往往在公司运营一段时间后，才意识到当初的技术卖便宜了，开始对当初的投资协议不满。这时，有的人会轻率地提出毁约。这样做的后果是很不好的，只会使我们在资本市场上失去商业信誉。

2．烧别人的钱，圆自己的梦

创业不仅是创业者实现理想的过程，更是使投资者的投资保值增值的过程。创业者和投资者是一个事物的两个方面，只有通过企业这个载体发展的过程才能达到双赢的目标。

“烧投资者的钱，圆自己的梦”问题，说到底是信用问题、品质问题。持这种思想的人不会成为一个成功的创业者。只有能为股东创造价值的企业家，才能得到更多的融资机会和成长机会。因此，创业者不仅要提升自身的技术能力，还需要加强道德修养，培养和具备企业家诚实、守信的道德风范。

3. 没有完善的融资战略设计

跟任何推销过程一样，在筹资和融资的过程中，也需要完善的策划和充分的准备。这是取得最佳融资效果的开端。但是，很多创业者只有总的战略策划和设计，却没有关于融资的具体战略设计。这是不应该的。

中小企业融资的具体战略设计是总体战略设计的一项重要内容，是总体战略的支撑性战略。因此，这部分内容应该用心进行精细的策划。策划的内容应该有：

（1）哪些风险投资商对你这一类别的项目和产品感兴趣？

（2）他们一般可能采取哪种投资合作形式？

（3）他们一般在第一次接触中会提出和涉及哪些问题？

（4）我应该做哪些准备才能展现本项目的优势和特点？

（5）在第一次交往中如何阐述项目的价值，既引起投资方的兴趣，又进行必要的火力侦察，为后续谈判打好基础？

4. 缺少对融资方案的比较性选择

尽管国内的中小企业融资渠道还不是很健全，但渠道还是比较多的。如果采用出让股权的方式进行融资，则必须做好投资人的选择。只有同自己经营理念相近，其业务或能力能够为投资项目提供有商情价值的渠道，或者拥有有效战略指导的投资者才能有效支撑创业企业的成长。

因此，创业者一定要加强对融资信息的收集与整理，在掌握充分情报信息的前提下做出最优的选择。

5. 过度包装或不包装

有些创业企业为了融资，不惜粉饰财务报表甚至造假，进行“包装”融资。这是不应该的。其实，财务数据若是脱离了企业的基本经营状况，明眼人是一眼就能看穿的。

但也有另一种情况，就是有些创业企业认为自己经营效益好，应该很容易获得融资，不愿意花时间和精力去包装企业。要知道投资方看重的不只是企业短期的利润，而是企业的发展前景及企业可能面临的风险，更看重的是企业带领员工战胜风险的能力。对此，创业者应该有一个清醒的、理性的认识和思索，在理性思路的前提下进行适度包装还是很有必要的。

6. 缺乏资金规划和融资准备

融资是企业发展过程中的关键环节，创业企业要获得快速发展，必须有清晰的发展战略，并要从里到外营造一个资金愿意流入该企业、能够流入该企业的经营格局。

不少民营企业在发展过程中把企业融资当作一个短期行为来看待，希望突击拿款或突击融资，而实际上成功的机会很少。缺乏融资准备最典型的表现是多数创业者对资本的本性缺乏深刻的研究和理解。在这种情况下就去盲目进行融资，往往效果不佳。其实，资本的本性是逐利，不是救急，更不是慈善。因此，创业企业在正常经营时就应该考虑融资策略，并要和投资方建立广泛联系。融资前，还应该先将企业梳理一遍，做好相应的准备。融资时，能够把企业及公司业务清晰地展示在投资者面前，让投资者看到给你资金之后“逐利”的可能性和现实性，他们才会放心。

7. 缺少必要的企业融资知识

很多创业者有很强的融资意愿，但缺少相应的融资知识。真正理解企业融资的人很少，很多融资者总希望托人打个电话，找个熟人，写个商业计划书，就能把钱贷到手，而不注重用心去研究企业融资知识。他们往往把融资简单化、随意化了。由于缺乏必要的融资知识，中小企业融资视野狭窄，只看到银行贷款或股权融资。不懂得或不知道除银行贷款和股权融资外，租赁、担保、合作、购并及无形资产输出和转让等方式都可以达到融资目的。自己把宽泛的融资范围弄窄了。其实，企业融资是非常专业的，需要有丰富的融资经验，广泛的融资渠道，对资本市场和投资人要有充分的认识和了解，还要有很强的专业策划能力及解决融资过程中遇到的各种现实问题的运作能力。因此，融资者必须加强融资知识的学习和理解。还可以聘请企业融资顾问，从培育和铸造企业资金链的高度，帮助企业打造发展的资金支撑。

8．先期融资贷款未还，不讲信誉

银行是愿意贷款支持讲信用的创业企业做大做强的。不讲信用者，自然会借贷无门。就一般情况而言，除了高新技术企业，银行还从贷款原则出发，青睐那些产品有市场、法人代表对企业的管理控制能力强、经营规模和经济效益呈向上趋势并拥有长期稳定销售合同的中小企业。事实上，企业的每一轮融资，都将影响投资者对后续融资的可行性和价值评估。

9．只顾扩张，不建立合理的公司治理结构

规范化管理是企业自身的一种融资能力。很多民营企业在不断扩张中，企业管理却越来越粗放、松散，不注意在企业发展的过程中不断完善公司治理结构，增强自身融资能力和规避企业扩张过程中的经营风险的能力。一些创业企业只顾发展，不塑造企业文化，最终导致企业规模做大了，但企业却失去了原有的凝聚力，企业内部或各部门之间缺乏共同的价值观，没有协同能力。不具备银行评估的基本的贷款和融资条件，这也是造成中小企业融资、贷款难的一个重要原因。

10．盲目对外出具融资担保函

面对创业企业融资中的困难，一些创业企业之间往往相互出具融资担保。这种盲目担保，往往给创业企业带来很多意想不到的风险。

9.4.6 注册资金相关法律规定

《中华人民共和国企业法人登记管理条例》规定："注册资金是国家授予企业法人经营管理的财产或者企业法人自有财产的数额体现。企业法人办理开业登记，申请注册的资金数额与实有资金不一致的，按照国家专项规定办理。"

《中华人民共和国企业法人登记管理条例施行细则》有关注册资金数额的规定如下：

（1）注册资金数额是企业法人经营管理的财产或者企业法人所有的财产的货币表现。除国家另有规定外，企业的注册资金应当与实有资金相一致。企业法人的注册资金的来源包括财政部门或者设立企业的单位的拨款、投资。

（2）外商投资企业的注册资本是指设立外商投资企业在登记主管机关登记注册的资本总额，是投资者认缴的出资额。注册资本与投资总额的比例，应当符合国家有关规定。

公司的注册资金是国家授予企业法人经营管理的财产或者企业法人自有财产的数额体现。公司的注册资本是指公司在登记机关登记注册的资本额，也叫法定资本。

注册资本与注册资金的概念有很大差异。注册资金所反映的是企业经营管理权，是企业实有资产的总和；注册资本是出资人实缴的出资额的总和。注册资金随实有资金的增减而增减。

9.4.7 创业融资省钱窍门

许多人在创业初期往往求"资"若渴，为了筹集创业启动资金，根本不考虑筹资成本和自己的实际资金需求情况。但是，如今市场竞争使经营利润率越来越低，很难取得超常暴利。因此，广大创业者在融资时一定要考虑成本，掌握创业融资省钱窍门。

1．精打细算，合理选择贷款期限

银行贷款一般分为短期贷款和中长期贷款，贷款期限越长利率越高。如果创业者资金使用需求时间不是太长，应尽量选择短期贷款。例如，原本打算办理两年期贷款，可以改为一年一贷，这样可以节省利息支出。

另外，创业融资也要关注利率走势情况。如果利率趋势走高，应抢在加息之前办理贷款；如果利率走势趋降，在资金需求不急迫的情况下则应暂缓办理贷款，等降息后再适时办理。

2．用好政策，享受银行和政府低息待遇

创业贷款是近年来银行推出的一项新业务，凡是具有一定生产经营能力或已经从事生产经营活动的个人，因创业或再创业需要，均可以向开办此项业务的银行申请专项创业贷款。

创业贷款期限一般为 1 年，最长不超过 3 年。按照有关规定，创业贷款利率不得向上浮动，并且可按银行规定同档次利率下浮 20%；许多地区推出的下岗失业人员创业贷款还可以享受 60%政府贴息；有的地区对困难职工进行家政服务、卫生保洁、养老服务等微利创业还实行政府全额贴息。

3．巧选银行，贷款也要货比三家

按照金融监管部门规定，各家银行发放商业贷款时可以在一定范围内上浮或下浮贷款利率，如许多地方银行贷款利率可以上浮 30%。其实到银行贷款和去市场买东西一样，挑挑拣拣、货比三家才能选到物美价廉的商品。

相对来说，国有商业银行贷款利率要低一些，但手续要求比较严格。如果贷款手续完备，为了节省筹资成本，可以采用个人“询价招标”方式，对各银行贷款利率以及其他额外收费情况进行比较，从中选择一家成本较低的银行办理抵押、质押或担保贷款。

4．合理“挪用”，住房贷款也能创业

如果你有购房意向并且手中有一笔足额购房款，这时你可以将这笔购房款“挪用”于创业，然后向银行申请办理住房按揭贷款。

住房贷款是商业贷款中利率较低的品种，办理住房贷款曲线用于创业，成本更低。如果创业者已经购买有住房，也可以用现房做抵押办理普通商业贷款，这种贷款一般不限用途，可以当作创业启动资金。

5．亲情借款，成本最低的创业“贷款”

创业初期最需要的是低成本资金支持。如果比较亲近的亲朋好友在银行存有定期存款或国债，这时你可以和他们协商借款，按照存款利率支付利息，并可以适当上浮，让你非常方便快捷地筹集到创业资金，亲朋好友也可以得到比银行略高的利息，可以说两全其美。

不过，这需要借款人有良好信誉，必要时可以找担保人或用房产证、股票、金银饰品等做抵押，以解除亲朋好友的后顾之忧。

9.4.8　申请小额担保贷款

小额担保贷款是指通过政府出资设立担保基金，委托担保机构提供贷款担保，由经办商业银行发放，以解决符合一定条件的待就业人员从事个体经营自筹资金不足的一项贷款业务。国家规定，对符合条件的高校毕业生自主创业的，可在创业地按规定申请小额担保贷款。

小额担保贷款按照自愿申请、社区推荐、人力资源社会保障部门审查、贷款担保机构审核并承诺担保、商业银行核贷的程序办理贷款手续。

大学毕业生自主创业小额担保贷款办理的一般流程如下：

1．社区推荐，街道初审，劳动保障局审核

申请人自愿向户籍所在社区提交小额担保贷款书面申请，社区劳动保障工作机构对毕业生办理身份确认手续，填写《小额担保贷款推荐书》，交街道劳动保障事务所初审，初审合格签署初审意见。然后交给市或县（区）劳动保障局审核，在《小额担保贷款推荐书》上签署意见，受理时间不得超过一周。

《小额担保贷款推荐书》一式六份，社区、街道劳动保障工作机构、市或县（区）劳动保障局、市或县（区）财政局、担保机构和借款银行各一份。

2．担保机构核保

经市或县（区）劳动保障局同意，申请人向当地政府指定的担保机构申请贷款担保，并提供担保机构需要的相关资料。担保机构自收齐所需资料之日起，在一周内按有关程序进行审核，符合条件的填制《小额贷款担保调查审批表》，出具担保函。

《小额贷款担保调查审批表》一式四份，市或县（区）劳动保障局、市或县（区）财政局、担保机构和借款银行各一份。

3. 贷款申请审查与发放

申请人持上述资料及担保机构出具的担保函向与市或县（区）担保机构有合作协议的商业银行申请贷款，贷款银行自收到贷款申请及符合条件的资料之日起，在一周内给予答复，对符合条件的及时办理贷款手续。

9.4.9 大学毕业生如何办理创业贷款

1. 需提供的材料

（1）婚姻状况证明、个人或家庭收入及财产状况等还款能力证明文件。

（2）贷款用途中的相关协议、合同。

（3）担保材料，涉及抵押品或质押品的权属凭证和清单，银行认可的评估部门出具的抵（质）押物估价报告。

除了书面材料，就是要有抵押物。抵押方式较多，可以是动产、不动产抵押，定期存单质押、有价证券质押、流通性较强的动产质押，符合要求的担保人担保。发放额度要根据具体担保方式决定。

2. 方法与步骤

（1）受理。申请人向大学生创业管理服务中心提出申请，并提交相关申报材料，由大学生创业管理服务中心进行初审。

（2）审核。对初审通过的商业贷款贴息对象及金额，由人事局会同财政局等有关部门按产业导向、企业规模、就业人数、注册资本和利税等要素对申请商业贷款贴息对象的资料进行审核，并核定贴息金额。

（3）公示。经评审通过的商业贷款贴息对象和贴息金额由人事局和申请人所在单位或社区进行公示，公示期为 5 个工作日。

（4）核准。经公示后无异议的，由人事局下发核准通知书。

（5）拨付。根据相关部门核准通知书，财政局在贴息对象提供付息凭证后从扶持大学生自主创业专项资金中拨付资助资金。

【案例剖析】

【案例 9-2】船王借钱买船

我们来看看商界高手是怎样借钱的。

在中国航运史上，有两位“船王”都是靠“借钱买船”发家的。一个是香港船王包玉刚。他开始创业的时候，就是向朋友借的钱。他借钱先买了一条破船，然后用这条船去银行抵押贷款，贷来了款再买第二条船。然后，再用第二条船做抵押，去买第三条船。他就是采取这种“抵押贷款”的办法滚动发展起来的。

有一次，他竟两手空空，让著名的汇丰银行为他买来了一艘崭新的轮船。他是怎样操作的呢？我们来听听他的说法。他跑到银行，找到信贷部主任说：“主任，我在日本订购了一艘新船，价格是 100 万。同时，我又与日本的一家货运公司签订了一份租船协议，每年租金是 75 万。我想请贵行支持一下，能不能给我贷款？”

信贷部主任说：“你这个点子不错，但你要有担保。”他说：“可以，我用信用状担保。”什么是信用状？就是“货运公司”从其他银行开出的信用证明。很快，包玉刚到日本拿来了信用状，银行就同意给他贷款了。你看，船都没有造，钱就给他了。你会问：为什么银行会给他贷款？我们来分析一下。

如果银行给他 100 万元造这条船，每年就有 75 万元的租金，不需 2 年，他就可以还清 100 万的贷款。

银行肯定担心，怕他有钱不还，或有情况还不了钱。这没关系，因为银行这里有货运公司的“信用状”担保，这家公司很守信用，如果他不给钱，银行可以找这家货运公司，资金安全不成问题。所以，银行就敢贷给他。如果你借了，又还了，今后别人才敢跟你打交道。

还有，包玉刚赚到一笔钱，不是像有些小财主那样存起来，这样发展太慢，而是拿它继续扩大规模。有规模才有效益，这样才能做大做强。他就是用这种“滚动式”的“抵押贷款”经营方式，在大洋里越滚越大，成为世界航运之首。

香港还有一个船王叫虞洽卿，他也是靠借银行贷款起家的。他的诀窍是买旧船进行“包装”，再向银行抵押，得到贷款后又买旧船“包装”再抵押。这样循环往复，资本就越滚越大。据说，他买一条旧船一般价格是 5 万～10 万元，修理配件、油漆一新后，到银行可贷款 15 万～20 万元。就这样，他也用这种办法，滚成了一个“百万富翁”。

他这种贷款办法，比包玉刚的办法又进了一步。一个进行了“包装”，一个没有“包装”。东西就是这样，一“包装”身价就上升，包不包装价值大不一样。现在什么都讲究“包装”。俗话说：人靠衣装，佛靠金装。包不包装，给别人的感觉效果完全不一样。二者相同的是“滚动”发展，只有滚动才能大发展。

【分析思考】

随着大众创业、万众创新的不断推进，越来越多的年轻人走上创业之路，其中就不乏大学毕业生的身影，他们满怀理想、抱负，有着对市场和未来的憧憬与希望，踏上了创业的道路。在这个过程中，融资是一个难题，大学毕业生手里没有钱，只能通过融资方式获得，应该怎么办呢？

“有投入才会有产出”，要创业赚钱，就需要先投入资金。对于大多数创业者来说，资金是制约创业和发展的最大困境之一。只有做好资金的规划和筹措，才能保障你的创业不会因陷入“无米之炊”而夭折。

个人创业需要什么样的资金条件呢？一是要有固定资金和流动资金。固定资金是以货币形式表现的固定资产的价值，它包括垫支于厂房、建筑物、机器设备和运输工具等主要劳动资料上的资金。流动资金是用于垫支劳动对象和支付其他全部费用的资金。二是注册资金。

【案例 9-3】会籍式众筹——3W 咖啡

3W 咖啡是由许单单、马德龙、鲍春华三位创始人负责经营的，以股权众筹模式创办的新型咖啡馆。3W 咖啡联合创始人鲍春华解释 3W 咖啡的经营理念为“以咖啡为载体，为创业培训及风险投资机构寻找项目搭建平台”。3W 采用的众筹模式是向社会公众进行资金募集，每个人 10 股，每股 6000 元，相当于一个人 6 万元。3W 有一个豪华的投资人阵容，包括乐蜂网创始人、知名主持人李静，红杉资本中国基金创始人及执行合伙人沈南鹏，新东方联合创始人、真格基金创始人徐小平，德讯投资创始人、腾讯创始人之一曾李青，高德软件副总裁郄建军等。3W 咖啡很快以创业咖啡为契机，将品牌衍生到了创业孵化器等领域。

3W 的游戏规则很简单，不是所有人都可以成为 3W 的股东，也就是说不是你有 6 万元就可以参与投资，股东必须符合一定的条件。3W 强调的是互联网创业和投资圈的顶级圈子。很少人是为了 6 万元未来可以带来的分红来投资的，更多是因为 3W 给股东的价值回报在于圈子和人脉。试想：如果投资人在 3W 中找到了一个好项目，那么多少个 6 万元都赚回来了。同样，创业者花 6 万元就可以认识大批同样优秀的创业者和投资人，既有人脉价值，也有学习价值。很多顶级企业家和投资人的智慧不是区区 6 万元就可以买到的。

3W 咖啡不只是一家普通的咖啡馆，它的业务还包括天使投资等，它会定期组织深度沙龙和聚会，促进富有创意的年轻人和创业者之间的经验分享交流和股东之间的合作交流。

【分析思考】

会籍式的众筹适合同一个圈子的人共同出资做一件大家想做的事情，就像 3W 这样开办一个有固定场地的咖啡馆方便进行交流。

创业咖啡注定赚钱不易，但这和会籍式众筹模式无关。实际上，完全可以用会籍式众筹模式来开餐厅、酒吧、美容院等高端服务场所。这是因为现在圈子文化盛行，加上目前很多服务场所的服务质量都不尽如人意。通过众筹方式吸引圈子中有资源和人脉的人投资，不仅是筹措资金，更重要的是锁定了一批忠实客户。而投资人也完全可以在无须经营的前提下拥有自己的会所、餐厅、美容院等，不仅可以赚钱，还可以在自己朋友面前拥有更高的社会地位。

值得注意的是，除了 3W 咖啡项目，国内很多的咖啡众筹项目都已以失败而告终，这不得不引起我们的思考：3W 咖啡的成功之道究竟在哪儿？其他咖啡众筹项目的失败又究竟是何原因？

【交流探讨】

【探讨 9-2】投融资失败的前车之鉴

成功的创业公司无非是“创造或抓住了痛点，获得了融资，产品推出后受到了市场追捧，获得成功，最后也许还会被高额收购”。然而失败者就不一样了，他们起初都获得了相当规模的投资，最终却失败了，或是无法进入市场，或是投资无法成功退出：被迫变卖资产、收购价低于投资额等情况。他们的失败原因不尽相同。

1．乐淘网：五年四次转型难逃贱卖命运

乐淘网成立于 2008 年，平台上线之初就获得雷军等 200 万美元的天使投资。在雷军建议卖玩具的情况下，乐淘网最初的定位是销售玩具，彼时创办人毕胜不懂电商也不懂零售，乐淘发展得并不顺利，于是毕胜和团队开始研究卖别的东西。2009 年 9 月，乐淘开始了第一次凶险的转型，从卖玩具改为卖鞋，从虚库代销到实库代销，毕胜一手建立了乐淘鞋类电商供应链体系。之后一切发展都是顺风顺水，乐淘也获得了资本市场的认可和青睐，先后获得 3 笔共 7000 万美元融资，投资方包括联创策源、老虎基金、德同资本、晨兴创投等，此时毕胜开始将乐淘带上了“狂飙突进”的扩张道路。在当时电商烧钱砸流量的大环境下，乐淘也狂砸广告费，成立子公司积极扩张，销售额增长的背后是越做越亏。2011 年底，毕胜抛出“垂直购销电子商务是骗局”论。2012 年，乐淘开始转型做鞋类自有品牌，当年推出了恰恰、乐薇、茉希、迈威、斯伽五个自有品牌，砍掉了原来的代销业务，不过几个月就出现了数千万元的库存危机。2013 年，乐淘新的发展方向是“定制平台”，这也意味着此前确定的自有品牌之路已难以为继。2014 年 5 月，乐淘被卖掉，接盘的是广东冠鹏鞋业连锁经营有限公司，包括毕胜在内的乐淘原有股东全部退出。

在 2011 年乐淘发展顶峰的时候，网站访问量和销售额等方面均排在国内鞋类电商第一名，当时没人相信乐淘会死；如果乐淘没有成本失控，并一直坚持自己的垂直代销战略，也许就不会落得被迫贱卖的惨淡结局。但人生没有如果可言。其实几亿人民币的投资打了水漂，最倒霉的不仅是创始人，还有投资人。

2．国产沙盒网游《地球 OL》众筹仅筹到 500 多元

2015 年 10 月 19 日，曾经引发无数争议的在 Steam 和摩点两个平台进行众筹的沙盒游戏《地球 OL》宣布，他们在摩点的众筹已经结束，虽然众筹目标只有 58888 元人民币，但是依旧没有达成目标。

国产沙盒网游《地球 OL》众筹失败，有以下几个原因：首先，技术不到位。相比较于国外，国内顶尖的开发者是少之又少。再者，国内游戏名声不好，以众筹的形式筹集资金，很难获得投资人的信任，更何况游戏项目也并没有拿出成果来获取投资人的信任。最后，大环境所致。国内众筹环境本就鱼龙混杂，利用众筹来骗钱的项目大有人在。而游戏众筹又是一种不常见的项目，所以很难让投资人信任。

面对众筹失败的事实，融资者如果能从中总结出不足，对市场有个初步了解，失败也未尝不是一种收获。

【各抒己见】

通过分析本案例所提及的两个投融资失败事件的原因，总结几条投融资失败的原因，诸如缺乏忧患意识，对自己和公司太过自信乐观，缺乏系统思考的意识，现金流控制出现问题，管理层团队不成熟等，对创业者融资提出一些建议。

【实战训练】

【训练 9-3】设计一个合适的融资方案

田心同学在居民区附近拟开设 1 个便利店，需要资金 6 万元，而自己手中只有 2 万元，缺口 4 万元，需要进行融资。从以下融资方式中选择一种或者多种组合融资方式，设计一个风险小、付出小、到账快的融资方案。

融资方式之一：个人间借款

向亲属、朋友借款，它适合简单生产经营和资本积累的初期。但不足是一旦经营发生亏损，将没脸面对亲朋好友。

融资方式这二：股东“融资”

寻找合适的投资合伙人，国内外都有可能找到投资合伙人。牺牲一部分利益给别人，以换取一定资金，达到能开始经营和获利的目的。为吸引投资者，可采取股权置换的方式，留住经营资金。经营不好时，你可找另一个合伙人替换原合伙人；经营好时，你用自己替换原合伙人以达到经营资金充足、保证经营的目的。

融资方式之三：会员制

采取会员制融资的人一般有较好的无形资产或较特殊的实际资产。

融资方式之四：向银行贷款

各银行实施的一般为小额抵押贷款，以未到期的定期存单为抵押（人民币、外币存单均可），从银行取出一定金额，到期一次性归还。要想从银行拿到贷款，你首先要有资产包括不动产和存单。

融资方式之五：典当

到典当行抵押自己的资产，从典当行拿出资金。资产种类不受限制，大到房产、汽车，小到珠宝、首饰、服装等，只要典当行认为还值些钱的均可典当。而且手续便捷，很快就能拿到资金。但典当也有不足之处，只能救急，如果典当物成为“死当”，你的损失可能会很大。

模块 10　提升创业绩效

企业经营的核心首先是生存、发展，最终要实现盈利，利润是衡量一个企业是否优秀的标准之一。利润永远是商业经济活动中的行为目标。没有足够的利润，企业就无法继续生存；没有足够的利润，企业就无法继续扩大发展。

企业的经济效益提高了，才有利于增强企业的市场竞争力，才有利于企业人才战略、产业调整和市场扩张战略的实施，才能实现企业的经营目标，才能实现企业财富最大化。

企业通过营销推广，可提高企业及产品或服务的知名度，促进销售量的稳步增加，逐步提高市场占有率，实现销售收入增加。

在增收的同时节支，降低成本，控制各项费用支出，从而达到增加企业利润和效益的目的。节约成本就是一种变相的利润增长，在某些情况下，节约成本比利润扩张要更加容易实现。

【知识梳理】

10.1　创业绩效

创业不但可以实现创业者的梦想，而且可以在一定程度上促进我国经济社会的发展，并创造更多的就业机会。改革开放使我国经济实现了飞跃发展。经济全球化创造了大批的创业机会，私营企业大量涌现，创业型经济也成为国民经济的重要支柱之一。

随着创业活动的增加，越来越多的人把握住市场涌现的机会并取得成功，这在一定程度上也增加了人们对于创业成功所带来的财富的追究，从而增强了人们的创业动机。在当前经济全球化背景下，我国的创业者会对创业持有一种怎样的态度呢？虽然任正非、雷军等人创造了传奇般的创业神话，他们的创业事迹对大批潜在创业者形成了无形的精神激励，但是数据显示，国内的新创企业平均生存周期远远小于中国企业的平均寿命，与世界知名企业相差更远。在这种不容乐观的创业成功率下，究竟是什么原因导致创业者的失败？是创业者不能及时发现正确的市场机遇？还是创业者不够努力呢？

学者研究发现，影响创业成功的主要因素有创业者特质、机会识别与开发、创业环境等。另外，创业者具有的信念、坚持和奋斗的意愿程度与其创业成功存在密切关系。换言之，具有较高创业承诺的创业者更容易取得创业成功。创业承诺是创业者的重要创业态度，创业承诺能很好地预测新创企业绩效，较高的创业承诺会使创业者更加富有斗志地去努力实现自己的创业目标。

创业动机成为创业者实施创业的重要内因，是创业成功的主要影响因素，影响着创业者的行为。研究表明，创业动机可以促进创业活动的持续发展。创业动机是创业承诺的前因变量，较高的创业承诺可以促进创业的执行力和韧性，使创业团队充满信心，从而使企业更加稳定，提高新创企业绩效。

1．绩效与创业绩效

“绩效”一词来源于管理学，不同的人对绩效有不同的理解。有人认为，绩效是指完成工作的效率与效能；有人认为，绩效是指那种经过评估的工作行为、方式及其结果；有人认为，绩效是组织为实现其目标而开展的活动在不同层面上的有效输出；更多的人认为，绩效是指员工的工作结果，是对企业的目标达成具有效益和贡献的部分。

综上所述，绩效是成绩与成效的综合，是一定时期内的工作行为、方式、结果及其产生的客观影响。在企业中，员工的绩效具体表现为完成工作的数量、质量、成本费用以及为企业做出的其他贡献等。

创业绩效是指在创业过程中完成某项任务或达到某个目标的程度。

2. 企业绩效及其评价指标

企业绩效是指一定经营期间的企业经营效益和经营者业绩。企业经营效益水平主要表现在盈利能力、资产运营水平、偿债能力和后续发展能力等方面。经营者业绩主要通过经营者在经营管理企业的过程中对企业经营、成长、发展所取得的成果和所做出的贡献来体现。

企业绩效包含效益和效率两个方面。绩效考核包括绩效结果、行为态度和绩效素质三个维度。对于管理而言，我们需要有好的效益的同时也需要用最快的时间达成这个结果。

不产生绩效的管理不是好管理。要注意的是，功劳才能产生绩效，苦劳不产生绩效；能力才能产生绩效，态度必须转化为能力才能产生绩效。

企业绩效评价的基本指标有 8 项，分别是净资产收益率、总资产报酬率、总资产周转率、流动资产周转率、资产负债率、已获利息倍数、销售（营业）增长率、资本积累率。其中，净资产收益率、总资产报酬率用于评价企业的财务效益水平；总资产周转率、流动资产周转率用于评价企业的资产营运状况；资产负债率、已获利息倍数用于评价企业的负债水平和偿债能力；销售（营业）增长率、资本积累率用于评价企业发展能力和增长潜力。

3. 创业绩效研究的相关理论

（1）目标理论。

目标理论认为，每个组织都制定了自己认可的最终目标，绩效应用完成目标的程度来测量。目标理论用于衡量达成组织目标的程度，它强调的是完成目标的结果。在创业实践中，目标理论是应用最广泛的绩效理论，因为目标可以可靠、客观地测量。

在创业研究中，目标理论也受到学者的欢迎，因为在创业中所有权与经营权并未分离，这时创业者或创业团队在创业绩效中占主导地位，因而目标理论作为创业绩效的理论基础有一定的合理性。但是，这一理论也存在一定的缺陷。目标的评价在实际操作中并不像我们想象的那么客观。一般情况下，组织的目标不止一个，每个组织部门都有自己的目标，有时候这些部门之间的目标是相互冲突的。不同组织的目标也是不同的。这些因素都使得各组织绩效难以比较，也就无法区分其中的优劣。

（2）系统资源理论。

系统资源理论认为，组织是完整的主体，具有独特的功能，应重视组织与所处环境之间的不可分割的关系，同时考虑多方面的绩效，用组织获得和拥有有价值的稀缺性资源的能力来衡量组织绩效的优劣。该理论聚焦对组织维持系统资源能力的评价，在一定程度上对组织能力的培养具有指导作用，并且它还重点关注了“获得资源”这一维度。

系统资源理论在一定程度上促进了绩效理论的发展，但是后来的资源理论脱离了传统的产业学派理论的观点，过分强调企业内部资源和能力，而忽视了企业的外部环境；在研究对象上，资源理论未将资源和能力的广义定义与狭义定义进行区分，问题的设计上没有考虑资源依赖与能力的关系，这些都导致理论的研究不规范；在对资源和能力进行测量时难以客观量化，也就难以在不同行业不同类型的企业间进行深入探讨。

（3）过程理论。

过程理论认为，应该从员工行为层面来定义绩效，特别是能代表组织成员的行为。这一理论的核心内容是组织承诺，常用员工承诺度来表示，它重点关注的是行为的频率与程度，强调的是从获取系统资源的行为来衡量组织绩效的好坏。

员工承诺度是衡量创业绩效的一个重要维度，它能代表员工对企业价值观的认同程度，以及员工是否愿意为企业付出努力并和企业一起承担各种风险。由于创业本身就充满不确定性，具有一定的实验性，对于成熟企业来说，个人的离任对企业不会产生致命的打击，但新创企业对创业团队的依赖性非常强。在创业实践中，行为的改进有一定的指导作用。但由于不同阶段、不同行业创业对行为的要求不同，也就导致了该理论很难具有普适性。

（4）利益相关者理论。

利益相关者理论认为，应该将不同利益相关者的满意程度纳入组织绩效的考虑范围。由于个人和群体都会对组织的生存和发展产生影响，特别是投资者、供应商、员工、顾客、政府等，因此，组织不仅要保障资本所有者的利益，也要保证其他利益相关者的利益，只有在这个前提下才能达成自己组织的目标。该理论提出了更加整合的组织绩效理论，它特别青睐于指标的选择。在同一组织里，不同的绩效指标揭示了不同利益相关者目标的相对重要性。它是从供应商、客户、竞争对手、内部利益相关者等多个方面来测量组织绩效的。

很多学者都认为，利益相关者理论是较为全面的组织绩效理论。在看似不同的四个角度的理论中，利益相关者理论整合了目标理论、系统资源理论以及过程理论。它是创业研究中构建创业绩效理论值得借鉴的一个重要理论，但同时也存在一定的问题。例如，如何规范内部指标一致性，如何体现创业的本质，如何反映价值创造等。这些都是值得我们深思的问题，也是将来在构建创业绩效理论时应注意考虑的问题。

10.2 企业营销推广

【学习领会】

10.2.1 中小型企业创业初期的营销策略

企业营销是指将企业拥有的产品或服务从本企业转移到购买者（顾客）手中的企业经营活动。中小型企业创业初期的营销策略推荐如下。

1. 认清自己生存的微观环境

对中小企业来讲，暂不要去管全球化及行业的市场发展和走势对自己的影响。一定要清楚，你的任务是生存下来，迅速积累资金。微观生存环境就是你的前十名客户（或者你的资源在一年内有能力服务的客户）。这十名客户就是你能否生存下来的一切。要把这十名客户的需求研究透，关系熟到家。

2. 认清自己竞争的优势所在

有些中小企业启动是因为已有固定的客户，产品并没有特别优势。这类企业在开发新客户时会遇到困难。如果这些启动客户成长迅速，幸运的话，企业可借此完成原始积累。大多数企业是因为具有某项新技术或富有特色的产品而起步的，这类企业生存的基础是产品对客户的吸引力。大众化以及技术容易被仿造的产品不是小企业的优势。应选择开发满足客户独特需求，客户价值显著，效果立竿见影的产品或服务。与大企业相比，中小企业更贴近客户，更了解客户，反应更迅速，客户关系更好，服务更全面周到。千万不要忘了发挥这些优势。

3. 将所有的策略和力量集中在前十名客户身上

不要泛泛地制定产品、市场策略，要将所有的策略和力量集中在前十名客户身上。中小企业没有资源打大战役，先攻下这几个山头，有了根据地再说。不要试图一开始就建立全国性的营销网络，销售人员要少而精。

前十名客户的选择十分重要，不当的选择容易导致成长缓慢甚至失败。选择前十名客户的重要考虑因素是：产品的客户价值高，客户有实力，成长性好，行业影响大，信誉好，以及地理位置、原有的关系等。前十名客户的选择由公司统一确定，而非由销售员确定。

4. 根据客户特征对每一个客户制定专门的销售策略

要发挥集体的力量来制定策略，特别是有销售经验的业务员的经验。要树立以整个公司的力量和经验面对客户，而不是一个销售员自己去面对客户的销售观念。

5．时刻注意客户风险，确保财务安全

制定严格的付款政策，第一批客户的信用调查很重要，不要只看表面现象，通过其他供应商特别是其产品的销售状况可以了解其真实的经营情况。

10.2.2　创业者不可错过的6个营销策略

大营销时代，正在与一切的过去决裂，但是我们现实中的企业依然在犹豫不决。所有的营销都应该是结果导向的，但是数据表明，90%以上的企业营销全凭老板“天马行空”，或策划部门“闭门造车”。如此的营销怎么可能有效？今日的营销，已不再是往日的吆喝，而是当目标消费群需求产生时，你就在那里。大营销不是花钱最多的营销，而是效果最好的营销。

大营销需要大创意，大营销需要立足目标消费群的真实需求，需要不同凡响的创意表现，为品牌和产品发声。大营销时代，效果至上。大营销时代已经到来，是主动拥抱还是被动拒绝，一切由你做主。

1．你的营销方案依据什么产生？

我们看到很多企业的营销是跟风的，或者是老板拍脑袋决定的，由此而制定的营销方案是不可能产生多么明显的效果的。

真正的营销方案应该源自对于市场分析、企业分析、竞争对手、目标人群的综合认知基础上而制定的营销策略。基于客观而准确的各项数据分析，才能产生洞察力，才能准确知道企业当前的市场位置和将要抵达的市场方向。

2．你的企业或产品最大优势是什么？

有了对于市场和竞争对手的全面掌握，有了对于企业的宏观理解，对于所有追求营销实效的企业而言，第二个问题则应该是真正找到企业或者产品的核心优势，并将这一核心优势放大，达到被广泛认知和接受的程度。

当前的同质化营销竞争里，营销应该是从消费者需求出发的，企业和产品最大的优势应该来自对于消费者需求的满足或者发现。对于同质化竞争而言，如果一味站在企业角度来看，我们是难以找到企业和产品的优势的。但是如果真正地站在消费者角度来看，你会找到新大陆。

3．你的顾客真正的需求在哪里？

我们的顾客真正的需求在哪里？怎么判断哪些是企业目标人群的真实需求呢？

消费者购买欲的产生，必定是企业产品在某些方面打动了消费者，使之产生值得的心理感受。不同行业、不同产品，消费者的心理需求是不一致的，购买的敏感点也是不同的。应该真诚与顾客沟通，倾听顾客的建议，找到自己真正的卖点。

4．你能够满足顾客需求甚至做得更好吗？

就算你发现了消费者的需求，但事实上，大部分顾客仍无法准确地描述自己的需要。正如福特汽车创始人亨利·福特曾经说过的那样，“如果你问人们想要什么，他们会告诉你想要一辆更快的马车。”这便要求企业能够真正地洞察消费者的需求，透过沟通的表面，找到需求的关键因素。

对于企业而言，找准消费者真正的需求之后，去改造企业的服务体系，寻求企业产品的变革，以让目标顾客获取更多价值，则是提升企业竞争力并突破同质化市场的根本。

5．你是否建立完整的营销体系，让你的顾客更方便知道及购买你的产品？

有了对于行业、企业、产品、消费人群的全面掌握，有了好产品、好服务并具备数量可观的消费人群，对于营销人员而言，这就意味着有了好的营销基础。但是否意味着企业和品牌一定能成功呢？

建立完整的营销体系，提供更为人性化的购买体验，同样是营销成败的关键。今日的产品时代，购买体验将不再是独立的，而是产品竞争力的一部分。对于没有显著产品竞争力或同质化非常严重的行业，这一点体现得更加明显。人性化营销体验，不仅仅表现在你的营销策略是否独一无二，更表现在企业营销人员回归本源，抛弃繁复而无诚意的营销技巧，转而将这些投入真正为目标消费者购买提供便捷、舒适的体验度层面。

6．你能否恒之有效实现以上 5 点？

营销的变革已经不再是往日的缓慢变化，当今时代，我们看到无数的新产品牌快速地推出，也有无数新产品牌快速地成为明日黄花。

这是一个大营销时代，需要的不再是标新立异，而是真正地拿出品牌诚意，为目标消费群创造价值。因为竞争将前所未有地激烈，需要的是专业、耐心、坚持、追求完美的态度，才能更好地建立优势的竞争地位。营销的本质是洞察人心，并满足或创造人性需求，从而为企业带来业绩的快速提升，让品牌收获更为广泛的认知度。

10.2.3 “互联网+”时代如何面对营销环境与消费主体的变化

尽管各种营销理论层出不穷，从 4P 到 4C，从 4R 到 4I，但归根结底无非就两个因素：一是营销环境，二是营销对象。

什么是营销环境？就是这个产品是在什么样的市场环境下销售。什么是营销对象？就是这个产品卖给谁，他有些什么特征，他的消费观念是什么，他想要什么。

现代营销学之父菲利普•科特勒教授把营销的演进划分为三个阶段：

第一个阶段是营销 1.0 时代，即“以产品为中心的时代”，这个时代营销被认为是一种纯粹的销售，一种关于说服的艺术。

第二个阶段是营销 2.0 时代，即“以消费者为中心的时代”，企业追求与顾客建立紧密联系，不但需要继续提供产品使用功能，更要为消费者提供情感价值，企业需要让消费者意识到产品的内涵，理解消费者的预期，然后吸引他们购买产品。

如今我们正在见证第三个阶段——营销 3.0 时代，即“价值观为中心的时代”，在这个新的时代中，营销者不再把顾客仅仅视为消费个体，而是把他们看作具有独立思想、心灵和精神的完整的人类个体。“交换”与“交易”被提升成“互动”与“共鸣”，营销的价值主张从“功能与情感的差异化”深化至“精神与价值观的相应”。从中我们就很容易理解为什么社群营销这么火爆，因为社群营销的起点与基石是相同的价值取向，其顺应了“价值观为中心的时代”。

“互联网+”时代应不断适应营销环境与消费主体的变化。

1．营销环境的嬗变：移动化、碎片化、场景化

如今的营销环境基本上可以用三个词来总结：移动化、碎片化、场景化。大家已经不再局限于每周、每月的固定时间里在固定的购物场所进行消费，而是转变为随心所欲的全天候、多渠道的消费，消费者可以在任何时间、任何地点通过任何方式购买他们所喜欢的商品。无论是智能手机销量的暴增还是人们花在智能手机上的时间越来越长，都足以证明整个营销环境的移动化。而碎片化的特征就更明显了，如今，人人都是自媒体，个个都是消息源，大家的注意力被分散在各个媒体。至此加剧了用户的三个碎片化趋势：消费地点的碎片化；消费时间的碎片化；消费需求的碎片化。

很多时候营销要触动消费者，一定要有匹配的情景，因为人是受环境影响的。而新技术的发展，让随时捕获这种情景变得容易，比如可佩戴市场，还有移动互联网和任意的广告屏幕以及终端的无缝链接。因此，营销如何“场景化”以及如何通过可以谈论的“内容+场景”的匹配，成为所有企业都需要面对的问题。产品要能够制造出让消费者关注的内容话题，并通过不同的媒介制造出短时间内的话题场景，才能引爆品牌。

2. 消费主体的蜕变：个性化、社交化、娱乐化

研究完环境，我们再来看看消费主体又有哪些变化。总的来说，同样有三个关键词可以很好地概括这4亿多的80后、90后、00后消费主体：个性化、社交化、娱乐化。

80后、90后、00后作为一个正在不断崛起的消费群体，他们的消费观念、消费意识、消费话语正在深刻影响着整个商业环境。普遍认为80后、90后、00后心理特点就是追求自我张扬、有与众不同的个性。他们重视产品消费体验中是否能给自己带来心灵、情感上的最大满足，并获得差异性、个性化、多样化的体验。于是，参与感成为小米手机大获全胜的成功秘诀。

80后、90后、00后这一群体接受了市场经济、全球化、互联网进程的洗礼，他们的人生观、价值观和世界观以及由此衍生出的消费观，呈现出与其父辈迥然不同的特征。

调查数据表明，"玩"是80后生活的主体，"玩"的开支可达他们日常消费的1/3。而娱乐的价值就是教会他们"怎样玩"以及通过何种载体让他们觉得"好玩"。90后宣称"我每天可以吃的有限，穿的有限，花的有限，但是开心必须无限"，90后热爱娱乐，这种娱乐可以是对娱乐八卦的热爱、对生活压力的宣泄、对社会现象的吐槽、对自己生活的搞怪，天大的事儿也可以被他们解读得极具娱乐精神。

3. 营销策略：大数据营销、内容营销、社群营销、场景化营销

分析完营销环境和营销主体，问题来了，面对移动化、碎片化、场景化的营销环境和个性化、社交化、娱乐化的消费主体，对于企业来说可如何是好？又该怎样应对？首先我们要清楚什么是互联网营销。互联网营销专家认为，互联网营销的本质就是用最小的投入，准确链接目标顾客，用完美的创意实现强大的口碑以影响目标群体。

面对移动化、碎片化的营销环境和个性化、社交化的消费主体，同时还必须满足"最小的投入，最精准的链接，最完美的创意"，哪种营销方式可以完美胜任呢？非大数据营销与内容营销不可，大数据营销解决最小投入、最精准链接，而内容营销则以完美的创意实现朋友圈疯狂转发。

那么，面对碎片化、场景化的营销环境与社交化、娱乐化的消费主体，又该如何迎战呢？内容营销解决碎片化、娱乐化的问题；场景化营销则针对碎片化和社交化的困局，以景触情，以情动人。最后还有一个难题：面对碎片化的营销环境和社交诉求旺盛的消费主体，可如何是好呢？"兵来将挡，水来土掩"，社群营销联手内容营销可轻松应战。社群营销摆平社交化的消费需求，内容营销则利用各种段子攻破碎片化的场景。

总之，碎片化的渠道、碎片化的时间、移动化的行为、个性化的价值观、娱乐化的诉求，决定了"互联网+"企业背景下的营销向着场景化、数据化、内容化、社群化的趋势发展。未来企业在营销方面的发力点就是大数据营销、高品质内容、场景化匹配、社群化传播。

10.2.4 创业公司如何做推广营销

刚开始创业的公司，在做推广营销时，是不能和大企业相比的，只好选择质优价廉的方式。

1. 销售终端的品牌推广方式

（1）现场导购。和消费者面对面地沟通，讲解产品特点，提高品牌美誉度，促进品牌试用率及扩大购买群体，增加购买数量和频率。

（2）终端陈列。注重终端陈列的位置和陈列面积大小、整洁度、整体美感，提升品牌形象和忠诚度。

（3）店头POP宣传。加强终端宣传力度，对抗竞争品牌的攻击，拦截竞争品牌的消费者。

2. 渠道的品牌推广方式

（1）协助、配合、培训、支持经销商。提高经销商的积极性，提高渠道的铺货率和渠道渗透力度。

（2）加大渠道促销力度。加大经销商进货力度，促使经销商主动加强品牌推广，填满经销商仓库，对抗竞争品牌。

3．消费者互动推广方式

（1）参观生产现场。带领消费者实地考察生产场地，提高其品牌形象和忠诚度。

（2）直接促销活动。主题活动、派送、展示、优惠券、赠送礼品、价格折扣、退费优待等，这些可以提高品牌试用率及扩大购买群体，增加购买数量和频率。

4．传媒品牌推广方式

（1）软性文章细无声。首先要把握软性文章的特点：淡化商业痕迹，做到在商不言商，先交朋友后谈生意；细水长流，滴水穿石，不求毕其功于一役。其次要弄清楚好的软性文章应具备的要素：标题要有吸引力，文章要有趣味性，内容要有可信度。

（2）小众媒体锁定人。不像全国性的大企业，目标市场点多面广，中小企业的销售区域少而集中。媒体的选择必须考虑媒体的受众与目标顾客的吻合程度，不要去看绝对收视率或发行量，应看有效的覆盖率。要做针对性的广告宣传，这样直接渗透到潜在客户那里。从企业的操作层面来看，要注意几个关键问题：一是小众媒体的选择要以当地消费者喜欢接受的媒体为转移；二是加强与潜在客户的双向沟通，可以通过设计有奖问答等方式与客户互动，以便得到潜在客户的信息及增进了解。

10.2.5　网络营销的主要途径与方式

广义上说，所有以互联网平台和手段进行的营销都是网络营销。网络营销整体系统规划非常重要，可以从以下几个方面入手：微信、微博、论坛、网络评论、短视频、问答百科、事件炒作等。

1．微信

现在是移动社交工具的天下，微信的诸多优点就不一一赘述了。

微信作为一个社交平台，由圈子构成，圈子与圈子之间是封闭的，传播效率低。微博是一个网状结构，人与人之间可以互相转发，无限扩展，所以它更适合传播，而且传播更迅速。微信更适合做服务，微信公众号的运营首先是内容和功能，内容上最好简短专业，内容和功能解决用户特定需求，简单快捷。

微信更适合做精准营销服务，与微博相比，微信的点对点精准营销优势更明显。微信公众平台直达手机。

微信内容上可以有图文、语音、视频，逻辑思维的语音哲理故事内容就曾一枝独秀。

2．微博

尤其以新浪微博为主导，微博的威力是有目共睹的。做好微博营销应该注意激发用户情绪，尽量靠近生活，情绪是最好的催化师。豆腐脑是甜的好喝还是咸的好喝？因为贴近生活，大家愿意去讨论，这类的推文内容要点包括地理因素、心理因素、利益因素、经历因素。河北某房地产网站主打海南海景房销售，微博推文“告别雾霾，拥抱碧水蓝天”转发就很多。而同样的广告用在福建就不一定有效，那微博就应该用“全国都在买海南”，海南房子要升值的概念再加上养老长寿，或许效果会好很多。

微博的推文内容应该控制在两行以内，因为有研究说人脑每次处理信息的量为 160 个字符，也就是新浪微博的两行字。字多了，人脑处理不过来了，记忆自然减弱。

3．论坛

包括最开始的 BBS 到现在各种本地门户论坛、行业垂直社区、贴吧等。体验、事件、故事是论坛营销的三大要点。事件营销最重要的是给你植入一个时下最热的普世观念，让你不由自主地加入进去成为其中一分子，并且获得某种心理荣誉感，给大家一个新、奇、特的真实事件或者体验。体验式营销更为普遍，各大房地产网站和汽车网站的看房日记、买车日记、装修日记，用专业的水准以普通人的口气说出自己的“伪经历”，更能够打动人心，比那些生硬的我好、很好、非常好的广告要亲民得多。故事型营销，还原一个真实的情景，我所经历的你没经历，但我的经历是如此地美好/悲伤，抓住人心底的“真善美”或“好残忍”，让消费者融进你的故事，扮演白马王子或是白雪公主，目的也就达到了。

4. 网络评论

网络评论展示的是大众或媒体对一个事物的看法、观点，让人们对事物有一个更准确的认识，虽然现在信息繁杂，但专家的权威评论还是很有分量的。网络评论的目的是以理性的分析来引导大众跟随他的视角，并最终采取感性的行为。通常一篇好的深度网络评论可以左右大众的感情发展，扭转事态的发展方向。建议这类文章由专业人士撰写，并在符合事件发展态势的相应级别媒体上发布，才可以达到四两拨千斤的效果。

5. 短视频

短视频营销绝对是当前网络营销中的“王牌军”，总结来说，短视频营销的特点包括：

（1）互动性强。短视频可以更好地与用户进行互动交流，帮助企业获得用户反馈，从而更有针对性地改进自身。从用户方面来说，他们可以通过与企业发布的短视频进行互动，表达自己的意见和建议。这种互动性不仅能使短视频快速传播，还能使企业的营销效果实现有效提升。

（2）成本低。与传统的电视广告相比，短视频的成本更低。短视频在制作、传播、维护等方面的成本都更具竞争力。简单的团队+好的创意，就可以制作出受众喜爱的短视频，从而吸引流量。

（3）高效性。短视频营销的高效性在于消费者可以直接通过短视频的展示，产生对产品的购买行为。传统的电视广告下，消费者不容易产生购买行为的一大原因是电视广告没有相关的产品链接，购买不便捷。而短视频可以将产品的购买链接放置在展示产品界面的四周，或是短视频播放窗口周围，可以实现“一键购买”。

（4）指向性强。大数据下能准确找到产品目标受众，从而达到精准营销的目的。此外，短视频 App 或网站还会为拥有相同兴趣爱好的短视频热衷者提供社区、空间或群组，这也是短视频在营销上的另一个优势。

（5）“存活”时间久。传统的电视广告下，如果企业想持续向大众展示产品，就需要持续投入资金。一旦企业停止付费，其电视广告就会停播。而短视频不会因为费用问题而停止传播，因此“存活”时间更久。另外，有的短视频会被相关平台收录，因此，短视频的排名会比图文内容的排名好很多、快很多。

（6）迅速传播，激发兴趣。短视频营销还拥有传播速度快、难以复制的优势，因为短视频营销本身就属于网络营销，所以短视频能够迅速地在网络上传播开来，再加上其时间短，适合现在快节奏的生活，因此更能赢得广大受众的青睐和欢迎。

6. 问答百科

百度知道、搜搜问问、360 问答，这类问答类工具被用来做营销的原因是很明显的。首先是极好的口碑宣传阵地，提问和回答的都是以网友的身份。其次是用户使用频繁，流量巨大，除了平台自身用户巨大带来的流量外，其母体搜索引擎一般都给予很高的权重和引流。例如，百度知道总是排在搜索结果的前面，点击率自然更高。再有就是这类平台免费，因为设立初衷就是为了给网友一个互相帮助的平台，大家都可以随意发布消息。

在我们做问答的时候，首先确认关键词问题，也就是你的用户会怎么搜索与你品牌相关的问题。搜出这个问题，巧妙地回复，以后再有网友搜索这个问题，就等于看到你品牌的一次广告，而且给他的感觉更真实可信。回答网友提问只是一个方面，另一方面是自问自答。现在用户在购买前都会习惯性地上网查一查，看看具体细节，还有就是别人是怎么评价的。

7．事件炒作

到底怎么做事件营销炒作呢？首先这个事件能称之事件，要有一定的意义，否则再牛的手段都没有用。好的事件营销炒作中70%的因素在于事件本身，30%因素在于推广炒作手段手法。

事件炒作的几个要点：

（1）新鲜的事能炒作好。

（2）什么热炒什么。

（3）舆论引导，制造讨论和交互。

（4）得有媒体参加。

（5）话题得有争论性。

10.2.6 创业企业如何做好互联网营销

许多创业企业受营销人才奇缺和资金匮乏的影响，导致很多在本质上很优秀的产品，最终无法在市场上形成畅销局面，有些企业甚至运作了很多年却依然默默无闻。

在如今的互联网背景下，如何让用户找到你成为问题。流量争夺战随之打响，互联网营销的价值随即凸显。创业企业可以从以下几个方面入手做好互联网营销。

1．网络是载体，营销是核心

互联网营销分为三个层面：战略层、策略层和战术层。三者自上而下，相互影响。在实际案例中，借助互联网做营销，网络是载体，营销才是核心。

2．多元化营销手段

在历经了百花齐放的早期浪潮，激烈的流量入口争夺战后，在移动互联网时代，互联网营销已经进入了如火如荼的第三次革命。

更多元化的营销手段，分享经济带来的强大推动力和快速反应的多方协作是这次革命的主要特点。流量变现+粉丝经济+多元化营销手段，成为第三次互联网营销革命的标志。

流量变现是所有互联网营销的终极目标。从微博到微信，再到时下火热的视频直播，拥有多少粉丝，已经直接影响到你的盈利能力，而多元化营销手段更考验各企业的应对能力。

3．创造话题比砸广告重要

自媒体时代，一个消费者就是一个媒体，想让消费者为你按下转发键，要先懂得创造话题，引发关注。不会有人主动为你家的广告按转发键，除非是你创造的一个话题打动了他的心。

4．方便成为硬指标

消费者多使用碎片化时间浏览信息，长篇大论已经难以打动消费者。你想传播的信息，必须一看就懂，还要频次高。需求必须在诞生当下即被满足，方便成为硬指标。

5．不能只有用户没有粉丝

身为品牌方，你与消费者对话的时间变得更多。塑造与粉丝对话的机会，让原本爱你的用户更爱你，让潜在的顾客都能先成为你的粉丝开始了解你。如果你整天只想着让人家买你，而无法让人家爱你，你就失去了塑造成功品牌的先机。不能只有用户而没有粉丝，要有人买，还要有人爱。

10.2.7 创业企业如何做社群营销

社群是通过兴趣爱好所建立的一个圈子，社群营销是通过这个圈子的人对圈子的信任而产生的营销模式。自从小米通过粉丝运营搞得风生水起后，大家都知道社群对企业产品推广、销售有着非常重要的意义。大家都知道社群很重要，可是，我们应该如何去做社群营销？

1. 核心价值定位

对于企业而言，首先要清楚你所建立的社群有什么核心价值。核心价值是一个社群生存发展的基础，也是一个社群的目标导向及定位。

比如你是一个卖钢琴的，你可能自然而然地想建立一个钢琴爱好者的社群，但这不是核心优势！世界上做钢琴社群的人那么多，为什么别人需要关注你？是你这里有优秀的老师授课？还是有性价比高的钢琴销售？这才是企业做社群前应该思考的问题。

所以，几乎所有运营成功的企业社群都是基于自身产品，小米的社群永远是围绕着小米的手机玩法，逻辑思维的社群永远都是围绕着罗振宇的动态做延展。不管你的产品是实物还是知识，都需要与自身的核心竞争力密切相关。

2. 有效引导

有不少企业抱着做专业社群的美好愿望开始，但最终这些建立的社群要不就是一言不发，沦落为我们所说的“死群”，要么就是纯粹在聊天灌水，成为大家闲聊八卦的聊天室。这些都是群内缺乏引导的表现。

另外，社群是一个弱中心化的组织，但一个优秀的社群根本不可能做到完全去中心化，不然只会沦为闲聊灌水群，变得异常混乱。

3. 规则引导

既然是群体，那必然需要相应规则规范才能长久生存，不然只会像一盘散沙一般徒有其表。社群的稳定发展与其规则机制密不可分。社群的形态需要一致，不能因为其他新成员的加入而破坏之前的规则，即社群的出入口应做筛选，社群内部的行为规范应做统一。这类统一规则并非需要文字内容进行规范，而更多体现的是一种文化共识。

另外，除了规则，群内运作机制在日常事务管理中十分重要。如何让社群成员保持活跃？一定的激励机制、角色分工都能让群成员在处理事务时各司其职，保证社群的规范化运作。在良好的规则及运作机制下，管理员的管理也更加省心省力，社群成员更加信服。

4. 人工引导

除了群规，最有效且必要的就是管理员的人工引导。大家都能体会到，在一个社群中，不良言论的影响力远远大于对产品的夸奖。危机公关和言论引导在社群组织中十分重要。如果把一个社群发展的过程看作汽车前进的过程，那么管理员就是汽车司机，要不断地修正调节汽车的前进方向，确保驶向正确的目的地。

人工引导并不仅仅是管理人员的引导，事实上，每个活跃的社群群体都拥有领袖式的成员，此类成员通常是早期核心成员，拥有较大的表达欲望，且相对其他成员拥有较大话语权。此类领袖式成员对于社群的拉动和引导作用是十分巨大的。企业运营社群时应该联合拉拢这类领袖进行示范引导，让社群不偏离最初的定位及主题轨道。

同时，所谓“人以群分”，领袖成员的特征很大程度上决定了一个社群未来加入的新成员的特征，社群成员对领袖的信任也反映了其对产品和品牌的信任。

5. 活动引导

一个社群的活跃度需要许多活动运营进行刺激，这在产品类社群中体现得尤其明显。活动不仅是一个宣传拉新、增强成员黏性、激活活跃度的有效手段，还是一个引导社群主题的有效方式。在活动的预热和进行期间，群内的讨论话题和日常交流大多会以活动内容为中心进行发散。

活动的参与情况也体现了社群内部黏性的强弱，同时可以不断引导品牌产品话题。从小米的社群运营中就可以看出，小米在手机的调研、开发、宣传等各个环节上都举办了大量的线上线下活动，在活动强势引导社群内部话题的同时，还极大增强了社群内部粉丝间的交流，所谓的参与感形成了“米粉”的自发传播。

【案例剖析】

【案例 10-1】乐视开创了企业利用众筹营销的先河

国内知名视频网站乐视网牵手众筹网发起世界杯互联网体育季活动，并上线首个众筹项目“我签 C 罗你做主”，只要在规定期限内，集齐 1 万人支持（每人投资 1 元），项目就宣告成功，乐视网就会签约 C 罗作为世界杯代言人。届时，所有支持者也会成为乐视网免费会员，并有机会参与一系列的后续活动。这可能是国内第一次用众筹方式邀请明星。

这次众筹项目的意义在于开创了企业利用众筹模式进行营销的先河。首先，利用了众筹模式潜在的用户调研功能。乐视网此次敢于发布签约 C 罗的项目，相信乐视网早已准备好了要跟 C 罗签约世界杯，通过此次与众筹网联合，可以让乐视网在正式签约之前进行一次用户调研。

其次，乐视网通过与众筹网的联合，给签约 C 罗代言世界杯活动进行了预热。乐视网充分利用了众筹潜在的社交和媒体属性，在世界杯还没到来的时候就做了充分的预热。最后，乐视网可以借此次活动拉动世界杯的收视率，并为正式签约 C 罗之后的活动积累用户。

乐视网的这一创举一方面让众筹网越来越多地进入大家的视线，另一方面也给整个众筹行业起到了带动作用。

【分析思考】

营销推广对于初创企业来说，一直是最难以解决的问题之一。当大型企业推出新产品时，他们会在电视、线上等渠道进行铺天盖地的广告营销，有时甚至还会聘请公关公司来进行营销。

但是对于大多数初创企业来说，他们没有足够的资金。那么初创企业该怎么办？我们只能依靠预算较低的营销形式，如微信、微博、短视频、口碑营销等。于是各种适合初创企业的营销手段应运而生，这些手段成本较低但有效，而且能够为初创企业带来更多的用户。

【案例 10-2】知味葡萄酒杂志的精准化社群营销

知味葡萄酒杂志是一家专注于为葡萄酒爱好者提供轻松的葡萄酒文化、专业的品酒知识、实用的买酒建议和精彩的品鉴体验的创业公司。

自创业以来，知味的推广与内容始终以社群为核心。通过知味专业、垂直的葡萄酒媒体内容和线下的葡萄酒教育体系，知味已然成为国内最火的葡萄酒媒体之一，超过 50 万规模的葡萄酒爱好者聚集到了知味周围的葡萄酒文化社群里。

社群已经建立，运营应该怎么做？知味并不希望像传统的方式那样，单纯地搜集所有会员的联系方式做成通信录，或者是在社群内部群发广告。知味认为，社群营销是依赖个人偏好及消费行为特征所构建的社群，在增值服务方面，应适度规避“商业激励”而采用“情感维系”，来升华客户与厂家和品牌的关系。

所以他们使用了 Convertlab 的 DM Hub 中的用户数据采集功能。知味能够通过内容标签的方式收集所有社群用户与知味的交互行为和内容偏好。

用户无论是看了一篇特定内容的微信图文、参加了一场特定主题的品酒活动，还是购买了知味所推荐的葡萄酒或周边产品，知味都能记录下来。

通过足够长时间的数据搜集，知味可以通过结构化获取的用户信息对他们进行分类，并通过不同主题的话题社群将用户组织到一起。

例如，阅读过较多次数关于意大利葡萄酒文章的用户，或者参加过知味组织的意大利葡萄酒品鉴会的用户，都会被邀请加入“知味意粉”小组。在这样的情况下，葡萄酒爱好者用户会陆续被不同主题的社群以网状的形式包括到至少一个社群小组中。

这样一来，精准的分组使得社群活跃度非常高，而且还为精准定向地向用户发送他们感兴趣的内容信息和产品营销内容提供了有效通路。同时，基于对庞大的粉丝数据系统进行挖掘，知味可以据此为其粉丝发送完全个性化的促销信息。

例如，知味可以设定自动流程规则，让系统自动向在过往的一个月内参加过入门级葡萄酒培训课程的客户发送中级葡萄酒培训课程的培训信息。这样个性化、差异化的优惠大大地提高了粉丝购买的可能性，也降低了信息推送的成本。

知味还使用了平台活跃度打分的功能，交互频繁的用户活跃分数会上升。对于不够活跃的用户，定向推送一些“召回”目的的内容以降低用户流失。3 个月内，粉丝的活跃度上升了 55%。

通过 DM Hub 方案，9 个人的团队管理了拥有上百万成员的红酒爱好者社群。产品简单易用，可以同时完成大数据的采集、分析和结果跟进，让这样一个小团队可以轻松收集大数据。客户与知味社群平台的黏性非常高，长期形成的情感维系要远比“满 500 积分抵 5 元消费”这样的商业折扣要受用得多。

【分析思考】

知味通过使用多样的营销功能与分析工具，做到了全方位精准化的社群营销。

就当前的消费者市场而言，营销到底应该怎么做，才能做到低投入、高产出，并让用户获得最佳体验？知味葡萄酒杂志给出的答案是精准化社群营销。

新时代，社群营销应该怎么做？基于数据挖掘的个性化、精准化营销能让你的社群与众不同，并以最高 ROI（投资回报率）达到用户与企业的双赢。

【案例 10-3】小米的互联网营销之道

有一家创业公司，从 0 做到 300 亿元的销售收入只用了 3 年，估值超过 100 亿美元，堪称中国创业奇迹。没错，这就是小米。在互联网技术深入变革传统产业的今天，互联网营销显然成为实现转型升级绕不过去的词。

对于小米成功的秘诀，除了雷军总结的 7 字要诀“专注、极致、口碑、快”，还有就是他在多场合反复强调的用户参与。在雷军看来，小米卖的不是手机，而是梦想和参与感。

说到互联网营销策略，小米论坛就是其具体体现之一，这个策略是围绕粉丝经济战略来制定的。通过小米论坛聚集用户，与用户互动加深感情，继而让用户越来越认同小米，最终成为小米的粉丝。

建立小米论坛是策略，但论坛建好后，如何向论坛引流增加注册用户数，如何活跃论坛的氛围，如何增加用户的黏度等，就延伸到战术层面的问题了。

小米是靠粉丝经济成功的。首先小米有一个明星，因为有明星才容易聚集粉丝，小米的明星就是“雷布斯”。雷军曾特别喜欢学乔布斯的打扮，所以有人给他起了个名字叫“雷布斯”，一开始是用来嘲讽雷军的。实际上这个名字特别形象生动，于是大家都叫雷军“雷布斯”了。

光有明星还不够，小米还提炼了信念口号，这个信念口号就是“为发烧而生”。雷军说，发烧是一种生活态度，是一种对高品质的追求。这是他出小米 1 的时候重点提出来的。买小米手机的人都是懂手机的发烧友。实际上买小米手机的很多人都是买不起苹果手机的人，如果有钱了，很多粉丝都会买苹果手机而不会继续买小米手机。但是，这样的一种信念口号实际上也是给了消费者一个购买的理由：其实我不是没钱，我是聪明，我是发烧友、懂手机，不像你们买苹果手机的是“土豪”。

后来，其实小米又起了一个青春的口号——150 克青春。因为它的红米实际上是小米青春版，面对大学生来做销售。所以，要做粉丝经济，除了偶像之外，还要有独特的信念口号。

小米的粉丝经济实际上是由种子用户慢慢扩张的，它一开始只有一百个天使用户，这些天使用户几乎都是版主。这一百个人拿到五千个铁杆粉丝，然后一万到十万个特别忠诚的粉丝，再到几百万个不一定很忠诚的粉丝，这是一个粉丝体系。所以，先找到种子用户，然后扩张，这就是小米的玩法。

现在小米的每个新产品都要发动粉丝，小米官网有一个小米产品用户开发平台，口号是“每个用户都是产品经理”。所以，能让用户深度参与体验测评，这也是非常重要的方法。

小米建立起一个关系链裂变的粉丝金字塔，金字塔里面一开始的一万个人是特别忠诚的，基本上会一直追随小米；那么发展到十万比较忠诚的，再到几百万不算是很忠诚但也是对小米有情感的，大概就是这样的一个体系。这个体系里面还有很多特权机制，就是前一百多个人都能要到F码（Friend码，指用于购买物品所具备的一种优先权）。

【分析思考】

粉丝经济是互联网营销的核心战略，也是小米最核心的竞争力。

社群成为我们这个社会最重要的主题，人和人的链接对于企业的营销传播变得特别重要，所以在这个时代要学会把消费者当成活生生的人来跟他沟通。要沟通我们的情怀、我们的故事，争取让他愿意帮我们主动地传播信息。

将我们的用户通过运营变成强关系，然后变成粉丝。粉丝积累多了，品牌创意就一定会成功。

【案例10-4】江小白的成功营销之道

2012年，陶石泉创立“江小白”品牌并于同年3月亮相业界；销售额方面，2013年达到5000万元，2014年突破1亿元，2015年突破2亿元，2016年突破10亿元……

江小白的前身是重庆江津的一家白酒公司，陶石泉接手后改名为江小白，还设计了一个动漫形象和一句宣传语——我是江小白，生活很简单！

江小白的定位是互联网第一大众化文艺白酒，又名青春小酒，是80后、90后的最爱，跟茅台、五粮液的内涵是完全不一样的。

【分析思考】

现在的产品如果只卖功能肯定很难成为爆款，产品的调性和档次甚至比功能更重要。现在的互联网品牌都要像奢侈品一样，经营档次和调性。

一个产品在这个时代卖的往往不只是功能，而是背后的精神归属，而且产品要有自己内在魅力人格。现在都比较流行把品牌拟人化，因为产品非常多，但是人是有个性的，是有内在魅力人格的。

【案例10-5】OPPO与vivo的成功营销之路

OPPO与vivo的成功营销策略如下

1．聚焦目标客户群，定位简单精准

首先，对消费者需求理解深刻，从而在激烈竞争的商战中“大道至简”地获取竞争优势。其次，OPPO、vivo的目标客户群定位不杂乱，清晰而聚焦，主要针对80后、90后年轻打工族、年轻学生，尤其是针对年轻女性，这一细分市场看似小众、碎片、“低端”，但在三四线及以下市场则集聚巨大市场潜力，是智能手机需求的高增长点。这一群体普遍喜欢追星、看综艺、爱攀比、喜八卦，从众心理强，有独特的情感和简单时尚的产品诉求。

2．深刻理解消费者需求，将产品做到简单极致

OPPO和vivo的产品设计不是技术创造需求导向，而是用户需求导向，产品设计完全基于对用户需求的深刻理解，而不是基于拥有何种技术设计每一款产品，使每一款产品都有鲜明的卖点。

例如，OPPO R9的广告语为“充电5分钟，通话2小时”，抓住用户快速充电的需求痛点，很简单、很“抓心”，就是快速充电。

OPPO在国内最早推出了自拍美颜概念的手机，满足了年轻女性的最大价值诉求：不是将我拍得有多清楚，而是将我拍得有多漂亮。美颜过后，人人都有明星范儿，年轻女性消费者爱美之心得到极大满足。

再如，OPPO大部分产品的外观设计均酷似iPhone，抓住这一消费群体追求外观时尚但又掏不起钱买苹果手机等高端产品的需求，极大地满足了消费者的虚荣心。手里拿的是不是苹果手机不重要，重要的是像苹果手机，代表时尚和潮流。

OPPO 和 vivo 的产品线单一，将每一款产品都做成爆款，都做到足够规模，实现单一产品的规模成本优势，从而提升了盈利能力与盈利水平。

3．蓝绿海洋漫灌洗脑，打造强大的终端网络竞争力

OPPO 和 vivo 将中国式深度分销做到了极致，实现了终端网络体系全覆盖。在小米等企业大谈互联网模式、去渠道中间环节的时候，OPPO 和 vivo 正利用他们庞大的代理商模式，通过门店、服务中心、体验中心渗透一线到四线城市甚至是五六线城镇。

两家公司的线下店如孪生兄弟般成双成对地出现在中国的大街小巷、乡村小镇，只要看到 OPPO 门店，不出 50 步必有 vivo，可以说 OPPO、vivo 的市场已经覆盖到了 4～6 级市场。

一般 3 级市场是主流手机品牌市场人员覆盖的一个边际点，到了 4 级就无法覆盖了。4 级主要是城镇，拥有 3.5 亿人口，恰恰是消费品的决定性市场，同时，城镇向下对农村消费具有极强的吸附、引领和引爆作用。

4 级市场相当于整个消费市场巨人的“腰”，对上支撑，对下引爆。OPPO 和 vivo 以占领四线市场为核心，实现了从 1 到 6 级的终端渠道全覆盖。

对于一般消费者，目之所及皆是蓝色（vivo）和绿色（OPPO）的海洋。置身其中，让你感觉 OPPO 和 vivo 就是智能手机唯一代表，买智能手机就是要买 OPPO 和 vivo。同时，OPPO 和 vivo 通过利益共享机制，将线下曾经被边缘化的大小商户以及线上被边缘化的传统纸媒等渠道打通建立了“统一战线”，发动终端“人民战争”。

这种全覆盖漫灌洗脑的人民战争模式，使有点盲目从众的这一目标消费群体没有别的选择，OPPO 和 vivo 就是把深度分销做到了极致。

4．标准化的终端促销、服务与体验，将用户现场体验做到极致

OPPO 对卖场一线人员的培训非常到位，消费者从进店到观察、体验，再到咨询对比产品、议价、成交，所有的都是流程化、标准化管理。

OPPO 依据“FABE”法则，每个销售现场的人员都能够将 OPPO 产品讲透，并且能用数据来说话。

F——特征（features）：产品的特质、特性等最基本功能，以及它是如何用来满足我们的各种需要的。说服顾客为了自己的需要，应该购买这种产品。

A——优势（advantages）：就算我想买个智能手机，我为啥一定要买你的？对应的是竞品分析。目的：我的产品比别人的好，买我的。

B——利益（benefits）：你买我的产品，你能得到什么利益和好处。这是核心、差异化卖点的体现。目的：从顾客角度出发说服顾客买我的产品。

E——证据（evidence）：所有作为“证据”的材料都应该具有足够的客观性、权威性、可靠性和可见证性。目的：你可以放心购买我的产品。

根据消费者需求，至少要给消费者 3 个独特体验。OPPO 总结了“1335+1”的销售模式：1 句最吸引顾客的话，3 个独特功能，3 种体验方法，5 个技术参数，从而达成一个催单成交。所有这些全部都是标准化的，这就使得销售人员带给消费者的门店体验达到极致，使得消费者只能选择它的产品。

5．利益共享机制形成良性渠道组织生态，实现渠道有效管控和成本领先优势

全覆盖终端网络所面临的难题是：投资大、庞大的人员成本和价格难以控制。OPPO、vivo 独特的终端商业模式避开了这些陷阱。

首先，OPPO 的终端合作伙伴主要来自步步高过去的经销商和员工，文化认同感强，通过交叉持股方式形成利益共同体和自主经营体。OPPO、vivo 依托步步高渠道，由下而上搭建渠道体系，从县镇家电市场设专柜、专卖店开始，渐渐做成省级代理。

OPPO、vivo 的省级代理公司多数由前员工与这两家公司各出资 50%组建，同时许多代理商持有 OPPO、vivo 的部分股份。一级代理自主经营，直接对接终端零售商。

如果市场前景广阔，一级代理则进一步衍生出二级代理，一级代理、二级代理与更下一级的地市级的经销商（俗称地包商）有些又成立合资公司，互相交叉持股。

这种层层交叉持股方式形成的利益共享机制，使渠道与厂商同舟共济。而对厂商来说，OPPO、vivo 并没有承担大量的投资风险和人员费用风险，输出的是产品与服务。

可以清晰看到，OPPO 和 vivo 是用轻资产驾驶了一个庞大重资产和重人员的终端网络体系，实现了集约化管理与分布式自主经营相结合。渠道商与零售商只要跟定 OPPO，一心一意卖 OPPO 产品就能挣钱，这块“地盘”又归你，渠道商和零售商就愿意对终端做长期投入，自觉不打价格战、不窜货。

同时，渠道商是自主经营体，自我管理能力和责任心强。线下渠道涉及物流、效率、分销、店面维护、人员管理等，十分复杂。成千上万个渠道参与者如果没有自主经营管理能力，靠厂商直接管理，其管理的复杂度和管控成本是不可想象的。

某种意义上，OPPO 和 vivo 是一种轻资产、低人员管理成本、高管理平台、高利益共享的终端创新商业模式。

6．高空权威媒体广告轰炸+地面人海口碑传播，构筑产品品牌优势

瞄准年轻消费群体，针对四线及以下市场，OPPO 和 vivo 一方面通过传统电视媒体进行高空广告轰炸，瞄准湖南卫视等综艺娱乐节目，在热门电视剧中做贴片广告，聘请在年轻人中有影响力的代言人，或签约境外偶像。另一方面利用庞大的“地面部队”形式去承接营造出来的影响力。这种高空加地面的立体营销打法，对于年轻打工族、学生群体及四线以下市场一般消费者非常有效。

很多年轻人到零售店会指名要哪一款手机，并能讲出手机型号、功能特点。这就是针对目标客户群将产品品牌做到了极致。

7．敏捷的物流配送服务系统

OPPO 终端的配送、售后服务的跟进做得很好。每一个地级代理商都有一个仓库，这种仓库的配置一直延续到了 4～5 级市场。

OPPO 和 vivo 的物流配送优势解决了一个很大的问题：OPPO、vivo 对于很多重点客户都采取铺货的模式，货先发给你，卖完再给厂商钱。这种模式本身的弊端在于，由于不是自己的产品，且不用预付，所以销售商的主动性肯定不强。

但是 OPPO、vivo 的销售人员是“自己的人”，而且仓库就在旁边，并不需要一次给那么多货，所以革除了原有的弊端并且反应十分敏捷。OPPO、vivo 只给一个星期的货，卖完随时能够供上，这就释放了铺货和代销带来的资金压力。

8．简单极致的高绩效文化竞争力

某种意义上看，OPPO、vivo 的成功是本分和简单极致的高绩效文化的成功。

OPPO 的文价值观也很简单，共有四条：一是本分，二是用户导向，三是追求极致，四是结果导向。其实企业的价值观不在于有多时尚，关键在于能把它做到位。

所谓本分，首先就是不要关注外在的压力和诱惑，保持平常心态；回归事物的本质，把握住应该去的方向。其次，本分是要求自己而不是要求别人，出现问题的时候要先求责于己。最后，本分体现了与人合作的态度，就是一起赚钱，一定要让合作伙伴赚钱，不占他人便宜。本分高于诚信，即使没有承诺，本身该做的事就要去做。

从 OPPO 的文化来看，既朴实又接近互联网。互联网就要求产品做到极致，以用户为导向、以结果为导向。

【分析思考】

OV 阵营对消费者需求的深刻理解力、用户导向的极致产品设计力，以及终端网络的覆盖力、影响力与有效管控力，在一定程度上使其超越了其他手机品牌。OV 赢在构建了一个真正用户导向的、简单极致的终端网络系统。

【交流探讨】

【探讨 10-1】探讨校园便利店的营销策略

在学校附近开设了一家便利店，消费群体主要以学生为主，具有购物次数多、数额小的显著大众性消费特点。目前，便利店以食品、文具、生活用品为主导型商品。

便利店拟采取以下营销策略：

1．开业期间开展促销活动

开业期间，到校园便利店购买任何货品满 30 元，凭购物小票即有机会赢取一百元校园便利店消费券。连续 6 个星期，每星期送出 1 张消费券。同时有大量精美礼品，100%中奖。

开业期间，前 50 名顾客排队领取价值 10 元的抵价券。去校园便利店买任何正价货品满 30 元，凭抵价券即可抵去相应价格。但抵价券不可重复使用。

2．优惠活动

（1）当天消费正价商品满 20 元，凭购物小票可免费赠送精美小礼品。

（2）可领取校园便利店积分卡，将每次消费（满 10 元）的金额计入积分卡里（1 元积 1 分），当月积分满 150 分即可抽奖（100%中奖）。最高奖项为校园便利店 50 元消费券 1 张。

（3）实行早餐 VIP 制，在校园便利店预定早餐的顾客可享受早餐送货上门服务，预定 1 周 5 天早餐的顾客还可享受 9 折优惠。

（4）每天 1 款特价商品，保证低于当地任何超市的价格，特价商品限量贩卖。

3．定价策略

便利店商品定价一般比超级市场高 20%左右，且通常不采用降价促销手段，毛利率较高。但是因为校园便利店的目标群体都是经济情况不宽裕的学生，校园便利店应在保证不亏损的前提下尽量调低价格。

拟采取以下定价方式：

（1）逆向定价。考虑大学生的承受力，先通过调查得出学生愿意并能承受的价格，再考虑成本费用，以获取一定的利润。

（2）对比定价。首先，校园便利店参考商圈附近 3～5 家同业商店的定价，拟定明确、系统的价格策略。校园便利店若经营与超市相同的产品时，价格不可太高，否则会留下价格很高的恶劣印象；经营超市没有的商品或自有产品时，才可拉高价格，用这部分商品利润弥补盈亏。

（3）差别定价。销量大、受欢迎的产品定价不宜过高，有特色的自有产品才是校园便利店利润最高的部分，无利的便民服务尽量做到顾客满意，定价应尽量压低，以树立形象为目标。

付款方式应支持传统的扫码支付、现金、银行卡刷卡消费。此外，一些学校有专用的校园卡，用于饭堂餐费、热水费等，条件允许的话，可以与校方联系，允许学生刷校园卡付款，真正在校园内实现“一卡通”。

【各抒己见】

（1）校园便利店的这些营销策略是否可行？哪些策略还需要进一步细化与优化？

（2）以小组为单位，经深入探讨后提出更好的营销策略。

【实战训练】

【训练 10-1】制订校园咖啡馆的营销策略

咖啡已成为越来越多人的宠儿。创业从开一家咖啡馆开始，也是不少人的选择。

人们越来越爱喝咖啡。随之而来的“咖啡文化”充满生活的每个时刻。无论在家里，还是在办公室或各种社交场合，人们都在品着咖啡。咖啡逐渐与时尚、现代生活联系在一起。遍布各地的咖啡屋成为人们交谈、听音乐、休息的好地方，咖啡丰富着我们的生活，也拉近了人与人之间的距离，咖啡逐渐发展为一种文化。随着咖啡这一有着悠久历史的饮品的广为人知，咖啡正在被越来越多的中国人所接受。

咖啡馆由明德学院在校学生自主创办，店址位于学校正门右边街道一个显眼的位置，这里虽然装修简单，但特别有家的味道，甚至比家还温馨。南面墙全部是书架，上面横七竖八地摆满了各种书籍。吧台坐落在正中央，吧台后面的墙上挂着一个木质的酒架，码放着各式各样咖啡豆。北面除了大门外，余下的部分全部是明亮的玻璃飘窗，窗台很低，上面放满了各种杂志，靠窗的地方摆放着方桌，每桌可以坐 4～6 人。但是，这里的空气、光线、声音更让人迷恋、难舍，感觉就像在家里一样轻松自由。

以小组为单位，为校园咖啡馆制定可行的营销策略，并撰写简洁的《校园咖啡馆营销策略书》。

10.3 企业销售收入预测

【学习领会】

10.3.1 销售收入的含义

销售收入也叫营业收入或者经营收入，是指企业发生在商品产品、自制半成品或提供劳务，使商品所有权转到顾客，收到货款、劳务价款或取得索取价款凭证而认定的收入，即企业产品销售和其他销售所取得的收入。前者的销售收入包括产成品、代制品、代修品、自制半成品和工业性劳务销售收入等；后者的销售收入包括除产品销售收入以外的其他销售和其他业务收入，如材料销售收入、包装物出租收入以及运输等非工业性劳务收入。企业专项工程、福利事业单位使用本企业的商品产品，视同对外销售。

10.3.2 销售预测的影响因素

尽管销售预测十分重要，但进行高质量的销售预测却并非易事。在进行预测和选择最合适的预测方法之前，了解对销售预测产生影响的各种因素是非常重要的。

一般来讲，销售预测的影响因素主要有以下两大类。

1. 外界因素

（1）需求动向。需求是外界因素之中最重要的一项，例如，流行趋势、爱好变化、生活形态变化、人口流动等，均可成为产品（或服务）需求的质与量方面的影响因素，因此，必须加以分析与预测。企业应尽量收集有关对象的市场资料、市场调查机构资料、购买动机调查等统计资料，以掌握市场的需求动向。

（2）经济变动。销售收入深受经济变动的影响，经济因素是影响商品销售的重要因素。为了提高销售预测的准确性，应特别关注商品市场中的供应和需求情况。尤其近几年来科技、信息快速发展，更带来无法预测的影响因素，导致企业销售收入波动。因此，为了正确预测，需特别注意资源问题的未来发展、政府及财经界对经济政策的见解以及基础工业、加工业生产、经济增长率等指标变动情况，尤其要关注突发事件对经济的影响。

（3）同业竞争动向。销售额的高低深受同业竞争者的影响。古人云“知己知彼，百战不殆”，为了生存，必须掌握对手在市场的所有活动。例如，竞争对手的目标市场在哪里，产品价格高低，促销与服务措施等。

（4）政府、消费者团体的动向。考虑政府的各种经济政策、方案措施以及消费者团体所提出的各种要求等。

2. 内部因素

（1）营销策略。市场定位、产品政策、价格政策、渠道政策、广告及促销政策等变更对销售额所产生的影响。

（2）销售政策。考虑变更管理内容、交易条件或付款条件、销售方法等对销售额所产生的影响。

（3）销售人员。销售活动是一种以人为核心的活动，所以人为因素对于销售额的实现具有相当深远的影响力，这是我们不能忽略的。

（4）生产状况。货源是否充足，能否保证销售需要等。

10.3.3 销售预测的定性分析方法

定性预测法是在预测人员具备丰富的实践经验和广泛的专业知识的基础上，根据其对事物的分析和主观判断能力，对预测对象的性质和发展趋势做出推断的预测方法，如市场调研法和判断分析法。这类方法主要是在企业所掌握的数据资料不完备、不准确的情况下使用，以通过对经济形势、国内外科学技术发展水平、市场动态、产品特点和竞争对手情况等资料的分析研究，对本企业产品的未来销售情况做出判断。

销售预测的定性分析方法主要有以下几种类型。

1. 市场调研法

市场调研法就是通过对某种产品在市场上的供需情况变动的详细调查，了解各因素对该产品市场销售的影响状况，并据以推测该种产品市场销售量的一种分析方法。

在这类方法下，其预测的基础是市场调查所取得的各种资料，然后根据产品销售的具体特点和调查所得资料情况，采用具体的预测方法进行预测。

2. 判断分析法

判断分析法主要是根据熟悉市场未来变化的专家的丰富实践经验和综合判断能力，在对预测期销售情况进行综合分析研究以后所做出的产品销售趋势的判断。参与判断预测的专家既可以是企业内部人员，如销售部门经理和销售人员，也可以是企业外部的人员，如有关推销商和经济分析专家等。

判断分析法的具体方式一般可分为下列几种。

（1）意见汇集法。意见汇集法也称主观判断法，它是由本企业熟悉销售业务，对于市场的未来发展变化的趋势比较敏感的领导人、主管人员和业务人员，根据其多年的实践经验，集思广益，分析各种不同意见并对之进行综合分析评价后所进行的判断预测。这一方法的产生依据是，企业内部的各有关人员由于工作岗位和业务范围及分工有所不同，尽管他们对各自的业务都比较熟悉，对市场状况及企业在竞争中的地位也比较清楚，但其对问题理解的广度和深度却往往受到一定的限制。在这种情况下就需要各有关人员既能对总的社会经济发展趋势和企业的发展战略有充分的认识，又能全面了解企业当前的销售情况，进行信息交流和互补，在此基础上经过意见汇集和分析，就能做出比较全面客观的销售判断。

①高级经理意见法。高级经理意见法是依据销售经理或其他高级经理的经验与直觉，通过一个人或所有参与者的平均意见求出销售预测值的方法。

②销售人员意见法。销售人员意见法是利用销售人员对未来销售进行预测。有时是由每个销售人员单独做出这些预测，有时则与销售经理共同讨论后做出这些预测。预测结果以地区或行政区划汇总，一级一级汇总，最后得出企业的销售预测结果。

③购买者期望法。许多企业经常关注新顾客、老顾客和潜在顾客未来的购买意向情况，如果存在少数重要的顾客占据企业大部分销售量这种情况，那么购买者期望法是很实用的。

这种预测方法是通过征询顾客或客户的潜在需求或未来购买商品计划的情况，了解顾客购买商品的活动、变化及特征等，然后在收集消费者意见的基础上分析市场变化，预测未来市场需求。

（2）德尔菲法。德尔菲法又称专家调查法，它是一种客观判断法，由兰德公司在 20 世纪 40 年代首先倡导使用。它主要是采用通信的方式，通过向见识广、学有专长的各有关专家发出预测问题调查表的方式来搜集和征询专家的意见，并经过多次反复，综合、整理、归纳各专家的意见以后，做出预测判断。

（3）专家小组法。专家小组法也属于一种客观判断法，它是由企业组织各有关方面的专家组成预测小组，通过召开各种形式座谈会的方式，进行充分广泛的调查研究和讨论，然后运用专家小组的集体科研成果做出最后的预测判断。

（4）模拟顾客综合判断法。先请各位专家模拟各种类型的顾客，通过比较本企业和竞争对手的产品质量、售后服务及销售条件等做出购买决策，然后把这些“顾客”准备购买本企业产品的数量加以汇总，形成一个销售预测值。

10.3.4 销售预测的定量分析方法

定量预测方法主要是根据有关的历史资料，运用现代数学方法对历史资料进行分析加工处理，并通过建立预测模型来对产品的市场变动趋势进行研究并做出推测的预测方法，如趋势预测分析法和因果预测分析法。这类方法是在拥有尽可能多的数据资料的前提下运用，以便能通过对数据类型的分析，确定具体适用的预测方法对产品的市场需求做出量的估计。

1. 趋势预测分析法

趋势预测分析法应用事物发展的延续性原理来预测事物发展的趋势。首先把本企业的历年销售资料按时间的顺序排列下来，然后运用数理统计的方法来预计、推测计划期间的销售数量或销售金额，故亦称“时间序列预测分析法”。这类方法的优点是收集信息方便、迅速，缺点是对市场供需情况的变动因素未加考虑。

（1）算术平均法。算术平均法是以过去若干期的销售量或销售额的算术平均数作为计划期的销售预测数，适用于销售量或销售额波动不大的产品的销售预测。其计算公式如下：

$$Y=\frac{\sum X_i}{n}$$

式中，Y 为预测值；X_i 为第 i 期的实际销售量；n 为期数。

（2）移动平均法。移动平均法是用一组最近的实际数据值来预测未来一期或几期内公司产品的需求量、公司产能等的一种常用方法。移动平均法适用于即期预测。当产品需求既不快速增长也不快速下降，且不存在季节性因素时，移动平均法能有效地消除预测中的随机波动，是非常有用的。移动平均法根据预测时使用的各元素的权重不同，可以分为简单移动平均和加权移动平均。

移动平均法是一种简单平滑预测技术，它的基本思想是：根据时间序列资料，逐项推移，依次计算包含一定项数的序时平均值，以反映长期趋势。因此，当时间序列的数值由于受周期变动和随机波动的影响而起伏较大，不易显示出事件的发展趋势时，使用移动平均法可以消除这些因素的影响，显示出事件的发展方向与趋势（即趋势线），然后依趋势线分析预测序列的长期趋势。

（3）移动加权平均法。移动加权平均法是先根据过去若干期的销售量或销售额，按其距离预测期的远近分别进行加权（近期所加权数大些，远期所加权数小些），然后计算其加权平均数，并以此作为计划期的销售预测值。所谓“移动”是指对计算平均数的时期不断向后推移。例如，预测 7 月份的销售量以 4～6 月份的历史资料为依据；若预测 8 月份的销售量，则以 5～7 月份的资料为准。一般情况下，预测数受近期实际销售的影响程度较大，因此，越接近预测期的实际销售情况所加权数应越大些。其计算公式如下：

$$Y=\sum_{i=1}^{n}W_iX_i$$

式中，Y 为预测值；W_i 为第 i 期的加权数；X_i 为第 i 期的实际销售量；n 为期数。

（4）指数平滑法。指数平滑法就是遵循“重近轻远”的原则，对全部历史数据采用逐步衰减的不等加权办法进行数据处理的一种预测方法。指数平滑法通过对历史时间序列进行逐层平滑计算，从而消除随机因素的影响，识别经济现象基本变化趋势，并以此预测未来。它是短期预测中最有效的方法。使用指数平滑系数来进行预测，对近期的数据观察值赋予较大的权重，而对以前各个时期的数据观察值则赋予递减的权重。指数平滑法在同类预测法中被认为是最精确的，因为最近的观察值已经包含了最多的未来情况的信息。其计算公式如下：

$$Y_n=\alpha X_{n-1}+(1-\alpha)Y_{n-1}$$

式中，Y_n 为未来第 n 期的预测值；Y_{n-1} 为第 $n-1$ 期的预测值；X_{n-1} 为第 $n-1$ 期的实际销售量；α 为平滑指数；n 为期数。

一般地，平滑指数 α 的取值通常为 0.3～0.7。采用较大的平滑指数，预测值可以反映样本值新近的变化趋势；采用较小的平滑指数，则反映了样本值变动的长期趋势。

【提示】 在销售量波动较大或进行短期预测时，可选择较大的平滑指数；在销售量波动较小或进行长期预测时，可选择较小的平滑指数。

2. 因果预测分析法

因果预测分析法是利用事物发展的因果关系来推测事物发展趋势的方法。它一般根据过去掌握的历史资料，找出预测对象的变量与其相关变量之间的依存关系，来建立相应的因果预测的数学模型，然后通过对数学模型的求解来确定预测对象在计划期的销售量或销售额。

因果预测所采用的具体方法较多，最常用而且最简单的是回归分析法。回归分析主要是研究事物变化中的两个或两个以上因素之间的因果关系，并找出其变化的规律，应用回归数学模型，预测事物未来的发展趋势。由于在现实的市场条件下，企业产品的销售量往往与某些变量因素（如国民生产总值、个人可支配收入、人口、相关工业的销售量、需要的价格弹性或收入弹性等）之间存在着一定的函数关系，因此可以利用这种关系，选择最恰当的相关因素建立起预测销售量或销售额的数学模型，这往往会比采用趋势预测分析法获得更为理想的预测结果。例如，轮胎与汽车，面料、辅料与服装，水泥与建筑之间存在着依存关系，而且都是前者的销售量取决于后者的销售量。所以，可以利用后者现成的销售预测的信息，采用回归分析的方法来推测前者的预计销售量（额）。这种方法的优点是简便易行，成本低廉。回归分析法主要包括一元线性回归法（预测对象的相关因素只有一个）与多元回归法（预测对象的相关因素有两个或两个以上）。

（1）一元线性回归法。一元线性回归法是用途较为广泛的一种预测方法。一元线性回归法即最小二乘法，是用来处理两个变量之间具有的线性关系的一种方法。

（2）多元回归法。企业的经营活动往往受多方面因素的影响，即一个因变量和几个自变量存在依存关系。例如，有的企业的产品是供应若干个其他企业生产用的零部件，因此生产零部件的企业的产品销售量受其他企业生产量的影响。在因变量同时受两个或两个以上的自变量的影响的情况下，就要用多元回归法进行预测。

10.3.5 使用移动平均法预测销售情况

1．使用简单移动平均法预测销售情况

简单移动平均法是从 n 期的时间序列销售量中选取 m 期（m 数值固定，且 $m<\frac{1}{2}n$）数据作为样本值，求其 m 期的算术平均数，并不断向后移动计算观测期平均值，以最后一个 m 期的平均数作为未来第 n+1 期销售预测值的一种方法。

其计算公式如下：

$$Y_n=\frac{X_{n-1}+X_{n-2}+\ldots+X_{n-m}}{m}$$

式中，Y_n 为未来第 n 期的预测值；X_{n-1} 为第 n-1 期的实际销售量；X_{n-2} 为第 n-2 期的实际销售量；X_{n-m} 为第 $n-m$ 期的实际销售量；m 为移动平均的时期个数。

由于移动平均法只选用了 n 期数据中的最后 m 期作为计算依据，故而代表性较差。此法适用于销售量略有波动的产品预测。

2．使用二次移动平均法预测销售情况

二次移动平均法是对一次移动平均数再进行第二次移动平均，再以一次移动平均值和二次移动平均值为基础建立预测模型，计算预测值的方法。

由于运用一次移动平均法求得的移动平均值存在滞后偏差，特别是在时间序列数据呈现线性趋势时，移动平均值总是落后于观察值数据的变化。二次移动平均法正是要纠正这一滞后偏差，建立预测目标的线性时间关系数学模型，求得预测值。二次移动平均预测法解决了预测值滞后于实际观察值的矛盾，适用于有明显趋势变动的市场现象时间序列的预测，同时它还保留了一次移动平均法的优点。二次移动平均法适用于时间序列呈现线性趋势变化的预测。

二次移动平均法预测销售情况的步骤如下：

（1）首先根据历史销售数据 X_n 计算一次移动平均值 Y_n：

$$Y_n=\frac{X_n+X_{n-1}+X_{n-2}+\cdots+X_{n-m+1}}{m}$$

（2）在一次移动平均值基础上计算二次移动平均值 M_n：

$$M_n=\frac{Y_n+Y_{n-1}+Y_{n-2}+\cdots+Y_{n-m+1}}{m}$$

（3）分别计算预测模式的系数 A_n、B_n：

$$A_n=2Y_n-M_n$$

$$B_n=\frac{2\times(Y_n-M_n)}{m-1}$$

（4）计算销售预测值：

$$Y_{n+t}=A_n+tB_n$$

【说明】

X_n：第 n 期实际销售数，一般为某一时段的平均值。

Y_n：第 n 期的移动平均值。

m：进行移动平均所包含的时段数。

M_n：Y_n 基础上二次移动平均值。

A_n、B_n：销售预测线性方程的系数。

t：待预测的月份。

Y_{n+t}：销售预测值。

10.3.6 产品销售价格的定价方法

因为价格的高低受成本费用、市场需求和竞争状况三方面因素的影响和制约，所以定价方法可以归纳为成本导向定价法、需求导向定价法、竞争导向定价法和产品差别定价法等。

1．成本导向定价法

成本导向定价法是以产品单位成本为基本依据，再加上预期利润来确定价格的定价方法，是中外企业最常用、最基本的定价方法。成本导向定价法又衍生出了成本加成定价法、目标利润定价法、边际成本定价法、盈亏平衡定价法等几种具体的定价方法。

（1）成本加成定价法。在这种定价方法下，把所有为生产某种产品或提供某种服务而发生的耗费均计入成本的范围，计算单位产品的变动成本，合理分摊相应的固定成本，再按一定的目标利润率来决定价格。

成本加成定价法计算公式如下：

$$商品售价=完全成本\times(1+加成率)$$

（2）目标利润定价法。根据损益平衡点的总成本及预期利润和估计的销售数量来制定产品价格的方法。

（3）边际成本定价法（边际贡献定价法）。边际成本是指每增加或减少单位产品所引起的总成本变化量。由于边际成本与变动成本比较接近，而变动成本的计算更容易一些，所以在定价实务中多用变动成本替代边际成本，而将边际成本定价法称为变动成本定价法。

边际成本定价法计算公式如下：

$$边际贡献=价格-单位变动成本$$

$$单位产品定价=\frac{总变动本成+边际贡献}{销售量}$$

（4）盈亏平衡定价法。在销量既定的条件下，企业产品的价格必须达到一定的水平才能做到盈亏平衡、收支相抵。既定的销量就称为盈亏平衡点，这种制定价格的方法就称为盈亏平衡定价法。科学地预测销量和计算已知固定成本、变动成本是盈亏平衡定价的前提。

2．需求导向定价法

需求导向定价法是指企业在定价时不再以成本为基础，而是以消费者对产品价值的认知和需求强度为依据。现代市场营销观念要求企业的一切生产经营必须以消费者需求为中心，并在产品、价格、分销和促销等方面予以充分体现。根据市场需求状况和消费者对产品的感觉差异来确定价格的方法称为需求导向定价法，又称“市场导向定价法”“顾客导向定价法”。需求导向定价法主要包括认知价值定价法、需求差异定价法和逆向定价法。

（1）认知价值定价法。所谓认知价值，是指消费者对某种商品价值的主观评判。认知价值定价法是指企业以消费者对商品价值的理解度为定价依据，运用各种营销策略和手段，影响消费者对商品价值的认知，形成对企业有利的价值观念，再根据商品在消费者心目中的价值来制定价格。

企业应当搞好产品的市场定位，突出产品的特性，综合运用各种营销手段提高产品的知名度，使买方感到购买这些产品能够获取更多的相对利益，从而提高他们接受价格的限度。认知价值定价法的关键在于准确估计买方对产品的认知价值。

（2）需求差异定价法。所谓需求差异定价法，是指产品价格的确定以需求为依据，首先强调适应消费者需求的不同特性，而将成本补偿放在次要的地位。这种定价方法，对同一商品在同一市场上制定两个或两个以上的价格，或使不同商品价格之间的差额大于其成本之间的差额。其好处是可以使企业定价最大限度地符合市场需求，促进商品销售，有利于企业获取最佳的经济效益。

（3）逆向定价法。逆向定价法主要不是考虑产品成本，而重点考虑需求状况。依据消费者能够接受的最终销售价格，逆向推算出中间商的批发价和生产企业的出厂价格。逆向定价法的特点是：价格能反映市场需求情况，有利于加强与中间商的良好关系，保证中间商的正常利润，使产品迅速向市场渗透，并可根据市场供求情况及时调整，定价比较灵活。

3．竞争导向定价法

所谓竞争导向定价法，就是企业通过研究竞争对手的商品价格、生产条件、服务状况、价格水平等因素，依据自身的竞争实力，参考成本和供求状况来确定商品价格，是以市场上竞争者的同类产品的价格作为本企业产品定价的参照系的一种定价方法。

（1）随行就市定价法。按行业现行平均价格水平来定价，这是同质产品市场的惯用定价方法。在异质产品市场上，企业有较大的自由来确定其价格，产品的差异化使买方对价格的差异不甚敏感。但企业也要相对于竞争者确定自己的适当位置，搞好自己产品的价格。

在定价时，除了考虑成本，还要了解一下当地同类商品或服务的价格，保证你的定价具有竞争力。如果你定的价格比竞争者的高，就要保证你能更好地满足顾客的需要。

（2）投标定价法。

投标定价法是卖方在买方的招标期限内，根据对竞争对手报价的估计来相应制定竞争报价的一种定价方法。

国内外许多大宗商品、原材料、成套设备和建筑工程项目的买卖和承包，以及出售小型企业等，往往采用发包人招标、承包人投标的方式来选择承包者，确定最终承包价格。一般来说，招标方只有一个，处于相对垄断地位，而投标方有多个，处于相互竞争地位。标的物的价格由参与投标的各个企业在相互独立的条件下来确定。在买方招标的所有投标者中，报价最低的投标者通常中标，它的报价就是承包价格。这样一种竞争性的定价方法也称密封投标定价法。

4．产品差别定价法

从根本上来说，随行就市定价法是一种防御性的定价方法，它在避免价格竞争的同时，也抛弃了价格这一竞争的“利器”。产品差别定价法则反其道而行之，它是指企业通过不同的营销努力，使同种同质的产品在消费者心目中树立起不同的产品形象，进而根据自身特点，选取低于或高于竞争者的价格作为本企业产品价格。因此，产品差别定价法是一种进攻性的定价方法。

所谓差别定价，是指企业以两种或两种以上不同的反映成本费用比例差异的价格来销售一种产品或服务，即价格的不同并不是基于成本的不同，而是企业为满足不同消费层次的要求而构建的价格结构。

差别定价法有以下几种形式。

（1）顾客细分定价。企业把同一种商品或服务按照不同的价格卖给不同的顾客。例如，公园、旅游景点、博物馆将顾客分为学生、年长者和一般顾客，对学生和年长者收取较低的费用；铁路公司对学生、军人售票的价格往往低于一般乘客；自来水公司根据需要把用水分为生活用水、生产用水，并收取不同的费用；电力公司将电分为居民用电、商业用电、工业用电，对不同的用电收取不同的电费。

（2）产品形式差别定价。企业按产品的不同型号、不同式样，制定不同的价格，但不同型号或式样的产品其价格之间的差额和成本之间的差额是不成比例的。例如，33 寸彩电比 29 寸彩电的价格高出一大截，可其成本差额远没有这么大；一件裙子 70 元，成本 50 元，可是在裙子上绣一组花纹，追加成本 5 元，但价格却可定到 100 元。

（3）形象差别定价。有些企业根据形象差别对同一产品制定不同的价格。这时，企业可以对同一产品采取不同的包装或商标，塑造不同的形象，以此来消除或缩小消费者认识到不同细分市场上的商品实质上是同一商品的信息来源。例如，香水商可将香水加入一只普通瓶中，赋予某一品牌和形象，售价为 20 元；而同时用更华丽的瓶子装同样的香水，赋予不同的名称、品牌和形象，定价为 200 元。或者用不同的销售渠道、销售环境来实施这种差别定价。例如，某商品在廉价商店低价销售；但同样的商品在豪华精品店可高价销售，辅以针对个人的服务和良好的售货环境。

（4）地点差别定价。企业对处于不同位置或不同地点的产品和服务制定不同的价格，即使每个地点的产品或服务的成本是相同的。例如，影剧院不同座位的成本费用都一样，却按不同的座位收取不同价格，因为公众对不同座位的偏好不同；火车卧铺从上铺到中铺、下铺，价格逐渐增高。

（5）时间差别定价。价格随着季节、日期甚至钟点的变化而变化。一些公用事业公司，对于用户按一天的不同时间、周末和平常日子的不同标准来收费。长途电信公司制定的晚上、清晨的电话费用可能只有白天的一半；航空公司或旅游公司在淡季的价格便宜，而旺季一到价格立即上涨。这样可以促使消费需求均匀化，避免企业资源的闲置或超负荷运转。

企业定价方法很多，企业应根据不同经营战略和价格策略、不同市场环境和经济发展状况等，选择不同的定价方法。

从本质上说，成本导向定价法是一种卖方定价导向，它忽视了市场需求、竞争和价格水平的变化，有时候与定价目标相脱节。此外，运用这一方法制定的价格均是建立在对销量主观预测的基础上的，从而降低了价格制定的科学性。因此，在采用成本导向定价法时，还需要充分考虑需求和竞争状况，来确定最终的市场价格水平。

竞争导向定价法是以竞争者的价格为导向的。它的特点是：价格与商品成本和需求不发生直接关系；商品成本或市场需求变化了，但竞争者的价格未变，就应维持原价；反之，虽然成本或需求都没有变动，但竞争者的价格变动了，则相应地调整其商品价格。当然，为实现企业的定价目标和总体经营战略目标，谋求企业的生存和发展，企业可以在其他营销手段的配合下，将价格定得高于或低于竞争者的价格，并不一定要求和竞争对手的产品价格完全保持一致。

需求导向定价法是以市场需求为导向的定价方法，价格随市场需求的变化而变化，不与成本因素发生直接关系，符合现代市场营销观念要求，企业的一切生产经营以消费者需求为中心。

10.3.7 创业企业如何制定新产品价格

创业企业新产品上市或新服务项目推出，很重要的一环是如何给产品或服务定价。产品或服务的定价是否正确，直接关系到产品的销量、企业能不能获利、目标消费者能不能接受等问题。这是一个让很多经理人头疼的决策。

影响价格最终形成的因素有很多，除产品成本、竞品分析、目标消费者分析以及需求确定等之外，还要考虑营销战略、企业目标、政策影响和品牌溢价能力等因素。创业企业一般按以下基本步骤和基本方法制定新产品价格。

1．选择定价目标

定价目标必须服从公司营销战略，不同时期营销战略的定价目标不同。一般来说，与新产品上市相关的定价目标大致有以下几种。

（1）追求利润最大化。新产品是否处于绝对的优势，上市后在激烈的竞争中能否处于有利地位，如果能满足上述条件，那么就可以将追求利润最大化作为定价目标，将价格尽量定得高一些，满足公司快速收回投资的愿望。但追求利润最大化也可能会因品牌溢价能力的限制，导致产品销量增长缓慢。

（2）提高市场占有率。如果推出的新产品主要是为了提高市场占有率，那么就适宜采用极富竞争力的价格，以低价打入市场，逐步控制市场。高市场占有率为提高盈利率提供了可靠保证。但在此之前，公司应结合市场竞争状况，确定有利可图的销售目标。

（3）适应价格竞争。在激烈的市场竞争环境中，若市场领导品牌不断发起价格战，应注意新产品能否避开价格战的旋涡，如不能，则应推行适应价格竞争的定价目标，防止新产品上市之后就一败涂地。

（4）稳定价格。若产品本身并无明显突出的特点，公司也无意挑起“价格战”，则应采用中庸的定价目标，稳定价格。

2. 确定需求

一般来说，价格越低，需求越大；价格越高，需求越低。估计消费者需求的方法通常有以下两种。

（1）了解顾客对价格会做出什么反应。顾客通常会通过比较产品的不同价格和可感知的使用价值或利益，来判断花这个钱值不值得。最理想的情况是顾客对产品的感知价值超过其支付的购买费用，但这种情况很少出现。在定价决策过程当中，能收取的最高价格是顾客感知到的价值，最低价格是产品的可变成本。

（2）模拟销售。利用新产品上市前的一段时间，将新产品投放到不同城市、不同渠道进行展销或试销，通过实验调查，快速了解消费者对价格水平的不同反应。

影响需求的还有消费者的价格敏感度和价格弹性等因素，如新产品是不是具有独特价值效应，有无替代品，品牌溢价能力、总开支效应等。当需求变化相当大时，则该需求弹性也大，价格就要适当地降低。

3. 估计成本

需求在很大程度上决定着产品价格，并确定最高价格限度，而成本则是价格的底线。要制定价格，应考虑产品的所有生产、分销和推销成本，还要考虑公司所做努力和承担风险应获得的一个公平的回报。定价时，估计成本是很有必要的。

成本有两种形式，即固定成本和可变成本。估算成本的方法有两种：一种是直接在成本的基础上加上公司的目标利润额，简单实用，但它忽略了市场的实际需求；另一种是目标成本法，即设法了解顾客愿意为此支付什么价格，在确保目标利润的前提下，逆向确定产品生产成本。后一种方法虽然复杂一些，但它充分考虑了市场的需要，有助于新产品的推广。

4. 分析竞争者的成本、价格和历史价格行为

分析竞争者的成本、价格和历史定价行为，有助于准确地制定新产品价格。但需要注意的是，作为参照点，它不一定代表顾客也愿意支付相同的价格。

调查竞品的历史价格行为，对于了解竞争对手的经营目标非常有帮助。显然，如果某品牌并没有过度地频繁降低价格，那么这说明其经营目标看上去是利润导向的。此外，调查竞品的历史价格行为，可以帮助决策者预计性地看到竞争对手下一步可能要采取的价格调整行为或反应。

5. 选择定价方法

定价方法是实现定价目标所采用的具体方法。如前所述，各种定价方法可归纳为成本导向、需求导向和竞争导向三类方法。

此外，新产品定价策略也可分为撇脂定价、渗透定价、竞争定价三种方法。其中，撇脂定价是一种高于类似产品价格的定价，主要适用于没有竞争对手的新产品或消费者无法比较的新产品。渗透定价正好与之相反，它是一种低于同类产品的定价方法，适用于对价格比较敏感的市场，采用这种方法，可以有效阻击竞争对手进入市场，从而帮助新产品迅速地渗透市场，提高市场占有率。

当然，在整个定价决策过程当中，也应充分考虑应用各项定价技巧，如依消费者购买时的心理制定的价格，譬如尾数、整数、声望等。

【案例剖析】

【案例 10-6】预测家家乐网上商城的销售量

家家乐网上商城前 3 季度某款电子产品的销售数据如表 10-1 中第 2 列所示，现拟运用二次移动平均法预测第 4 季度（10～12 月）销售情况。

表 10-1　家家乐网上商城某款电子产品前 3 季度的销售数据及第 4 季度销售情况预测

销售月份 n	月平均销量 X_n	一次移动平均值 Y_n	二次移动平均值 M_n	预 测 数 据
1 月	1532			
2 月	1645			
3 月	1770	1649		
4 月	1790	1735		
5 月	1551	1704	1696	
6 月	1840	1727	1722	
7 月	1880	1757	1729	
8 月	1830	1850	1778	
9 月	1921	1877	1828	
10 月				1975
11 月				2024
12 月				2073

1．计算一次移动平均值

拟设定时段数为 3，一次移动平均值的计算过程如下：

$Y_3=(X_1+X_2+X_3)/3=(1532+1645+1770)/3=1694$。

$Y_4=(X_2+X_3+X_4)/3=(1645+1770+1790)/3=1735$。

$Y_5=(X_3+X_4+X_5)/3=(1770+1790+1551)/3=1704$。（取整，下同）

$Y_6=(X_4+X_5+X_6)/3=(1790+1551+1840)/3=1727$。

依此类推，计算的一次移动平均值如表 10-1 中第 3 列所示。

2．计算二次移动平均值

拟设定时段数为 3，二次移动平均值的计算过程如下：

$M_5=(Y_3+Y_4+Y_5)/3=(1649+1735+1704)/3=1696$。

$M_6=(Y_4+Y_5+Y_6)/3=(1735+1704+1727)/3=1722$。

依此类推，计算的二次移动平均值如表 10-1 中第 4 列所示。

3．确定预测模式的系数

取 n=9，确定预测模式的系数。

$A_9=2Y_9-M_9=2\times1877-1828=1926$。

$B_9=2\times(Y_9-M_9)/(3-1)=2\times(1877-1828)/2=49$。

4．计算销售预测值

t 分别为 1、2、3，预测第 4 季度的销售量。

$Y_{10}=A_9+1\times B_9=1926+1\times49=1975$。

$Y_{11}=A_9+2\times B_9==1926+2\times49=2024$。

$Y_{12}=A_9+3\times B_9==1926+3\times49=2073$。

销售预测值如表 10-1 中第 5 列所示。

10 月销售预测为 1975，11 月销售预测为 2024，12 月销售预测为 2073。

【分析思考】

随着市场经济的发展和经济的全球化，企业面临着越来越残酷的市场竞争。企业要想赢得竞争、赢得客户，就必须在最短的时间内以最低的成本将产品提供给客户，这使得进行正确及时的产品销售预测及由此产生可靠的决策成为现代企业成功的关键要素。

销售计划的中心任务之一就是销售预测，无论企业的规模大小、销售人员的多少，销售预测影响到包括计划、预算和销售额确定在内的销售管理的各方面工作。通过销售预测，可以调动销售人员的积极性，促使产品尽早实现销售，以完成使用价值向价值的转变。销售预测是企业以销定产的需求，可根据销售预测资料安排生产，避免产品积压。

【交流探讨】

【探讨 10-2】预测惠康智能家居公司各月的销售收入

惠康智能家居有限责任公司主要致力于智能衣柜、智能门窗、智能厨具等家具研发、生产和销售。公司以国内家具行业为服务市场，充分利用高校研发力量，推进高新技术成果的产业化。公司成立初期主要生产电子窗帘、智能门窗，针对传统家具企业，解决过去同类产品性价比过低、产品功能单一、性能不稳定和环境效益不佳等问题，满足家居智能化、系列化、专用化和高档化方向发展的需求。

公司上半年（1～6 月）的销售量及销售额如表 10-2 所示。

表 10-2　公司上半年（1～6 月）的销售量及销售额

月　份		1	2	3	4	5	6
智能台灯	销售数量（件）	420	340	756	1166	2080	2238
	平均单价（元）	80	80	80	80	80	80
	月销售额（万元）	3.36	2.72	6.048	9.328	16.64	17.904
智能充电终端	销售数量（件）	140	250	321	230	460	99
	平均单价（元）	2500	2500	2500	2500	2500	2500
	月销售额（万元）	35	62.5	80.25	57.5	11.5	24.75
智能门窗	销售数量（件）	383	218	436	196	549	518
	平均单价（元）	1200	1200	1200	1200	1200	1200
	月销售额（万元）	45.96	26.16	52.32	23.52	65.88	62.16
电子窗帘	销售数量（件）	466	790	326	120	496	602
	平均单价（元）	100	100	100	100	100	100
	月销售额（万元）	4.66	7.9	3.26	1.2	4.96	6.02
智能洗衣机	销售数量（件）	123	214	90	231	70	129
	平均单价（元）	800	800	800	800	800	800
	月销售额（万元）	9.84	17.12	7.2	18.48	5.6	10.32
合计	月销售总额（万元）	98.82	116.4	149.078	110.028	208.08	121.154
	半年销售总额（万元）						803.56

表 10-2 中用公式（销售数量×平均单价=月销售额）计算出月销售额，把每种产品的月销售额加在一起得到月销售总额，最后把 6 个月的销售总额加在一起就得到了半年销售总额。

【各抒己见】

试分别使用判断分析法、算术平均法、简单移动平均法、二次移动平均法预测下半年（7～12月）的销售量和销售额。

【实战训练】

【训练 10-2】预测悠闲居有限责任公司的销售额

悠闲居有限责任公司拟采用的定价方法是：根据类似餐饮、休闲、娱乐服务的市场价格、客户价值、成本和毛利目标来确定价格。

1．收费标准

餐饮、DIY、小饰品人均消费 45 元左右，其他各项服务及收费标准如表 10-3 所示。

表 10-3　其他各项服务及收费标准

心理咨询		周一～周五				周六和周日			
		普通价		会员价		普通价		会员价	
		180 元/小时		160 元/小时		200 元/小时		180/小时	
桌面游戏		周一～周四		周五		周六		周日	
		普通价	会员价	普通价	会员价	普通价	会员价	普通价	会员价
时段	12:00～18:00	8	5	10	8	10	8	10	8
	18:00～23:00	10	8	12	10	15	12	15	12
发泄小屋		周一～周四		周五		周六		周日	
		普通价	会员价	普通价	会员价	普通价	会员价	普通价	会员价
时段	8:00～12:00	35	30	40	35	40	35	40	35
	13:00～23:00	40	35	45	40	50	40	50	40

【说明】

①心理咨询主要针对学生。

②桌面游戏按小时收费，发泄小屋按每 15 分钟为一个单元收费。

2．付款方式

个人可直接到吧台交费；会员持充值会员卡消费，每次只需到吧台刷卡 1 次。

公司各项业务的销售量或营业量的预测如表 10-4 所示，根据表 10-3 各项服务及收费标准，计算各项业务的周销售额或营业额、周总营业额，并将计算结果填入表 10-4 中。

表 10-4　销售额预测表

公 司 业 务	销售量或营业量预测	周销售额或营业额预测
餐饮、DIY、小饰品	周六和周日顾客达 300 人次/日，周一到周五为 150 人次/日	
心理咨询	每周 8 人，每人 1.5 小时，人均 180 元/时	
桌面游戏	周六和周日顾客达 100 人次/日，周一到周五为 50 人次/日	
发泄小屋	周六和周日顾客达 30 人次/日，周一到周五为 15 人次/日	
周总营业额		

10.4 企业成本费用预测

【学习领会】

1. 成本与费用的含义

成本与费用是两个既相互联系又存在区别的会计概念。就一般意义而言，成本费用泛指企业在生产经营中所发生的各种资金耗费。企业的成本费用也就是企业在产品经营中所耗费的资金的总和。

成本是商品经济的价值范畴，是商品价值的组成部分。人们要进行生产经营活动或达到一定的目的，就必须耗费一定的资源，其所耗费资源的货币表现及其对象化称之为成本。

成本是生产和销售一定种类与数量产品以耗费资源用货币计量的经济价值。企业进行产品生产需要消耗生产资料和劳动力，这些消耗在成本中用货币计量，就表现为材料费用、折旧费用、工资费用等。企业的经营活动不仅包括生产，也包括销售活动，因此在销售活动中所发生的费用也应计入成本。同时，为了管理生产所发生的费用也应计入成本。另外，为了管理生产经营活动所发生的费用也具有形成成本的性质。

2. 创业经费的组成

创业到底需要多少资金？这个问题主要依据选择项目的种类、规模大小、经营地点等情况而定。以小本投资项目为例，创业所需的经费主要由以下几个部分组成。

（1）项目本身的费用。这里所指的是付给所选定项目的直接费用，如购买某种机器设备的费用。

（2）经营设备、工具等购置费用。主要是指项目在经营过程中所需要的辅助设备和工具，如添置冰柜、锅等辅助工具。

（3）房租、房屋装修费用及流动资金。在预算这些费用时，要根据当地市场行情计算。房租至少要计算 3 个月的费用，因为一般租房至少是一个季度付一次，有的是半年或者一年付一次。房屋装修费用视其项目而定。

（4）营业执照及其他类似的费用。全面实施商事改革制度后，取消了注册资本最低 3 万元的限制，改原来的注册资本实缴制为注册资本认缴制。

（5）经营周转所需要的资金。运行一个项目，至少要准备能支付 3～4 个月的经营周转资金，包括人员工资、水电费、电话费、材料费、广告费、维修费等。

一个项目在最初运行时，需要经过至少 3 个月的市场培育期，这 3 个月内，也许赢利很少，也许根本就没有赢利甚至亏损，因此，事先必须有足够的资金准备。

3. 企业经营成本费用的构成内容与分类

企业为进行生产经营活动，购置各种生产资料或采购商品而支付的价款和费用就是购置成本或采购成本。随着生产经营活动的不断进行，这些成本就转化为生产成本和销售成本。

（1）成本的构成内容。成本的构成内容要服从管理的需要，并且随着管理的发展而发展。国家规定成本的构成内容主要包括：

①原料、材料、燃料等费用，表现为商品生产中已耗费的劳动对象的价值。

②折旧费用，表现为商品生产中已耗费的劳动对象的价值。

③工资，表现为生产者的必要劳动所创造的价值。

在实际工作中，为了促使企业厉行节约、减少损失，加强企业的经济责任，对于一些不形成产品价值的损失性支出，如工业企业里的废品损失、停工损失等，也列入产品成本之中。此外，对某些应从为社会创造的价值中进行分配的部分，如财产的保险费用等，也列入产品成本。这说明产品成本的实际内容，一方面要求反映成本的客观经济实质，另一方面又要按照国家的分配方针和财务管理制度规定，把某些不属于“固定成本+变动成本”的内容列入成本，而把某些属于活劳动耗费性质的费用列为营业外支出或从留利中开支。

（2）成本费用的分类。

①制造成本与期间费用。制造成本是指按产品分摊的、与生产产品直接相关的成本费用，构成项目包括直接材料、直接工资、其他直接支出和制造费用等。期间费用是指在一定会计期间内所发生的与生产经营没有直接关系或关系不大的各种费用，构成项目包括管理费用、财务费用和销售费用等。

②固定成本与变动成本。按照成本的习性，可以把成本划分为变动成本和固定成本。

固定成本是指不随产量的变化而变化的成本，例如，厂房等固定资产的投资形成的成本，数额是固定的，并不由于生产数量出现变化而发生变化。

变动成本是指随着产量的变化而变化的成本，例如，产品成本中的直接材料是随着产品产量的变化而同比例变化的。

③总成本与单位成本。总成本是指企业在一定期间内生产所有产品的成本费用总和。单位成本是指企业在一定期间内平均每生产一件产品的成本。

两者之间的关系：总成本=单位成本×产品数量。

4．工业企业产品生产成本的基本构成

工业企业产品生产成本（也称制造成本）由直接材料、直接人工和制造费用三部分组成。

（1）直接材料。直接材料是指在生产过程中的劳动对象，通过加工使之成为半成品或成品，它们大多形成产品的实体，或有助于产品实体的形成。直接材料包括企业生产经营过程中实际消耗的直接用于产品的生产，构成产品实体的原材料、辅助材料、备品备件、外购半成品、燃料、动力、包装物以及其他直接材料。

（2）直接人工。直接人工是指生产过程中所耗费的人力资源，可用工资额和福利费等计算。直接工资包括企业直接从事产品生产的人员的工资、奖金、津贴和补贴。

（3）制造费用。制造费用是指生产过程中使用的厂房、机器、车辆及设备等设施及机物料和辅料，它们的耗用一部分是通过折旧方式计入成本，另一部分是通过维修、定额费用、机物料耗用和辅料耗用等方式计入成本。企业可以根据自身需要，对成本构成项目进行适当调整。

无论什么企业，无论什么生产类型的产品，也不论管理要求如何，最终都必须按照产品品种算出产品成本。按产品品种计算成本，是产品成本计算最一般、最起码的要求，品种法是最基本的成本计算方法。

5．成本在经济活动中的重要作用

成本在经济活动中主要有以下作用。

（1）成本是补偿生产耗费的尺度。企业为了保证再生产的不断进行，必须对生产耗费即资金耗费进行补偿。企业是自负盈亏的商品生产者和经营者，其生产耗费须用自身的生产成果即销售收入来补偿，维持企业再生产按原有规模进行。而成本就是衡量这一补偿份额大小的尺度。

（2）成本是制定产品价格的基础。产品价格是产品价值的货币表现。但在现阶段，人们还不能直接地准确计算产品的价值，而只能计算成本。成本作为价值构成的主要组成部分，其高低能反映产品价值量的大小，因而产品的生产成本成为制定产品价格的重要基础。也正是如此，需要正确地核算成本，才能使价格最大限度地反映社会必要劳动的消耗水平，从而接近价值。当然，产品的定价是一项复杂的工作，还应考虑其他因素，如国家的价格政策及其他经济政策法令、产品在市场上的供求关系及市场竞争的态势等。

（3）成本是计算企业盈亏的依据。企业只有当其收入超出其为取得收入而发生的支出时，才有盈利。成本也是划分生产经营耗费和企业纯收入的依据。因为成本规定了产品出售价格的最低经济界限，在一定的销售收入中，成本所占比例越低，企业的纯收入就越多。

（4）成本是企业进行决策的依据。企业要努力提高其在市场上的竞争能力和经济效益。首先必须进行正确可行的生产经营决策，而成本就是其中十分重要的一项因素。成本作为价格的主要组成部分，其高低是决定企业有无竞争能力的关键。因为在市场经济条件下，市场竞争在很大程度上就是价格竞争，而价格竞争的实际内容就是成本竞争。企业只有努力降低成本，才能使自己的产品在市场中具有较高的竞争能力。

（5）成本是综合反映企业工作业绩的重要指标。企业经营管理中各方面工作的业绩，都可以直接或间接地在成本上反映出来，如产品设计好坏、生产工艺合理程度、产品质量高低、费用开支大小、产品产量增减以及各部门各环节的工作衔接协调状况等。正因如此，可以通过对成本的预测、决策、计划、控制、核算、分析和考核等，来促使企业加强经济核算，努力改善管理，不断降低成本，提高经济效益。

6．控制成本费用的常用方法与降低成本的主要措施

（1）控制成本费用的常用方法。

①原材料成本控制。在制造业中，原材料费用占了总成本的较大比重，一般在60%以上，高的可达90%，是成本控制的主要对象。影响原材料成本的因素有采购、库存费用、生产消耗、回收利用等，所以控制活动可重点从采购、库存管理和消耗三个环节着手。

②工资费用控制。工资在成本中占有一定的比重，增加工资又被认为是不可逆转的。控制工资与效益同步增长，减少单位产品中工资的比重，对于降低成本有重要意义。控制工资成本的关键在于提高劳动生产率，它与劳动定额、工时消耗、工时利用率、工作效率、工人出勤率等因素有关。

③制造费用控制。制造费用开支项目很多，主要包括折旧费、修理费、辅助生产费用、车间管理人员工资等。虽然它在成本中所占比重不大，但因不引人注意，浪费现象十分普遍，是不可忽视的一项内容。

④企业管理费控制。企业管理费是指为管理和组织生产所发生的各项费用，开支项目非常多，也是成本控制中不可忽视的内容。

上述这些都是绝对量的控制，即在产量固定的假设条件下使各种成本开支得到控制。在现实系统中还要达到控制单位成品成本的目标。

（2）降低成本的主要措施。降低成本的主要措施如下：

①节约材料消耗，降低直接材料费用。

②提高劳动生产率，降低直接人工费用。

③推行定额管理，降低制造费用。

④加强预算控制，降低期间费用。

⑤实行全面成本管理，全面降低成本费用水平。

7．成本预测的含义与分类

（1）成本预测的含义。成本预测是指运用一定的科学方法，对未来成本水平及其变化趋势做出科学的估计。通过成本预测，掌握未来的成本水平及其变动趋势，有助于减少决策的盲目性，使经营管理者易于选择最优方案，做出正确决策。

（2）成本预测的分类。按预测的期限分，成本预测可以分为长期预测和短期预测。长期预测是指对1年以上期间进行的预测，如3年或5年；短期预测是指1年以下的预测，如按月、按季或按年。按预测的内容分，成本预测可以分为制订计划或方案阶段的成本预测和在计划实施过程中的成本预测。

8. 成本预测的常用方法

成本预测有以下几种常用方法。

（1）定量预测法。定量预测法是指根据历史资料以及成本与影响因素之间的数量关系，通过建立数学模型来预计推断未来成本的各种预测方法的统称。

（2）趋势预测法。趋势预测法是按时间顺序排列有关的历史成本资料，运用一定的数学模型和方法进行加工计算并预测的各类方法。趋势预测法包括简单平均法、平均法和指数平滑法等。

（3）因果预测法。因果预测法是根据成本与其相关因素之间的内在联系，建立数学模型并进行分析预测的各种方法。因果预测法包括量本利分析法、投入产出分析法、回归分析法等。

（4）定性预测法。定性预测法是预测者根据掌握的专业知识和丰富的实际经验，运用逻辑思维方法对未来成本进行预计推断的方法的统称。

（5）成本预测的高低点法。成本预测的高低点法是指根据企业一定期间产品成本的历史资料，按照成本习性原理和 $y=a+bx$ 直线方程，选用最高业务量和最低业务量的总成本之差（Δy），同两种业务量之差（Δx）进行对比，先求 b 的值，然后再代入原直线方程求出 a 的值，从而估计推测成本发展趋势。

9. 营业成本的核算及记账方法

营业成本是企业为生产产品、提供劳务等发生的可归属于产品成本、劳务成本等的费用，应当在确认产品销售收入、劳务收入时，将已销售产品、已提供劳务的成本等计入当期损益。

营业成本包括主营业务成本和其他业务成本。

（1）主营业务成本。主营业务成本是企业销售商品、提供劳务等经常性活动所发生的成本。企业一般在确认销售商品、提供劳务等主营业务收入时，或在月末，将已销售商品、已提供劳务的成本转入主营业务成本。主营业务成本按主营业务的种类进行明细核算，期末，将主营业务成本的余额转入“本年利润”科目，结转后本科目无余额。

企业应通过“主营业务成本”科目，核算主营业务成本的确认和结转情况。

企业结转主营业务成本时，借记“主营业务成本”科目，贷记“库存商品”“劳务成本”科目。期末，应将“主营业务成本”科目余额转入“本年利润”科目，借记“本年利润”科目，贷记“主营业务成本”科目。

（2）其他业务成本。其他业务成本是企业确认的除主营业务活动以外的其他经营活动所发生的支出。其他业务成本包括销售材料的成本、出租固定资产的折旧额、出租无形资产的摊销额、出租包装物的成本或摊销额等。

企业应通过“其他业务成本”科目，核算其他业务成本的确认和结转情况。

企业发生或结转的其他业务成本，借记“其他业务成本”科目，贷记“原材料”“周转材料”“累计折旧”“累计摊销”“银行存款”等科目。期末，应将“其他业务成本”科目余额转入“本年利润”科目，借记“本年利润”科目，贷记“其他业务成本”科目。

其中，销售产品、商品和提供劳务的营业成本是由生产经营成本形成的。

【案例剖析】

【案例 10-7】预测香飘飘咖啡馆开办初期的费用支出

拟创立香飘飘咖啡馆，各项开办初期的费用支出预测如下。

1. 咖啡馆店面费用

咖啡馆店面拟租赁房屋，与房屋业主协商，达成房屋租赁协议。协议内容包括房屋地址、面积、结构、使用年限、租赁费用、支付费用方法等。租赁的优点是投资少，回收期限短。预算 10～15m^2 店面，租赁费用在 9 万～12 万元，为保险起见，暂预测为 12 万元。

2．装修设计费用

咖啡馆的效果图、平面图、施工图的设计费用大约需要6000元。

3．装修、装饰费用

（1）外墙装饰费用，包括招牌、墙面、装饰费用。

（2）店内装修费用，包括油漆、装饰、木工等费用。

（3）其他装修材料的费用，包括玻璃、地板、灯具等，人工费用也应计算在内。

按标准装修，费用预算为360元/m^2，装修费用共需360×15=5400元。

4．设备设施购置费用

（1）沙发、桌、椅、货架，共计2250元。

（2）音响系统，共计450元。

（3）吧台所用的烹饪设备、储存设备、洗涤设备、加工保温设备，共计600元。

（4）产品加工使用所需的吧台、咖啡杯、冲茶器、各种小碟等，共计300元。

净水机采用美的品牌，这种净水器每天能生产12L纯净水，每天销售咖啡及其他饮料100～200杯，净水机价格大约在1200元。

咖啡机拟选择电控半自动咖啡机，其价格在350元左右，加上另外的附件也不会超过1200元。磨豆机价格为330～480元。沙冰机的价格大约是400元。一台制冰机每天的制冰量是12kg，价格为550元左右。

设备设施购置费用共计7430元左右。

5．首次备货费用

购买咖啡豆、牛奶、茶、水果、冰激凌等的费用，大约1000元。

6．开业费用

开业费用预计3450元。

7．周转资金

开业初期，咖啡馆要准备一定量的流动资金，主要用于咖啡馆开业初期的正常运营，预计2000元。

各项成本费用预算如表10-5所示。

表10-5　各项成本费用预算

费用支出项目	金额（元）
咖啡馆店面费用	120000
装修设计费用	6000
装修、装饰费用	5400
设备设施购置费用	7430
首次备货费用	1000
开业费用	3450
周转资金	2000
合计	145280

【分析思考】

成本预测是进行成本决策和编制成本计划的依据。通过成本预测，掌握未来的成本水平及其变动趋势，有助于把未知因素转化为已知因素，帮助管理者提高自觉性，减少盲目性；做出生产经营活动中所有可能出现的有利与不利情况的全面和系统分析，还可避免成本决策的片面性和局限性。有了科学的成本决策，就可以编制出正确的成本计划；而且，成本预测的过程，同时也是为成本计划提供系统的客观论证的过程，这一点可以使成本计划建立在客观实际的基础之上。

预测是决策与计划的基础和前提条件，决策和计划则是预测的产物。成本预测是加强企业全面成本管理的首要环节。单靠事后的计算分析已经远远不能适应客观的需要，成本工作的重点必须相应地转到事前控制上。这一观念的形成将对促进企业合理地降低成本、提高经济效益具有非常重要的作用。

成本预测为降低产品成本指明方向和奋斗目标，是降低产品成本的重要措施。准确地预测企业成本指标，能为企业领导者正确进行生产经营决策提供依据，是增强企业竞争力和提高企业经济效益的主要手段。企业在做好市场预测、利润预测之后，能否提高经济效益以及提高多少，完全取决于成本降低多少。为了降低成本，必须根据企业实际情况组织全面预测，寻找方向和途径，并由此力求实现预期的奋斗目标，降低产品成本。

创业企业应有效控制各项成本费用支出，通过降低成本来提高企业的经营效益。

【交流探讨】

【探讨 10-3】住一晚某酒店经济房的成本分析

某酒店一晚 199 元经济房的各项费用组成如下：空置房间成本 54 元（27.1%）、物业租赁 40.6 元（20.4%）、人员开支 23.3 元（11.7%）、利润 18.4 元（9.2%）、水电易耗品 15.85 元（7.9%）、折旧 14.5 元（7.3%）、管理 11.6 元（5.8%）、税收 5.8 元（2.9%）、市场营销 2.9 元（1.5%）、其他 12.05 元（6.1%）。

【各抒己见】

（1）如果该酒店住一晚的价格不能改变，为 199 元，应如何控制成本，以减少不必要的费用支出？

（2）各项成本中，空置房间成本占了 27.1%，应采取哪些办法尽量减少酒店房间空置，从而提高酒店的利润？

【实战训练】

【训练 10-3】制定红酒的成本费用控制策略

以一瓶售价为 268 元的进口波尔多红酒为例，假设一瓶进口红酒的价格构成如下：原料和酿造成本为 38.5 元，占 14.4%；人工成本为 22.5 元，占 8.4%；瓶子和软木塞为 7.5 元，占 2.8%；运输储存费为 16 元，占 6%；市场营销推广费用为 5.5 元，占 2.1%；代理商费用为 24.3 元，占 9.1%；酒庄收益为 19.7 元，占 7.3%；还有 134 元，用来缴纳关税、增值税、附加税、所得税等，约占 50%。

某酒类直供公司拟通过其电商平台销售波尔多红酒，计划适度降低国内的销售价格。分析该红酒的成本构成，确定哪些成本或费用有进一步压缩的空间，制定成本费用控制策略。

10.5　企业税务分析与筹划

我国的税制比较复杂，不可能要求每个创业者都精通税法，但基本的财税常识也必不可少。

【学习领会】

10.5.1　营业税改征增值税相关政策

2016 年 5 月 1 日起，在全国范围内全面推开营业税改征增值税试点，建筑业、房地产业、金融业、生活服务业等全部营业税纳税人纳入试点范围，由缴纳营业税改为缴纳增值税。

目前营业税改征增值税相关政策条文如下。

1．关于纳税人

在中华人民共和国境内提供生活服务的单位和个人，为增值税纳税人。单位是指企业、行政单位、事业单位、军事单位、社会团体及其他单位。个人是指个体工商户和其他个人。

在境内销售提供生活服务是指生活服务的销售方或者购买方在境内。

2．征税范围

生活服务的征税范围，依照试点实施办法附的《销售服务、无形资产、不动产注释》执行。

（1）生活服务。

生活服务，是指为满足城乡居民日常生活需求提供的各类服务活动。包括文化体育服务、教育医疗服务、旅游娱乐服务、餐饮住宿服务、居民日常服务和其他生活服务。

（2）现代服务。

现代服务是指为满足城乡居民日常生活需求的经营活动，包括鉴证咨询服务、商务辅助服务等。

3．税率和征收率

纳税人分为一般纳税人和小规模纳税人。纳税人提供销售服务、无形资产或者不动产的年应征增值税销售额超过 500 万元（含本数）的为一般纳税人，未超过规定标准的纳税人为小规模纳税人。

提供交通运输、邮政、基础电信、建筑、不动产租赁服务，销售不动产，转让土地使用权，增值税的税率为 11%。提供有形动产租赁服务，增值税的税率为 17%。境内单位和个人发生的跨境应税行为，税率为零。除此之外的纳税人发生应税行为，一般纳税人提供生活服务增值税的税率为 6%；小规模纳税人提供生活服务，以及一般纳税人提供的可选择简易计税方法的生活服务，增值税征收率为 3%，财政部和国家税务总局另有规定的除外。境内的购买方为境外单位和个人扣缴增值税的，按照适用税率扣缴增值税。

4．纳税地点

属于固定业户的纳税人提供生活服务，应当向其总机构所在地或者居住地的主管税务机关申报纳税。总机构和分支机构不在同一县（市）的，应当分别向各自所在地的主管税务机关申报纳税；经财政部和国家税务总局或者其授权的财政和税务机关批准，可以由总机构汇总向总机构所在地的主管税务机关申报纳税。

属于固定业户的试点纳税人，总分支机构不在同一县（市），但在同一省（自治区、直辖市、计划单列市）范围内的，经省（自治区、直辖市、计划单列市）财政厅（局）和国家税务局批准，可以由总机构汇总向总机构所在地的主管税务机关申报缴纳增值税。

扣缴义务人应当向其机构所在地或者居住地主管税务机关申报缴纳扣缴的税款。

5．纳税义务发生时间

增值税纳税义务发生时间为纳税人提供生活服务并收讫销售款项或者取得索取销售款项凭据的当天；先开具发票的，则为开具发票的当天。

收讫销售款项，是指纳税人提供生活服务过程中或者完成后收到款项。

取得索取销售款项凭据的当天，是指书面合同确定的付款日期；未签订书面合同或者书面合同未确定付款日期的，为生活服务完成的当天。

6．税收优惠

《营业税改征增值税试点过渡政策的规定》则公布了 40 种免征增值税情形，包括托儿所、幼儿园提供的保育和教育服务，养老机构提供的养老服务，残疾人福利机构提供的育养服务，婚姻介绍服务，学生勤工俭学提供的服务，个人销售自建自用住房等。文件还规定了一系列享受扣减增值税的规定，涉及退役士兵创业就业、重点群体创业就业、个人将购买不足 2 年的住房对外销售等。相关税收优惠须密切关注国家最新相关政策规定。

10.5.2 创业公司需缴哪些税

国家为支持创业，相继给予小微企业前所未有的税收优惠。全面营改增后，我国的税种共有 17 种，费则可能达到上百种之多。以下是目前我国开征的税种，共 5 类 17 种：

（1）商品和劳务税类：增值税、消费税、关税。

（2）所得税类：企业所得税、个人所得税。

（3）财产、行为税类：房产税、车船税、印花税、契税。

（4）资源税类：资源税、土地增值税、城镇土地使用税。

（5）特定目的税类：城市维护建设税、车辆购置税、烟叶税、船舶吨税、耕地占用税。

对于一般的创业公司而言，缴纳的税费只有 6～10 种，除去不经常发生且税率较低的小税种后，普通创业者需要重点关注的只有 3 种，分别是增值税、企业所得税以及个人所得税。

1．增值税

增值税属于商品和劳务税类，顾名思义是因销售商品或提供劳务而征收的税种，随着营改增的全面实施，所有公司都属于缴纳增值税的纳税人。

增值税的纳税人分为一般纳税人和小规模纳税人，一般纳税人门槛相对较高，多数创业公司是从小规模纳税人开始的，小规模纳税人适用的税率是 3%，开具的是增值税普通发票，不能进行进项抵扣。值得一提的是，目前小规模纳税人季度销售额不超过 9 万元的，可以免征增值税。

如果公司的年销售额达到一般纳税人认定的标准，或者未达到标准，但公司的会计核算健全，可申请认定为增值税的一般纳税人。一般纳税人增值税是可以进行销项抵扣的增值税，大多数是 17 个点或是 6 个点。一般纳税人既可以开具增值税专用发票，也可以开具增值税普通发票，但税点不变。

成为一般纳税人以后，因购买商品或接受劳务取得的增值税专用发票（进项税发票）就可以抵扣，相当于仅对公司获得的增值部分交税。每个行业增值部分有所差异，取得进项税发票的难易程度也不尽相同，为保证行业间的税负公平，故增值税税率与行业有关。

申请成为一般纳税人后有诸多好处，当公司毛利率不是很高的时候，其税负可能低于小规模纳税人；由于一般纳税人可以抵扣进项税，具有一般纳税人资格的公司更倾向于选择一般纳税人作为其供应商（一般纳税人对外开出的增值税专用发票，对客户来说即是进项发票）；正是因为一般纳税人有一定的门槛要求，取得一般纳税人资格有利于提升公司形象，增加客户的信任感；一般纳税人应交的增值税税额通过进项税和销项税计算得到，交税更为灵活，这就有了更大的税收筹划（合理避税）空间。

凡事都有两面性，一般纳税人资格也不一定总给公司带来益处。首先，只要认定成为一般纳税人，之前所说的小微企业季度销售额不超过 9 万元免征增值税的优惠就与之无关了，因为这项优惠政策仅适用于小规模纳税人；另外，当公司毛利率足够高时，其税负率会高于小规模纳税人。因此，是否认定成为一般纳税人应结合公司的实际现状和未来规划综合考虑。但当公司的年销售额超过一般纳税人的认定标准时，税务局可强制认定该公司为一般纳税人。

2．附加税

附加税是在增值税基础上附加的税种，只有交了增值税才需要交纳附加税，附加税主要包括城市维护建设税、教育费附加、地方教育附加、印花税等“小税种”，营业税改征增值税后，城建税、教育费附加、地方教育附加的计算就是按应交增值税来计算的。

（1）城市维护建设税。城市维护建设税是对从事工商经营，缴纳增值税、消费税的单位和个人征收的一种税，是为了加强城市的维护建设，扩大和稳定城市维护建设资金的来源，而对有经营收入的单位和个人征收的一个税种。《中华人民共和国城市维护建设税法》第二条规定，城市维护建设税以纳税人依法实际缴纳的增值税、消费税税额为计税依据；第七条规定，分别与增值税、消费税同时缴纳。

城市维护建设税的应纳税额按照计税依据乘以具体适用税率计算。

城市维护建设税税率如下：

①纳税人所在地在市区的，税率为7%。

②纳税人所在地在县城、镇的，税率为5%。

③纳税人所在地不在市区、县城或镇的，税率为1%。

（2）教育费附加和地方教育附加。教育费附加和地方教育附加是对缴纳增值税、消费税的单位和个人征收的一种附加费。教育费附加、地方教育附加计征依据与城市维护建设税计税依据一致，教育费附加征收比率为3%，地方教育附加征收比率为2%，与增值税、消费税同时计算缴纳。

计算公式如下：

应缴教育费附加或地方教育附加=（实际缴纳的增值税、消费税的税额）×征收比率（3%或2%）。

（3）印花税。《中华人民共和国印花税法》第一条规定，在中华人民共和国境内书立应税凭证、进行证券交易的单位和个人，为印花税的纳税人，应当依照本法规定缴纳印花税。在中华人民共和国境外书立在境内使用的应税凭证的单位和个人，应当依照本法规定缴纳印花税。《中华人民共和国印花税法》第四条规定，印花税的税目、税率，依照本法所附《印花税税目税率表》执行。

3．企业所得税

企业所得税是指对中华人民共和国境内的企业（居民企业及非居民企业）和其他取得收入的组织以其生产经营所得为课税对象所征收的一种所得税。企业每一纳税年度的收入总额，减除不征税收入、免税收入、各项扣除以及允许弥补的以前年度亏损后的余额，为应纳税所得额。企业所得税的税率为25%。非居民企业取得《中华人民共和国企业所得税法》第三条第三款规定的所得，适用税率为20%。

国家对重点扶持和鼓励发展的产业和项目，给予企业所得税优惠。符合条件的小型微利企业，减按20%的税率征收企业所得税。国家需要重点扶持的高新技术企业，减按15%的税率征收企业所得税。

对于财政收入来说，企业所得税是仅次于增值税的第二大税收来源。顾名思义，企业所得税是对企业所得（大约能理解为利润，虽然严格来说不一样）征税。只要是公司制的企业，无论什么行业，都应按规定依法申报并缴纳企业所得税。

4．个人所得税

个人所得税也是财政收入的重要来源。《中华人民共和国个人所得税法》第一条规定，在中国境内有住所，或者无住所而一个纳税年度内在中国境内居住累计满一百八十三天的个人，为居民个人。居民个人从中国境内和境外取得的所得，依照本法规定缴纳个人所得税。在中国境内无住所又不居住，或者无住所而一个纳税年度内在中国境内居住累计不满一百八十三天的个人，为非居民个人。非居民个人从中国境内取得的所得，依照本法规定缴纳个人所得税。纳税年度，自公历一月一日起至十二月三十一日止。

下列各项个人所得，应当缴纳个人所得税：工资、薪金所得；劳务报酬所得；稿酬所得；特许权使用费所得；经营所得；利息、股息、红利所得；财产租赁所得；财产转让所得；偶然所得。

此处整理了几条创业者必须了解的关于个人所得税的常识，以此培养创业者的财税风险意识：

（1）个人所得税以所得人为纳税人，以支付所得的单位或者个人为扣缴义务人。扣缴义务人应当按照国家规定办理全员全额扣缴申报，并向纳税人提供其个人所得和已扣缴税款等信息。因此，要提醒创业者关注该税务风险，不要简单地认为个人所得税只是员工的事，其仍与公司密切相关。

（2）公司向股东分红时，股东也应缴纳个人所得税，公司同样有代扣代缴义务。

（3）国家相关法律规定，企业赚取利润后要先依法缴纳所得税，在分红时股东还需依法缴纳个人所得税。

个人所得税具体规定详见《中华人民共和国个人所得税法》。

10.5.3 增值税的税率

《中华人民共和国增值税暂行条例》第二条规定的增值税税率如下：

（一）纳税人销售货物、劳务、有形动产租赁服务或者进口货物，除本条第二项、第四项、第五项另有规定外，税率为17%。

（二）纳税人销售交通运输、邮政、基础电信、建筑、不动产租赁服务，销售不动产，转让土地使用权，销售或者进口下列货物，税率为11%：

1．粮食等农产品、食用植物油、食用盐；

2．自来水、暖气、冷气、热水、煤气、石油液化气、天然气、二甲醚、沼气、居民用煤炭制品；

3．图书、报纸、杂志、音像制品、电子出版物；

4．饲料、化肥、农药、农机、农膜；

5．国务院规定的其他货物。

（三）纳税人销售服务、无形资产，除本条第一项、第二项、第五项另有规定外，税率为6%。

（四）纳税人出口货物，税率为零；但是，国务院另有规定的除外。

（五）境内单位和个人跨境销售国务院规定范围内的服务、无形资产，税率为零。

税率的调整，由国务院决定。

需要特别说明的是，增值税税率的调整，旨在优化税制结构，促进经济发展和加强税收征管。增值税相关法律法规出台后，要以相关法律法规及其实施细则为依据，同时需要密切关注国家相关部门的最新公告、通知等。

10.5.4 增值税的计税方法

1．基本规定

增值税的计税方法，包括一般计税方法和简易计税方法。

（1）一般纳税人发生应税行为适用一般计税方法计税。

一般纳税人发生财政部和国家税务总局规定的特定应税行为，可以选择适用简易计税方法计税，但一经选择，36个月内不得变更。

小规模纳税人以外的纳税人（以下称一般纳税人）因销售货物退回或者折让而退还给购买方的增值税额，应从发生销售货物退回或者折让当期的销项税额中扣减；因购进货物退回或者折让而收回的增值税额，应从发生购进货物退回或者折让当期的进项税额中扣减。

一般纳税人销售货物或者应税劳务，开具增值税专用发票后，发生销售货物退回或者折让、开票有误等情形，应按国家税务总局的规定开具红字增值税专用发票。未按规定开具红字增值税专用发票的，增值税额不得从销项税额中扣减。

（2）小规模纳税人发生应税行为适用简易计税方法计税。

2．一般计税方法的应纳税额

应纳税额计算公式：

应纳税额=当期销项税额-当期进项税额

当期销项税额=当期销售额×适用税率

当期销项税额小于当期进项税额不足抵扣时，其不足部分可以结转下期继续抵扣。

3．简易计税方法的应纳税额

（1）简易计税方法的应纳税额，是指按照销售额和增值税征收率计算的增值税额，不得抵扣进项税额。应纳税额计算公式：

应纳税额=销售额×征收率

（2）简易计税方法的销售额不包括其应纳税额，纳税人采用销售额和应纳税额合并定价方法的，按照下列公式计算销售额：

销售额=含税销售额÷（1+征收率）。

10.5.5　企业所得税的计税方法

企业所得税是指对中华人民共和国境内的企业（居民企业及非居民企业）和其他取得收入的组织以其生产经营所得为课税对象所征收的一种所得税。作为企业所得税纳税人，应依照《中华人民共和国企业所得税法》缴纳企业所得税。但个人独资企业及合伙企业除外。

1．应纳税所得额的计算

应纳税所得额是企业所得税的计税依据。应纳税所得额为企业每一纳税年度的收入总额，减除不征税收入、免税收入、各项扣除以及允许弥补的以前年度亏损后的余额。应纳税所得额的正确计算直接关系到国家财政收入和企业的税收负担，并且同成本、费用核算关系密切。

应纳税所得额有两种计算方法，一是直接法，二是间接法。

直接计算法：

应纳税所得额=收入总额-不征税收入-免税收入-各项扣除金额-弥补亏损

间接计算法：

应纳税所得额=会计利润总额±纳税调整项目金额

利润总额=营业利润+投资净收益+营业外收入-营业外支出

营业利润=主营业务利润+其他业务利润

主营业务利润=主营业务收入-主营业务成本-期间费用-营业税金

其他业务利润=其他业务收入-其他业务成本-营业税金

（1）企业以货币形式和非货币形式从各种来源取得的收入，为收入总额。包括：销售货物收入，提供劳务收入，转让财产收入，股息、红利等权益性投资收益，利息收入，租金收入，特许权使用费收入，接受捐赠收入，其他收入。

（2）收入总额中的不征税收入包括：财政拨款，依法收取并纳入财政管理的行政事业性收费、政府性基金，国务院规定的其他不征税收入。

（3）企业的免税收入包括：国债利息收入；符合条件的居民企业之间的股息、红利等权益性投资收益；在中国境内设立机构、场所的非居民企业从居民企业取得与该机构、场所有实际联系的股息、红利等权益性投资收益；符合条件的非营利组织的收入。

（4）各项扣除：

①成本，是指企业在生产经营过程中发生的销售成本、销货成本、业务支出以及其他耗费。

②费用，是指企业在生产经营活动中发生的销售费用、管理费用和财务费用。

③税金，是指企业实际发生的除企业所得税和允许抵扣的增值税以外的各项税金及附加。

④损失，是指企业在生产经营活动中发生的固定资产和存货的盘亏、毁损、报废损失，转让财产损失，呆账损失，坏账损失，自然灾害等不可抗力因素造成的损失以及其他损失。

⑤其他支出，是指除成本、费用、税金、损失外，企业在生产经营活动中发生的与生产经营活动有关的、合理的支出。

（5）亏损，是指企业依照企业所得税法及其实施条例的规定将每一纳税年度的收入总额减除不征税收入、免税收入和各项扣除后小于零的数额。

2．企业所得税的计算

企业所得税基本计算公式为：

应纳所得税额=应纳税所得额×税率-减免税额-抵免税额

应纳税所得额=收入总额-不征税收入-免税收入-各项扣除-允许弥补的以前年度亏损

3．境外所得抵免税额的计算

居民企业来源于中国境外的应税所得，非居民企业在中国境内设立机构、场所，取得发生在中国境外但与该机构、场所有实际联系的应税所得，已在境外缴纳的所得税税额，可以从其当期应纳税额中抵免，抵免限额为该项所得依照《中华人民共和国企业所得税法》规定计算的应纳税额；超过抵免限额的部分，可以在以后五个年度内，用每年度抵免限额抵免当年应抵税额后的余额进行抵补。

10.5.6 小型微利企业的税费优惠政策

为了促进小型微利企业的发展，国家相关部门先后出台了一系列扶持小型微利企业发展的税收优惠政策，并且对享受税收优惠政策的条件以及后续管理等方面做出了明确的规定。需要特别说明的是，创业者应密切关注国家税务总局、财政部等部门的最新公告、通知，获取税费优惠最新政策信息。

针对小型微利企业出台的税费优惠政策如下。

1．有关增值税的优惠政策

（1）2016 年 5 月 1 日营改增前的相关政策。

增值税小规模纳税人和营业税纳税人，月销售额或营业额不超过 3 万元（含 3 万元，下同）的，免征增值税或营业税。其中，以 1 个季度为纳税期限的增值税小规模纳税人和营业税纳税人，季度销售额或营业额不超过 9 万元的，免征增值税或营业税。

对增值税小规模纳税人中月销售额未达到 2 万元的企业或非企业性单位，免征增值税。

对月销售额 2 万元（含本数）至 3 万元的增值税小规模纳税人，免征增值税。

（2）2016 年 5 月 1 日营改增以后的相关政策。

增值税小规模纳税人应分别核算销售货物，提供加工、修理修配劳务的销售额，和销售服务、无形资产的销售额。增值税小规模纳税人销售货物，提供加工、修理修配劳务月销售额不超过 3 万元（按季纳税 9 万元），销售服务、无形资产月销售额不超过 3 万元（按季纳税 9 万元）的，自 2016 年 5 月 1 日起至 2017 年 12 月 31 日，可分别享受小微企业暂免征收增值税优惠政策。

按季纳税申报的增值税小规模纳税人，实际经营期不足一个季度的，以实际经营月份计算当期可享受小微企业免征增值税政策的销售额度。

其他个人采取预收款形式出租不动产，取得的预收租金收入，可在预收款对应的租赁期内平均分摊，分摊后的月租金收入不超过 3 万元的，可享受小微企业免征增值税优惠政策。

按照现行规定，适用增值税差额征收政策的增值税小规模纳税人，以差额前的销售额确定是否可以享受 3 万元（按季纳税 9 万元）以下免征增值税政策。

2．有关企业所得税的优惠政策

（1）减按 20%税率。符合条件的小型微利企业，减按 20%的税率征收企业所得税。

《中华人民共和国企业所得税法实施条例》第九十二条规定，符合条件的小型微利企业，是指从事国家非限制和禁止行业，并符合下列条件的企业：

①工业企业，年度应纳税所得额不超过 30 万元，从业人数不超过 100 人，资产总额不超过 3000 万元。

②其他企业，年度应纳税所得额不超过 30 万元，从业人数不超过 80 人，资产总额不超过 1000 万元。

享受企业所得税优惠的小型微利企业必须符合以下 4 项条件及相关政策：

一是必须从事国家非限制和禁止的行业。国家限制和禁止的行业，从 2011 年起应执行国家发改委《产业结构调整指导目录（2019 年本》的规定。

二是应纳税所得额符合规定。即企业每一纳税年度的收入总额减除不征税收入、免税收入、各项扣除以及弥补以前年度亏损后的余额。这里需要注意的是，年度应纳税所得额不等于企业年度利润总额。

三是从业人数的规定。《中华人民共和国企业所得税法实施条例》第九十二条所称从业人数，包括与企业建立劳动关系的职工人数和企业接受的劳务派遣用工人数。

四是资产总额。根据财税〔2015〕34 号文件规定，从业人数和资产总额指标，应按企业全年的季度平均值确定。具体计算公式如下：

季度平均值=（季初值+季末值）÷2

全年季度平均值=全年各季度平均值之和÷4

年度中间开业或者终止经营活动的，以其实际经营期作为一个纳税年度确定上述相关指标。

符合条件的小型微利企业，可以自预缴环节开始享受优惠政策，并在汇算清缴时统一处理。

①采取查账征收的小型微利企业，上一纳税年度应纳税所得额低于 20 万元（含 20 万元）的，如果本年度采取按实际利润额预缴税款，其预缴时累计实际利润额不超过 20 万元的，可以按照小型微利企业优惠政策预缴税款；20 万～30 万元的，下面将单独计算。超过 30 万元的，应停止享受优惠政策。对于按上年度应纳税所得额的季度（月度）平均额预缴企业所得税的，预缴时可以享受小型微利企业优惠政策。

②采取定率征收的小型微利企业，上一纳税年度应纳税所得额低于 20 万元（含 20 万元）的，其预缴时累计实际利润额不超过 20 万元的，可以按照小型微利企业优惠预缴税款；20 万～30 万元的，下面将单独计算。超过 30 万元的，应停止享受优惠政策。

③对于新办小型微利企业，预缴时累计实际利润额或应纳税所得额不超过 20 万元的，可以按照减半征税政策预缴税款；20 万～30 万元的，下面将单独计算。超过 30 万元的，应停止享受优惠政策。

（2）减按 50%计入应纳税所得额。

自 2015 年 1 月 1 日至 2017 年 12 月 31 日，对年应纳税所得额低于 20 万元（含 20 万元）的小型微利企业，其所得减按 50%计入应纳税所得额，按 20%的税率缴纳企业所得税。

自 2015 年 10 月 1 日起至 2017 年 12 月 31 日，对年应纳税所得额在 20 万元到 30 万元（含 30 万元）之间的小型微利企业，其所得减按 50%计入应纳税所得额，按 20%的税率缴纳企业所得税。

这里所称小型微利企业，是指符合《中华人民共和国企业所得税法》及其实施条例规定的小型微利企业。

3．有关教育费附加等附加税费的优惠政策

须重点关注国家税务总局、财政部等部门最新规定、公告和通知等。

4．有关行政事业性收费的优惠政策

须重点关注国家税务总局、财政部等部门最新规定、公告和通知等。

10.5.7 营改增后创业企业的税务筹划

税务筹划是指通过对商业模式、交易模式、合同条款的事先安排，合法、合理地降低税负成本。对于营改增企业而言，可以通过对纳税人身份、业务流程、销售及采购合同的筹划，实现不交、少交、晚交税的目的。具体而言，营改增后创业企业可以从以下 6 个方面积极进行税务筹划。

1. 纳税人身份的选择

根据营改增的税收政策，应税服务年销售额超过 500 万元的纳税人为一般纳税人，未超过 500 万元的纳税人为小规模纳税人。500 万元的计算标准为纳税人在连续不超过 12 个月的经营期限内提供服务累计取得的销售额，包括减、免税销售额和提供境外服务的销售额。一般纳税人则适用一般的税率，实行抵扣纳税；小规模纳税人适用 3%的简易征收办法。适用何种纳税人身份更有利，不能一概而论，需要结合企业的资产、营收等财务状况具体判定。如果适用小规模纳税人更有利，可以通过分立、分拆等方式降低年销售额，适用 3%的简易征收。

2. 企业业务流程再造

增值税较营业税的一大优势就是可以避免重复征税，有利于行业的细分化和专业化发展，提高生产效率。在此背景下，企业可以通过将部分服务进行外包，做自己最为擅长的领域。例如，营改增后，企业是选择委托运输还是使用自营车辆运输，可以测算一下二者的税负差异，非独立核算的自营运输队车辆运输耗用的油料、配件及正常修理费用支出等项目，按照 17%的增值税税率抵扣，而委托运输企业发生的运费可以按照 11%的税率进行抵扣，企业可根据实际测算结果，进行相应的调整优化。

3. 供应商的调整

在增值税抵扣制度下，供给方的纳税人身份直接影响购货方的增值税税负。对于一般纳税人购货方，选择一般纳税人作为供给方，可以取得增值税专用发票，实现税额抵扣。如果选择小规模纳税人为供给方，取得的是小规模纳税人出具的增值税普通发票，购货方不能进项抵扣。因此，营改增后，企业可以通过选择恰当的供给方，实现税负的降低。需要提醒的是，选择小规模纳税人作为供给方，如果能够取得由税务机关代小规模纳税人开具的 3%的增值税专用发票，购货方可按照 3%的税率作进项税额抵扣。

4. 业务性质筹划

营改增后，对于一些具有税收优惠政策的业务领域，应积极通过筹划向其“靠拢”，以争取适用税收减免政策。以“四技”（技术开发、技术转让以及与之相关的技术咨询、技术服务）业务为例，营改增前国家对“四技”服务免征营业税，营改增后国家对“四技”服务收入继续免征增值税。因此，对于科技类公司而言，对外提供相关技术服务签署合同时，应在合同条款中凸显“四技”合同的特征，履行相关备案义务。同时，需要提醒的是，“四技”业务享受增值税免税，无法开具增值税专用发票，将导致下游采购方无法取得增值税专用发票。

5. 混业经营独立核算

根据相关税法政策，混业经营中，不同税率项目需要分开核算，否则会统一适用高税率。因此，企业在营改增后，应对涉及的混业经营项目分开核算，以适用较低税率，降低税负成本。

6. 延迟纳税技巧

通过税务筹划实现依法推迟缴纳税款，无异于获得了一笔无息贷款。因此，企业可以通过筹划服务合同等方式推迟纳税义务的产生，但是前提是要合法。

此外，对于企业购进诸如大额固定资产时，也可根据实际情况在 180 天内的认证期选择恰当的认证时点。因为按照规定，增值税专用发票需要在认证的次月申报纳税，如果企业当期没有充分的销项税额，进项税额也无法及时抵扣。

【案例剖析】

【案例 10-8】计算恒鑫信息服务公司缴税金额

恒鑫信息服务有限公司为高校毕业生自主创业企业，2022 年销售收入约为 300 万元，成本、费用和各项支出约为 198 万元，以前年度没有发生亏损。该公司未达到一般纳税人标准，享受小规模纳税人优惠政策。根据有关文件规定，恒鑫信息服务有限公司属于小微企业。

（1）应缴增值税。恒鑫公司属于小微企业，但未达到免征收增值税的标准，需要缴纳增值税，按以往 5%的税率缴纳营业税，需要缴纳营业税约 15 万元。实行营改增后，改按 3%的征收率：

销售额=含税销售额÷(1+征收率)=3000000÷(1+3%)≈2912621（元）。

应缴增值税=2912621×3%=87378.64（元）。

（2）应缴附加税。

城市维护建设税=实际缴纳的增值税×城市维护建设税税率=87378.64×7%=6116.50（元）。

教育费附加=实际缴纳的增值税×征收比率=87378.64×3%=2621.36（元）。

地方教育附加=实际缴纳的增值税×征收比率=87378.64×2%=1747.57（元）。

应缴附加税三项共计 10485.44 元。

（3）应缴企业所得税。

应纳企业所得税的金额=3000000−1980000−10485.44=1009514.56（元）。

根据相关规定，符合条件的小型微利企业，减按 20%的税率征收企业所得税。

应缴企业所得税=1009514.56×20%=201902.91（元）。

应缴增值税、应缴企业所得税、应缴附加税三项共计 299766.99 元。

（4）减免税费。

根据相关政策规定：对持《就业创业证》（注明“自主创业税收政策”或“毕业年度内自主创业税收政策”）或 2015 年 1 月 27 日前取得的《就业失业登记证》（注明“自主创业税收政策”或附着《高校毕业生自主创业证》）的人员从事个体经营的，在 3 年内按每户每年 8000 元为限额依次扣减其当年实际应缴纳的增值税、城市维护建设税、教育费附加、地方教育附加和个人所得税。

实际应缴税额=299766.99−8000=291766.99（元）。

【分析思考】

依法纳税是公民和单位应尽的义务。税收是国家财政收入的主要来源，取之于民，用之于民。根据我国税法规定，所有企业都要依法报税和纳税。

近年来，为了促进小型微利企业的良性发展，政府相关部门先后出台了一系列扶持小型微利企业发展的企业所得税、增值税等一揽子税收优惠政策，并且不断加大力度。

小微企业是国民经济的重要组成部分，但在起步初期，一直面临着资金少、融资难等问题。随着我国税收优惠政策的持续发力，“减负”成效明显提升，小微企业“看得见、摸得着”的实惠越来越多，前景也会越来越“美”。

为了鼓励自主创业，政府先后出台了一些税费减免政策。对小微创业企业来说，对收入减免流转税和对利润减免所得税是对他们雪中送炭、最直接的支持。税收优惠力度不断加大，释放出了越来越多的改革红利。

对于初创业者，应充分了解相关税费政策，在应交尽交各项税费的前提下，依法充分享受政府各项税费优惠政策。

【交流探讨】

【探讨 10-4】计算一批业务应缴的税额

博雅文化传播公司是一家自主创业公司，其客户都是规模较小的企业或个人，没有特别要求开增值税专用发票，所以暂时没有申请一般纳税人资格，税率为3%。本月做了1笔2万元的业务，给客户开了1张2万元的发票，各项费用支出为8000元。

【各抒己见】

（1）就博雅文化传播公司这笔业务而言，应缴纳增值税、企业所得税、附加税分别为多少？

（2）由于该企业是自主创业企业，可以享受哪些税费优惠政策？

（3）如果该企业属小型微利企业，可以减免的各项税费为多少？

【实战训练】

【训练10-4】计算波尔多红酒应缴税额

【训练10-3】中可知每瓶波尔多红酒需要缴税134元。假设全年可以销售10000瓶，2016年5月全面营改增后，分析：134元的缴税由哪些税种组成？全年应缴税金额是多少？各项税额分别是多少？

10.6 企业利润预测

【学习领会】

10.6.1 利润的含义

从狭义的收入、费用来讲，利润包括收入与费用的差额，以及其他直接计入损益的利得、损失。从广义的收入、费用来讲，利润是收入与费用的差额。

利润按其形成过程，分为税前利润和税后利润。税前利润也称利润总额；税前利润减去所得税费用，即为税后利润，也称净利润。

利润是指企业在一定会计期间的经营成果，利润包括收入减去费用后的净额、直接计入当期利润的利得和损失等。

直接计入当期利润的利得和损失，是指应当计入当期损益、会导致所有者权益发生增减变动的、与所有者投入资本或者向所有者分配利润无关的利得或者损失。

10.6.2 利润的计算方法

利润可以分为营业利润、利润总额、净利润三个指标，它们的计算公式分别如下：

营业利润=营业收入-营业成本-税金及附加-销售费用-管理费用-财务费用-信用减值损失-资产减值损失+公允价值变动收益（-公允价值变动损失）+投资收益（-投资损失）+其他收益+资产处置收益（-资产处置损失）

利润总额=营业利润+营业外收入-营业外支出

净利润=利润总额-所得税费用

应交所得税=应纳税所得额×税率-减免税额-抵免税额

应纳税所得额=收入总额-不征税收入-免税收入-各项扣除-允许弥补的以前年度亏损

对各个计算公式中计算项的说明如下。

1. 营业收入

营业收入是指企业经营业务所确认的收入总额，包括主营业务收入和其他业务收入。

2. 营业成本

营业成本是指企业经营业务所发生的实际成本总额，包括主营业务成本和其他业务成本。

3. 税金及附加

税金及附加是指由于销售应纳消费税的商品应缴纳的消费税以及按一定比例计算应缴的城市维护建设税、教育费附加和资源税等。

4. 销售费用

销售费用是指企业在销售产品和提供劳务等日常经营过程中发生的各项费用以及专设销售机构的各项经费。包括：运输费、装卸费、包装费、保险费、广告费、展览费、租赁费（不包括融资租赁费），以及为销售本公司商品而专设销售机构的职工工资、福利费、办公费、差旅费、折旧费、修理费、物料消耗、低值易耗品的摊销等。

5. 管理费用

管理费用是指企业行政管理部门为管理和自制生产经营活动而发生的各种费用，包括企业在筹建期间内发生的开办费、董事会和行政管理部门在企业的经营管理中发生的或者应由企业统一负担的公司经费（包括行政管理部门职工工资及福利费、物料消耗、低值易耗品摊销、办公费和差旅费等）、工会经费、董事会费（包括董事会成员津贴、会议费和差旅费等）、聘请中介机构费、咨询费（含顾问费）、诉讼费、业务招待费、房产税、车船税、土地使用税、印花税、技术转让费、矿产资源补偿费、研究费用、排污费等。

6. 财务费用

财务费用是指企业为筹集生产经营所需资金等而发生的费用，包括企业生产经营期间发生的利息支出（减利息收入）、汇兑净损失（有的企业如商品流通企业、保险企业进行单独核算，不包括在财务费用内）、金融机构手续费，以及筹资发生的其他财务费用如债券印刷费、国外借款担保费等。

7. 资产减值损失

资产减值损失是指企业计提各项资产减值准备所形成的损失。

8. 公允价值变动收益（或损失）

公允价值变动收益（或损失）是指企业交易性金融资产等公允价值变动形成的应计入当期损益的利得或损失。

9. 投资收益（或损失）

投资收益（或损失）是指企业以各种方式对外投资所取得的收益（或发生的损失）。

10. 营业外收入

营业外收入是指创业项目发生的与日常活动无直接关系的各项收入，主要包括：非流动资产处置利得、非货币性资产交换利得、债务重组利得、政府补助、盘盈利得、捐赠利得等。

11. 营业外支出

营业外支出是指创业项目发生的与日常活动无直接关系的各项支出，主要包括：非流动资产处置损失、非货币性资产交换损失、债务重组损失、公益性捐赠支出、非常损失、盘亏损失等。

营业外收入和营业外支出应当分别核算。在具体核算时，不得以营业外支出直接冲减营业外收入，也不得以营业外收入冲减营业外支出。

10.6.3 盈亏平衡点的计算与分析

盈亏平衡点是利润为零的点，熟悉盈亏平衡点具有重要的意义。了解盈亏平衡点的基本定义和基本做法尤为重要，只有这样，企业才能够利用盈亏平衡点的计算公式进行盈亏平衡点分析，从而知道自己还要不要继续生产，或者生产多少是盈利的。当企业生产处于盈亏平衡点时，业主就应思考到底是继续生产还是关闭企业，继续生产可以弥补固定成本但利润是零。

1. 基本定义

盈亏平衡点亦称为零利润点、保本点、盈亏临界点、损益分歧点、收益转折点，一般是指全部销售收入等于全部成本时（销售收入线与总成本线的交点）的产量。

以盈亏平衡点为界限，当销售收入高于盈亏平衡点时企业盈利，当销售收入低于盈亏平衡点时企业就亏损。

盈亏平衡点可以用销售量来表示，即盈亏平衡点的销售量；也可以用销售额来表示，即盈亏平衡点的销售额。

2. 计算方法

如果假定利润为零和利润为目标利润时，想要得出盈亏平衡点，就要先分别测算出原材料保本采购价格和保利采购价格，再分别测算出产品保本销售价格和保利销售价格。

一般而言，盈亏平衡点的计算公式可以分为如下几个类型：

（1）按实物单位计算：

盈亏平衡点=固定成本/（单位产品销售收入−单位产品变动成本）

（2）按金额计算：

盈亏平衡点=固定成本/（1−变动成本/销售收入）=固定成本/贡献毛利率

盈亏平衡点又称保本点，假设固定资产为 a，单位产品售价为 p，单位产品成本为 v，则保本点=$a/(p-v)$。

一般来说，企业收入=成本+利润。如果利润为零，则有收入=成本=固定成本+变动成本，而收入=销售量×价格，变动成本=单位变动成本×销售量，这样由销售量×价格=固定成本+单位变动成本×销售量，可以推导出盈亏平衡点的计算公式为：

盈亏平衡点（销售量）=固定成本/每计量单位的贡献差数

由于各年的固定成本和可变成本不同，各年的产品销售价格、销售额可能不同，所以各年的盈亏平衡点不同。在这种情况下计算盈亏平衡点的公式是：

某年的盈亏平衡点=该年固定成本÷[(该年含税销售额−该年可变成本−该年销售税金及附加)÷该年生产负荷]

3. 盈亏平衡点的分析方法

盈亏平衡点的分析又称为盈亏平衡分析或者保本点分析或本量利分析，是根据产品的业务量（产量或销量）、成本、利润之间的相互制约关系的综合分析，用来预测利润、控制成本、判断经营状况的一种数学分析方法。

盈亏平衡分析主要有以下方法：

（1）按采用的分析方法的不同，分为图解法和方程式法。

（2）按分析要素间的函数关系不同，分为线性盈亏平衡分析和非线性盈亏平衡分析。

（3）按分析的产品品种数目多少，可以分为单一产品盈亏平衡分析和多产品盈亏平衡分析。

（4）按是否考虑货币的时间价值，分为静态盈亏平衡分析和动态盈亏平衡分析。

（5）根据生产成本、销售收入与产量（销售量）之间是否呈线性关系，分为线性盈亏平衡分析和非线性盈亏平衡分析。

盈亏平衡分析的目的就是找出这种临界值，即盈亏平衡点，判断投资方案对不确定因素变化的承受能力，为决策提供依据。

盈亏平衡点越低，说明项目盈利的可能性越大，亏损的可能性越小，因而项目有较大的抗经营风险能力，因而盈亏平衡点越低越好。

10.6.4 创业公司的常见盈利模式

不管你的产品、服务、App 有多么优秀，只有当你的目标用户接触到它们的时候才有价值。以下为创业公司最常见的几种盈利模式，以及它们的优点和缺点。

1．基于广告的盈利模式

基于广告的盈利模式需要在特定的网页、服务、App 或者其他产品中创建广告，有策略地把广告投放在高流量的渠道。如果你的公司有一个网站或者你有一个基于网页的公司，Google 的 AdSense 是最常见的获得广告的工具。

优点：通过广告获取收益是最简单的盈利模式之一，这也是为什么有许多公司把广告作为一种收入来源。

缺点：只有获得上百万的用户，才能支撑起一家依靠广告收入的公司。而且大部分人很讨厌广告，这就导致广告的点击率很低，进一步降低广告收入。

2．合作盈利模式

合作盈利模式是另一种常见的基于网页的盈利模式，通过相关产品的推广链接，从产品销售中收取佣金。可以单独存在，也可以与广告结合。

优点：最显著的好处是，这种模式通常比基于广告的盈利模式赚得多。

缺点：如果你的创业公司选择合作盈利模式，盈利水平受限于所在的行业规模、产品类型以及受众。

3．交易型盈利模式

无论是技术导向型的公司还是非技术导向型的公司，都想依靠交易型盈利模式，原因很简单，这是最直接的获取营收的方式，公司提供服务或者产品，客户付费购买。

优点：客户更容易被这种交易型的体验所吸引，因为简单明了，而且选择更广。

缺点：因为交易型盈利模式的这种特点，许多公司都采用了这种模式，竞争更激烈，价格战更严重，采用这种模式的公司能赚的钱也会变少。

4．订阅盈利模式

订阅盈利模式是指向客户提供需要长期付费的产品或服务，通常是按月或者按年收费。

优点：如果你的公司发展平稳长久，那么这种模式可以带来经常性收入，甚至可能因为用户懒得取消订阅而获得收益，这是订阅盈利模式的一个“小秘密”。

缺点：这种模式依赖于大量的客户，所以保持高的留存率非常关键。

5．网络销售

网络销售属于交易型盈利模式的一个分支，客户直接为产品或服务付费，只不过需要先通过网页搜索或者推式营销来到公司网站，最后通过互联网的途径进行交易。

优点：网络销售适合于各种产品，包括软件、硬件甚至订阅服务。

缺点：基于关系销售与网络销售模式是不兼容的，所以，如果你的公司做的是咨询或者高价商品（房地产、家电、汽车等），应该考虑更适合你的模式。

6．直销

直销有两种：一种是电话销售，客户打电话下订单或者销售代表给潜在顾客打电话推销；另一种是外部销售，即进行面对面的推销。

优点：直销模式涉及多位买家的关系销售周期、企业销售周期。

缺点：直销模式往往需要招聘销售团队，这意味着它不适合于低价产品。

7．渠道销售（间接销售）

渠道销售模式由代理或经销商销售你的产品，送货方可以是你也可以是经销商。合作盈利模式与这种销售模式是很好的搭配，尤其是当你提供的是虚拟产品的时候。

优点：对于增量销售能够产生增量利润的公司来说，渠道营销是一个理想的选择。

缺点：如果你的产品还在进行早期市场宣传阶段就不要选择这种模式；如果你的产品与合作伙伴有竞争的话也不要用这种模式，因为对方会推销自己的产品而不是你的。

8. 零售销售

零售销售需要实体店铺来为客户提供实体产品。记住：零售销售模式需要商店的货架空间，最适合需要直接抵达客户的产品。

优点：零售销售是为已有客户群提供交易和免费产品以促进品牌认知度的很好方式。

缺点：零售销售路线对于早期阶段公司或者提供数字产品（比如软件和 App）的公司来说不是理想的方式。

9. 产品免费，服务收费

相比其他模式，这种模式比较独特，你的产品是免费的，客户需要在安装、定制化、培训或其他附加服务方面付费。

优点：这一模式有利于建立客户信任并提升品牌知名度，免费提供任何东西的公司都可以获得一定的人气。

缺点：采用这种模式意味着产品作为营销成本，你基本上运营的是服务业务。此外，这种模式从长期来看未必是公司规模化扩张的最好方式，所以在后期要增加其他的盈利模式。

10. 免费增值模式

免费增值模式是指基础服务免费，用户为高级特性、功能、扩展付费。

优点：免费增值模式为用户提供了免费的东西，这对于让他们体验你的产品或服务来说是很好的，同时还有机会刺激他们在使用之后为其他的更高级的东西付费。

缺点：这种模式需要投入相当的时间和经费获得用户，还要付出更多的精力把免费用户转为付费用户。

花时间去做调查研究，确定对你的公司来说最理想的模式。当你的公司处于早期阶段时，一旦确定了盈利模式，就很难再另选其他方式了。这里并没有把所有的盈利模式全部列举出来，而是聚焦在最流行的模式上，应该掌握足够多的信息来帮助自己选择能够促进公司增长的盈利模式。

10.6.5 如何提高企业利润

如何提高企业利润永远是商业经济活动中的重要事项。面对市场激烈的竞争，面对超低利润的产品销售局面，可从以下途径入手提高企业利润。

途径一　开源节流，从管理入手。

开源节流、勤俭节约，做企业和持家一样，好的企业掌门人就像好的家庭主妇一样，能用最少的钱过最好的生活，避免每一分不必要的浪费。一般企业内部导致资源的浪费，主要体现在以下几个方面：

（1）企业人力资源浪费。这在绝大部分企业都是存在的，只是程度的轻重问题。一个人的事情三个人做，这对于企业来说就是人员开销导致企业增加不必要的浪费。企业不是慈善机构，多余的闲人、不能起作用的员工就当果断地减员。稍微有一点规模的公司应当制定严厉的人事考评和录用辞退制度，以使人力资源利用最大化。

（2）办公用品开销浪费。很多企业在办公用品的领用上没有健全的领用制度，导致任意领取使用，搞得办公桌就像开杂货店的，既浪费资源也污染了办公环境。

（3）行为不规范导致浪费。在一些制作加工型的企业，很多都没有严厉的 5S 标准，也没有品质管理的监控程序，导致人员加工产品的报费率很高，既影响了生产速度，也严重导致生产成本递加。

综上所述，企业要开源节流就要从管理入手，根据自身的情况，建立一套科学、完善的人事录用管理制度、企业物料申请领用管理制度以及办公操作行为规范。

途径二　以少乱多，从包装入手。

通过在包装上做文章，减量不减价来减少产品成本、提升销售利润，这在快速消费品行业是惯用的手法。看看快餐业中麦当劳、肯德基的冰激凌就知道了，表面上看堆得满满的冰激凌，吃到下面却是空的。再看看上好佳的系列儿童零食产品，被空气充得鼓鼓的包装袋子让客户看了就觉得实惠，其实打开才发现里面有 80%是空气的成分。就连街头卖小虾小鱼的商贩，用托盘托着堆得满满的一盘鱼虾在那里吆喝“每盘 5 元钱，既新鲜又实惠”，等到你购买了，装走鱼虾时才发现托盘的底是鼓起来的。这种方法虽然在某种程度上“欺骗”了消费者的眼球，但是当降价减量都变成“自然”的时候，当这种现象变成司空见惯的时候，一切都是理所当然了。

途径三　推陈出新，从产品入手。

任何一种产品都有生命周期，当产品进入衰退期时，商家就不得不通过促销、降价等手段来博得最后的一点销售利润，当这点利润变成负值的时候，企业就不得不开发新的产品来替代旧的产品。这种现象在电子产品行业是最常见的，我们购买的手机、计算机等产品就是在不断地通过更新换代来提高利润。

途径四　精减环节，从渠道入手。

有效地疏通进货、出货渠道，精简环节也是精减销售开销、增加销售利润的一种有效途径。有的企业在产品导入市场初期，由于销售量的限制，不能大批量地采购原料，只能通过原料代理商、零售商进货，这样就大大递升了进货成本。对于一些产品导入初期的企业，由于进货量的限制，可以通过连横（横向联合）、连纵（纵向联合）采购的战略模式达到降低采购成本的目的。所谓连横采购就是与竞争厂家或者关联企业联合采购同样的产品；所谓连纵就是当企业有足够的运营成本的时候可以在保质期内适当采购未来几个月的原料用量。当然，企业的销售渠道也是关系到企业销售利润的重要元素。有的企业为追求市场占有率，大力地发展代理商、分销商，结果导致一个产品需要通过 3 到 4 层代理商才能到达顾客的手上，这样做不但渠道管理开销大，同时也降低了产品的销售利润。

途径五　创意销售，从市场入手。

当我们的产品，通过上面这些正常的渠道增加产品销售，利润还不能满足商家需求的时候，还可以变更思路，通过创意销售来增加企业的销售利润。房地产商在楼盘难以销售的时候，就会挖渠一些品牌文化，改头换面，重新包装，隆重推出“花园洋房”“学生公寓”“白领之家”“景观房”等概念房。当保健品在正常的销售模式下遭受市场冷遇时，就会改变思路，更新包装，摇身一变成为礼品、药物保健品等新的定位与市场见面，从而受到市场的青睐。随着近些年来我国策划产业的快速发展，很多商家通过专业策划公司的精心调研、深度分析、科学策划、有效定位，从而达到创意销售产品的目的。

提升产品销售利润的有效方法有很多种，企业只有建立科学严格的管理体系，建立流畅简练的物流渠道，科学创意产品定位，深度研究市场，挖掘企业文化，提炼产品优势，经过系统策划，就不难达到有效提升产品销售利润的目的。当然，一切都以合法、诚信经营为前提。

【案例剖析】

【案例 10-9】预测快乐创造馆的盈利情况

快乐创造馆是一家专门致力于培养和提升少年儿童综合素质的教育服务机构，帮助家长解决 3～13 岁孩子放学接管问题和二次教育问题，还有 0～3 岁孩子早教问题。快乐创造馆主要提供“潜力开发”“心理素质训练”“人格培养”等方面的服务内容，公司以“快乐创造人才，人才创造快乐”为经营理念，让少年儿童在全新的成长空间——快乐创造馆找到成长的快乐，并开发自身潜能，培养健全的心理素质与人格。

为保证服务品质和教育成效，快乐创造馆以少年儿童的年龄、目前的学习状态、兴趣、动手能力等综合能力为依据，按不同时段分别提供“快乐时光”、“成长俱乐部”和“快乐大本营”三大服务项目。“快乐时光”服务对象为幼儿园的孩子、各中小学的学生，为其放学后提供 3～5 小时安全托管服务。“成长俱乐部”为学龄前儿童提供脑力开发和社会交流的空间，为孩子提供与更多同龄孩子的交流机会。“快乐大本营”在寒暑假期间为孩子提供集中学习和休闲的空间，帮助孩子在快乐中提高创造力，激发创新思维，促进智力发育，为家长分担管教的责任。

快乐创造馆第一年的销售收入预测为 3801000 元，各个服务项目的预测收入如表 10-6 所示。

表 10-6　快乐创造馆销售收入预测表

服务项目	销售收入预测（元）
成长俱乐部	495000
快乐时光	1758000
快乐大本营	1548000
合计	3801000

快乐创造馆第一年的成本费用预测为 2823000 元，各个服务项目的成本费用如表 10-7 所示。

表 10-7　快乐创造馆成本费用预测表

服务项目	成本费用预测（元）
教学用具、办公设备折旧	50982
车辆折旧	23750
装修摊销	22500
员工工资、教学资料等变动成本	1877068
营销费用	97200
管理费用	751500
合计	2823000

全面营改增后，快乐创造馆缴税项目主要为增值税、企业所得税以及城市维护建设税、教育费附加等附加税，增值税、附加税估算为 209100 元，企业所得税估算为 192200 元，其利润预测表如表 10-8 所示。

表 10-8　快乐创造馆的利润预测表

项　目	金额（元）
一、营业收入	3801000
减：营业成本	2823000
税金及附加	209100
二、营业利润	768900
三、利润总额	768900
减：所得税费用	192200
四、净利润	576700

【分析思考】

企业经营的核心首先是生存、发展，最终要实现盈利，利润是衡量一个企业是否优秀的标准之一。利润永远是商业经济活动中的目标，没有足够的利润企业就无法继续生存；没有足够的利润，企业就无法继续扩大发展。

【交流探讨】

【探讨 10-5】测算项目的盈亏临界点

创业者万利准备生产一种产品，他首先收集了计算分析项目的经济效益所需要的收入成本信息。根据当时的市场情况，生产一件该产品需要耗费直接材料 50 元；直接生产工人工资 30 元；生产该产品低值易耗品等变动制作费用为 15 元；生产车间设备折旧费、财产保险费、车间管理人员工资等固定制造费用为 200000 元/月；销售费用中销售人员按销售件数的提成等变动销售费用为 5 元/件，销售人员基本工资等固定销售费用为 150000 元/月；管理费用中全部为固定费用，其金额为 50000 元/月。按照当时的市场价格，每件产品销售价格为 150 元，每月的正常产销量为 10000 件。

【各抒己见】

（1）该产品每月的销售收入为多少？

（2）生产该产品的变动成本和固定成本各为多少？

（3）该产品的利润为多少？

（4）测算项目的盈亏临界点，并根据该项目盈亏临界点对该产品的产销提出合理建议。

【实战训练】

【训练 10-5】预测悠闲居有限责任公司利润

悠闲居有限责任公司 20××年利润预测表如表 10-9 所示，分别计算营业利润、利润总额、净利润，并将计算结果填入表 10-9 中。

表 10-9　悠闲居有限责任公司 20××年的利润预测表

项　　目	金额（元）
一、营业收入	5131680
减：营业成本	1352000
税金及附加	157550
销售费用	200000
管理费用	1058400
二、营业利润	
三、利润总额	
减：所得税费用	590933
四、净利润	

参 考 文 献

[1] 陈承欢，杨利军，王磊．创新创业指导与训练（第 2 版）．北京：电子工业出版社，2022．
[2] 冯天亮，何煌．创新创业基础教程．北京：电子工业出版社，2021．
[3] 葛海燕，黄华．大学生创新创业指导与训练．北京：清华大学出版社，2021．
[4] 范太华．创新思维与创新方法．长沙：中南大学出版社，2018．
[5] 姚志恩．创新能力教程．北京：化学工业出版社，2014．
[6] 齐洪利．创新思维训练教程．北京：清华大学出版社，2019．
[7] 范新灿，韩晓洁．创新创业实务．北京：机械工业出版社，2021．
[8] 汤锐华．大学生创新创业基础．北京：高等教育出版社，2016．
[9] 李俊．创业基础与实践．北京：北京师范大学出版社，2021．
[10] 由建勋．创新创业实务．北京：高等教育出版社，2016．
[11] 何建湘．创业者实战手册．北京：中国人民大学出版社，2015．
[12] 刘艳彬，李兴森．大学生创新创业教程．北京：人民邮电出版社，2016．
[13] 张志胜．创新思维的培养与实践（第 2 版）．南京：东南大学出版社，2018．
[14] 老枪．大学生创业实战个案．重庆：重庆大学出版社，2009．
[15] 杨敏．创新与创业指导．杭州：浙江大学出版社，2011．
[16] 郭斌，王成慧．大学生创新创业案例（第二辑）．天津：南开大学出版社，2016．
[17] 张立艳．创业实训教程．天津：天津出版传媒集团，2015．
[18] 人力资源和社会保障部职业能力建设司．创办你的企业：创业计划书（大学生版）．北京：中国劳动社会保障出版社，2010．
[19] 宋紫燕．大众创业当老板：新公司的创办与成立．北京：中国铁道出版社，2016．
[20] 翟松辉．创新能力训练．北京：北京师范大学出版社，2013．
[21] 王文利，许丽洁．创业大讲堂：大学生创业的八堂必修课．西安：西安电子科技大学出版社，2016．
[22] 胡秀霞．团队合作能力训练．北京：北京师范大学出版社，2013．
[23] 刘瑶．交流与沟通能力训练．北京：北京师范大学出版社，2013．
[24] 段轩如，秦朝森．创意思维实训．北京：清华大学出版社，2015．
[25] 孙洪义．创新创业基础．北京：机械工业出版社，2017．
[26] 卢飞成．创业实战．杭州：浙江大学出版社，2012．

反侵权盗版声明